조선시대 수륙재와 감로탱
불교의례의 시대도상

조선시대 수륙재와 감로탱
불교의례의 시대도상

초판1쇄 발행 | 2023년 4월 13일

지은이 | 강영철

원고교정 | 김혜경
디자인 | ⓒ꽃피는 아몬드나무
사용서체 | KoPub바탕, KoPub돋움, Gowun바탕
　　　　　 Mapo꽃섬, 포천막걸리체

펴낸이 | 강현정
펴낸곳 | 꽃피는 아몬드나무
출판등록 | 제2023-000091호
서울시 강남구 개포로 623. 1933호.
전화 | 02.6402.9337　**이메일 |** almondtreebooks@gmail.com

ISBN 979-11-982691-1-9 93650 값 48,000원

이 책은 저작권법에 따라 보호를 받는 저작물이므로 무단 전재 및 복제를 금합니다.
책에 실린 사진 중 일부는 저작권자 확인이 불가하여 확인되는 대로 적법한 절차를 밟겠습니다.

조선시대 수륙재와 감로탱

불교의례의 시대도상

강영철 지음

시작하며

십여 년 전부터 '조선시대 수륙재와 그 의례화인 감로탱'에 대해 연구하면서 보니, 나에게 기억의 단상처럼 끊어지지 않고 영향을 미치는 가볍고도 무거운 세 가지의 것이 있었다.

첫 번째는 대학원에서 미술사를 공부하며 처음으로 조선시대 감로탱을 보았을 때였다. 눈길을 사로잡은 것은 불보살이 아니라 아귀들 도상이었다. 번뇌로 불타오르는 붉은 머리카락을 지닌 아귀들은 아주 볼품이 없고 무섭고 비호감이었다. 인과의 법칙이 어떠하든 고난 혹은 고통 앞에 사대四大의 흔적이나마 온전히 지니기란 어려운 일이다. 그런데 이런 이들에게도 중생구제의 은택이 미쳐서 저마다 그릇을 높이 들어 감로甘露를 받는 순간이 있었다. 여전히 그 붉은 머리카락은 쭈뼛하게 그려져 있었지만 청량한 바람을 느끼는 아귀들의 표정은 옛 그림임에도 사건의 사진처럼 남았다.

두 번째는 경봉(1892-1982) 큰스님이 입적하시는 날에 스승을 보고 싶어 하는 상좌를 위해 남긴, "야반삼경에 문빗장을 만져 보거라."라는 법어였다. 중학생으로 사물에 대한 궁금증이 한창일 때, 알 수 없는 신비로운 대화를 우연히 신문에서 접하게 된 이후로 그 깊은 인상은 사라지지 않았다. 지금도 경봉 큰스님에 대해서는 잘 알지 못하지만, 근래에까지 십여 년 동안, 불교의 재 중에 가장 큰 재인 수륙재의 현장 한쪽에 가까이 있게 된 것은 진관사 회주이신 계호스님, 주지 법해스님, 비구니 어산어장이신 동희스님을 비롯해 대중스님들의 깊은 배려와 이 법어의 이끌림이었을 것이다.

수륙재는 대승의 사상이 집약되고 신앙이 반영된 종합의례이면서 동시대 설판재자들의 발원에 의해 언제든 재현 가능한 의례였기에 다양한 현장에 대한 이해가 요구되었다. 또한 이 대도량이 건립되고 명양세계가 열리며 생사가 한자리에서 회통하게 될 때마다 고금古今의 법식 안에서 새로운 질문과 문제의식에 부딪치게 되는 것은 재의 설행 지향점이 점수漸修를 통해 이뤄지는 까닭이다. 재에 대해서는 적어도 공부를 게을리 해서는 안 되는 이유이기도 하다.

특히, 재에서 어려웠던 부분은 현행 수륙재나 영산재의 주요 의식절차인 '시련侍輦'이었는데, 어느 날 아주 우연히 게송 하나가 눈에 들어왔다. '개문게開門偈'를 시간을 거슬러 조선시대 수륙재 의식집의 하단에 해당하는 '영혼식迎魂式'에서 보게 된 것이다.

발을 걷으면 미륵불을 맞이하고
문을 열면 석가모니불을 뵈리니
위없는 이께 아홉 번 절 올리고
법왕의 집에서 즐거이 노니소서.

이 게송 속의 인물은 연輦의 발을 걷었을 때 대중들 사이로 과연 무엇을 보았을까?
그리고 절의 정문을 들어서서는 어떤 광경을 보았을까?

국왕 선가나 영가들은 아마도 대중들이 연을 들고 나가 맞이해 모시고 올 때에 절의 정문 앞에서 "문을 열라."는 세속적인 말 대신에 '개문게'의 게송과 '금판禁板'으로 두드리는 작법으로써 그 문이 열리는 것을 보았을 것이며, 그 문을 통해 도량에 들어섰을 것이다. 처음으로 부처께 보례普禮하는 순간이다.

이 '개문게'와 '금판'의 작법은 조선시대 수륙재의 독립된 하단 의식절차에서 종교적으로 극적 순간과 전환의 매개를 상징했지만, 오늘날에는 아쉽게도 전모가 잊혀지고 말았다. 그리고 이 단절은 여기에서 그치지 않고 '시련'에 대한 이해를 어렵게 해 혼란을 가중시켰다. 의식의 첫 매듭이 '문'이었듯이 언젠가 이 '문'도 열리길 바란다.

삼경三更은 밤이 가장 깊은 자시子時, 11시-1시를 말한다. 당시의 제사 시간은 대부분 자시와 축시에 행해졌는데, 조선시대의 대표적인 이야기꾼이었던 신돈복辛敦復, 1692-1779은 『학산한언鶴山閑言』에서 날을 밝히는 닭이 울기 전인 자시에 하는 것이 가장 좋다고 한 것이 참조가 된다. 대재의 수륙재가 칠일칠야七日七夜로 설행되었으니 어느 정도 연관이 된다. 경봉 큰스님은 당신이 보고 싶으면 재가 열리는 야반삼경인 자시에 그 '문'을 열라는 것이 아니었을까 비로소 생각해 본다. 또다시 생각해 보면, 수륙재가 설행되는 큰 법의 도량에서 다시 만나보기를 염원하신 것인지도 모를 일이다.

수륙재는 대승의 사상에 입각해 보면, 어느 누군가가 또한 어느 누군가를 위해 가장 신성하고 아름다운 가치를 의식절차를 통해 담아낸 것이다. 재는 설판재자로 인해 설행되지만, 그 공덕의 끼침은 어느 순간에 이르러서부터 사실 서로에게 모두 익명일 만큼 대상의 범위가 넓어진다. 추상적이나마 익명을 위한 회향이 진정 아름다운 이유이다. 크게는 최초의 설행에서부터 멀리는 오늘의 우리에게까지 이것이 미치지 않는가. 수륙재의 이러한 종교적 신심과 의식절차를 정제해서 인문의 그림으로 풀어나간 것이 바로 감로탱이다. 따라서 이 연구에서 중요한 것은 수륙재에 대한 이해의 폭을 넓히며 참여 관찰하는 것이고 그 종교적 열정과 함께 하며 감로탱을 살펴보는 일일 것이다.

나에겐 이 글을 통해 또 얼마나 많은 두찬杜撰의 흔적을 남길지 정말로 부끄럽고 두려운 일이다. 개인적 능력의 한계 앞에서 여러 순간에서도 포기하지 않고 십여 년 동안 마음을 다잡고 틈틈이 쓴 것은, 세 번째로, 수륙재가 대승의 마음이자, 대승의 중생구제임을 진심으로 믿었기 때문이다. 부족하나마 이 책이 이후에 나올 연구서들의 작은 밑거름이 되었으면 한다. 사진자료에 도움을 주신 이종수 선생님, 허상호 선생님을 비롯해 주상숙 실장님 및 많은 분들께도 고마운 마음을 남긴다.

삼보께, 은사이신 故 나암 선생님께, 그리고 세상의 스승과 벗들에게도 감사드린다.

2023년 입춘에 공경히 쓰다.
강영철

일러두기

° 본문의 원문은 '○○소장'으로 표기된 판본을 바탕으로 하였으며, 영인본이나 해당 소장 기관의 사이트[주요 원문의 예_ '동국대도서관 소장'의 경우 〈불교기록문화유산 아카이브[ABC(www.kabc.dongguk.edu)]에서 제공하는 원문 이미지를 바탕으로 번역하였음.

° 기존의 원문 번역들 가운데 증의가 필요한 것은 새로 번역하였음.

° 표지와 목차를 제외한 본문의 감로탱 도상 가운데 채색과 선의 박락이 있거나 주변 도상들과의 변별력이 떨어지는 경우에 도상의 적절한 이해를 위해 도상 일부를 배경과 분리해 편집하였음. 최대한 원본 도상에 가깝게 작업하였으나 부정확한 점이 있을 수 있음.

조선시대 수륙재와 감로탱
불교의례의 시대도상

시작하며 | 5

1부 prologue_대승의 중생구제: 수륙재와 감로탱 | 13

2부 수륙연기와 수륙재, 그리고 우란분재 | 55

  1. '수륙연기'설화와 아귀들의 구제 | 57

  2. 수륙재의 감로탱에 나타나는 우란분재의 영향 | 63

    ^감로탱의 '쌍아귀'와 우란분재의 '쌍왕'

    ^면연귀왕과 아귀들, 그리고 항하 강가의 아귀들

    ^우란분재의 단壇

    ^구제의 그릇: 수륙재의 '곡기斛器'와 '발우鉢盂', 우란분재의 '우란분盂蘭盆'

    ^감로탱의 목련 도상

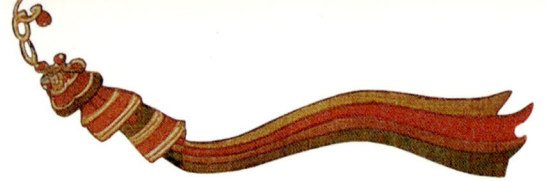

3부 문중門中 고승들의 수륙재, 그리고 감로탱의 등장과 전개 | 109

1. 수륙재의 성격 및 주요 의식문의 종류와 특징 | 117
2. 『제반문』과 『청문』의 간행, 그리고 『청문』(1529)의 「대령소참對靈小參」 | 160
3. 보우의 『수월도량공화불사』의 성격과 특징 | 177
   - 감로탱에서 법사法師와 증사證師 도상의 수용
   - 영산작법에서 '사다라니四陀羅尼'의 수용과 '원관圓觀'의 연계
4. 보우의 '왕실 기신재忌晨齋'와 서산의 영혼식 | 212
5. 불교 사명일四名日의 등장과 전개, 그리고 '재齋 형식의 제사' | 224
6. 16세기 불교 사명일과 '재 형식의 제사'의 예례 | 248
7. 17세기 해인사 『수월도량공화불사』 판본의 성격과 특징 | 257
8. 『오종범음집』(1661) 「총림대찰사명일영혼시식지규」의 의례분석 | 269
9. '왕실 기신재'와 불교 사명일의 중요 작법동선, 그리고 감로탱의 봉안 | 303
10. 〈안성 청룡사 감로탱〉(1692)과 '삼보가피三寶加被'의 도상 | 320
11. 불교의 연희문화와 연희자, 그리고 감로탱 도상의 반영 | 327

4부 반운당 지선의 어산魚山 이력으로 보는 조선시대 어산사 | 355

5부 감로탱 도상의 수륙재 의례승과 연희대중 | 379

    1. 주요 대중소임의 의례승들 | 381

    2. 금판禁板을 든 승려와 개문게開門偈 | 391

    3. 책册을 든 승려 | 409

    4. 부채를 든 승려 | 419

    5. 거사와 사당, 무동 | 428

6부 감로탱 도상의 하단 소청召請 대상들 | 445

    1. 16청請·25청請·4청請 | 447

    2. 유주고혼有主孤魂과 무주고혼無主孤魂 | 459

    3. 거사와 사당 | 472

    4. 초란이 | 476

    5. 미물들 | 490

7부 〈고려대 소장 감로탱〉의 도상 분석과 의례 | 495

인용문헌 | 511

1부
prologue_대승의 중생구제: 수륙재와 감로탱

대재大齋인 수륙재水陸齋가 지닌 회통의 성격

우리나라 불교는 대중성과 융합성으로 인해 회통의 성격이 강하다.

불교의례에서 이러한 성격이 가장 잘 드러나 있는 것이 수륙재다.

수륙재의 기원을 밝히고 있는 인연설화인 〈수륙연기水陸緣起〉는 『불설구면연아귀다라니신주경佛說救面然餓鬼陁羅尼神呪經』(K0474) 등의 경전이나 『천지명양수륙잡문天地冥陽水陸雜文』과 같은 의식집 류에 잘 드러나 있는데, 불교의례의 구제적 측면에서 보면, 이것은 최초로 아귀들을 위한 구제에서 시작되어 이후 외로운 영혼들도 포함하는 대승적 구제로까지 확대되고 있다.

다시 말하면, 대재大齋인 수륙재는 수륙재의 명칭들인 '천지명양수륙재의天地冥陽水陸齋儀'나 '수륙무차평등재의水陸無遮平等齋儀' 등과 같은 여러 이름에서 볼 수 있듯이, 세계와 대상이 한정되어 있지 않다. 언제든 설단設壇 건립을 통해 법의 연회[法筵]를 베풀 수 있는 일체의 존재를 위한 구제의 장이 된 것이다.

여기서 설단은 매우 큰 의미를 지닌다.

설단은 그 자체로 보면, 초기밀교의 건단법建壇法에서 '건단建壇' 하여 '개건開建' 하는 것을 찾아볼 수 있으나 수륙재 의식집에 따라서는 '개건진언'을 먼저하고 '건단진언'을 다음으로 한 경우도 있다. 수륙재는 재의 개설과 설단이 임시적으로 이뤄지기에 '개건대회소開建大會所'가 있는데, 여기에서의 '소所'는 장소가 아니라 실제 재가 열림을 밝히는 소문疏文을 일컫는 '개건대회소開建大會疏'이다. 이 소문의 중요성으로 말미암아 '개건진언'이 먼저 오는 것이다. 유형의 사찰을 건립하는 측면에서 보면, 대재大齋인 수륙재의 이러한 설행設行은 거의 무형의 도량을 건립하는 것에 해당된다. 이 무형의 도량은 임시적 단壇의 건립과 작법作法을 통해 이뤄지며 무량함과 광대함을 특징으로 한다.

조선시대 수륙재는 의례의 규모가 중요한 특징 중 하나다.

대재의 도량 건립을 위해서는 의식절차 면에서, 법의 연회라는 성격과 목적에 맞고 중생구제衆生救濟의 범주에 적합한 의식들은 언제든지 큰 편목의 편집을 통해 하나의 의식 체제로 편입되고 집성되었다. 수륙재 의식 안에 예수재豫修齋 등의 의식이 합설合設되거나 우란분재盂蘭盆齋: 百種 의식에 수륙재 하단의식이 설행되었던 것도 그 예이다. '재齋 형식의 제사'에 속하는 '불교 제사'도 여기에 속한다. 단지 비슷한 의식의 합설이 아니라 재 설행의 목적에 맞는 다양한 의식의 합설이 가능했던 것이다.

그리고 무엇보다도 수륙재 자체가 기본적인 삼단三壇: 上壇, 中壇, 下壇을 중심으로 각 단의 존격과 성격에 따라 수많은 단의 분화가 가능한 설단 체계였으면서도 대중적 수요가 많은 영가천도를 위해서 별도로 하단의 분리가 가능할 정도로 신축적이며 합목적성合目的性이 강한 의식이었다는 점을 주목할 필요가 있다. 합설과 분화가 가능한 매우 유연한 구조였던 것이다.

또한 수륙재는 불교에서 설행되는 재 가운데 규모 면에서 가장 크다. 최대 칠일칠야七日七夜, 즉 칠일 낮과 밤으로 설행되고 '여러 의식의 합설'이나 '삼단에

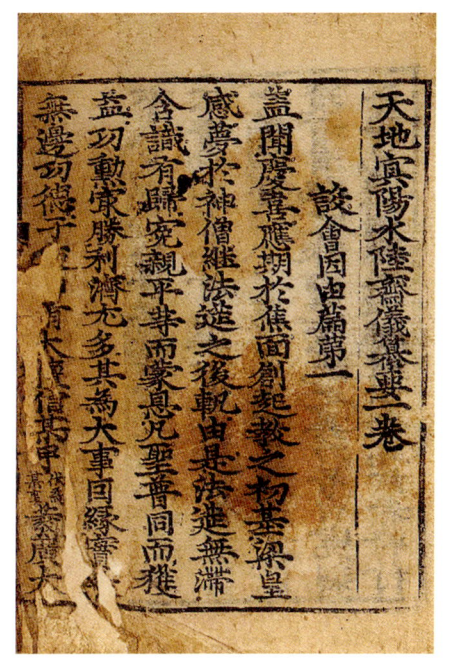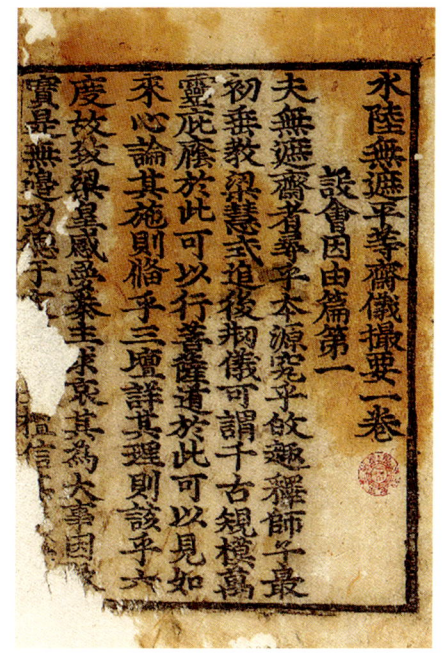

『천지명양수륙재의찬요(天地冥陽水陸齋儀纂要)』(왼쪽)와 『수륙무차평등재의촬요(水陸無遮平等齋儀撮要)』(오른쪽)는 수륙재 삼단(三壇)의 핵심적인 내용에 충실한 의식집으로 조선시대에 가장 널리 유통되었다. 수륙재를 각각 개요(槪要)와 실수(實修)의 두 가지 측면에서 접근하고 있다. 위의 의식집은 모두 1571년 같은 시기에 무위사에서 간행된 판본이다.

서 분화된 여러 설단'으로 이뤄졌기에 여법하게 설행하는 것은 대규모의 재정과 인력을 필요로 했다. 큰 규모는 보통 국행國行이나 왕실발원으로 이뤄지는 경우가 많았는데, 한편으로는 늘어나는 대중적 수요로 인해 법당法堂; 主殿閣 등을 중심으로 내외의 공간에서 설행되는 크고 작은 영가천도 의식도 성행했다. 그런데 여기에도 수륙재의 중요한 특징 중 하나가 드러난다. 설판재자設辦齋者가 자신의 어떤 발원을 위해 설행하든 결국 일체를 위한 '회향공덕回向功德'으로 귀결되었기에, 비록 다양한 신앙적 요구에 의해 수용된 소규모의 재로 설행되더라도 대재가 지닌 본래의 특성은 그대로 유지되었다. 이러한 의식의 핵심 연결고리는 하단의 시식施食이다. 외로운 영혼들을 위한 베풂과 구제는 대승에서 밝히고 있는 자비와 지혜를 실천하는 또 다른 방편이다.

수륙재는 조선의 건국과 함께 초기에 국행 설행이 정례화된 재로서 그 설행 장소가 주로 명산대천名山大川의 사찰이나 명승지였던 점은 시사하는 바가 크다. 이곳의 맑은 기운에 힘입어 각종 재난과 무질서를 가라앉히고 세상의 질서를 안정시키고자 한 것으로, 불교의 민속적인 측면에서 대재인 수륙재가 보여주는 또 다른 흥미로운 모습이다.

감로왕탱甘露王幀으로 불린 탱화

감로탱은 의식절차로 보면 수륙재의 하단下壇을 기반으로 그려진 의례화로 조선시대 탱화 가운데 이 탱화만큼 초기의 기록에 명칭이 분명하게 나타나지 않고 봉안처까지 의문을 갖게 하는 경우도 드물다. 현존하는 것으로는 약 70여 점이 알려져 있다.

전체적으로, 해당 화기畵記에 기록된 이 탱화의 명칭을 빈도로 보면, "하단탱下壇幀", "감로탱甘露幀"을 중심으로, "감로회甘露會", "감로왕탱甘露王幀(幢)"이, 그리고 보기 드물게 "감로단파탱甘露壇婆幀" 등과 같은 것이 나타난다.

그런데 이른 시기의 것으로 이를 살펴보면, 〈개인 소장 감로탱〉(1580)에 "下壇幀"이, 〈약센지 소장 감로탱〉(1589)에 "공경히 불탱을 조성함 敬成幀佛"이라고 하여 특별히 "佛幀"이라 한 것 외에는 16세기 말부터 17세기 중반까지 탱화의 명칭을 사용하지 않거나, 화기가 없거나 훼손되어서 결과적으로 실제의 명칭을 찾아보기 어렵다. 이것은 이 시기의 감로탱이 오늘날 널리 알려진 것처럼 법

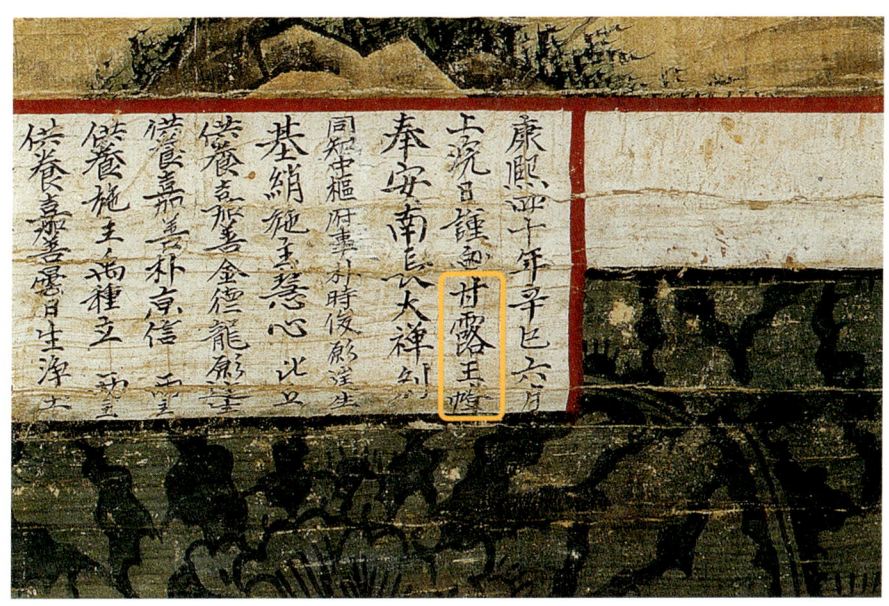

〈남장사 감로탱〉(1701, 비단에 채색, 250.0×336.0㎝)의 화기 부분

당 내 삼단三壇의 하단에 처음부터 자리잡고 있지 않았을 것이라는 의문을 불러일으킨다.

　감로탱에 "감로"라는 명칭이 나타나는 것도 백년 후인 17세기 말의 일이다. 그 기점에 있는 것이 바로 〈청룡사靑龍寺 감로탱〉(1692)이다. 현존하는 감로탱 가운데 이때에 처음으로 "감로"라는 명칭이 나타나고, 여기에 이후 널리 나타나는 "감로탱"이라는 명칭과 달리 특이하게도 '왕'자를 넣어 "감로왕탱甘露王幀"이라 기록하고 있다. 이러한 명칭은 〈남장사南長寺 감로탱〉(1701) 사진, 〈해인사 감로탱〉(1723) 등 일부 감로탱으로 이어진다.

　이들 탱화는 어떻게 "감로"란 이름을 얻게 된 것일까?

수륙재는 '소외되는 이 없이 모두를 크게 이롭게 하는 대재'인 만큼 다양한 성격과 의식절차로 설행되었으나, 법의 연회에 초청되는 기본적인 삼단의 대상 가운데 불보살의 성스러운 대중이 속한 단인 상단上壇과 중단中壇의 대상보다는 상대적으로 하단下壇의 유주有主·무주無主의 외로운 영가[孤魂]들과 아귀들, 미물, 생명이 있고 없는 일체 존재들의 구제가 가장 큰 핵심이 될 수밖에 없었다. 『조선왕조실록』을 비롯한 조선시대의 많은 문헌사료들이 수륙재를 일반적으로 지칭할 때, 하단 의식의 가장 극적 요소인 '시식施食'이라는 용어를 주로 쓰고 있는 점이 이를 보여준다. 수륙재 의식설행의 주요 대상과 목적을 짐작할 수 있는 부분이다.

이 '시식'의 구제적 성격을 상징하는 핵심이 바로 '감로甘露'이다. 감로탱에는 '시식'이라는 의식절차를 통해 일체의 구제 대상들이 번뇌의 갈애에서 벗어나 청량한 '감로'를 얻는 과정이 도상으로 잘 드러나 있다. 이에 하단의 봉안탱화로 "감로탱"이라는 이름을 얻은 것이다. 화기에 "하단탱"으로 불린 것 자체가 이미 그 내용을 내포하고 있음을 잘 보여준다. 또한 하단의 의례용 탱화임에도 〈약센지 소장 감로탱〉처럼 "불탱"이라 하여 깊은 종교적 신앙심을 드러냈다.

그러면 어떻게 "감로왕탱"이라 불리게 된 것일까?

수륙재 의식집으로 조선시대에 가장 널리 간행된 『천지명양수륙재의찬요天地冥陽水陸齋儀纂要』 가운데 1469년 김수온金守溫의 발문跋文이 있는 『천지명양수륙재의찬요』(해인사 간행, 考般齋 소장)의 수륙재 삼단 중 중단소청[召請中位篇 第十六] 협주에 "천장·지지·지장보살을 거념한 후에 청하는 소문을 읽을 때에 마땅히 성현의 명호 아래에 '왕'자를 칭한다. 擧念天藏持地地藏菩薩後宜請疏聖号下稱王字"라 한 것이 참조가 된다. 1469년의 동일 발문이 있는 1566년 후쇄본 『수륙무차평등재의촬요水陸無遮平等齋儀撮要』(대성사 소장)에는 관련 협주가 없으나 1571년 강진 무위사 간행의 『수륙무차평등재의촬요』(진관사 소장) 등의 의식[召

請中位篇 第十四]에는 "擧念天藏持地地藏菩薩後宜請疏聖稱下王字"라고 하여 거의 동일 내용의 협주가 있다.

"성현의 명호 아래에 '왕'자를 칭하는 것"은, "감로왕탱"이 '시식'의 구제적 성격인 '감로'에 성현의 칭호가 붙은 중생구제의 탱화임을 알려준다. 삼단 중 하단에 속하지만 중단에서처럼 성현의 칭호를 받은 탱화인 것이다. 일반적으로 대승의 중생구제와 관련된 핵심적인 보살들에 대해 '지장왕보살', '인로왕보살'이라 하고 수륙재 하단에 현현하는 칠여래七如來의 한 존격을 '감로왕여래'로 칭하는 것과 같지만, 이것은 존격이 아닌 의식의 구제적 성격에 칭호가 붙은 것이다.

또한 이것은 뒤에서 살펴보겠지만, 〈청룡사 감로탱〉이 현존 감로탱 중에 처음으로 삼보三寶의 가피력加被力을 구하는 대상이자 귀명歸命의 대상을 도상으로 표현한 것도 여전히 대승의 구제력과 관련해 조명되는 부분이다. 예배의 대상인 탱화 자체가 결과적으로 성현의 위격에 이르게 된 점은 감로탱이 지닌 성격과 위상을 잘 보여준다.

그러나 초기의 감로탱이 "下壇幀"으로 나타나고 이후에 "甘露王幀" 등으로 불린 것 외에, 최초의 감로탱 등장과 관련된 배경이나 그 성격에 대해서는 여전히 잘 알려져 있지 않다.

연구 범주 및 의식집 판본板本 연구를 통한 외연 확장

학계의 감로탱 연구는 주로 중국 명청대의 수륙화水陸畵 도상 비교나 이와 관련된 수륙재 의식집의 서지학적 연구, 그리고 미술사의 도상 연구나 민속학 연구의 분야 등에서 이뤄져 왔다.[001] 그런데 이러한 연구 경향에서 대승불교의 교학적

---

001 근래 감로탱에 대한 연구현황 집약은 김정희의 「감로도 도상의 기원과 전개-연구현황과 쟁

이해를 의식절차에 반영해 집성한 의식집과 그 의례에 기반한 감로탱이라는 불교적 측면에서의 연구와 외연 확장에는 이르지 못했다. 예를 들어 수륙재 의식문으로 보면, 감로탱이 하단의 탱화인 만큼 도상분석에서 제일 먼저 이뤄져야 하는 일은, 해당 의식을 증명證明하는 존격尊格의 명호를 칭해 그 공덕의 위신력威神力을 드러내는 의식인 '거불擧佛; 擧念'의 존격을 파악하는 것이다.

이 '거불' 도상의 중요성은 16세기의 초기 감로탱에서부터 전시기에 걸쳐 다양한 도상의 변용에도 불구하고 거의 일관되게 유지되고 있지만, 현재의 연구 경향에는 이것이 반영되어 있지 않다. 감로탱이 수륙재 의식절차가 도해圖解된 의식용 탱화임에도 도상 분석에 있어서 간과된 것이다. '거불' 도상은 감로탱이 우란분재가 아닌 수륙재의 탱화임을 가장 잘 보여주는 단서이다.

그리고 무엇보다도 당시 간행된 사찰 의식집의 판본 연구와 연계되지 못한 점은 아쉬운 점이다. 판본 연구의 중요성은 동일 제목의 의식집이라 하더라도 간행 시기와 사찰의 간행처를 중심으로 편찬자의 산보刪補; 편집에 의해 내용의 차이가 나는 부분이 발생하기에 '중요 판본들에 대한 연구'는 일차적인 연구 대상이다. 의식집의 편찬은 '의식문 산보의 역사'라 할 수 있을 정도로 시대와 지역, 당대를 살았던 이들의 신앙과 문화가 반영되어 있기 때문이다.

산보된 의식문들 중에 의식설행의 세부 지침을 드러낸 협주夾註나 첨록된 내용, 중요 의식을 별도로 수록한 '부록으로 합철된 의식문'의 종류와 성격에 대해서 살펴보는 것도 당대 수륙재 설행의 현장감과 감로탱 도상의 분석, 그리고 다양한 재의적齋儀的 관점을 파악하기 위해 필요한 작업이다. 특히, '부록으로 합철된 의식문'의 경우는 사찰에서 실제 사용을 염두에 두고 편집된 것이나 이후에 재 설행의 다양한 환경과 여건에 노출되었을 수 있으므로 경우에 따라서는

점을 중심으로」, 『강좌미술사』 47호(한국미술사연구소, 2016)가 있으며, 학위논문으로 박정원의 『朝鮮時代 甘露圖 硏究』(동국대박사학위논문, 2020) 등이 있다.

이 해당 부분의 편찬 시기나 편찬자를 특정하기 어려운 이력의 것도 있어 분석을 필요로 한다.

또한 오늘날의 불교의례 현장에서도 마찬가지로 볼 수 있듯이, 조선시대에 유통되던 의식집의 의식문들 역시도, 현장에 발생하는 많은 변수들로 인해 실제 의식에 맞춰 그대로 설행하기란 현실적으로 어려웠을 것이다. 의식집에 따라서는 편찬자나 산보자만이 알 수 있는 현장 설행 위주로 실용화된 것들도 있다. 더구나 이와 비교할 감로탱은 회화적 묘사로 이뤄진 것이기에 보편적 시각 위주에서 적절한 접근이 요구된다.

이 글의 주요 연구 범주는 수륙재와 그 관련 의식집들의 의식문을 감로탱의 도상과 비교하며 가능한 그 현장의 기록과 흔적들을 찾아 감로탱의 등장과 전개 양상의 변화를 살펴보는 것이다. 이 과정에서 초기 감로탱과 관련된 자료들의 불분명함이 여전한 이상, 오류가 발생할 여지도 있지만 이제는 작은 편린들이라도 분석해 맞춰봐야 할 때이므로 감내해야 할 작업으로 보인다.

이 〈조선시대 수륙재와 감로탱〉은 감로탱 연구를 위한 수륙재 연구이다. 시기적으로 감로탱의 전형적인 도상이라 할 수 있는 16세기 말에서 19세기 초까지를 주 대상으로 하였으며 신경향의 도상이 나타나는 19세기 말은 그 또 다른 방대한 범위로 인해 후일을 기약하며 다루지 못했다.

15-16세기 의식집 간행의 양상과 특징

15세기를 비롯해 16세기 불교계에 나타나는 특징들에 대한 비교적 많은 연구가 불교사나 서지학적·미술사적 관점에서 이뤄져 왔다. 주로 승가에 지대한 영향을 끼쳤던 당대의 고승들에 대한 연구나 이 시기에 활발했던 불서佛書 간행을 중심으로 한 연구들이다. 그런데 여기서 그동안 조명 받지 못했던 것은 16세기 중후반 감로탱의 등장과 관련한 의식집 간행의 성격과 시대적 특징에 대한 것이다.

조선시대 왕실발원이 성행하던 시기인 15세기 불교계의 의식집 간행 경향은 법맥을 이은 문중門中 중심의 본격적인 활동이 시작되는 16세기와는 큰 차이를 보인다. 15세기 왕실을 중심으로 한 의식집 간행에 대해서는 권근權近, 1352-1409, 김수온金守溫, 1409-1481 등과 같은 당대 학자들의 발문을 통해 이 때에 간행된 책의 종류를 비롯해 여러 사실들을 알 수 있다. 그렇지만 이로 인해 파생된 불교계의 현상을 세부적으로 살펴볼 만한 당시 불교계의 유의미한 자료들은 거의 담겨 있지 않은 실정이다. 이는 의식집을 필요로 하는 승가 현장의 직접적인 수요보다는 왕실불교 위주로 의식집의 종류와 수량을 결정하고 간행을 주도한 것이 원인일 수 있다. 발문을 쓴 이들이 고승보다는 불교적 지식에 해박한 관리이자 학자 위주인 것도 이를 뒷받침한다.

16세기 초에는 고승들에 의해 승가에 맞는 보다 구체적이면서 세밀한 접근이 시도되어 의식집들도 이와 보조를 맞춰 간행되었다. 이 시기는 전대인 1469년 김수온의 발문이 있는 『천지명양수륙재의찬요』나 『수륙무차평등재의촬요』를 비롯해 『진언권공眞言勸供』(1496)과 같은 의식문들이 여전히 간행되고, 그리고 사찰에서 필요로 하는 의식문 위주의 종합적 의식문인 『제반문諸般文』과 『청문請文』 등이 사찰판본으로 간행되어 함께 병존하던 시기이다.

이 『진언권공』은 학조學祖가 인수대비仁粹大妃의 명으로 교정번역校訂飜譯한 것으로 왕실 불교의식의 정비 차원에서 집성된 일종의 관찬 의식문에 해당하는 것이지만, 각 의식문의 핵심적인 요체들을 간결하게 잘 드러내고 있어 후대에도 영향이 지속되었으며, 『제반문』과 『청문』 등도 다양한 의식적 수요에 대응해 산보를 거듭하며 유행하였다.

이 시기는 여전한 왕실발원의 수요와 함께 '사찰이 직접적인 간행의 주체로서 대중의 수요를 반영하는 경향'이 나타나고 있으며 재 설행도 그 양상에 눈에 띄는 변화가 보인다. 특정 시기의 왕실발원 등을 제외하고는 일반적으로 당시의 관습상 용인될 수 있는 규모의 것으로 설판재자의 발원과 여건에 따라 다양한 형태의 재가 적합하게 설행되고 있다는 점이다. 그리고 여기서 한 가지 중요한 사실은 이러한 의식문들이 실제의 재의식으로 설행되기 위해서는 목판의 제작을 위한 모연募緣, 인경, 유통에 이르기까지 산문山門의 여러 권위 있는 고승들의 크고 작은 영향력이 미쳤다는 점이다. 고승들의 인가는 물론 산문, 사찰, 대중들이 필요로 하는 의식에도 적합한 것이어야 했음은 물론이다. 의식절차와 의식문 간행을 들여다보는 것에 이들과의 연계를 살피지 않고는 당대의 재 설행에 대한 이해를 구할 수 없는 구조라 할 수 있다.

16세기 중후반 고승들의 수륙재 의식문 편찬과 '영혼迎魂 의식문'

조선시대의 대표적인 재齋는 수륙재였다.

수륙재는 조선의 건국과 함께 태조에 의해 왕실을 중심으로 불교의 대표적인 의례로 자리 잡은 이래로 점차 대중화의 길로 나아갔다. 15세기 말의 경향을 보면, 불교의 재 설행에 매우 비판적인 유학자였던 최충성崔忠成, 1458-1491이 김종직金宗直, 1431-1492에게 보낸 글인 〈점필재 선생께 올리는 글上佔畢齋先生書〉(『산당집山堂集』 권2)에서도 이를 살펴볼 수 있다.

> 일찍이 지리산에 올라 샘가나 숲 아래의 사찰을 두루 살펴본 적이 있는데, 큰 절이든 작은 암자들이든 다 수륙재를 설행하고 있어 이단이 끼치는 폐해를 알 수 있었습니다.
> 嘗登智異之山 泉源林底 遍見寺刹 大社小庵 盡設水陸 則知異端之所以爲弊也

이 글은 당시 지리산 사찰의 수륙재 설행 양상을 잘 보여준다. 그런데 이 기록 이후의 16세기 지리산은 벽송-부용-서산에 이르는 고승들과 선승들의 수도처로 이름났기에 관련 기록들에서 상대적으로 수륙재 부분이 눈에 잘 띄지 않는 점은 감안해서 볼 필요가 있다.

16세기 중후반은 조선시대 불교의례사의 전환기로 당대의 고승들이 수륙재 의식의 집성에 본격적으로 동참하고 있는 시기이다. 흥미로운 것은 방대한 수륙재 의식집인 『자기산보문仔夔刪補文』 중 제10권에서 고승대덕의 단인 〈제산단諸山壇〉과 왕실의 단인 〈종실위宗室位〉의 두 가지 편목만으로 편집된 축약본이 안동의 대찰인 광흥사廣興寺에서 1568년에 간행된 것인데, 이것은 서산의 사숙인 경성당慶聖堂 일선一禪, 1488-1568이 왕실을 위해 스스로 발원해 묘향산에 경성당慶聖堂을 건립한 일과 관련이 있다. 왕실제사인 〈종실위〉 등을 위한 의식의 필요성에 의해 간행된 것이다. 경성당 일선의 예는 당시 불교계에 하나의 사표가 되는 일이자 사중에서 필요로 하는 의식집 간행의 사례를 보여준다.

또한 이 시기에는 선교일치禪敎一致에 기반한 관법觀法을 강조한 원나라 몽산덕이蒙山德異, 1232-?의 『증수선교시식의문增修禪敎施食儀文』에 영향을 받은 고승들이 수륙재 의식집에 이를 반영해 산보하던 시기이다.

이와 관련된 대표적인 고승으로 먼저 허응당虛應堂 보우普雨, 1509-1565를 들 수 있다. 경성당 일선이 묘향산에 주석하며 보현사를 중창하고 선승으로서 깊고 조용한 이력을 남긴 것과 달리, 보우는 문정왕후文定王后, 1501-1565의 불교 중흥정책에 따라 왕실발원 수륙재와 같은 성대한 규모의 수륙재를 적극적으로 주도해 설행했다. 보우의 문집을 보면, 그도 수행 이력이 매우 깊어 금강산 마하연摩訶衍에서 15세에 삭발염의하고[剃染] 금강산 이암굴[利巖]에서 10년간 수행해 득도한 금강산 도인이었다. 그런데 이 이후로 그는 놀랍게도 수행처로 이름 높았던 금강산에서 수륙재로 명성을 떨쳤다.

당시 『조선왕조실록』[『명종실록』 13권, 명종7년(1552) 8월 8일자]에 수록된 사관의 기록을 보자.

> 승도의 우두머리는 보우이다. 보우가 처음에 금강산에 자리잡고 수륙정재水陸淨齋를 벌리니 원근에서 사람들이 구름처럼 몰려왔고, 오직 그의 말을 추종하니 얻은 재물이 산처럼 쌓였다.[하략]
> 僧徒之首普雨也 雨初寓金剛山 倡爲水陸淨齋 遠近雲聚 唯其所言 得貨如山

문정왕후의 신임과 천거로 1548년 봉은사 주지가 되기 전부터 보우는 이미 금강산에서 성대한 수륙재를 집전해 명성을 떨치고 있었던 것이다.

그가 쓴 수륙재 소문疏文들과는 별도로, 국한문 혼용의 『수월도량공화불사여환빈주몽중문답水月道場空花佛事如幻賓主夢中問答』(『허응집虛應集』, 간행시기·간행처 미상, 규장각 소장 古1709-4)은 조선시대 '수월도량공화불사'의 대유행을 가져왔으며, 여기에 부록으로 수록된 서른세 가지의 수륙재 영혼식迎魂式 의식문 및 청문請文 가운데 〈중종인종양대왕급선왕선후영혼식中宗仁宗兩大王及先王先后迎魂式〉은 현존하는 매우 희귀한 왕실 영혼식 의식문으로 사료적 가치가 높다. 사찰에서 이때에 '수라'와 '귤'을 올린 기록도 매우 흥미롭다.

보우에 이어 봉은사 주지를 지냈던 서산대사 청허당淸虛堂 휴정休靜, 1520-1604은 권승의 길을 벗어나 사숙인 경성당 일선이 주석하고 있는 묘향산에 들어가 수행과 학문에 정진했다. 그의 수륙재 의식문들은 선교일치의 관점에서 재의 요의를 담은 『운수단雲水壇 가사謌詞』와 또 다른 의식문인 「영혼식」을 들 수 있다. 이들 의식문은 그의 수행관이 반영되어 매우 간결하고 명료한 것이 특징이다.

서산의 제자들 가운데 그의 사숙과 법명이 같은 정관당靜觀堂 일선一禪, 1533-1608은 덕유산을 근거지로 활동하며 말년에 서산의 법석에 참례했다. 그는 임진왜란에 참전하지 않은 선승禪僧이자 경전經典과 시문詩文에 매우 밝은 선사 정도로 알려져 있지만, 실상은 수륙재에 정통했음에도 구체적으로 논의되지 못한

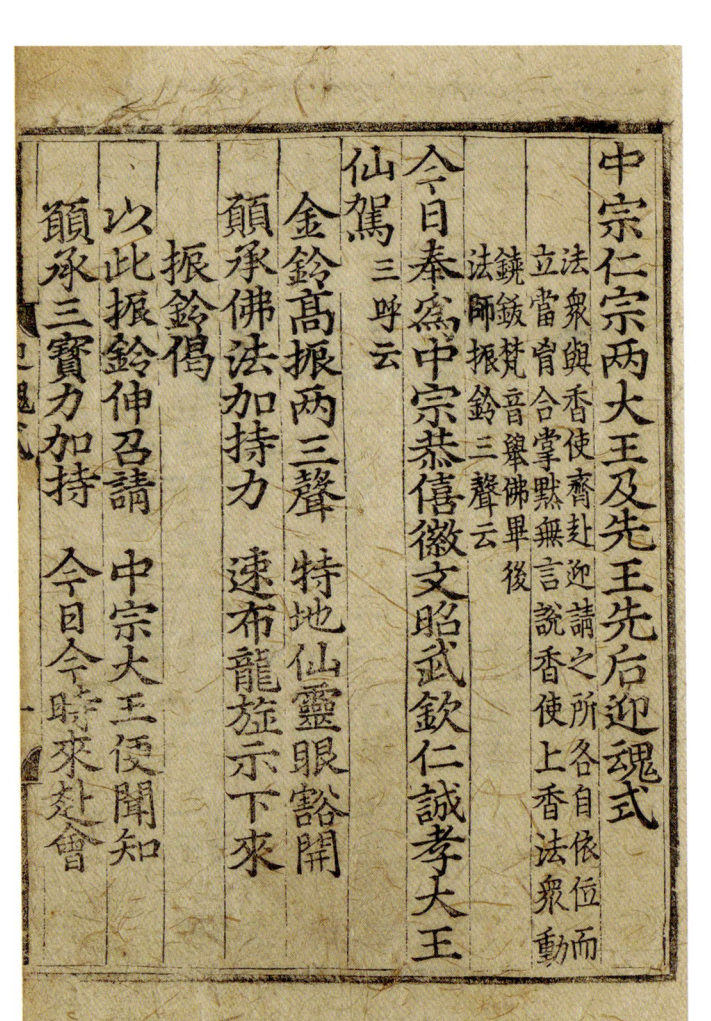

〈중종인종양대왕급선왕선후영혼식〉(『허응집』, 간행시기·간행처 미상, 규장각 소장)

점이 있다. '불교 사명일四名日 의식'을 만든 고승이자 『권공제반문勸供諸般文』(1574, 석왕사)의 「거찰사사명일시식영혼식巨刹寺四名日施食迎魂式」을 편찬한 것으로 추정된다. 그와 관련된 후대의 기록은 같은 문중의 어산이자 『오종범음집五種梵音集』(1661, 무주 호국사 간행)의 편찬자인 반운당伴雲堂 지선智禪, 16세기 말-17세기 중반 등에 의해 회자되고 있어 주목된다.

16세기 중후반의 대표적인 고승들이었던 보우, 그리고 서산과 일선의 의식문 저술에는 한 가지 공통점이 있다. 바로, 영가를 맞이하여[迎魂] 최종적으로 하단시식下壇施食을 베푸는 '영혼迎魂 의식문'의 편찬과 관련이 있다는 점이다. 이것은 수륙재 의식이 크고 작은 규모의 '재齋 형식의 제사'에 속하는 '불교 제사'로 더욱 분화하던 당시의 경향이 반영된 것으로, 숭유억불 시기의 불교계가 '유교식 제사'에 대한 여러 다양한 대중적 수요를 어떤 방식으로 흡수하며 병존을 시도해 왔는지를 잘 보여주는 중요한 증거이다. 늘어나는 대중적 신앙 수요에 따라 수륙재 의식의 수요에 의한 분화는 필연적일 수밖에 없었던 것이다.

특히, 의식면에서 보면, 〈중종인종양대왕급선왕선후영혼식〉^{사진}과 「거찰사사명일시식영혼식」은 재 설행의 성격과 시기, 대상자가 다르고 또한 편찬자에 의한 선후관계가 있는 등 세부적인 차이가 있지만, 16세기 중후반 동시대의 것으로 종합적 시각에서 보면 영혼식에 대한 다양한 수요가 드러나 있다.

당시의 수륙재는 주로 비정기적인 영역에서 불사를 기념하는 경찬법회나 각종 천도재 등으로 설행되었다. 보우와 서산의 '영혼迎魂 의식문'이 천도재 중 기신재를 중심으로 정기적으로 정례화된 개인영가 중심의 의식문이라면, 일선의 것으로 추정되는 현존하는 가장 이른 시기의 사명일 의식문인 「거찰사사명일시식영혼식」은 세시명절歲時名節과 같은 정례화된 날에 대중적으로 설행하는 것이었다. 이 사명일은 유교의 대중적인 명절인 사명일속제四名日俗祭에 속하는 '설, 한식, 단오, 추석'에 지내는 제사를, 불교 사명일인 '설, 단오, 추석, 우란분재[百

種]'로 받아들인 것이다. 여기서 "거찰"이라는 용어는 재의 규모를 짐작하게 하는 것으로, 시기적으로도 이 의식이 작은 규모의 사찰이나 암자에까지 보급되기 전의 초창기 의식문임을 보여준다.

위 고승들의 영혼식 의식문들은 각종 수륙재 의식문들과 함께 감로탱의 다양한 도상들을 해석하는 중요 근거가 되고 있다.

'왕실 기신재忌晨齋의 영혼식迎魂式'과 감로탱의 등장

조선시대 비정기적으로 설행된 수륙재 관련 각종 단편적인 기록들은 그 임시적 성격으로 인해 의식절차를 구체적으로 살펴보기란 쉽지 않다. 이 글에서는 15-16세기 수륙재의 '재 형식의 제사' 중에 특히 정기적으로 설행되는 의식에 주목했다. 물론 비정기성을 띤 것이라 하더라도 통용되는 의식의 관점으로 보면, 이러한 구분이 큰 의미가 없을 수 있으나 제한된 자료들 중에서도 상대적으로 신앙수요가 높고 정기적이었던 것에서 의식과 제도의 정비 빈도가 높아 일부 유의미한 관련 자료들이 남아있기 때문이다.

대표적으로 '왕실 기신재忌晨齋의 영혼식迎魂式'과 '불교 사명일四名日의 대중적인 영혼시식迎魂施食'이 이에 해당된다. 이들 의식에는 수륙재 하단下壇의 시식을 위한 영혼을 맞는 의식인 '영혼迎魂'이라는 재의 초기 의식절차가 특정되어 있어 주목된다.

먼저 전자의 '왕실 기신재의 영혼식'의 범주에 대해 살펴보면, 엄밀히 말해서, 이것은 사찰의 명부전이나 시왕전의 전각 내에서 설행하는 사십구재四十九齋인 칠칠재七七齋와 백상재百祥齋, 소상재小祥齋, 대상재大祥齋의 비정기적인 십재十齋 이후의 '기일忌日'에 행하는 재이지만, 대재인 수륙재로 말미암아 그 성격과 의미가 뚜렷하게 구분되지 않고 모호해지는 경우들이 보인다. 이에 수륙재로 설행되거나 수륙재 내에 칠칠재의 법화경 칠축七軸 독송이나 시왕재十王齋 혹은 예수재豫修齋와 같이 복합적인 재의 설행이 따랐다. 게다가 이 기신재는 설행의 성격상 기본적으로 왕의 재가에 의해 설행되었고 여건에 따라 발원의 지속성을 갖지 못했던 점들도 고려할 필요가 있다. 그러나 왕조시대였던 만큼 일반 기신재 의식에 크고 작은 영향을 미쳤다.

후자인 '불교 사명일'의 대중적인 영혼시식은 전자에 비해 등장 시기가 늦다. 유교의 사명일에 '재 형식의 제사'를 적용한 불교 사명일로 명절 등에 설행하던 왕조시대의 대중적인 천도재이다. 천도대상을 관례화한 것이 특징으로, 왕실위인 종실위宗室位 등에서부터 일체의 외로운 영가들에 이르기까지 이들을 위해 매년 때에 맞춰 정기적으로 설행되었는데, 의식의 체계는 시기적으로 임란 이전인 16세기 말에 갖춰져 있는 것을 볼 수 있다.

위의 두 의식 가운데 왕실 기신재는 연원이 가장 오래되어 조선전기에도 '재 형식의 제사'를 대표할 뿐만 아니라 새로운 불교문화 창출에 큰 영향을 미쳤다. 14-15세기에 태조 이래로 국가적인 차원에서 국행國行 수륙재의 설행이 성행하는 가운데 사십구재와 기신재 등의 왕실 설행 빈도 역시 매우 높았던 것은 국초부터 수륙재의 영가천도적 특성에 집중한 결과이다. 특히, 왕실 기신재는 그 정기적 성격으로 인해 사대부들의 영향력이 강화되는 16세기 초인 1516년에 혁파되었다가 16세기 중반에 이르러 문정왕후文定王后, 1501-1565의 불교중흥을 맞아 일시적이나마 다시 설행하게 된다.

왕실 기신재의 설행 형태를 살펴보면, 건국 초기부터 수륙재 삼단三壇의 건축물을 갖춘 법당과 전각 안을 중심으로 실내에서 여법하게 설행된 점이 눈에 띈다. 태조가 1397년 진관사에 수륙사水陸社를 건립하고 권근權近, 1352-1409이 태조의 명으로 기록한 「진관사수륙사조성기津寬寺水陸社造成記」나 왕실 주도로 간행된 『진언권공』(1496)의 「삼단시식문三壇施食文」은 각 전각 내에서 설행된 왕실 기신재와 관련된 것이다. 법당의 정면인 남쪽문을 개방하고 하단의 국왕, 왕후의 양위선가를 비롯한 법계망혼法界亡魂들의 영가천도가 맞은편 전각에서 이뤄졌다.

당시 왕실 기신재라 하더라도 전각 안에서만 설행된 것은 아니었지만 의식은 여전히 법당 중심이었다. 기신재 지정 사찰들의 설행 여건에 따른 차이로 인해 법당과 중정中庭 사이에서 이뤄진 경우도 있었으며, 여기에서도 여러 형태의 동선이 발생할 여지가 있었다. 일반적으로, 중정에서 이뤄지는 핵심적인 의식절차인 '보례普禮'는 법당의 주존을 향해 예를 올리는 것으로 비로소 성현과 마주하게 된 영가들에게 중요한 종교적 전환점이 되는 순간이다. 보례의 중요성과 상징성은 법당 중심의 의식에서 뿌리 깊게 내려온 것이어서 기록으로 보면, 후대의 크고 작은 사찰이나 암자에서 법당의 내외부를 중심으로 독립적인 하단시식을 행할 때에도 반영되었다. 이때에 상단과 중단의 성스러운 대중들을 위해 '상주권공常住勸供'이나 '상단권공上壇勸供'이라는 '권공勸供'을 별도로 갖춰서 설행한 경우도 여법함을 위한 연장선상의 것이었다.

이것은 초기 감로탱의 도상에서도 분명히 드러난다. 의식절차로 보면, 감로탱은 상단과 중단이 아닌 하단 의식절차가 나타나 있지만, 단 위의 공양물은 상단과 중단을 위한 공양물로 올린 매우 독특한 형태이다. 따라서 적어도 이러한 중앙의 단은 공양물로 보면 일반적으로 통칭되는 '시식단'이 아니라 '불단佛壇'에 가깝다. 하단을 위한 시식은 법주에 의해 단 앞에서 행해지고 있다. 즉, 대부분의 감로탱에서는 '권공'과 '시식'이 하나의 화면에 모두 도해된 것이다.

〈약센지 소장 감로탱〉(1589) 사진은 고전적인 형태의 감로탱으로 이에 대해 설명하기 가장 적합하다. 뛰어난 필력이 돋보이는 4명의 화승과 2명의 일반화사가 그린 것으로 그 크기에 비해 비교적 많은 수가 동참했다. 화면 구성도 매우 정치하고 안정적인 구도를 지니고 있는데, 화면의 위쪽 중앙에 그려진 복장낭腹

〈약센지 소장 감로탱〉(1589, 삼베에 채색, 158.0×169.0㎝)

藏囊을 중요 지점으로 해서 그 아래로 성스러운 대중들이 현현해 있다. 하단 '거불擧佛; 擧念'로 아미타삼존이 정면에 독립적으로 현현해 있으며, 인로왕보살을 시작으로 고혼들이 소청召請되었고 이들 고혼들을 위한 시식의 칠여래가 현현해 있다. 이들 불보살의 성스러운 대중들 아래의 단에는 상단의 '육법공양六法供養; 香燈花果茶米'에 해당하는 향화등촉香花燈燭과 놋동이의 밥, 그리고 과일[果] 대신에 유밀과油密菓를 올렸다. 여기에 특이하게도 지전紙錢을 놋동이[그릇]에 꽂아 공양을 올렸는데, 이것은 그동안의 많은 논의에도 불구하고 의식의 관점에서 보면, 위격을 중단의 권속인 시왕十王 신앙에 기반해 올린 것이다.

『천지명양수륙재의범음산보집』(1739, 대흥사 소장) 부록의 협주편목인 〈전막이운론錢幕移運論〉^{사진}에서 시왕단의 지전 올리는 법을 논한 것을 보자.

제방의 사찰들을 널리 살펴 전불사를 돌아본즉, 여법한 조전이라 함은 경권과 붓, 벼루, 지물을 법수대로 갖추고 뒤섞이지 않게 선후의 순서대로 하되, 단 조전을 열 개의 소반에 올려 배치하는 것이었다. 그리고 나서 시왕청좌 후에 시왕 각 위께 봉헌하고 때에 헌전게를 운운[하략].
洋觀諸方顧錢佛事則 如法造錢 而造備經卷與筆硯紙物如數 而不雜先後次第 但以 造錢排置於十盤上 而十王請座后奉獻十王各位時獻錢偈云云

위의 글은 시왕단十王壇의 전막이운 의식절차를 논하기 앞서 『예수시왕생칠재의찬요預修十王生七齋儀纂要』의 〈단에 들이는 공양물[壇中所入之物]〉 등에서 일반적으로 밝히고 있는 공양물 외에 별도로 조전을 배치하는 여법한 규식에 대해 구체적으로 밝힌 것이어서 주목된다. 특히, "조전을 열 개의 소반에 올려 배치한다. 造錢排置於十盤上"고 하여 전을 시왕의 법수에 맞춰 열 그릇의 소반, 즉 그릇 위에 올리는 근거를 보여주고 있어 매우 주목된다. 〈우학문화재단 소장 감로탱〉(1681)이나 〈영취산 홍국사 감로탱〉(1723, 리움 소장)^{사진} 등의 도상에서는 그릇 위에 세운 지전紙錢 묶음[속지束紙]에 동전 모양을 장식적으로 내고 화려한

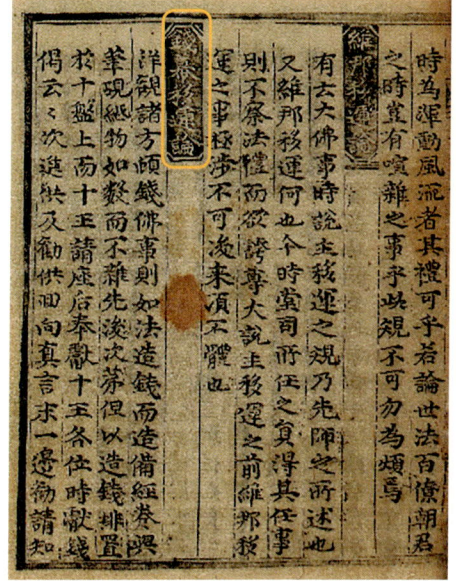

『천지명양수륙재의범음산보집』〈전막이운론〉
(1739, 대흥사 소장)

위_영취산 흥국사 감로탱(1723, 비단에 채색, 152.7×140.4㎝, 리움 소장)의 지전, 아래_〈곡성 태안사 봉서암 감로탱〉(1759, 비단에 채색, 228.0×182.0㎝, 리움 소장)의 지전

장엄을 부가하거나 〈곡성 태안사 봉서암鳳瑞庵 감로탱〉(1759, 리움 소장)^{사진} 등에서는 붉은 끈으로 묶어 고정하고 있다. 이처럼 지전을 고정시키기 위한 또 다른 형태는 현행 전통적인 예수재002에서도 전승되어 남아 있는 것을 볼 수 있다.

〈리움 소장 감로탱〉(18세기) 등의 경우에는 지전 위에 공불화供佛花도 올렸는데, 이것은 시왕이 중단의 권속으로, 성중에게 올리는 공양물이기에 가능했

---

002 양주의 태고종 청련사 예수재에서는 명부(冥府)에 바칠 종이 지전을 여러 장 쌓아놓고 돈꾸러미를 묶는 양쪽 끈의 역할을 하는 "총명지"를 사용해 윗면을 장엄하는데[구미래, 〈청련사 예수시왕생칠재 보고서〉, 사)청련사예수시왕생칠재보존회, 2019, pp.56-58 참조], 이는 지전이 바람에 날리지 않도록 고정시키기 위해 종이못 용도의 '촉'을 만들어 '명지'에 꽂았던 전통 방법으로 보인다. 전통 지화(紙花)를 만드는 진관사에서도 많은 양의 종이를 흐트러지지 않게 고정하는 용도로 종이를 꼬아 만든 "종이 심지", "종이 못"이라 부르는 것을 사용한다.

던 것이다.

　조선시대 감로탱 도상에 나타나는 단의 공양물은 실제의 의식에서 하단에 앞서 이미 '상주권공'이나 '상단권공' 등을 했음을 보여주는 중요한 증거이다. 수륙재 하단의 의식절차임에도 상단과 중단의 공양, 하단의 시식을 하나의 화면에 압축적으로 도상화했다는 점에서 감로탱이 지닌 불보살 신앙의 중요한 기저를 잘 드러내고 있다.

　불교의례에서 법당이 지닌 상징성과 중요성, 그리고 성중에 대한 깊은 신심은 굳이 언급할 필요가 없지만, 조선시대 의례 현장의 여러 다양한 설행 조건들 속에서 이것이 충실히 반영되고 있는 점은 새삼 눈에 띄는 부분이다.

　16세기 중반의 왕실 기신재 의식과 관련해 삼단탱화 중 중단탱화와 하단탱화의 봉안장소 문제는 그 시사하는 점이 크다. 수륙재 중단의 '거불' 대상이자, 천天·선仙·신神의 이십사부중二十四部衆의 권속을 거느린 삼장보살三藏菩薩: 天藏, 持地, 地藏을 주존으로 하는 삼장탱三藏幀 중 현존하는 가장 이른 시기의 것이 〈일본 다몬지多聞寺 소장 삼장탱〉(1541)이고 하단탱화인 감로탱은 1580년에 조성된 국내 개인 소장이 가장 이른 것으로 알려져 있다. 이들 각각의 탱화는 최초의 제작시기가 적어도 현존하는 것보다 앞서겠지만, 그럼에도 시기적으로 매우 큰 간격이 존재한다. 이 간격의 중심에는 '영혼식'으로 대표되는 왕실 기신재가 조선전기에 법당을 중심으로 남쪽의 왕실 영당靈堂 안에서 행해진 것과 관련이 있지만, 현존하는 건축물에서도 볼 수 있듯이, 왕실 원당願堂이 있거나 수륙사水陸社 성격의 하단 건축물이 있는 왕실 영당은 당시 매우 드물었다.

　문정왕후 시기에 허응당 보우가 쓴 중종中宗, 재위 1506-1544과 인종仁宗, 재위 1544-1545 기신재 의식문의 의식절차로 보면, 하단 시식은 독립된 전각인 왕실 영당에서 설행되었다. 따라서 만약 삼단탱화가 〈중종인종양대왕급선왕선후영혼식中宗仁宗兩大王及先王先后迎魂式〉을 위해 전각에 봉안되었다면, 법당에는 불보살의 성스러운 대중인 주존을 비롯해 삼장보살이 봉안되고, 법당의 앞문 개방으로 인해 남쪽의 영당 전각에는 감로탱이 봉안되었을 것이다. 이것은 임란 이후로 오늘날까지 삼단 탱화 봉안의 전형이 된, 법당 내부의 동쪽이나 서쪽 방면에 중단과 하단의 영단 탱화를 봉안하는 것과는 차이가 있다.

그렇다면 최초의 감로탱이 등장하는 시기는 언제일까?

그 감로탱이 법당 안이 아니라 법당 밖의 영당에 봉안되었을 것이라는 근거의 중심에는 수륙재 의식에서 하단의 방향이 북쪽의 법당을 중심으로 맞은편의 남쪽에 위치하고, 무엇보다도 「진관사수륙사조성기」에서 볼 수 있듯이, 조선 태조가 직접 건립한 최초의 수륙사가 법당의 상단을 포함해 삼단의식을 실내에서 설행할 수 있는 삼단 전각으로 건립된 것에 기인한다.

〈중종인종양대왕급선왕선후영혼식〉에도 상단의 법당과 하단의 영당 전각이 나타나는데, 이에 따라 추론해보면, 중단의 삼장탱 도상은 일반적인 '존격 중심'으로 법당에 봉안되었을 것이다. 그러면 하단의 감로탱은 왕실 기신재와 관련된 것이기에 영당에 자연스럽게 봉안될 수밖에 없다. 대재인 수륙재의 성대한 설행을 도해圖解한 감로탱이 독립된 전각 내에 봉안되는 것은 이처럼 어떤 매개를 중심으로 하지 않고서는 설명하기 어렵다.

수륙재 의식문의 내용 자체는 야외 공간의 설행을 배경으로 한 것이지만 영혼식에 바탕한 왕실 기신재와 같은 '재 형식의 제사'는 현실적으로 야외와 전각이라는 두 공간을 배경으로 하고 있다는 점에서 수륙재와 전각 내 감로탱 도상 간에는 거리감이 존재한다. 그러나 전각 내에서 설행되는 의식도 수륙재 의식문에 바탕을 하고 있고 감로탱의 도상도 이러한 의식문에 근거해 당연히 야외를 배경으로 그려진 것이기에 왕실 기신재와 감로탱의 등장 측면에서 감로탱의 배경이 왜 실내가 아닌 야외인지에 대해 논하는 것은 의미가 없다.

이 감로탱의 가장 중요한 특징은 중국 명청대 수륙재의 수륙화水陸畵가 존격의 집회集會 위주였던 것과 달리 '의식의 도해圖解 중심'이라는 점에서 분명 최초의 감로탱은 획기적인 도상의 창안자를 필요로 하는 시점에 등장한 것이다. 현존하는 초기의 감로탱 도상을 보더라도 당시의 고승을 배제하고는 논의를 전개하거나 추론하지 못할 정도의 정밀함과 파격성이 드러나 있다. 명목상, 하단탱화임에도 불보살의 성스러운 대중들이 재 의식에 따라 모두 현현하여 대승의 중생 구제를 시각적으로 구현하고 있을 뿐만 아니라 도상의 단순 집성에서 나아가 의식儀式의 극적 흐름이 반영되어 있기 때문이다. 16세기의 현존하는 감로탱 가운데 5점의 기년명 있는 것이든 2점의 무화기無畵記의 것이든 도상 구성에서 드러난 기본적인 의식 체계는 큰 차이가 없는 점도 이를 뒷받침한다.

또한 〈쵸덴지 소장 감로탱〉(1591)의 왕실 영혼식迎魂式 행렬 장면 도상 등을 비롯해 설단과 장엄, 공양물 등에서 왕실발원의 영향이 도상을 통해 여전히 이어지고 있는 점도 흥미롭다. 특히 〈세이쿄지 소장 감로탱〉(1590)사진의 단에 올려진 것들을 보면, 보석이 감입嵌入된 향완香垸과 향합香盒, 촛대 그리고 화려한 대형 꽃병과 공양물 도상이 눈에 띈다. 여기서 꽃병은 회화적인 부분을 감안하더라도 당시 사찰에서 사용하던 것과 매우 다른 희귀한 양식이다. 구연부로 이어지는 동체의 상부는 금장金裝이고 일반적인 도자기 꽃병도 아니다. 매우 가늘게 묘사된 굽 부분이 특징적이어서 도자기로 만들기에는 어려운 기형器形이며 청동青銅 재질의 색감이다. 금장, 보석 장식의 화려한 화병이 성대한 재의 성격과 규모를 드러내고 있다.

문정왕후 시기는 조선시대 가장 흥성했던 왕실 탱화불사가 이뤄지던 때이다. 관련기록과 현존하는 유물로 보면, 〈오백나한탱〉을 비롯해 석가모니불·아미타불·약사불·미륵불 탱화라는 400점의 탱화가 '회향'되었으므로 거의 천여 점에 이르는 탱화불사가 이뤄졌다. 비록 탱화의 크기는 작았지만, 유례를 찾아보기 어

〈세이쿄지 소장 감로탱〉(1590, 삼베에 채색, 133.2×127.0㎝)의 단

려운 기록적인 불사라 할 만하다.

그러나 보우가 입적한 지 15년 이후에 나타나는 현존하는 5점의 기년명 있는 초기 감로탱들의 '화기畵記'로만 보면, 여기에서 왕실 기신재와의 관련성이 보이지 않는 것은 시기적으로 이때에 왕실 기신재가 완전히 혁파되었기 때문일 수 있다. 게다가 '의식의 도해 중심'으로 도상이 이미 확립되어 있음에도 화기에 탱화의 명칭이나 봉안처가 분명하지 않은 점 역시 과도기적 시기의 반영일 수 있다. 즉, '초기' 감로탱 화기의 이러한 혼란으로 보면, '최초'의 감로탱은 특수한 성격의 왕실발원이거나 일반적인 화기 표기방식이 아니었을 가능성이 높다.

보우가 당대의 수륙재를 대표하는 고승이었다는 사실, 그리고 그의 입적 이후로 한동안 암흑의 시기가 있어 이러한 의례화를 왕실의 적극적인 후원 없이 처음으로 기획하여 실행하기란 불가능한 일이다. 따라서 보우에 의해 시도되었을 최초의 감로탱은 '왕실 기신재의 영혼식'이 서산의 제자인 정관당 일선에 의해 다시 '사명일의 영혼시식'으로 대체될 때에 도상의 큰 변화 없이 현존하는 초기 감로탱의 형태로 자리잡은 것으로 보인다. 이 가능성을 동시대를 살았던 문인 어산魚山인 반운당伴雲堂 지선智禪, 16세기 말-17세기 중반선사의 또다른 사명일 의식문의 의식체계와 협주를 통해 일부 살펴보았다.

또한 보우 입적 이후에는 감로탱의 봉안 장소에도 변화가 나타난다. 16세기 말을 거쳐 임진왜란 이후의 어느 시점부터는 법당을 중심으로 법당 안에 삼단의 위의를 집약적으로 갖추는 방식으로 봉안이 되고 있다. 종파와 큰 관련 없이 법당 안에 주존탱화와 삼장보살탱(혹은 신중탱), 그리고 감로탱의 삼단 체계를 갖추기 시작한 것이다. 이것은 비정기적인 대재의 임시 설단이나 북남축의 영당 내에서 주로 설행되던 왕실 기신재와의 관련성이 아니라 '법당 내 대재의 집약적 상설화'라는 대중들의 신앙적 요구가 점차 강해져감에 따라 나타난 현상이다. 이때에는 이와 함께 이미 영혼식의 대중화가 이뤄지고 있었다. 17세기 말의 기록을 보면 이미 신분상, '상놈[常漢]'도 사찰에서 기신재를 지내고 있었을 정도로 '재 형식의 제사'가 유행했기 때문이다.

수륙재의 삼단을 갖춘다는 것은 그것이 비록 법당 내부의 삼단이라 하더라도 삼단 의식을 할 수 있다는 것이므로 그 규모를 떠나 기본적으로 대재의 요건에 해당된다. 또 한편으로 수륙재가 규모에 따른 내외의 설행 구분에서도 법당 중심이 크게 달라지지 않은 것은 주전각인 법당이 지니는 상징성과 대표성으로 인해 야외에서 설행하는 경우에도 법당을 향해 '보례' 하는 등 법당 중심의 신앙 형태가 여전히 뿌리 깊이 내려왔던 것에 기인한다.

이것은 왕실 기신재에서 시작된 감로탱이 법당 중심의 전통 속에서 '재 형식의 제사'에 대한 대중적인 신앙수요에 의해 법당 내 삼단 중 하단의 탱화로 안착하는 계기가 되었을 수 있다. 그리고 이것은 이전에 하단이 남쪽에 위치하던 방위와 전혀 상관없이 개별 사찰의 법당 내 여건에 따라 동쪽이나 서쪽에 봉안되어 고착되는 결과를 낳았다. 이때부터 법당 내의 의식에서는 적어도 북남 축의 하단 배례가 지켜지지 않게 된 것이다. 재가 성행하면서 의식의 확장에 따라 새로운 유행도 나타난다. 법당과 북남 축에 있는 누각樓閣이나 전각 일부에 고정적인 단이 설단되고 여기에도 감로탱이 봉안되고 있는 것이다.

하단의 관상觀想 전 과정을 도해圖解하다

보우의 『수월도량공화불사여환빈주몽중문답』은 전대의 왕실판본인 『진언권공』(1496) 「작법절차作法節次」의 의식절차를 파격적으로 재구성한 국한문 혼용의 '대화형식의 해설적 의식문'이다. 당시 불사의 주관자였던 문정왕후를 비롯해 왕실 여관女官과 재의 동참대중들에게 재의례의 신앙적 기반과 규범을 정립하고 작법의 이해를 돕는 교본의 역할을 하였기에 이후의 각종 불사들이 본격적으로 '수월도량공화불사'라 불리는 계기가 되었다.

여기에는 특히, 법사法師의 설법과 함께 대별적으로 증사證師의 원관圓觀이 매우 강조되어 있다. '수월도량공화불사' 역시 무형의 도량을 건립하는 것이기 때문이다. '법의 관상'을 통해 도량의 건설과 구제의 대서사에 이르는 전 과정들을 생생히 관상할 수 없다면 재 설행의 공덕도 증명할 수 없기 때문이다. 따라서 이 시기 감로탱의 등장을 논할 때, 최초로 제작된 감로탱과 제작자에 대해 분명하게 특정할 수 없다고 하더라도 '하단의 관상 전 과정을 도해圖解한 탱화'로 접근한다면 적어도 그 등장의 본질에는 접근할 수 있을 것이다.

초기 감로탱에 법사와 증사의 도상이 구별되게 드러나는 점도 이러한 영향의 반영이다. 감로탱은 '의식문'을 구체적인 '관상'을 통해 '탱화'로 도해했다는 점에서 그 독창적인 가치가 있다. 그리고 왕실 기신재에서 법당과 떨어진 위치에 있는 남쪽의 전각이나 영당靈堂에서 하단 의식을 할 때에 이러한 탱화가 무엇보다도 실질적으로 필요했을 것이다.

〈국립중앙박물관 소장 에지마 고도 기증 감로탱〉(16세기, 삼베에 채색, 화폭_239.0×245.3㎝)

이 『수월도량공화불사여환빈주몽중문답』은 본사 석가모니불의 영산작법을 중심으로 하고 있지만, 이미 법사와 증사의 소임 분화를 비롯해 수륙재 하단시식의 '사다라니四陀羅尼: 變食眞言, 施甘露水眞言, 一字水輪觀眞言, 乳海眞言'를 수용함으로써 당시 영산작법과 수륙재 하단이 습합이나 합설된 형태로도 재가 설행되고 있었음을 보여준다. 수륙재에서도 영가천도의 비중이 높아짐으로 인해 하단이 강조되던 경향에 기인한 것이다.

이러한 관상의 중시는 보우와 동시대를 살며 그의 영향을 받았던 서산에게도 명확히 나타난다. 『권공제반문』 「거찰사사명일시식영혼식」의 '사다라니' 협주에도 다음과 같은 흥미로운 내용이 있다.

이 진언[乳海眞言]을 염송하되 버들가지로 공양물 위에 향기로운 물을 세 번 뿌리고 또한 공중에도 세 번을 뿌려서 백골 고혼으로 하여금 살이 돋아 배부르게 하라. 위의 작관하는 법은 곧 '서산의 가르침'으로 증명이 할 바이다.
誦此呪時以楊枝洒香水於供具上三度 又洒空中三度也 使白骨孤魂以成肥飽滿也 此上作觀之式 乃西山之教也 訂明之所爲也

위의 협주는 사명일 의식의 제도를 만든 것으로 알려진 일선이 스승으로부터 받아 지닌 것으로 보이는 작관법의 실체가 짧지만 명료하게 드러나 있다.

이것은 몽산덕이의 『증수선교시식의문』에 나타나는 '사다라니' 의식절차의 변식진언과 감로수진언 사이에 〈작관지법作觀之法〉이라 이름 붙은 별도의 협주 내용과 비교된다.

[중략] 모든 불자들이 다 이 법회에 모여들어 한 명 한 명의 불자 앞으로 다 '몸'이 있게 되었으니, 경전과 다라니를 독송하여 받아 지녀, 변식진언으로 적은 양을 많아지게 하고[하략]
諸佛子 悉赴法會 一一佛子前 皆有我身 誦經持呪 變食以少爲多

고혼들이 법회에 참석하고 의식절차를 통해 '사다라니'의 시식을 받을 수 있는 '몸'이 있게 된 것이다. 서산의 '사다라니'에서는 수인手印이 아닌 버들가지 기물을 통해 더 많은 쇄수灑水가 가능한 것이 눈에 띄지만, 무엇보다도 주목되는 것은 관상법이 몽산덕이의 것보다 백골 고혼에서 살이 돋을 만큼 더욱 심층적으로 진전된 것이라는 점이다.

보우-서산-(정관당) 일선은 활동 시기로 보면 이 시기의 고승들은 거의 대부분 보우의 영향을 받고 있었다. 1565년 보우는 갑작스런 입적으로 자신의 문중을 형성하지는 못했지만 그의 문집인 『나암잡저懶庵雜著』(1573, 간행처 미상, 동국대도서관 소장)의 소략한 간기에는, "檜岩寺住持 大禪師 天齡書, 直指寺主持中德 惟政 校"라고 하여 당시 고승들 두 명이 나타나는데, 회암사 주지가 글씨를 쓰고 서산의 제자인 유정이 교정을 했다.

보우-서산-일선의 의식문 저술로 보더라도 감로탱의 등장 기반은 보우에 의해 처음으로 갖춰진 것으로 보인다. 예를 들면, 초기의 감로탱 도상에서 후대에 이르기까지, 해당 의식을 증명하는 존격의 명호를 칭해 그 공덕의 위신력을 드러내는 의식인 '거불擧佛; 擧念'에 현현하는 존격을 비롯해 인로왕보살, 칠여래 또는 오여래 등이 의식절차에 따른 명확한 기준에 의해 화면에 나타나 있는 것이 눈에 띈다. 이것은 『천지명양수륙재의찬요』와 『수륙무차평등재의촬요』와 같은 당시 널리 유통된 수륙재 삼단의식을 기본으로 하고, 불가의 의례서인 『진언권공』과 독립적인 하단의식인 『증수선교시식의문』 등에 정통해야만 가능한 일이다. 또한 무엇보다도 당시 명청대 수륙화水陸畵의 화본畵本들을 직접 접할 수 있어야 했지만, 도상의 집성에 가까운 이들 수륙화의 화본들을 지양하고 생생한 재 의식 중심으로 재편하여 '하단의 관상 전全 과정을 도해한 탱화'라는 새로운 도상을 화사畵師를 통해 집약적으로 창안할 수 있어야 했다. 수륙화 화본들이 끼친 영향은 감로탱에 표현된 고혼들의 죽음의 모습을 중심으로 일부 한정적이라는 점을 감안할 필요가 있다.

감로탱의 등장과 관련해 보우 이전의 고승들에게서 이를 찾아보기 어려운 점이 보우의 시대와 보우에 주목하는 이유이기도 하다. 이 글은 최초의 감로탱에 대한 어떤 기록도 없으며 어떤 도상이었는지 알 수 없음에도 불구하고, 여러 가지 시대적 배경과 불교 의례사의 흐름으로 위의 왕실 기신재의 마지막 시기인 문정왕후와 보우의 시기에는 감로탱이 등장했을 것으로 보았다. 최초의 하단탱下壇幀 불사의 주도는 무엇보다도 선승으로서 수륙재에 정통하고 당시 왕실의 후원이나 고승의 인가 없이는 어려운 일로 이 권위에 힘입은 것임은 분명하다. 이러한 맥락에서 감로탱은 보우를 시작으로 처음 등장하고 서산과 일선에 의해 전개되었을 가능성이 있다.

16-17세기 '불교 사명일'의 유행과 전개

'불교 사명일'은 명절에 행하는 정기적이면서도 대중적인 '재 형식의 제사'로 16세기에 의식문이 등장하지만, 그 영향은 초기 감로탱 도상에 유감스럽게도 잘 드러나 있지 않다. 그러나 단편적이나마 〈약센지 소장 감로탱〉(1589) 도상에서 법주와 증명, 어산 대중들인 의례승들 사이로 보이는 '부채를 든 승려'가 조선시대 '불교 사명일'의 수륙재 설행 현장에서 활동했던 연희승의 존재를 알려주는 주요 단서이다. 보다 두드러지게 나타나는 것은 17세기 〈청룡사 감로탱〉(1692)이다. 17세기와 18세기 감로탱의 의례승들 사이에서는 '나례儺禮'나 '걸립乞粒;建立', 혹은 〈삼회향〉으로 볼 수 있는 연희를 준비하는 사찰 걸립패들이 전면에 등장하고 있는데, 명절의 재 자체를 연상시키는 흥미로운 장면이다.

또한 감로탱 화면의 아랫쪽에 표현된 예인들의 고혼 도상들에도 이러한 장면이 확대되어 나타나고 있다. 〈리움 소장 감로탱〉(18세기)을 보면, 상모 벙거지에 탈을 쓴 초란이가 세시歲時에 '고사반告祀盤'을 행하고 있는데, 상 위에는 실타래와 실패가 올려져 있다. 〈용주사 감로탱〉(1790)의 '고사반'에서는 흰쌀이 소복하다. 〈국립중앙박물관 소장 감로탱〉(18세기)에서는 방정맞은 '초란이'를 비롯해 갓을 쓴 '소리꾼'이 『당음唐音』의 싯구인 "馬上逢寒食途中"이라 쓰인 부채를 들고 장구를 치며 사설을 풀고 있는데, 그 모습은 영락없이 후대의 흥부가 판소리 장면과 차이가 없다. 〈용주사 감로탱〉(1790)의 초란이 탈은 벽사辟邪를 상징하는 '금목金目'의 눈에 성현의 상호 중 하나인 청색 눈썹을 하고 있다. 이들 도상은 그림으로 묘사된 가장 이른 시기의 것이고 연대 추정이 가능하다는 점에서 새로운 연구 대상이다.

한편으로 조선시대 '불교 사명일' 중에 가장 큰 재였던 우란분재[백중]에 대해서도 주목할 필요가 있다. 이와 관련된 내용들이 감로탱에 도상으로 유입되었기 때문이다. 이는 감로탱의 도상 해석을 난해하게 하지만, 경전과 설화, 대중적 신앙에 바탕하고 있기에 불교민속적 가치가 매우 크다. 소의경전으로 『불설우란분경佛說盂蘭盆經』(K0277)과 『불설대목련경佛說大目連經』(1536, 逍遙山 烟起寺, 규장각 소장) 등이 있어 널리 독송되었으나 의식문은 수륙재 의식에 귀속되어 있다. 『권공제반문』(1574, 석왕사)의 수륙재 의식문인 「거찰사사명일시식영혼식巨刹寺四名日施食迎魂式」과 「시식의문」 등으로, 「거찰사사명일시식영혼식」에는 백중에 행하는 게송만이 수록되어 있다. 당시의 사명일에서도 백중이 가장 중시되었음을 보여준다.

목련目連의 효孝를 중심으로 한 구제의 극적인 요소는 시대와 영역을 뛰어넘는 대중성을 보여주는데, 특히 〈국립중앙박물관 소장 감로탱〉(18세기)에서는 면연귀왕이 기존의 발우나 정형화된 그릇 대신에 흥미롭게도 우란분재의 그릇인 대나무로 엮은 소쿠리를 들고 있다.

수륙재는 대중들의 다양한 신앙적 요구를 받아들이고, 감로탱 도상은 이를 반영하고 있기에 당대의 시대상 및 문화적 수요에 대해 보다 심도 있는 접근과 이해가 필요하다.

16-18세기 초 어산魚山인 선사禪師들의 등장과 활동

재의 설행에서 소임 별로 보면, 법주나 증명과 함께 중요한 소임이 어산魚山인데, 수륙재에서 어산의 기록이 구체적으로 나타나기 시작하는 것은 신라의 진감국사眞鑑國師 이래로 시작된 어산의 오랜 역사에 비해 임진왜란과 병자호란을 거치며 재의 수요가 더욱 늘어나는 17세기가 되어서이다.

적어도 16세기와 17세기의 수륙재는 '소리'보다 '문자' 위주로 보일 정도로 정연한 의식문 체계를 갖추고 집성하는 것에 공을 들였다. 수륙재가 특징적으로 각 단壇 별로 각종 소문疏文의 문서를 바탕으로 하는 것도 조선시대 어산의 본격적인 활동에 영향을 미쳤을 것이다. 그리고 이때의 어산은 18세기 재의 성행에 따른 새로운 현상인 어산의 발흥과 달리 영향력 있는 선사禪師 이력履歷이 두드러지고 있어 이들에 의해 수륙재의 방향성이 설정되고 이것이 의식집의 편찬에 반영되고 있었음을 보여준다.

각 시기에 활동했던 어산의 지위와 계보를 따라 시대적으로 수륙재의 특징적인 면모가 설명 가능한 점도 수륙재가 반영하는 조선시대 불교의 중요한 특징들 가운데 하나일 것이다.

16세기에 어산은 순수하게 어산이나 노어산老魚山으로 표기되었는데, 조선 후기의 용어인 '대어산大魚山'이나 더 후대의 용어인 어산의 장부·우두머리를 뜻하는 '어장魚丈'이라는 용어가 아직 자리 잡고 있지 않았을 때이다. 이 시기의 감로탱 도상에서도 법사와 증사의 도상만이 뚜렷할 뿐, 이들 뒤로 어산이 등장하는 정도이다.

이 시기에 의식집을 편찬한 대선사들은 이러한 어산과 어떤 연관성이 있었을까? 문집으로 보면, 이들은 주로 명산에서의 수행이력이 강조되어 있기에 수륙재와 관련해 어산의 범음을 익혔을 가능성에 대해서는 판단이 쉽지 않다. 그렇지만 어산에 능했는지 능하지 않았는지가 관건일 뿐 무관해 보이지는 않는다. 출가해 대중생활을 익히는 과정에서 이를 습득했을 수 있으며 무엇보다도 재의식에 문외하다면 의식문을 편찬하기 어렵기 때문이다.

서산의 법손이자 화엄학의 대가였던 월저당月渚堂 도안道安, 1638-1715이 묘향산 보현사 판본인 『신간산보범음집新刊刪補梵音集』(1713, 묘향산 보현사, 동국대 도서관 소장)을 간행하면서 1703년에 쓴 발문인 〈신간산보범음집발제新刊刪補梵音集發題〉를 보면, "목판에 새겨 범음으로써 부처님 가르침의 입문으로 삼고자 합니다. 登於可梓 以音聲教之入門"라고 하여 범음이 단순히 음성 영역의 것만이 아님을 보여준다. 그는 여기에서 더 나아가 17세기 각 산문에서 활동하던 대표적인 어산들의 범패 성운聲韻의 특징을 평했는데, 그 스스로 적어도 어산의 한 영역에 있었음을 보여주는 사례이다.

선사와 재의 설행에 대해서는 성격상 약간 부조화스런 부분이 있다. 그럼에도 불구하고 이들이 시대에 맞는 가장 적합한 의식 형태를 찾아 재齋의 대중화에 기여한 것은 의식절차와 작법 및 장엄, 각종 설단 채비의 이 모든 것들을 대승의 사상을 구현하는 작법도량으로 인식했던 결과이다.

서산의 『청허당집』〈금강산도솔암기金剛山兜率庵記〉의 또 다른 기문(香藏板四卷本, 동국대 소장)을 보면, 문정왕후 시기의 금강산 도솔암은 왕실 발원으로 건립되고 경현공주敬顯公主의 원찰이 되었는데, 수행자가 불사를 일으키는 것에 대해 당시 선승들의 오랜 고민이 드러나 있다. 물론 이러한 불사에 재의 설행과 같은 도량건립 불사도 예외는 아니었을 것이다. 서산은 이 기문에서 다음과 같이 해법을 제시하고 있다.

> 경전에 이르길,
> "항상 적정의 고요함을 즐기는 것이야말로 여래의 행이고 복덕과 지혜를 겸해 닦는 것이야말로 여래의 법이다. 經云常樂寂靜 是如來行 雙修福慧 是如來法"
> 라고 하였다.

즉, 서산과 같은 고승들은 대승이 추구하는 궁극적인 것에 그것이 불사이든, 수륙재와 같은 재의 설행이든 비록 선승이라도 여래의 법인 중생구제를 위한 복덕과 지혜를 닦는 필요성에 대해서 깊이 인지하고 있었던 것이다.

17세기에는 북쪽의 금강산이나 묘향산이 아닌 남쪽의 여러 산문에서 어산이 크게 진작되었다. 서산의 출가 산문이기도 한 덕유산德裕山을 중심으로 어산의 기본적인 계보가 형성되어 있는 점이 주목되는데, 이 덕유산을 중심으로 어산의 역사를 이끈 이가 바로 서산의 3세世 법손인 반운당伴雲堂 지선智禪이다. 북쪽에서 남쪽으로 어산이 진작됨에도 이것이 서산의 법맥으로 이어지고 있는 점은 중요한 특징이다. 이러한 남쪽 산문에서 어산의 흥기는 도안의 〈신간산보범음집발제〉를 보면 청량산淸涼山, 팔공산八公山, 속리산俗離山 등이다.

18세기 중반에 이르러서는 어산에도 새로운 경향이 나타난다. 『범음종보梵音宗譜』(1748) 등에서 볼 수 있듯이, 계보를 형성하고자 하는 경향이 강하고 계契를 통해 직능職能을 위주로 조직화되는 양상을 보여준다. 재의 본격적인 유행과 어산의 새로운 흥기가 시작된 것이다. 조선시대 어산사魚山史는 『범음종보』 이전과 이후로 구별될 정도로 성격이 뚜렷이 나눠지는데, 그동안 논의되지 못했던 16-18세기 초 어산들의 의식집 편찬과 활동의 흔적을 찾아 그 계보도표를 살펴보고 번성했던 18세기 어산 활동과의 접점을 이을 필요가 있다.

도표 16–18세기 초 고승들의 의식문 편찬 및 어산 이력

금강산
허응당 보우 1509-1565
『수월도량공화불사여환빈주몽중문답水月道場空花佛事如幻賓主夢中問答』
〈중종인종양대왕급선왕선후영혼식中宗仁宗兩大王及先王先后迎魂式〉 등

묘향산 보현사
경성당 일선 1488-1568
휴정의 사숙
『자기산보문仔夔刪補文』 제10권

묘향산 보현사
청허당 휴정 1520-1604
『운수단雲水壇 가사謌詞』,「영혼식」

덕유산
정관당 일선 1533-1608
휴정의 1세世
「거찰사사명일시식영혼식巨刹寺四名日施食迎魂式」(추정)

덕유산
임성당 충언 1567-1638
휴정의 2세世

덕유산
반운당 지선 16세기 말-17세기 중반
휴정의 3세世
『천지명양수륙재의범음산보집天地冥陽水陸齋儀梵音刪補集』(1654, 星州 雙溪寺)
『오종범음집五種梵音集』(1661, 무주 적상산성 護國寺)

청량산
◆ **일행대사** 16세기 중반

『자기문』과 『자기산보문』으로 대재인 수륙재를 설행함

벽암당 각성 1575-1660

부휴선사의 1세世
『석문상의초釋門喪儀抄』(1657)

◆ **나암당 진일** 16세기 말-17세기 중반

부휴선사의 2세世
『석문가례초釋門家禮抄』(1660)

지리산 안국사
◆ **증계** 17세기-18세기 초

지리산 안국사
◆ **지환** 17세기-18세기 초

『어산집魚山集』(1700, 범어사)
『천지명양수륙재의범음산보집』(1709, 곡성 道林寺)
『천지명양수륙재의범음산보집』(1723, 북한산성 重興寺)

감로탱이 지닌 시대의 인문적 가치

조선시대 감로탱은 도상적인 측면에서 보면, 기존 연구들에 드러나 있듯이, 국내에 유입된 중국 명청대의 수륙화水陸畵 화본畵本의 영향이 일부 나타나 있지만, 여전히 조선시대 천도재 의례에 기반하고 있는 조선시대 불교 의례사와 불교 문화사의 영역에 있는 탱화이다. 도상의 출초出草에서도 의례의 기본적인 구성이 큰 변화없이 유지되고 있는 점도 시대적 연속성을 잘 보여준다.

감로탱은 이러한 초본을 모본으로 하는 경향이 강하면서도 삶이자 죽음의 형태인 중생들의 도상 표현에서는 다양성이 감지된다. 화사에 따라 시대를 반영한 구체적인 도상들은 그 자체로 보면, 하나의 중요한 연대기적 가치가 있다.

사실, 김홍도나 김득신 등과 같은 이름난 화사들만이 당대의 인물들과 삶의 장면들을 그린 것은 아니다. 사찰의 화승들 가운데는 필력과 기량면에서 이들과 견줄 만한 이들도 있었다. 총을 든 매사냥꾼이나 산군山君인 호랑이 사냥꾼, 백골징포를 상징하는 세금 걷으러 다니는 세리, 거간꾼, 묏자리 잡아주는 지관, 시장의 포목상과 노전의 생선점, 밥행상을 하는 아낙, 탁자에 소머리와 술병 등을 차려놓고 한 가운데는 불교의 인로왕보살번인 신번을 모신 무당이 큰 굿판을 벌이는 모습 등을 비롯해 세속의 다툼으로 인한 죽음 등의 장면들을 직업적 화사가 아닌 수행승의 입장에서 담담하게 그려냈다.

심지어 16세기의 일부 감로탱들에서는 사람이 아니라 식물에서도 기록화적 성격의 도상이 발견되는데, 다름 아닌 금강초롱이다.^{사진} 매우 이른 시기의 희귀한 도상으로 금강산 등지에서 군락을 이루며 자란 우리나라 자생식물이다.

감로탱의 도상들은 재의 설행이 밤하늘에 꽃비가 내리는 심산유곡의 맑고 깨끗한 산수에서 이뤄져 청정한 대도량이 건립되었음을 밝히는 배경이 되기도 하고 때론 동시대의 회화적 표현을 넘어 중생들에게 삶과 죽음을 관조할 수 있게 해 이것이 해원과 상생을 위한 하나의 종교적 기제나 담론이 될 수 있게 했다. 그

〈쵸덴지 소장 감로탱〉(1591, 삼베에 채색, 240.0×208.0㎝)의 부분
재단 위의 꽃병 한쪽에 주로 금강산 등지에서 야생화 군락지를 이뤘던 '금강초롱'이 꽂혀 있다.

자체가 종교화로 전혀 손색이 없었던 것이다.

또한 중생 구제에서도 방편의 차이를 두어 인간적 관점이 투시된 경우도 보인다. 주로 17세기 이후의 감로탱들 중에는 수륙재의 관련 의식문을 더욱 자세히 살핀 것을 바탕으로 이러한 경향이 반영되어서, 인로왕보살의 청문에서처럼 수행공덕이 높은 맑은 영혼은 하늘 위의 인로왕보살이 벽련대에 앉혀 극락세계로 곧바로 인도하거나, 사후 시왕의 심판을 받기위해 많은 영혼들이 마두나찰들의 몽둥이에 두드려 맞으며 나하진의 깊고 검푸른 강물을 건널 때에 선한 업을 닦은 영혼들에게는 금교나 은교의 다리가 앞에 놓이게 도상으로도 표현했다. 경우에 따라서는 이 금은교에 향하 강가에 있는 아귀들이 감로를 받기 위해 몰려 드는 것을 표현함으로써 아귀의 집단적인 구제 의지를 또 다른 측면에서 표현하기도 했다.

　물론 이러한 중생 구제도, 도상에 드러나 있듯이, 재를 집전하는 승려가 '법의 말씀'을 전하고 '관상을 통해 이끄는 수행력', 그리고 설판재자의 발원을 통해 그 설행 공덕이 자신뿐만 아니라 가족, 이웃과 일체, 세계에게 미치는 '회향공덕回向功德'으로 끊임없이 현재적 의례를 통해 재현할 때에 가능한 일이다.

　수륙재 의식에 기반한 의례화인 감로탱은 그 최초의 조성목적 및 역사적 배경에 의해 등장한 이래로 점차 대중과 가까이 하면서 시대의 '중생구제'라는 가치관과 세계관을 비교적 다양한 측면에서 반영해 왔다. 감로탱은 성聖과 속俗이 만나는 무량하고 광대한 도량이 건립된 공간에서 삶과 죽음의 경계를 회통하며 해원과 상생의 메세지를 끊임없이 드러내 왔고, 이 과정에서 '중생구제'의 실천적 모습을 한편의 대서사시로, 일종의 종교적 기록화로 완성해냈다는 점에서 조선시대 불교사에서도 하나의 획기적인 사건이라 할 만하다.

2부
수륙연기와 수륙재, 그리고 우란분재

1. '수륙연기'설화와 아귀들의 구제

수륙재와 관련된 주요 경전들은 흥미롭게도 그 구제의 시작이 수륙재 하단의 외로운 영혼이나 다른 존재들이 아니다. '아귀餓鬼'들이다. 가령 실제 수륙재 설행이 하단의 외로운 영혼들이나 존재의 구제가 핵심이라 하더라도 그 인연은 아귀들의 구제에서 먼저 시작되었다. 경전인 『불설구면연아귀다라니신주경佛說救面然餓鬼陁羅尼神呪經』(K0474), 『불설구발염구아귀다라니경佛說救拔焰口餓鬼陁羅尼經』(K1302), 『유가집요구아난다라니염구궤의경瑜伽集要救阿難陀羅尼焰口軌儀經』(T1318) 등이나 『천지명양수륙잡문天地冥陽水陸雜文』[003]의 〈수륙연기水陸緣起〉에 나타나는 이야기 구성은 '연기설화緣起說話'로 널리 알려진 것이다.

이것은 조선시대 수륙재 소문疏文에도 반영되어 나타나고 있다. 월저당 도안의 손상좌인 허정당虛靜堂 법종法宗,1670-1733의 『허정집虛靜集』〈안주천변수륙권문安州川邊水陸勸文〉 등이 그것이다.

설화의 주요 내용은 아귀들의 왕인 면연귀왕이 어느 날 한밤중에 아난에게 나타나 구제를 위한 보시를 하도록 겁박한 이야기로 구성 자체는 문장의 세부적인 가감만이 있을 뿐 기본적으로 단순 명료하다.

다음은 『불설구면연아귀다라니신주경』(K0474)의 해당 부분이다.

어느 때 세존께서는 가비라성迦毘羅城의 니구율나尼俱律那 승가람僧伽藍에서 모든 비구들과 모든 보살들과 셀 수 없이 많은 중생들에게 둘러싸여 설법하고 계셨다. 이때 아난阿難이 홀로 고요한 곳에 머물며 일심으로 생각에 잠겨 있었는데, 야반삼경[子時, 11시-1시]이 지나자 면연面然이라 하는 한 아귀餓鬼가

---

003 간기가 있는 것으로 왕실판본인 『천지명양수륙잡문』(1496, 대성사 소장)과 송광사 판본(1531, 용흥사 소장) 등이 있다.

앞에 나타나 말했다.

"앞으로 삼일 후에는 그대의 명이 다해 곧 나의 아귀세계에 태어날 것이다."

아난이 이 말을 듣고 깜짝 놀라 아귀에게 물었다.

"지금 나에게 이런 일이 닥친다 하니, 어떤 방편으로 이 고난에서 벗어날 수 있겠는가?"

아귀가 아난에게 대답했다.

"그대가 동틀 무렵에 백천百千 나유타那由他 항하恒河의 모래 수같이 많은 수의 아귀와 백천 바라문婆羅門과 선인仙人들에게 보시하되, 마가타국摩伽陁國의 말[斗]로 각각 한 말의 음식을 보시하고, 또 나를 위해 삼보께 공양을 올리면, 그대의 수명은 늘어나고, 나는 아귀의 고난에서 벗어나 천상에 태어날 것이다."

아난이 이 면연 아귀를 보니 여위고 바짝 말라 아주 추해 보였으며, 얼굴은 불타듯 이글거리고 목구멍은 바늘구멍처럼 좁았으며, 봉두난발의 쑥대머리에 터럭과 손톱은 길고 날카로웠고, 몸은 무거운 것을 진 듯했다. 게다가 이처럼 불순한 말까지 들으니 더욱 놀랍고 두려워 온몸의 털이 곤두섰다.

곧 자리에서 일어나 급히 부처님 계신 곳으로 가서 오체투지 하여 부처님 발 아래에 이마를 대어 예를 올리고 떨리는 마음으로 부처님께 말씀드렸다.

"저를 구해 주소서, 세존이시여. 저를 구해 주소서, 선서시여. 앞으로 삼일이 지나면 저의 명이 다할 것입니다. 어젯밤에 면연이라는 한 아귀가 나타나 저에게 말하기를, '그대는 삼일 후면 반드시 수명이 다하여 아귀세계에 태어날 것이다.'라고 했습니다. 제가 묻기를, '어떤 방편으로 이 고난에서 벗어날 수 있겠는가?'라고 하였더니, 아귀가 대답하기를, '만약 그대가 백천 나유타 항하의 모래 수같이 많은 수의 아귀와 백천 바라문과 모든 선인들에게 음식을 보시하면, 그대의 수명이 늘어날 것이다.'라고 했습니다. 세존이시여, 제가 이제 어떻게 하면 이 고난에서 벗어날 수 있겠습니까?"

이때 세존께서 아난에게 말씀하셨다.

"너는 이제 두려워하지 말라. 네가 이와 같은 아귀와 모든 바라문과 선인들에게 음식을 보시할 수 있는 특별한 방편이 있으니, 근심하지 마라."[하략]004

004　爾時 世尊在迦毘羅城 尼俱律那僧伽藍所 與諸比丘幷諸菩薩 無數衆生 周帀圍遶 而爲說法 爾時

경전은 이렇게 석가모니불과 아난, 면연귀왕에 의해 아귀의 구제가 시작된 것을 밝히고 있다. 이밖의 내용은 경전이나 의식문마다 조금씩 다르다. 위의 경전에서는 아난이 고난에서 벗어날 방법으로 석가모니불이 "일체덕광무량위력다라니一切德光無量威力陀羅尼"를 설한다. 그런데 가장 중요한 구제의 다라니가 관련 경전들에서 그 명칭이 일치하지 않는 것이 눈에 띈다. 심지어 이 다라니는 수륙재 하단시식의 의식에서 '사다라니四陀羅尼: 變食眞言, 施甘露水眞言, 一字水輪觀眞言, 乳海眞言'로 다르게 나타나기까지 한다.

이 구제의 이야기가 연기설화의 형식과 내용을 더욱 확장해 나가면서 결과적으로 경전의 다양한 이본異本들과 이를 바탕으로 하는 수륙재 의식들에서도 새롭고 다양한 변화를 만들어 낸 것이다. 그러나 이러한 변천양상의 세부적인 부분들에도 불구하고 본원적인 핵심은 수륙재의 기원이다. 이것이 최초에 경전의 이야기에서 시작되었기에 이후에 〈수륙연기〉라 일컬어지고, 의식문에서는 '법회를 설행하게 된 유래를 밝히는 편[設會因由篇]'으로 포함되었으며, 하단의 봉청문들에서는 아난과 면연귀왕의 두 존격이 특별히 존숭되어 수륙재의 설행을 위한 방편의 가르침을 일으킨 '기교대사起敎大士'로 나타나게 된다.

여기서 '기교대사'에 대해 살펴보자. 지반문인 『법계성범수륙승회수재의궤法界聖凡水陸勝會修齋儀軌』(1470, 발행처 미상, 해인사성보박물관 소장) 〈봉청상위

阿難獨居淨處 一心計念 卽於其夜三更之後 見一餓鬼 名曰面然 住阿難前 白阿難言 卻後三日 汝命將盡 卽便生此餓鬼之中 是時阿難 聞此語已 心生惶怖 問餓鬼言 我此災禍 作何方計 得免斯苦 爾時 餓鬼報阿難言 汝於晨朝 若能布施百千那由他 恒河沙數餓鬼 幷百千婆羅門 及仙人等 以摩伽陁國斗 各施一斗飮食 幷及爲我供養三寶 汝得增壽 令我離於餓鬼之苦 得生天上 阿難見此面然餓鬼 身形羸瘦 枯燋極醜 面上火然 其咽如鍼 頭髮蓬亂 毛爪長利 身如負重 又聞如是不順之語 甚大驚怖身毛皆豎 卽從座起 疾至佛所 五體投地 頂禮佛足 身心戰慄 而白佛言 救我世尊 救我善逝 過此三日 命將終盡 昨夜見一面然餓鬼 而語我言 汝於三日 必當命盡 生餓鬼中 我卽問言 以何方計 得免斯苦 餓鬼答言 汝若施於百千那由他 恒河沙數餓鬼 及百千婆羅門 幷諸仙等飮食 汝得增壽 世尊 我今云何 得免此苦 爾時 世尊告阿難言 汝今勿怖 有異方便 令汝得施如是餓鬼 諸婆羅門 及仙等食 勿生憂惱

〈남장사 감로탱〉(1701, 비단에 채색, 250.0×336.0㎝)

편奉請上位篇〉에 나타나는 아난존자의 봉청문이다.

> 귀의하옵고, 홀로 고요한 곳에 머무실 때에 일찍이 초면귀왕[면연귀왕]을 만나 사바세계에 무차대회라는 것을 설행하신 기교대사 아난존자와 그 여러 권속들을 일심으로 받들어 청하옵니다.
> 南無一心奉請 獨居靜處 曾見焦面鬼王 娑婆界中 稱設無遮大會 起教大士阿難尊者幷諸眷屬

『자기산보문』(1724, 해인사 간행, 해인사 강원도서관 소장) 권제6 〈고혼찬청의문孤魂讚請儀文〉에 나타나는 면연귀왕의 봉청문이다.

〈남장사 감로탱〉(1701, 비단에 채색, 250.0×336.0㎝)의
아난존자와 면연귀왕(쌍아귀)

귀의하옵고, 방편의 가르침을 일으켜[乘權起敎] 널리 굶주림을 제도하시고 악도의 중생들을 구제하기 위하여 이처럼 귀왕의 여윈 모습으로 나타나신 대성 초면귀왕 비증보살마하살을 일심으로 받들어 청하옵니다.
南無一心奉請 乘權起敎 普濟飢虛 爲救於惡道衆生 故現此王羸之狀 大聖焦面鬼王 悲增菩薩摩訶薩

감로탱 도상의 아난과 면연귀왕의 방제傍題에 나타나는 '기교대사'는 이 봉청문의 내용대로 보면 두 존격 모두에게 해당된다. 〈수륙연기〉라는 '방편의 가르침'에 같이 기반하고 있기 때문이다. 두 존격이 동일 설화 내에서 역할만 다른, 방편의 가르침을 일으켰다는 것[乘權起敎]을 봉청문에서 반영하고 있는 점이 흥미롭다. 〈남장사 감로탱〉(1701)사진에서 아난 옆 면연귀왕의 '쌍아귀' 방제를 "起敎大士面燃鬼王"이라 한 것도 동일 맥락에서 보면, 아난도 '기교대사'이지만 '쌍아귀'의 관점에서도 방제의 내용 그대로가 적용될 수 있는 부분이다. 다만, 의식의 위격에서 아난은 삼보의 대상이기에 상단에서 봉청되고, 면연귀왕은 인로왕보살과 같은 특수한 성격으로 인해 하단에서 봉청되는 것이 다를 뿐이다.

〈수륙연기〉는 수륙재라는 재의 설행을 통해 그 구제의 대상도 '아귀'에서 시작해 일체의 유주·무주고혼이라는 대상으로 확대되고 또한 세부 의식절차에 반영되면서 보다 정밀한 이론적 기반을 갖추게 되었다.

위 경전의 내용 가운데, "그대가 동틀 무렵에 백천百千 나유타那由他 항하恒河의 모래 수같이 많은 수의 아귀와 백천 바라문婆羅門과 선인仙人들에게 보시하되"라는 내용은 매우 짧지만, 이러한 아귀들을 포함해 성스러운 대중들에게도 보시하는 것으로 집약되고, 수륙재 의식에서는 상단과 중단의 공양, 그리고 하단의 시식으로 확대되는 근원을 잘 보여준다. 면연귀왕이 하단에서 봉청되는 것은 그가 36부의 아귀들을 통령하며 백천 나유타 겁劫 항하의 모래알 숫자처럼 셀 수 없는 무수한 아귀[百千那由他恒河沙數餓鬼] 권속들을 그의 서원대로 구제하기 위한 것이다.

〈용주사 감로탱〉(1790, 비단에 채색, 156.0×313.0㎝)의 법사(증사)와 면연귀왕

2. 수륙재의 감로탱에 나타나는 우란분재의 영향

　신앙에 소의경전이 중요하다면, 초기 감로탱의 경우 전반적인 도상은 수륙재의 의식만으로 해석이 가능할 정도로 밀접하다. 감로탱이 17세기와 18세기에 이르러 여러 다양한 신앙적 요소와 관점들이 반영되고 있는 것에 비해, 초기 감로탱의 경우는 기본적인 의식문에 충실할 수밖에 없는 구조이다.

　예를 들어, 감로탱 도상에 일반적으로 나타나는 가장 높은 존격은 거불의 존격이나 칠여래·오여래이다. 이들 성스러운 대중들은 상단과 중단의 탱화들에 나타나는 성스러운 대중들과는 그 성격이 다르다. 상단과 중단처럼 법의 모임을 위해 존격이 나툰 법회도法會圖도 아니고 직접적으로 예배 대상자를 위한 성스러운 대중들도 아니다. 하단을 증명하거나 아귀를 비롯해 유주·무주의 외로운 영가들을 위한 성스러운 대중들이다.

　감로탱에 법신을 나툰 대부분의 성스러운 대중들은, 비록 도해는 되어 있지만, 수륙재 의식 안에서 결국 구제의 대상자들을 위한 존격들이기에 예배 대상자들에게는 신앙으로 서로 직접 소통할 수 있는 관계가 아니다. 다만, 실제의 재에서는 재를 설행하는 법주나 증사證師의 수행력에 의해 비로소 '관觀'할 수 있는 존재이다.

　오늘날에도 이들 성스러운 대중들을 예배의 대상으로 해 기도하는 이는 없다. 초기 감로탱의 화사들도 아마 이 문제를 심각하게 인식했을 것이다. 이에 따라

2부 수륙연기와 수륙재, 그리고 우란분재 | 63

점차로 대중적인 신앙 요구를 더욱 다양하게 수용하는 형태로 소통의 폭을 넓혀 나갈 수밖에 없었을 것으로 보인다. 이때에 앞서 살펴본 아난과 면연귀왕의 수륙연기 설화와 같은 서사적인 내용이나 지옥문을 여는 목련존자와 지장보살과 같은 대중적인 존격 등이 서사의 일부로 도해됨으로써 예배 대상자들에게는 감로탱의 신앙적 성격이 보다 가깝고 구체적으로 다가왔을 것이다.

경전의 이야기를 관련 도상으로 하단 감로탱 화면에 재구성하는 것은 일부분이나마 경전 서사화敍事化의 기제機制를 안정적으로 마련하는 장치였을 뿐만 아니라 경우에 따라서는 환희로운 회향도 가능하게 해서 감로탱의 성격과 목적을 더욱 분명히 드러내게 하고 그 이해를 확장시켰다. 이러한 점은 감로탱이 대중적인 탱화로 손색이 없음을 잘 보여준다.

감로탱에 대중적인 신앙이 수용되고 당시 불교문화의 흐름이 나타나 있는 것은 당대를 살았던 이들의 다양한 신앙적 요구를 큰 틀에서 벗어나지 않고 잘 반영했음을 입증하는 것이다. 대중적인 신앙이나 비슷한 신앙적 요소를 포괄적으로 수용함으로써 수륙재 속에서 그 의미와 가치를 더욱 확대시키는 방향으로 나아간 것은 감로탱 도상의 의의라 할 수 있다.

특히, 이 글에서 감로탱 도상의 영향과 관련해 살펴볼 것은 조선시대 '불교 사명일' 가운데 유일하게 관련 경전이 있고, 가장 큰 비중을 차지했던 '백중[우란분재]'의 영향이다. '불교 사명일'은 정해진 것은 아니지만, 조선중기의 선사이자 어산이었던 반운당伴雲堂 지선智禪이 『오종범음집五種梵音集』(1661, 무주 호국사)에서 "설, 단오, 추석, 백중"이라 한 것이 주목된다. 이 '백중'은, 『불설우란분경佛說盂蘭盆經』(K0277)과 『불설대목련경佛說大目連經』(1536, 逍遙山 烟起寺, 규장각 소장) 등을 소의경전으로 하는 '우란분재盂蘭盆齋'이다. 부모와 조상 천도를 위한 불교의 대표적인 명절로 지금도 성행하고 있다.

수륙재의 우란분재가 감로탱 도상에서는 어떻게 반영되었는지 살펴보자.

감로탱의 '쌍아귀'와 우란분재의 '쌍왕'

신앙의 성격이 비슷하고 불교설화의 일부 내용을 공유하는 재齋들은 일정부분 교집합을 가지게 마련이다. 그 대표적인 것이 수륙재와 우란분재로 감로탱에는 우란분재의 도상이 일부 수용되어 있다. 신앙이 도상에 반영된 경우이다. 신앙의 대상과 수요가 확대되는 시기의 감로탱 도상 일부를 수륙재 하단의식이나 우란분재의 어느 한 가지만으로 설명하기 어려운 구조는 이에 기인한 것이다.

감로탱 도상에서 면연귀왕은 경전 등의 〈수륙연기〉에 의하면 한 명이었다. 그런데 16세기의 초기 감로탱 도상에 나타나는 면연귀왕은 '쌍아귀'로 보기 어려운 주종의 크고 작은 구분이 있으며 17세기 이후로는 쌍둥이처럼 보다 분명해지는 경향을 보인다. 이 도상의 등장에 대해서 지금까지 명확하게 알려진 것은 없다. 여기서 '쌍아귀'라 한 것은 단지 도상의 특징을 묘사하기 위한 것일 뿐, 조선시대 관련 자료에 이러한 도상을 염두에 두고 용어가 사용된 예는 보이지 않는다. 오히려 아래에서 살펴볼, '쌍왕雙王 남매가 나란히 지옥을 다스린다.'는 민간화 된 오랜 우란분재 신앙에서 '쌍왕'이라는 용어를 쉽게 찾아 볼 수 있다.

이것은 심지어 수륙재 의식집의 발문에 등장하기도 했다. 서산의 제자인 영월당詠月堂 청학淸學, 1570-1654은 1637년 통도사에서 간행한 『중례문』(김해 觀音精舍 소장)의 발문에 다음과 같이 밝히고 있다.

> 나라의 운수가 좋지 못해 흑룡의 변란이 닥쳤을 때 경전의 보장이 뒤흔들림에
> 도 이것이 간행되었으니 희유한 일로 이는 불도가 '쌍왕'과 함께 함이라.
> 國祚不幸 黑龍變時 判蕩寶藏 稀有是板 於是道俱雙王

당시 병자호란이라는 흑룡의 변란 속에서 수륙재 의식집의 간행에 명부지옥의 왕인 '쌍왕'의 외호를 언급한 것을 보면, 감로탱의 '쌍아귀' 면연귀왕 도상도 이미 우란분재의 영향을 자연스럽게 받고 있었을 가능성이 있다.

그러나 이러한 '쌍왕'이라는 용어의 사용과는 별개로, 감로탱의 '쌍아귀' 도상 자체는 수륙재 의식집의 봉청문奉請文에 직접적인 근거가 있다. 법의 연회에 청해지는 존격은 하나의 문장으로 그 존격의 성격과 지위가 집약되는 봉청문을 갖추는데, 이것은 경전의 내용을 중심으로 '깊고 다양한 주석적註釋的 이해가 더해진 것'이다. 따라서 봉청문은 도상의 존격을 이해하는 중요한 단서이다.

예를 들어, 면연귀왕은 경전에서 이야기의 한 주인공으로만 등장하지만, 의식집 봉청문에서는 앞에서와 같이 "대성大聖"으로 "비증보살悲增菩薩"로 그 존격의 성격이 새롭게 인식되어 있는 것을 볼 수 있다. 여기서 '비증'은 다른 봉청문들에서 지장보살이나 관세음보살에게도 주어진 것이기에 고유한 성격을 대표하는 것이 아니다. 원래 '지증智增'과 '비증悲增'은 하나의 깨달음에 이르기 위한 지혜와 자비라는 두 가지 수행공덕의 측면을 말하는 것으로, 위의 『법계성범수륙승회수재의궤』에서 아난존자의 봉청문 바로 앞에 있는 봉청문에도 다음과 같이 나타난다.

> 귀의하옵고, 돈오와 점오, 비증과 지증, 일승과 삼승, 동체와 별체의 두 가지 이로움을 닦고 성취하여 삼명을 증득하신 사리불 등 일체의 승가대중들을 일심으로 받들어 청하옵니다.
> 南無一心奉請 頓悟漸悟悲增智增 一乘三乘同體別體 修成二利已證三明舍利弗等 一切僧伽耶衆

『수륙무차평등재의촬요水陸無遮平等齋儀撮要』〈召請上位篇 第十一〉(1571, 무위사 간행, 진관사 소장)의 소문疏文에 "悲增智增之菩薩"이 언급되어 있는 점도 참고가 된다. 감로탱의 방제傍題에 "지증보살"은 나타나 있지 않지만,[005] '쌍아귀' 도상은 면연귀왕이 '기교대사起敎大士'로서 '비증과 지증'을 통해 '방편의 가

---

[005] 拙稿, 『甘露』上, 통도사성보박물관, 2005, p.49의 주)11에서 "비증(悲增)보살은 초면귀왕의 자비의 측면을 강조한 것으로 지혜의 측면을 강조하는 지증(智增)보살은 조명되지 않고 있다."라고 했다.

〈봉정사 감로탱〉(1765, 비단에
채색, 218.0×265.5㎝)의 부분

悲增菩薩

르침을 일으킨 것[乘權起敎]'을 드러낸 것이며 또한 보살菩薩로 칭하게 됨으로써 그가 이러한 두 가지 수행공덕을 온전히 내재하고 있음을 드러낸 것일 수 있다.

또 한편으로는 실제 도상 해석에서 방제 자체를 기준으로 보면, 봉청문의 서술이 아니라 끝부분의 존격 명칭에 집중해, 위에서 언급한 『자기산보문』〈고혼찬청의문〉의 면연귀왕 봉청문에 나타나는 "大聖焦面鬼王 悲增菩薩摩訶薩"의 두 가지 성격으로 "쌍아귀"를 단순 도해했을 가능성도 있다. '쌍아귀' 도상은 〈보석사寶石寺 감로탱〉(1649, 국립중앙박물관 소장)에서 손에 아무 것도 들려 있지 않은 채로 나타나거나 〈여천 흥국사 감로탱〉(1741, 개인소장)에서 발우를 들고 있는 채로만 나타나는 등 대부분 방제가 없다. 다만, 〈봉정사鳳停寺 감로탱〉(1765)^{사진}에서는

2부 수륙연기와 수륙재, 그리고 우란분재 | 67

일부 보수가 되었지만 발우를 든 귀왕의 모습과 그 옆으로 합장한 귀왕 쪽의 면에 온전한 형태의 '悲增菩薩'이라는 방제가 있어 위의 "大聖焦面鬼王 悲增菩薩摩訶薩"에 의거해 표기한 것으로 보인다.

그런데 이어서 살펴볼, 우란분재에 지옥계를 다스린다는 '쌍왕雙王'이 있는 것을 보면, 수륙재 감로탱에서처럼 '쌍아귀'의 성격이 지닌 새로운 측면도 고려할 필요가 있다.

목련目連이 그 어머니를 아귀세계에서 제도한 것과, 수륙재 연기설화인 〈수륙연기〉에서 아귀의 왕인 면연귀왕이 아귀들을 구제한 설화, 그리고 감로탱 도상에서 면연귀왕과 그 아귀들이 감로를 맛보며 구제되는 장면들은 아귀의 구제라는 측면에서 모두 동일한 목적을 지니고 있다. 이러한 신앙의 범주 속에서 수륙재의 '쌍아귀' 도상은 우란분경 관련 문헌에서도 비슷한 모티브로 나타난다. 바로, '쌍왕'이다.

이규경李圭景, 1788-1863의 『오주연문장전산고五洲衍文長箋散稿』〈석전잡설釋典雜說〉'지옥변증설地獄辨證說'에는 당시의 지식인이 본, 다양한 우란분경 문헌의 내용이 인용되어 있다.

> 또한 이르길, 명부에서는 선악의 장부를 비치해 두고 선행을 많이 한 자는 복록의 장부에 기록하므로 선근을 심은 것을 복전이라 한다. 이에 시왕의 호가 있고 경전으로 『시왕경』이 있는 것이다. '염마왕'은 '염마라'라고도 하며 중간을 생략해 '염라'라고도 하는데, 이를 번역하면 '쌍왕雙王'이다. 『우란분기盂蘭盆記』에서는, "오빠와 누이가 다 지옥의 주인이 되어, 오빠는 남자의 사무를 처리하고 누이는 여자의 사무를 처리하므로 이를 '쌍왕'이라 한다."고 하였다.
> 又曰 冥府置善惡籍 善多者記於福籍 故種善根者 謂之福田 仍有十王之號 經有十王經 閻魔王 或名閻魔羅 又中略名閻羅 此翻雙王 盂蘭盆記云 兄及妹 皆作地獄主

兄治男事 妹治女事 故名雙王

위의 『우란분기孟蘭盆記』에서, "오빠와 누이가 다 지옥의 임금이 되어, 오빠는 남자에 관한 사무를 처리하고 누이는 여자에 관한 사무를 처리하므로 쌍왕이라 이름한다."고 한 것은 동아시아에서 가장 독특한 민간신앙과 예술을 남긴 목련신앙의 흥미로운 한 면모를 보여준다. 특히, 여기서 눈에 띄는 문구는 "누이는 여자의 사무를 처리한다."고 한 내용이다. 조선시대의 남존여비 문화 아래서 비록 여자 대상의 사무로 한정된 것이기는 하지만,[006] 왕실의 여관女官과 관련없는 그야말로 '글을 하는 여자 관리'를 뜻하기에 놀라운 일이 아닐 수 없다.

이러한 내용은 1511년 필화사건[『조선왕조실록』(중종 6년 9월 2일)]을 일으킨 채수蔡壽, 1449-1515의 한글소설 『설공찬전』에서도 찾아 볼 수 있다.

> 그러자 공찬이 계속해서 저승의 소식을 말해주었다. "이승에서 어진 재상이었으면 죽어 저승에서도 재상 벼슬을 그대로 하고 있어. 그리고 이승에서는 여성은 글 공부도 안시키고 벼슬도 안주잖아? 저승은 달라. 글 읽고 쓰는 실력만 있으면 여성도 벼슬을 하여 잘 지내.[하략]"[007]

『설공찬전』은 대중소설이었기에 사회적으로 엄청난 파란을 일으켰지만, 상대적으로 『우란분기』는 불교의 종교 영역에 속했기 때문에 큰 문제가 없었던 것으로 보인다. 필화 사건 이후로 『설공찬전』이 얼마나 은밀히 유통되었는지는 자세히 알 수 없다. 그러나 비록 후대의 것이기는 하지만 부군당府君堂인 '화주당化主堂' 한 곳에 봉안되었던 19세기 말-20세기 초 제작의 〈큰마님〉, 〈유씨부인〉을 비롯해 〈매대왕신〉과 같은 현존하는 일부 무신도巫神圖에서 그 영향을 설명할

---

006 조선시대 왕실 내명부(內命婦)의 품계에 따른 여관(女官)과는 개념이 다르다.
007 이복규, 『한글로 읽힌 최초 소설, 설공찬전의 이해』, 지식과 교양, 2018, p.49.

〈유씨부인〉(19세기 말-20세기 초, 98×72㎝) ⓒ최호식
여자 녹사(錄事)들 가운데 한 명이 붓을 들어 문서에 "一切百惡緣果皆是我"라 쓰고 있다.

만한 단서들이 남아 있어 매우 흥미롭다.008 불교도상의 영향을 받은, '저승의 대감과 대감부인' 도상들이 어떻게 '남녀유별의 저승세계' 도상으로 독립 신앙되어 여전히 전승되고 있었는지를 문화 기층의 이러한 무속도상들이 잘 보여준다. 사진

다시, 위에서 다룬 '염마'인 '쌍왕'에 대해 살펴보자.

송대 법운法雲의 불교용어 사전인 『번역명의집翻譯名義集』 권6 〈귀신편鬼神篇〉에 지옥 '염마琰魔'에 대한 설명에서 나오는데, 우란분경과 관련된 내용은 아니다. 그러나 〈귀신편〉의 앞부분이 '아귀餓鬼'들에 대한 설명으로 시작되고 있으므로 언제든 '쌍왕'과 '아귀'는 취합될 여지가 있어 보인다.

『번역명의집』은 세조 때에도 간행되었다. 이 책은 의경懿敬세자의 극락왕생을 위해 1457년에 간행된 『법화경』, 『능엄경』, 『자비도량참법』 등의 주요 불서들 가운데 하나로 세조의 발문[御製 跋]을 비롯해 신숙주申叔舟, 김수온金守溫 등 무려 여덟 명의 발문이 수록되어 있다.009

여기서 한 가지 살펴보아야 것은 역시 '아귀'를 소재로 하고 있는 『자비도량

---

008 삼성동 봉은사 인근의 화주당(化主堂)에는 〈광주부언주면저자도충열화주당중건기(廣州府彦周面楮子島忠烈化主堂重建記)〉(1880)라는 중건기 현판을 비롯해 20점의 무신도 등이 전하고 있다. 최근에 그 귀중한 민속사적 가치에도 불구하고 새로운 건물이 들어서면서 사라지고 말았다. 다행히 필자는 화주당이 없어지기 직전인 2016년 서울시에 의해 〈서울의 부군당(府君堂)〉 전수조사가 이뤄질 때에 미술사 분야로 참여하여, 『서울의 무신도 종합전수 조사 및 활용계획』(서울시·한국문화콘텐츠연구소, 2018)에서 무신도의 도상분석 편을 담당했다. 여기에 봉안되었던 무신도들의 제작시기는 시대적 편차가 있으나 일부는 중건 당시의 것으로 추정된다. 〈큰마님〉(19세기 말-20세기 초, 98×72㎝)과 〈유씨부인〉(19세기 말-20세기 초, 98×72㎝)은 회화사적으로 매우 희귀한 도상이다. 이들 무신도는 동일 화사가 그린 것으로 협시들 중 녹사(錄事)의 위치변화 정도가 눈에 띈다. 명부세계에 남성이 아닌 여성이 주재자로 나타나 있으며, 역시 여자 녹사가 붓으로 문서에 글을 쓰고 있다. 이들 무신도와 한 곳에 봉안되었으므로 『우란분기』의 측면에서 도상적으로 오빠와 관련된 무신도는 〈매대왕신〉(19세기 말-20세기 초, 118×72.5㎝)이다. 이들 세 점의 무신도 명칭은 화주당의 실제 신앙현장에서 불렸던 명칭이지만, 회화사적 관점에서 그 도상 분석은 다를 수밖에 없다. 필자는 당시 위의 보고서에서 불교의 현왕도(現王圖) 등과 같은 명부세계 불화들과 일반적으로 비교하였고, 지금처럼 우란분재 신앙과 연관되었을 가능성에 대해서는 인지하지 못했다.

009 서형국, 「영국도서관 소장 『翻譯名義集』에 대하여」, 『국어사연구』 제27호, 국어사학회, 2018 참조.

참법』과의 자연스러운 연관성이다. 우리나라에서는 조선 태조3년(1394)에 국사國師로 책봉된 조구祖丘, ?-1395가 저술한『자비도량참법집해慈悲道場懺法集解』권상 〈詳校正本慈悲道場懺法卷第三〉의 '염라焰羅'에 대한 여러 가지 해석[集解]이 참조가 된다.

> '염라'를 각명 공이 이르길, "이것은 죄를 다스리는 것이니, 죄인을 단죄하여 벌을 주기 때문이다."라고 하였다. 변진 스님이 이르길, "'염마라焰摩羅' 혹은 '염마라琰摩羅'라는 것은 '쌍왕'이라 하니, 이는 오누이를 말한다. 둘 다 지옥의 주인이 되어 오빠는 남자의 사무를 처리하고, 누이는 여자의 사무를 처리한다.[하략]
> 言焰羅者 明公云 此云治罰 治斷罰謫罪人故 眞師云 焰摩羅 或云 琰摩羅 此云雙王 謂甥及妹 皆作地獄主 甥治男事 妹治女事

『자비도량참법』과 관련해 이미 조선전기에도 '염마'를 통해 '쌍왕' 남매에 대해 인지하고 있었음을 보여준다. 그런데 조선후기의 이규경이 '지옥변증설'에서,『우란분경소盂蘭盆經疏』에도 나타나지 않는 '쌍왕' 남매를 언급하며『번역명의집』이나『자비도량참법집해』,『월인석보月印釋譜』[010] 등이 아닌 희귀한『우란분기』를 직접적으로 인용하고 있는 점은 놀라운 일이다. 여기서『우란분기』는 송宋 원조元照의『우란분경소신기盂蘭盆經疏新記』[011]로 추정된다. 조선시대 전반에 걸쳐 시대를 특정하기 어려운 목련신앙의 유행을 짐작할 수 있는 하나의 사례이다.

---

010 세조5년(1459)에 간행된『월인석보(月印釋譜)』제4. 〈수하항마(樹下降魔)〉6에, "'염라'는 가려 막는다는 뜻이니, 나쁜 일 지음을 가려 막으므로 염라라 하는 것이다. 염라왕궁이 섬부주 아래 5백 유순 지나가 있으니, 귀신 마을을 다 관할하는 곳이니, 그곳에 왕이 있으되 오누이니, 모두 지옥을 만들어 두고, 오라비는 남자의 일을 다스리고 누이는 계집의 일을 다스리므로 쌍왕이라고도 하는 것이다. 또 중생을 요익하게 하므로 법왕이라 하는 것이다. '요'는 배부르다는 뜻이다."[김영배(역),『역주 월인석보』, 세종대왕기념사업회(http://db.sejong-korea.org), 2010]라고 하여 오누이 쌍왕이 나타나 있다.

011 CBETA 電子佛典集成, 卍續藏(X), 第21冊, No.0372.

당시 중국에서는 우란분재가 매우 성행했는데, 사찰뿐만 아니라 도교의 사원인 도관道觀에서도 행해졌던 만큼 여러 다양한 형태의 문화적 습합이 이뤄졌다. 청대 연경지역의 세시풍속을 주로 다룬 『제경세시기승帝京歲時記勝』 중원조中元條에 나타나는 우란분재의 민속을 살펴보자.

> 중원中元에 무덤을 깨끗이 단장하고 제사를 지내니 청명 때보다 더욱 성대하다. 녹음은 더욱 짙어가고 푸른 벼는 무성하며 매미는 울고 새는 지저귀니 모든 것들이 유람하는 사람들의 흥취를 돋운다. 도관과 사원에서는 우란회盂蘭會를 설치하니 세상에서 말하는, '목련스님이 어머니를 구원한 날'이다. 거리마다 대를 높게 쌓아 자리를 만들고 귀왕鬼王을 자리에 모신[棚座] 다음, 경문經文을 강연講演하고 염구餓口에게 보시를 베풀며 외로운 혼[孤魂]들을 구제한다.[하략][012]

청대의 우란분재 민속에 나타나는, "귀왕을 자리에 모시고", "경문經文을 강연講演하고 염구餓口에게 보시를 베풀며 외로운 혼[孤魂]들을 구제한다."는 것은 수륙재와의 습합을 연상시킬 만큼 공통된 요소들이다. 목련이 지옥의 아귀세계에서 굶주리며 고통받는 그 어머니를 구원한 것이나 36부의 아귀 세계를 통령하는 '면연귀왕'이 목은 바늘처럼 가늘고 입은 불꽃을 내뿜어 거의 아무 것도 먹을 수 없는 자신의 아귀들을 구제한 〈수륙연기〉 설화 역시 종교문화적인 측면에서 자비의 구제를 연상시킨다.

비록 수륙재와 이에 기반한 감로탱에서 '면연귀왕'이 '기교대사'로서 '쌍아귀' 도상이라는 구제의 방편으로 나타나는 것에 비해, 민속화된 우란분재의 '쌍왕' 남매는 명부冥府세계 신앙의 민속적 측면을 보여주는 매우 흥미로운 요소로 서로의 영향관계를 명확히 하기 어려운 점이 있지만, 면연귀왕의 봉청문과 별도

---

012 『중국대세시기』Ⅲ, 국립민속박물관, 2006, pp.190-191.

로, 우란분재가 감로탱 도상에서 쌍아귀의 출현을 가능하게 했던 또 하나의 배경으로 작용했을 것임에는 의심의 여지가 없어 보인다.

면연귀왕과 아귀들, 그리고 항하 강가의 아귀들

우란분재의 『불설우란분경佛說盂蘭盆經』(K0277)과 『불설대목련경佛說大目連經』(1536, 逍遙山 烟起寺, 규장각 소장) 등은 목련이 그 어머니를 지옥 아귀에서 구제하는 내용이 주이다. 감로탱에서는 지옥문을 여는 장면에서도 표현되는데, 종종 지장보살과 함께 나타난다. 그런데 우란분재의 아귀들은 지옥에만 나타나지 않고 따로 모이는 곳이 있어 흥미롭다.

『불설귀문목련경佛說鬼問目連經』(K0760)과 그 이역본인 『아귀보응경餓鬼報應經』(K0763), 그리고 『불설잡장경佛說雜藏經』(K0767) 등을 비롯해 수륙재를 개건한 양무제의 유명한 『자비도량참법慈悲道場懺法(K1512)』〈나머지 과보를 드러내다[顯果報之餘]〉에서는 아귀들이 특이하게도 '항하恒河: 인도의 갠지즈강의 강가'에 주로 모여 있다. 여기서 '항하사恒河沙'란 항하의 모래를 말하는 것으로 셀 수 없는 숫자를 비유할 때에 쓰는 말인데, 『불설구면연아귀다라니신주경佛說救面然餓鬼陁羅尼神呪經』(K0474)에서는 아귀들의 숫자가, "백천 나유타 겁劫 항하사 수의 아귀들 百千那由他恒河沙數餓鬼"이다. 감로탱 도상에서는 항하 강가의 헤아릴 수 없는 아귀들로 나타난다.

아난과 면연귀왕의 〈수륙연기〉가 수륙재의 창설을 예고하는 것이라면, 목련과 항하 강가의 아귀가 등장하는 경전이나 관련 문헌은 여러 형태로 아귀가 받는 죄의 과보를 다루고 있다. 즉, 감로탱에 나타나는 기교대사 아난 혹은 면연귀왕 도상이 수륙재에 기반하고 있다면, 항하 강가에 있거나 그 물속에 뛰어들어 있거나 물에 입을 대고 마시고 있는 아귀 도상은 직접적으로 목련 관련 경전과 문헌에

〈원광대 소장 감로탱〉(1750, 모시에 채색, 176.5×185.5㎝)의 부분
항하 강가에서 물을 마시려는 아귀들

영향을 받은 것이다. 수륙재 의식의 봉청문奉請文들에는 이에 대한 묘사가 없다.
〈청룡사 감로탱〉(1692), 〈함양 법인사 감로탱〉(1726), 〈선암사 서부도전 감로탱〉(1736), 〈원광대 소장 감로탱〉(1750)^{사진}, 〈신흥사 감로탱〉(1768) 등에서는 항하의 물을 마시는 아귀 도상을 볼 수 있는데, 실제로 아귀들은 이 물을 마셔도 먹을 수가 없다. 죄의 응보가 있기 때문이다. 관련 경전들 가운데 『아귀보응경』(K0763)에 이 물을 마실 수 없는 아귀의 실상이 잘 드러나 있다.

> 대목건련 존자가 기사굴산에서부터 석가모니불을 따라 항하의 강가에 이르니, 온갖 아귀들이 우굴거리고 있었는데, 그 과보가 다 같지 않음을 보았다. 목련존자를 본 아귀들은 모두가 공경하는 마음을 내어 다가와 업의 연기에 대해 물었다.

尊者大目揵連 從佛在耆闍崛山中 遊行恒水邊 見諸餓鬼甚多 受罪不同 見尊者目連 皆起敬心 來問因緣 [중략]

다시 한 아귀가 물었다.
"저의 이 몸은 항상 타는 듯한 갈증에 시달립니다. 항하를 지나가다가 그 물이 맑고 시원해 보여 뛰어들어 번뇌를 씻고 청량함을 얻고자 하나 뛰어들자마자 곧 온몸이 데이고 헤지며, 한 모금의 물이라도 마실라치면 오장육부가 타들어가고 오싹해지며 뼈까지 떨리니 도대체 무슨 죄를 지었기 때문입니까?"
一鬼問言 我此一身常患熱渴 行見恒河 清涼美好 入中洗浴 冀得涼樂 以除熱苦 方入其中 舉身爛壞 渴欲飲之 一口入咽 五藏焦爛 飢肉離骨 何罪所致

관련 경전들마다 항하 강가의 아귀들이 처한 실상에는 큰 차이가 없다. 『불설잡장경』(K0767)에서 목련은 항하 강가에 이르러 강가의 수귀水鬼들이 오백의 아귀들을 항하강에 못들어가게 철봉을 들고 지키고 있는 모습을 본다. 항하의 물은 아귀들이 다가가도 결코 취할 수 없는 것이다. 이것은 『불설대목련경』(1536, 소요산 烟起寺 간행, 규장각 소장)에서도 볼 수 있는데, 목련존자의 신통력으로도 어찌할 수 없는 것으로 나타난다. 목련이 어머니를 흑암지옥黑暗地獄에서 벗어나게 했으나 다시 아귀세계로 떨어지자 석가모니불께 아뢰길, "어머니께서 지옥에 계신 날이 오래 되었사오니 어머니를 모시고 항하의 강가에 가서 물을 마시게 해 뱃속을 씻어드리고 싶나이다. 孃在獄中日久 欲共孃往恒河水邊 飲水洗腹"라고 하는 내용이 있다.

이에 석가모니불은 항하 강가의 물의 성격에 대해 다음과 같이 설한다.

"모든 부처가 이 물을 마시게 되면 그것은 마치 우유와 같고, 승려가 이 물을 마시게 되면 그것은 마치 감로와 같고, 십선인이 물을 마시면 기갈을 면할 것이지만, 너의 어머니가 이 물을 마시게 되면 맹렬한 불꽃으로 변해 뱃속으로 흘러들어가 창자를 다 태워버릴 것이다."
諸佛飲水 猶如乳駱 僧飲水猶如甘露 十善人飲水解飢渴 汝母飲水 變爲猛火 流入

〈국립중앙박물관 소장 감로탱〉(18세기, 비단에 채색, 188.5×198.0㎝)의 부분

腹中 煎煮腸肚俱爛

이를 통해 감로탱에 나타나는 항하강 물의 성격은 아귀들이 그대로 먹거나 취할 수 없는 것임을 알 수 있다. 〈국립중앙박물관 소장 감로탱〉(18세기)^{사진}과 〈백천사白泉寺 운대암雲臺庵 감로탱〉(1801)에는 〈수륙연기〉의 주인공인 면연귀왕

이 물결이 넘실대는 항하의 강 위에서 거대한 몸을 드러내어 호궤합장胡跪合掌하는 모습으로 시식施食의 감로를 받는 장면이 그려져 있다. 비록 아귀들이 맑고 청량한 항하 강가에 있어도 그 물을 마실 수는 없으며, 오직 시식의 감로를 통해서만 구제받을 수 있는 존재들임을 단적으로 드러내는 장면이다.

〈남한산성 국청사國淸寺 감로탱〉(1755)은 원래 금강산 건봉사乾鳳寺에서 제작된 것이다. "南無大聖悲增菩薩"이라는 방제가 붙은 면연귀왕이 있는 항하사의 방제에는 다음과 같은 선적 영감으로 가득 찬 글이 드러나 있다.^{사진}

항하의 강기슭에 먹구름이 걷히니 열반의 정경이 아름답도다.
恒河水畔愁雲暗暗[013]去捏[014]相羙[015]

〈기메미술관 소장 남한산성 국청사 감로탱〉
(1755, 비단에 채색, 196.0×159.0㎝)의 부분 ▷

---
013 "暗暗"은 "黯黯"의 이체자다.
014 "捏"은 "涅"의 이체자다.
015 "羙"는 "美"의 이체자다.

우란분재의 단壇

『불설대목련경』(1536, 연기사)의 대단원을 차지하는 내용을 보면, 목련에 의해 아귀의 몸을 벗어난 목련의 어머니는 이후에 곧 강아지로 태어나고, 다시 석가모니불의 말씀에 따라 목련이 '우란분'을 올리자 강아지의 몸을 벗어나 종국에는 사람으로 환생하게 된다. 이러한 일련의 과정들은『불설대목련경』의 마지막 변상도에 우란분재의 단과 함께 종합적으로 도해되어 있다.^{사진}

이때에 석가모니불이 목련에게 설한 우란분재의 그릇인 우란분盂蘭盆은, "잎이 달린 (연한) 버들가지와 잣나무 가지[市買楊葉栢枝]로 만든 것"으로 자연에서 나는 것으로 만든 매우 소박한 그릇이다. 그런데 변상도의 우란분재는 간략한 필선으로 축약되어 묘사되었음에도 불구하고 이를 연상할 수 없을 정도로 규모가 화려하고 성대한 것이 특징이다.

사람의 키보다 훨씬 높은 단 위에는 정형화된 불기佛器의 우란분이 올려져 있고, 당간幢竿에는 인로왕보살번인 '신번神幡'이 휘날리고 있으며, 화탁花卓 위의 거대한 꽃병에는 가지가 대칭적으로 돋아나 장식성이 강조된 가화假花가 꽂혀 있다. 재단과 당간 사이에는, 감로탱의 재단 도상에도 나타나는 긴 줄이 쳐져 있는데, 목련[目]이 등燈을 달기 위해 서 있다. 목련이 들고 있는 등 도상이 보다 뚜렷이 나타나는 것은 후대의 보현사 판본(1735)에서이다. 둥근 등 안에 등불이 보인다.

여기서 '신번'과 '등'은 『불설대목련경』에서 석가모니불이 목련의 어머니가 아귀에서 벗어날 방법으로 설한 다음의 내용을 도해한 것이다.

> 여러 보살들을 청하여 49개의 등불을 켜고, 많은 산 목숨을 놓아주며, 신번을 만들어 세우면 너의 어머니는 아귀도에서 벗어날 수 있을 것이다.
> 請諸菩薩 點四十九燈 放諸生命 造立神幡 浔孃離餓鬼

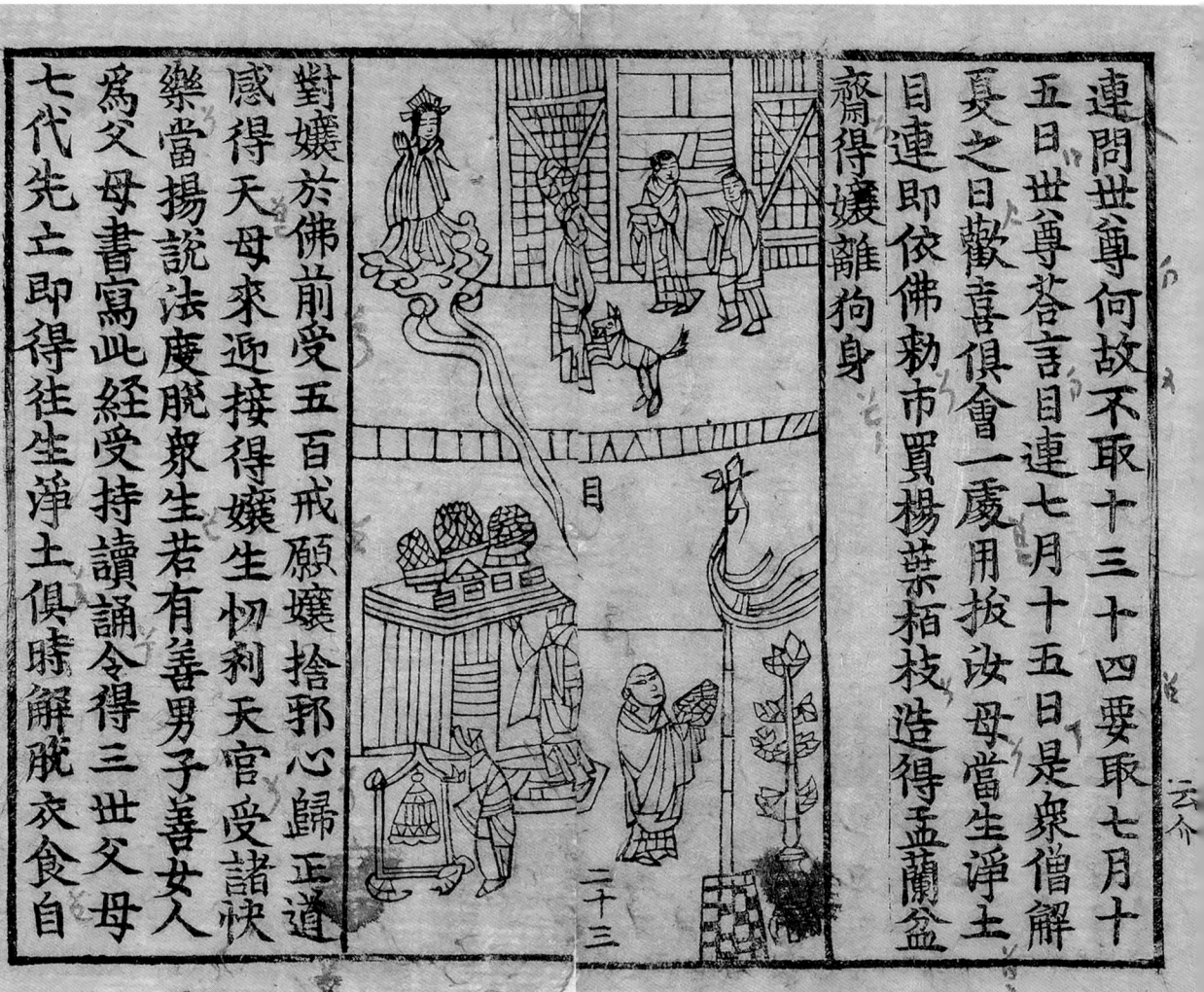

『불설대목련경』(1536, 소요산 연기사, 규장각 소장) 변상도

우란분재에서는 49개의 등燈을 다는 것이 가장 큰 특징이다.
후대의 감로탱 중 〈양주 청련사 감로탱〉(1880)이 감로탱에 나타나는 가장 이

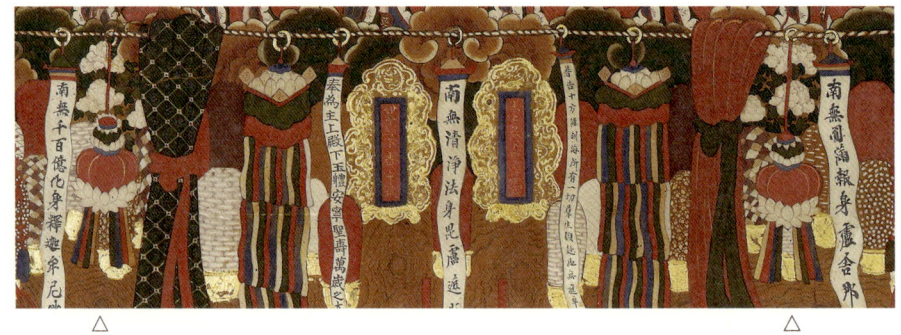

〈양주 청련사 감로탱〉(1880, 비단에 채색, 134.0×225.5㎝)의 비단등

른 시기의 등 도상인데, 여기에서 단 위의 줄에 걸린 등은 화려한 붉은 비단등이다.^{사진} 수륙재 의식집에 나타나는 반야윤등般若輪燈과 같은 수륙재의 등이나 〈동화사 감로탱〉(1896)과 같은 화려한 세시歲時관련 등으로도 사용되었을 수 있어 우란분재와의 관련성은 단정하기 어렵다. 그러나 일제강점기인 20세기 초에 조성된 〈강화도 청련사靑蓮寺 감로탱〉(1916)에서는 흰색의 영가등인 '백등白燈' 도상이어서 참고자료가 된다.

이『불설대목련경』(1536) 판본의 변상도는 16세기 초 야외에서 설행되는 성대한 재齋의 모습을 살펴볼 수 있는 현존하는 가장 이른 시기의 도상에 속하는 것이어서 주목되지만, 감로탱을 비교 대상으로 보면, 수륙재와 우란분재에서 모두 '등燈 공양'016이 강조되어 있음에도 적어도 조선후기까지의 감로탱 도상에서는 드러나지 않아 이들 간의 영향관계를 뚜렷이 하기는 어렵다.

---

016 예를 들어, 수륙재로 보면,『천지명양수륙재의범음산보집』(1723, 중흥사)의 '가등작법(加燈作法)'은 '등(燈)을 가지(加持)하는 작법'으로 수륙재 의식의 삼단(三壇)처럼 분류되고 있다. 일륜등(一輪燈)인 반야윤등(般若輪燈)은 상단(上壇)에, 이륜등(二輪燈)은 중단(中壇)에, 삼륜등(三輪燈)은 하단(下壇)에 속한다.

구제의 그릇: 수륙재의 '곡기斛器'와 '발우鉢盂', 우란분재의 '우란분盂蘭盆'

대각국사大覺國師 의천義天, 1055-1101의 문집인 『대각국사문집大覺國師文集』 권제3 〈우란분경 강설에 앞서 (제목을) 밝히는 글[講蘭盆經發辭]〉에서, "우란盂蘭은 서역西域의 언어로 여기서는 일컫길, 도현倒懸이라 하고, 분盆은 중국의 음音으로 구제하는 그릇[救器]을 의미한다. 盂蘭是西域之語 此云倒懸盆乃東夏之音 仍爲救器"고 하였다. 이 내용은 중국 화엄종의 5대종사인 규봉종밀圭峯宗密, 780-841의 『우란분경소盂蘭盆經疏』에 나타나는 문장과도 거의 동일하다. '우란분'은 오래전부터 '구제의 그릇'으로 인식되어 왔던 것이다.

목련目連이 지옥에서 어머니를 구해내는 극적인 설화와 이를 의례화한 재인 '백중百衆' 또는 '우란분재盂蘭盆齋'는 효孝를 바탕으로 한 동아시아 불교의 '무형유산' 가운데 가장 대중적인 형태로 오랫동안 유행되어 왔는데, 여기에 '우란분'이 그 상징성을 대표하고 있다. '우란분'이나 '구제의 그릇'은 근본 바탕이 '공양供養'에 기반하고 있다는 점에서 또한 수륙재의 고혼孤魂들을 위한 시식施食에까지 동일 범주에서 논의되어 왔다. 여기에 더해 우란분재는 칠월 보름의 세시歲時와 연계된 정례화된 천도재였기에 천도재 성격의 수륙재와도 끊임없이 습합되었다. 조선시대 우란분재의 세시문화와 수륙재와의 습합은 더구나 '불교사명일'의 시식 의식의 범주에서 행해졌기에 필연적일 수밖에 없었.

이러한 대중적 습합에 대한 우려는 이전부터 이들 재에 대한 근본적인 차이를 인식할 필요성이 제기되어 왔던 것이 참조된다. 『지반문志磐文』인 『법계성범수륙승회수재의궤法界聖凡水陸勝會修齋儀軌』를 산보刪補한, 명대의 4대 고승인 운서주굉雲棲袾宏, 1535-1615은 『정와집正訛集』에서 다음과 같이 표명했다.

> 우란분. 세상 사람들이 칠월 보름에 귀신에게 시식施食하는 것을 '우란분대재盂蘭盆大齋'라고 하나 이는 와전訛傳된 말이다. 우란분재는 목련에서 비롯

된 것으로 이른 바, 칠월 보름은 대중들이 하안거를 끝내고 자자하는 날이다. 하안거에 선을 참구한 많은 이들이 도를 얻게 되어 이 날 공양을 올리면 그 복이 백배 늘어나니 귀신을 시식하기 위함이 아니다. '시식施食'이란 아난에서 비롯된 것으로 칠월 보름에 한정된 날이 아니다. 그릇도 이것은 (인도)마가다국에서 쓰이는 곡기斛器로 또한 우란분盂蘭盆이 아니다. 대개 한 번은 위로 성스러운 대중들께 공양하고 한 번은 아래로 아귀들을 구제하여 비전悲田·경전敬田·이전異田의 복전을 짓는 것이니 어찌 헛갈리겠는가!

盂蘭盆 世人以七月十五施鬼神食爲盂蘭盆大齋之會 此訛也 蘭盆緣起目連 謂七月十五 衆僧解夏自恣 九旬參學 多得道者 此日修供 其福百倍 非施鬼神食也 施食自緣起阿難 不限七月十五 所用之器 是摩竭國斛 亦非蘭盆 蓋一則上奉聖賢 一則下濟餓鬼 悲敬異田 惡可等混017

『정와집正訛集』은 정오正誤의 대상이 되는 짧은 주제의 항목들로 이뤄진 글로 우리나라에 유통되었는지는 정확히 알 수 없다. 운서주굉은 수륙재에도 정통했기에 선禪의 관점에서 우란분재를 하안거 해제일에 초점을 맞춰 정오했는데, 수륙재와 우란분재의 성격이 함축적으로 잘 드러나 있다. 그는 이들 '재齋의 연기설화緣起說話 주인공'을 '수륙재 시식의 아난'과 '우란분재의 목련'으로 분명히 밝히고, 흥미롭게도 재에 사용되는 그릇의 명칭에 대해서도 '수륙재의 곡기斛器'와 '우란분재의 우란분盂蘭盆'으로 구별하고 있다. 각 재의 성격이 이 그릇에서만큼 잘 드러나는 것도 없기 때문이다.

수륙재의 감로탱 도상에서 면연귀왕이 들고 있는 '곡기'나 굽이 있는 '완碗' 혹은 굽이 없는 '발우鉢盂', 그리고 우란분재의 '분盆'은 모두 공양구供養具로 사용되는 '구제의 그릇'으로 그 종교적 지향점에는 큰 차이가 없다. 이들 재의 설행 자체가 결국은 발원자들에 의해 '고통과 번뇌의 구제'에 집중되어 있기에 '구

---

017 嘉興大藏經 第33冊. No.B277. 雲棲法彙 (選錄) (第12卷-第25卷)

제의 그릇'으로 상징화될 수밖에 없기 때문이다. 그러나 우란분재가 수륙재 의식 속에서 대중적으로 크게 성행했음에도 이들 그릇 용어의 차이처럼 재 자체의 기원이 다른 것은 변함이 없다.

우란분재의 단壇 위에 올리는 그릇을 보면, 왕실발원과 같은 화려하고 성대한 규모에서는 정형화된 그릇을 사용했겠지만, 경전에 나타나 있듯이, 칠월의 절기에 맞춰 그 계절에 나는 자연의 재료로 간단히 그릇을 엮어 사용할 수 있었던 것이 큰 특징이다. 그런데 〈수륙연기〉 등에 나타나는 '곡斛'을 담는 그릇인 '곡기'는 단 위에 올리는 것이 아니라 면연귀왕과 그 아귀들을 위한 '사다라니四陀羅尼'의 의식절차를 통해 설행되는 것으로 단 위에 올린 것은 앞서 언급한 것처럼 성중을 위한 공양으로 다르다. '곡기'는 온전히 면연귀왕의 것이다.

먼저 이 '곡기'를 중심으로 살펴보자.

경전들과 〈수륙연기〉 등에 나타나는 석가모니불 재세 당시의 인도 대국이었던 마가다국의 '곡기'가 어떤 크기의 것인지 도량형의 기준이나 기형器形에 대해 정확히 알려진 것은 없다. 감로탱에서 살펴보면, 앞선 시기 도상의 면연귀왕이 들고 있는 그릇은 법사(증사)가 '사다라니'의 수륜관진언水輪觀眞言 작법을 할 때의 물그릇과 서로 연동되어 굽이 있는 완碗 정도의 작은 그릇 등을 들고 있다. 면연귀왕의 오랜 구제의 이야기는 재의 설행을 통해 현재적으로 반복되는 구조를 지니기에 법사의 의식절차와도 연동될 수밖에 없다. 〈약센지 소장 감로탱〉(1589)은 이를 잘 보여준다. ^{사진}

그런데 조선후기로 갈수록 법사의 그릇과 관련 없이 면연귀왕의 그릇은 크기가 커지면서 굽의 묘사가 생략되는 경우가 보인다. 〈은해사 백흥암 감로탱〉(1792)의 경우는 '쌍아귀'가 각각 옻칠로 주칠과 흑칠을 한

〈약센지 소장 감로탱〉(1589)의 부분

2부 수륙연기와 수륙재, 그리고 우란분재 | 85

〈은해사 백흥암 감로탱〉(1792, 비단에 채색, 196.5×196.0㎝)의 부분

큰 '발우'를 들고 있다.^{사진} 또한 〈리움 소장 감로탱〉(18세기)의 경우는 낯선 모양이나 크기로 미뤄 〈수륙연기〉에서 밝힌 '마가다국의 곡기'로 볼 수 있는 예이다.^{사진} 경전에 묘사된 것처럼 봉두난발의 쑥대머리[頭髮蓬亂]에 눈을 치켜 뜬 무시무시한 표정의 면연귀왕이 '마가다국의 곡기'를 양손으로 들어 입가에 대고 있다. 의식절차로 보면, 법사의 사다라니에 의해 수륜관진언 작법의식이 행해지고 있는 순간으로, '곡기' 안에는 흰 점으로 표현된 흰쌀이 가득 담겨 있다. 이러한 흰쌀의 표현은 16세기 말의 〈세이쿄지 소장 감로탱〉(1590)이나 〈국립중앙박물관 소장 감로탱〉(16세기, 에지마 고도 기증) 등에서도 이미 선명하게 나타나 있다. 곡斛의 용량은 대략 열 말이다. 도량형이 나라마다 시대마다 다른 것을 감안하더라도 요즘 한 말의 쌀이 8kg인 것을 감안하면 엄청나게 큰 그릇이다. 수륙재 의

〈리움 소장 감로탱〉(18세기, 비단에 채색, 265.0×294.0㎝)의 부분

식에서 이 쌀이 지닌 의미는 감로와 관련해 별도로 살펴볼 필요가 있다.

수륙재와 관련된 경전은 10여 종에 이르고, 모두가 초기 밀교경전에 속하는 만큼 복잡다단한 내용 구성을 지니고 있다. 그런데 이들 경전을 비롯해 이후의 의식집들은 적어도 법식法食의 변화식變化食인 변식變食 자체에 대해서는 하나의 일관된 흐름을 유지하고 있다. 예를 들면, 『유가집요구아난다라니염구궤의경瑜伽集要救阿難陀羅尼焰口軌儀經』(T1318)에서는, 아귀들의 왕인 면연귀왕面燃鬼王이 홀연히 아난에게 나타나 그를 겁박하며 말하길, "마가다국에서 사용하는 도량형의 곡斛, 10말으로 각각 칠칠곡의 음식을 베풀고 아울러 우리들을 위해 삼보께 공양한다면, 너는 수명이 늘어나리라. 如摩伽陀國所用之斛 各施七七斛飮食 幷爲我等供養三寶 汝得增壽"라고 하여 그와 아귀들을 위해 쌀을 베풀 것을 강요하고 있다. 이에 아난이 석가모니불께 나아가 면연귀왕의 겁박에서 벗어날 방법을 여쭙자 말씀하시길, "네가 능히 이 '무량위덕자재광명여래다라니無量威德自在光明如來陀羅尼'를 받아 지녀 일곱 번을 독송한다면 한 그릇의 음식이 변하여 온갖 종류의 감로의 음식으로 변화하리라. 汝若善能作此陀羅尼法加持七遍 能令一食變成種種甘露飲食"고 하여 '다라니 독송을 통해 성취되는 변식'을 설하고 있다. 애초에 아난의 힘만으로는 면연귀왕과 그의 헤아릴 수 없는 36부의 권속들에게까지 각각 칠칠곡의 쌀을 베풀기란 불가능했기에 석가모니불께 지혜를 구한 것인데, 석가모니불은 여기에서 더 나아가 아난에게 새로운 해결 방법을 제시하고 있다. 석가모니불의 위신력이 깃든 '무량위덕자재광명여래다라니'를 통해 방대한 양의 쌀을 고난 구제의 상징인 무량의 감로로 양적·질적 변화의 기적을 드러내고 있는 것이다. 이것은 '쌀'에서 '감로'로 변화를 거치는 것이지만 같지도 다르지도 않은 한 가지의 것이라 할 수 있다.

조선시대 의식집을 보면, 1496년 왕실판본의 복간본인 『천지명양수륙잡문天地冥陽水陸雜文』(1531, 용흥사 소장)의 〈수륙연기〉에는 이 다라니의 이름이 '무량위덕자재광명여래다라니'가 아닌 '일체공덕광명무량위덕력대다라니一切功德光明無量威德力大陀羅尼'로 나타나고 있으나 그 내용은 다르지 않다.

이 공양과 관련된 초기 밀교경전의 내용들은 후대의 수륙재 의식문에 이르러 더욱 정밀한 형태로 인식되고 있다. 『청문』(1529, 동국대도서관 소장)에 수록된, 원나라 몽산덕이蒙山德異의 『증수선교시식의문增修禪敎施食儀文』은 법주法主의 여법한 관상觀想을 매우 중시하고 있는데, '사다라니' 중 첫 번째의 〈변식진언變食眞言〉에만 다음과 같은 협주夾註가 있어서 변식진언을 중심으로 나머지 세 다라니를 주해註解한 것임을 알 수 있다.

> 작관의 법은 먼저 '곡기'의 광대함을 관상하여, 마치 마가다국에서 사용하는 곡기에 밥이 가득 차 있는 것처럼 관상하되, 일곡이 변하여 칠곡이 되고, 칠곡

〈세이쿄지 소장 감로탱〉(1590, 삼베에 채색, 133.2×127.0㎝)의 부분

이 변하여 무량곡이 되어 도량과 법계에 가득 차게 뿌려지는 것을 보는 것이다. 모든 불자들이 다 이 법회에 모여들어 한 명 한 명의 불자 앞으로 다 몸이 있게 되었으니, 경전과 다라니를 독송하여 받아 지녀, 변식진언으로 적은 양을 많아지게 하고, 이어서 다라니의 주력으로 발우의 청정수를 변화시켜 감로의 큰 바다를 이루게 하고, 일자수륜주로 감로의 법수를 이루게 하고, 유해진언으로 감로의 법수를 변하게 하여 청정한 향유香乳의 바다가 되게 하라.

作觀之法 先觀斛器廣大 如摩伽陀國 所用之斛 飯食滿中 一斛化七斛 七斛化無量斛 遍滿施場 及諸法界 諸佛子 悉赴法會 一一佛子前 皆有我身 誦經持呪 變食以少爲多 次運呪力 化盂中淨水 變爲甘露水海 一字水輪呪 化爲甘露法水 乳海眞言 化甘露法水 爲淸淨香乳海

위의 『증수선교시식의문』에 나타나는 '관상을 통한 변식'은 초기의 감로탱 도상에도 잘 도해圖解되어 있다. 그런데 감로탱 도상에 나타나는 청수淸水와 쌀은 회화적으로 모두 흰색으로 그려질 수밖에 없어서 경우에 따라 청수로도 쌀로도 볼 여지가 있는 것이 사실이다. 〈세이쿄지 소장 감로탱〉(1590)사진을 보면, 면연귀왕은 단 아래에서 법주가 하고 있는 작법과 별개로 흰 쌀알들이 담겨 있는 발우를 들고 마치 법주가 하는 작법처럼 이를 뿌리고 있다. 비처럼 쏟아지고 있는 일곱의 쌀이 칠칠곡으로, 칠칠곡이 무량곡으로 변식하는 장면이다. 쌀 혹은 밥에서 최종으로 변식의 감로甘露이다. 이 감로탱에서는 아귀가 아닌 고혼들만 표현되어 있는데, 이들의 손에는 변식을 받기 위한 작은 그릇이 높게 들려 있다. 단지, 회화 상의 것으로 고혼이나 아귀에 대한 대상의 차이는 없다. 〈경북대박물관 소장 감로탱〉(18세기)에는 이들이 모두 등장한다. '수륙연기' 설화의 면연귀왕과 아귀 구제가 적극적으로 확대되고 있음을 잘 보여준다.

실제 의례 현장 중심으로 법주와 면연귀왕의 시식 의식을 도상적으로 비교적 자세히 표현한 것은 〈약센지 소장 감로탱〉(1589)이다. 이들은 각각 굽이 있는 완을 들고 있는데, 그릇의 형태뿐만 아니라 담겨 있는 것도 다르다. 법주가 들고 있는 굽이 높은 둥근 완 안쪽에는 '사다라니'를 위한 청수가 담겨 있음을 의미하는 물결무늬 표현이 있고, 면연귀왕이 들고 있는 굽이 낮은 완 속에는 몇 개의 쌀알이 묘사되어 있다. 이러한 대비적 표현은 쌀이 여전히 구제의 기제로써 도상에 의식문의 영향이 미치고 있음을 보여주는 것이다.

조선시대의 영가천도 의식문에서는 아귀와 고혼들을 포괄하는 범주에서 영가들을 위한 '영반靈飯'인 '일발반一鉢飯: 한 바리때의 밥'이 등장하는데, 이 용어도 도상표현에 영향을 미친 것으로 보인다.

『증수선교시식의문』(간행연대, 간행처 미상, 동국대도서관 소장)의 「영혼문靈魂文」〈헌영반시獻靈飯時〉에 수록된 "반게飯偈" 사진라는 게송 두 가지를 보자.

내가 든 이 발우의 향적미는 모든 천인과 신선의 음식보다 뛰어나지 않음이 없어 그대에게 권하노니, 법의 미묘한 맛을 알게 되면 내세에는 항상 마땅히 포만감이 사라지지 않으리라.
我此鉢中香積味 諸天仙食了無殊 勸君若也知滋味 來世當當飽未休

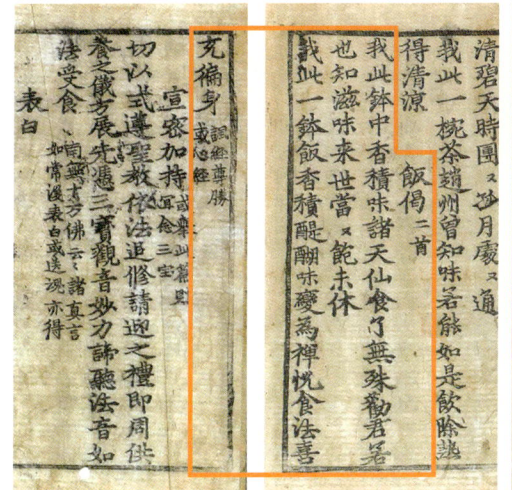

『증수선교시식의문』(간행연대·간행처 미상, 동국대 도서관 소장)의 「영혼문」〈헌영반시〉 "반게"

〈보석사 감로탱〉(1649, 삼베에 채색, 238.0×228.0㎝, 국립중앙박물관 소장)의 아귀 시식 장면

나의 이 '일발반'은 향적세계 제호의 맛이니 선열의 법의 음식으로 변하여 몸에 가득 충만하여지리라.
我此一鉢飯 香積醍醐味 變爲禪悅法食 喜充徧身

위의 글은 영가를 위한 시식에 '영반'이라는 용어가 사용되고 있고, '일발반'이라는 표현도 함께 보인다. 앞서 살펴본 대로, 몽산덕이의 「영혼문」〈獻靈飯時〉뿐만 아니라 서산의 「영혼식」에도 '영반 올리는 것'이 공통적으로 나타나고 있어 조선시대 영가천도의 중요 의식으로 유행했음을 보여준다. 그런데 이러한 쌀이나 밥의 표현은 〈보석사 감로탱〉(1649, 국립중앙박물관 소장)의 경우를 보면, 회화적으로 크게 구분되지 않은 것을 볼 수 있다. 영가들이 들고 있는 그릇 안에는 쌀이나 밥의 표현이 없지만 재단 앞으로 몰려든 아귀들 사진이 맨손으로 하나씩 들

고 있는 것은 도톰한 쌀알 같기도 하고 감로의 물방울 같기도 한 것이다. 이에 비해 후대의 〈고려대 소장 감로탱〉(19세기 초)의 면연귀왕은 아주 작은 놋동이를 들고 있으며, 공양밥처럼 고봉으로 되어 있다.

'곡기'에서 시작된 '영반' 혹은 '일발반'은 쌀·밥이 지니는 고전적 성격을 잘 대변해 주고 있다. 또한 이것은 수륙재 하단의식 시식의 그릇에 청수 혹은 쌀, 밥으로 담겨 변식을 통해 감로로 베풀어지는 것에 핵심이 있다.

우란분재의 단壇 위에 진설하는 '우란분'은 『불설우란분경』 등에 나타나면서 '우란분재'의 용어와 함께 고착화된 용어인데, 수륙재에서도 '분盆' 자체로 주로 쌀이나 밥 같은 공양음식이나 지전紙錢을 담아 단에 올렸다. 이 '분'은 '동이'이기에 크고 많은 공양물을 담을 수 있었다. 현재 감로탱 도상의 단에 진설된 것은 대부분 이것이다. 17세기 초의 「불영사시창기佛影寺始創記」〈조성잡물기용유공화주록造成雜物器用有功化主錄〉(1620)[018]의 시주목록을 보면, "놋동해 십 닙鍮東海 拾立"이라고 하여 '동이'의 옛 표기인 '동해東海'에 수량의 단위인 '立'[019]이 사용되고 있다. '동해'는 그 단어로만 보아도 엄청난 크기의 공양구供養具임을 짐작케 한다. 놋동이 열 개 모두가 재에 소용되는 물품으로 시주된 것이다.

감로탱의 '분'은 대부분 금색이다. 재질은 흙으로 구운 '도자기동이[陶盆]'가 아니라 누런 놋쇠로 만든 '놋동이[鍮盆]'이다. 〈리움 소장 감로탱〉(18세기) 등의 놋동이 도상은 회화 표현의 한계에도 구연부가 특징적으로 외반外返되어 있으며 굽이 있다.^{사진}

놋동이의 종류를 살펴보면, 함경남도 정광사定光寺의 사적인 〈觀城縣大德山

---

018 『佛國寺誌(外)』, 서울아세아문화사, 1983, p.339.
019 단위가 '座'로 쓰인 경우도 보인다.

〈놋동이〉(국립고궁박물관 소장)　　〈리움 소장 감로탱〉(18세기)의 동이 도상

定光寺事蹟實錄〉의 1582년 시주물목에 "四環鍮東海食東海箇[020]東海佛器"[021]라고 하여 "고리 네 개 달린 놋동이", "식동이", "뚜껑 있는 동이"가 있었음을 보여준다. 이 기준에서는 조선시대 감로탱에 나타나는 동이 도상은 대부분 "식동이" 즉, 밥동이에 해당된다.

여기서 감로탱의 '분'인 '놋동이'와 우란분재의 '우란분'은 어떤 차이가 있을까 하는 의문은 큰 의미가 없다. 우란분재는 수륙재 의식으로 설행된 조선시대 불교 사명일의 대표적인 재였기에 재단에서는 불보살의 공양구인 불기佛器를 일반적으로 올렸을 것이고 별도로 하안거 해제일을 위한 반승飯僧에서는 '우란분'에 맞는 그릇으로 베풀어졌을 것이기 때문이다.

그런데 감로탱에서는 우란분재와의 습합과정에서 명확히 '우란분' 도상이 나타나는 보기 드문 경우가 있다. '우란분' 도상의 백미는 〈국립중앙박물관 소장 감

---

020 '蓋'의 오기이다.
021 『朝鮮寺刹史料』하권, 조선총독부, 1911, p.342.

로탱〉(18세기)에서 다름아닌 면연귀왕이 들고 있는 그릇이다. ^{사진}

화면 중앙의 넘실대는 거대한 "항하수恒河水"를 배경으로 면연귀왕이 한쪽 무릎을 꿇고 호궤胡跪하며 두 손으로 받들고 있는 그릇은 다른 감로탱에서와 달리 감로甘露의 베풂을 상징하는 '곡기斛器'도, '완碗'도, '발우'도 아니다. 자세히 보면, '대나무 소쿠리[竹筐]'이다. 그릇에는 천을 덧댄 듯 금색으로 표면이 칠해져 있고 위쪽의 둥근 테두리는 가는 세 가닥의 대나무 가닥들로 단단히 엮여져 있다.

〈국립중앙박물관 소장 감로탱〉(18세기)의 부분
대나무 소쿠리를 들고 있는 면연귀왕

이 대나무 소쿠리의 등장은 흥미롭게도 우란분재의 민속과 관련이 깊다. 이를 살펴보자.

우란분재는 조선시대에 불교 신도들뿐만 아니라 유학자들에게도 매우 흥미로운 칠월 보름의 민속이었다. 16세기의 유학자 조호익曺好益, 1545-1609은 그의 문집인 『지산집芝山集』 「가례고증家禮考證」 권1 〈사당祠堂〉의 '칠월 보름에 소찬을 마련함[七月十五日 設素饌]'에서, 칠월 보름에 소찬을 차려 제사지내는 풍습을 설명하였는데, 우란분재의 소의경전인 『불설우란분경佛說盂蘭盆經』의 내용을 다음과 같이 요약해 전했다.

불경佛經에 이르기를, "목련目連 비구比丘가 돌아가신 자신의 어머니가 아귀지옥餓鬼地獄 가운데에 태어난 것을 보고는 곧바로 발우[鉢]에 음식을 가득 담아 가지고 어머니에게 가서 먹였는데, 어머니가 음식을 입에 넣기도 전에 불에 타 숯으로 변해 먹을 수가 없었다. 이에 목련이 큰 소리로 울부짖으면서 돌아와서는 부처에게 하소연하니, 부처가 말하기를, '너의 어머니는 지은 죄가 무거워 네 혼자 힘으로는 어찌할 도리가 없다. 마땅히 시방세계의 여러 승들의 신묘한 위력威力이 있어야만 한다. 7월 보름이 되면 마땅히 7대 부모와 현생現生의 부모로서 액난厄難에 빠져 있는 자를 위하여 백 가지 맛난 음식과 다섯 가지 과일을 갖추어 이를 우란분盂蘭盆에 담아 시방대덕十方大德에게 공양하여야 한다.' 하였다. 그러고는 부처가 여러 승들에게 신칙하여 모두들 시주施主를 위하여 축원하게 하였다. 7대 부모가 선정禪定의 뜻을 행하고 난 연후에 음식을 받아먹었는데, 이때 목련의 어머니가 일겁一劫의 아귀지옥의 고통에서 벗어날 수가 있었다. 그러자 목련이 부처에게 사뢰기를, '미래 세상의 불제자들 가운데 효순孝順을 행하는 자들도 응당 우란분을 받들게 해도 괜찮겠습니까?'라고 하니, 부처가 아주 좋다고 말하였다."고 하였다.022

우란분재의 실제 의식은 수륙재의 하단下壇 시식施食에 속하는 '불교 사명일四名日 의식'을 통해 명절에 조상과 부모를 천도遷度 하는 것이지만, 무엇보다도 생전의 부모를 지옥에서 구제하는 사후의 적극적인 '효孝'의 실행이 강조되어 있다. 이에 따라 우란분재의 공양물도 명목상 백 가지 음식을 우란분盂蘭盆에 담아 공양할 정도로 재와 반승飯僧의 규모가 컸는데, 『조선왕조실록』에서도 볼 수 있듯이, 수륙재를 설행할 때에 일반적으로 반승을 같이 행했던 것과 비교하면 신앙적인 측면에서 언제든 크고 작은 습합의 여지가 있었다. 다만, 우란분재는 시기적으로 칠월 보름에 행했던 만큼 공양물 관련 특성이 잘 드러나 있다.

우란분재에 사용하는 '우란분'이라는 그릇은 뜻밖에도 위의 조호익 글에서

---

022 한국고전종합DB_정선용(역)_2003.

다시 살펴볼 수 있다. 그는 우란분재에 사용하는 그릇인 '우란분'의 장식성을 언급하면서 민간의 '우란분'에 대해 다음과 같은 중요한 언급을 남겼다.

> 이에 후세 사람들은 이 '우란분'을 쓰게 되었는데, 화려하게 장식하는 것이 유행하여 나무로 조각을 하거나 대나무를 쪼개어 엮었다. 또한 엿이나 밀랍, 비단으로 꽃과 과일 모양을 만들었는데, 그 교묘함이 극에 이르렀다. 이른 바, 우란회라고 하는 것이다. 그러나 살펴보건대, 민간에서는 대나무로 그릇을 만들어, 이 날이 되면 여기에 소찬을 담아 조상들께 올렸다.
> 故後人用此 廣爲華飾 乃至刻木割竹 飴蠟剪綵 模花果之狀 極工巧之妙 謂之盂蘭會 按盂蘭盆 俗以竹爲器 俗是日以素饌 供養祖先

우란분을 대나무 그릇으로 한다는 언급은 이후 류장원柳長源, 1724-1796의 체계적인 가례학家禮學의 전문서인 『상변통고常變通攷』 제29권 〈가례고의家禮考疑. 통례通禮〉 '사당祠堂'에서도 이어져, "考證 按盂蘭盆 以竹爲器 俗是日以素饌 供養祖先"이라고 하여 거의 문장이 동일하다.

그러면 경전에서는 이 '우란분'의 그릇에 대해 어떻게 밝히고 있을까?

『불설우란분경佛說盂蘭盆經』이 대중화된 목련구모目連救母 계통인 『불설대목련경佛說大目連經』(1536, 逍遙山 烟起寺, 규장각 소장)에 목련이 재를 준비하는 장면에 나타나 있다.

> 목련이 곧 부처님께서 말씀하신 대로 시장에 가서 잎이 달린 (연한) 버들가지와 잣나무 가지를 사다가 (그릇으로 엮어) 우란분재를 베푸니 어미가 강아지의 몸을 벗어났다.
> 目連卽依佛勅 市買楊葉栢枝 造得盂蘭盆齋 得孃離狗身

위 우란분의 그릇 중 버들가지로 엮어 만든 그릇은 우리나라에서도 오래 전부터 식기로 사용되었다. 이유원李裕元, 1814-1888의 『임하필기林下筆記』 제11권 《문헌지장편文獻指掌編》〈화백和白〉에, "『신당서新唐書』에 이르기를, 신라인들은 일을 반드시 여러 사람과 의논하는데 그 제도를 화백이라 하며, 한 사람의 의견이라도 다르면 회의의 결정을 내리지 못하였다. 버들가지 그릇을 식기로 사용하였는데, 마치 구리 기와와 같았다."023고 하여 버들가지 그릇도 만드는 기술에 따라 완성도 높은 그릇이었음을 알 수 있다.

『불설대목련경』의 내용으로 보면, 실제 우란분재에 사용된 '우란분'은 대체로 매우 소박한 그릇이었을 것이다. 우란분재의 화려한 장식성과는 별개로 금이나 유기와 같은 화려한 공양기供養器는 왕실이나 재력가의 시주로 가능한 경우여서 작은 규모의 사찰에서 사용하기에는 거리가 먼 기물들이다. 공양물도 앞서 『용재총화』 제2권에서 볼 수 있듯이, "승가에서는 백 가지 꽃과 과일을 담아 僧家聚百種花果"라고 한 내용을 주목할 필요가 있다. 반드시 장인이 만든 그릇을 갖추지 않아도 『불설대목련경』에서 밝힌 대로 자연에서 얻은 나뭇가지를 재료로 백 가지의 '우란분'을 엮고 칠월의 꽃과 과일을 담아 소박하지만 성대한 공양물을 마련하는 것이 가능했던 것이다.

이것은 수륙재의 '불교 사명일' 의식에 속하면서 대중적인 불교공동체 의식이 반영된 '법法의 연회와 구제'에 기반하고 있지만, 신앙으로 보면 더욱 간절하고 개인적이다. 조상과 부모를 지옥에서 구원하고자 하는 개인의 '효'가 강조되고 있기 때문이다. 이에 따라 형편대로 작은 절이나 가난한 이들조차도 재를 정성껏 올릴 수 있었던 것이 우란분재였다.

『불설대목련경』에서 '우란분'은 버들가지나 잣나무 가지로 엮은 것이다. 우리나라 민간에서는 주위에 흔할 정도로 구하기 쉬운 대나무 가지로 엮은 그릇이

---

023 한국고전종합DB_심우섭(역)_1999.

다. 이 소박한 대나무 그릇에 소찬을 담았듯이 이러한 정서가 〈국립중앙박물관 소장 감로탱〉의 면연귀왕이 들고 있는 대나무 소쿠리에도 반영된 것이다. 특별히, 이 그릇은 감로의 베풂을 상징하기 위해 일반적인 대나무 소쿠리의 노란색보다 화려한 금색으로 채색되어 있지만, '대나무 소쿠리'라는 '우란분' 고유의 정체성도 함께 드러냈기 때문에 불교민속적 측면에서 매우 희귀한 도상이다.

그리고 '불교 사명일'의 의식문 관점에서 이를 보면, 『권공제반문』(1574)의 「거찰사사명일시식영혼식」에 나타나는 아래의 '백중(우란분재) 게송'은, 경전의 내용이 나뭇가지를 엮어 우란분을 만들 듯이, 자신의 머리카락이라도 엮어 지옥의 부모에게 드리워 부모를 구제하는 내용이어서 시사하는 점이 크다.

> 해마다 칠월 우란회는 저 목련이 부모를 구제한 날이라네.
> 모두 부모 없는 이 없어 털끝이라도 엮어 부모를 구제하네.
> 年年七月盂蘭會 是乃目連救母恩
> 人人箇箇無父母 纖毫共結濟於親

감로탱의 목련 도상

현재 우란분재 탱화로 공식적으로 알려진 것은 일제강점기인 1925년에 조성된 〈서울 백화사白華寺 목련경변상도〉사진 한 점이다. 목련존자가 청법하는 장면 등이 묘사되어 있고 화기에는 "目連幀畵"라 기록되어 있다. 이외에 탱화에 나타나는 우란분재의 목련 도상은 여전히 조선후기의 감로탱이 주류를 이루고 있다.

이 시기의 감로탱에 아난과 목련 도상이 함께 나타나는 것은 실제의 수륙재 설행에서 우란분재가 강조되었음을 보여주는 예이다. 1775년의 평양천변 수륙재 설행 장면이 묘사된 『진허집振虛集』의 〈서문〉과 권2의 〈평양천변수륙소平壤

川邊水陸疏〉는 이와 관련해 대표적인 분석대상이다. 이 수륙재에 당시 법주로서 〈평양천변수륙소〉 소문을 쓴 팔관捌關 ?-1782은 '편양언기-풍담의심-월저도안-추붕설암-상월새봉'으로 이어지는 법맥을 이은 대선사다. 여기서 팔관은, 도안이 기아와 전염병이 창궐했던 경오庚午, 1690년 삼월 삼짇날에 수륙재를 크게 설행하면서 〈평양천변수륙소〉를 쓴 지 85년 만에 다시 평안도 평양천변이라는 동일 장소에서 설행한 수륙재의 소문을 전과

백화사 목련경변상도(1925, 122.8×111.5㎝)

같은 제목으로 썼다. 수륙재 설행 장소가 같고 동일 법맥의 대선사들에 의해 소문이 쓰여진 점은 조선시대 재의 연속성 측면에서 보면 매우 흥미로운 일이다.

『진허집』의 〈서문〉은 청나라를 다녀온 후 『연행록선집燕行錄選集』(1791)을 쓴 김정중金正中이 썼는데, 1775년 당시 수륙재 설행의 정황과 법주로서 재를 주관하는 팔관의 모습이 잘 드러나 있다.

> [중략] 이후로 5년이 흘러서야 나는 작은 나룻배를 타고 강을 따라 부벽루에 이르렀다. 이 해 여름은 홍역[紅癀]이 크게 번져 죽은 자가 많았다. 채번암 공이 이름난 승려들을 모아 무차회를 개설해 백성들을 위해 복을 빌었다. 이 때에 대사를 법주로 청해 모셨는데, 대사는 금란가사에 백팔염주를 드리우고 돗자리에 앉아 경전을 낭랑하게 읊고 있었다. 나는 인산인해를 이룬 사람들의 사이를 뚫고 들어갔으나 말 한마디 건네지 못했다. 대사의 얼굴은 하얀 눈썹으로 드리워져 있었고 눈은 새벽별처럼 빛났다.[하략]

後五年 余乘小舟 淞江至浮碧樓 是年夏紅癍大虐 死者相望 蔡樊巖相公 廣募名僧 設無遮會 爲民祈福 邀關大師主席 師於時披錦袈裟 垂百八念珠 坐蒲團上 朗朗誦 經云 余闖入人海中 未得交一語 望其風範 眉毫垂白 眼如曙星

이 수륙재는 홍역으로 죽은 많은 이들의 영가천도와 민심의 위무를 위한 것으로 당시 평양천변은 사람들로 인산인해를 이뤘다. 조선시대 명재상 중 한 명이었던 채제공蔡濟恭, 1720-1799이 1775년 평안도 관찰사로 있을 때의 일로, 당시 한양을 비롯해 전역에 홍역이 대유행하자 팔관은 법주로서 다음과 같은 〈평양천변수륙소〉 소문을 썼다.

삼세의 속진에 머무신 석가모니부처님께옵서는 일찍이 만다라를 건립해 대연화의 정수에서 악도의 고통 받는 이들을 구제하셨습니다. 칠월 보름 안거安居가 끝나는 날에 목련존자는 우란분재를 열어 금륜의 아득한 언저리에 거꾸로 매달려 있는 이들을 구제하였습니다. 그리고 이때에 마침 냇가에 수륙재를 설행할 수 있게 되었으니, 저 은혜의 끼침이 비단 천상에만 크게 일겠습니까? 생각해 보건대, 이 평양은 실로 옛 도읍지로 흥망을 거듭하였으니 어찌 전쟁으로 죽은 애통한 영혼이 없었겠고, 좌우의 강물이 합수되는 곳이니 물에 빠져 죽는 애절한 영혼이 없었겠습니까? 하물며 속진세계의 정체된 혼과 사바세계의 떠도는 혼에게도 천도는 천 년 동안 좀처럼 행해지지 못했고 사시의 제향은 끊어졌습니다. 이로 인해 홍역이 창궐하고 남녀가 갑자기 죽는 일이 부지기수더니 그 화가 돌림병으로 번져 귀천을 가리지 않고 횡사하는 지경에 이르렀습니다.[하략]

三世惆住 釋迦曾建蔓挐 濟數趣於藥香幢頭 七月夏休 目連始會盂蘭 救到懸於金輪森際 此時可設川邊之水陸 彼渥奚但天上之絶隆 念我平壤實其故都 興亡邅代 豈無戰亡之哀魂左右合江 亦有溺死之愁鬼 矧塵㤉之滯魄 與沙界之遊靈 乏千載之薦修 絶四時之祭饗 因玆殃纏紅疫男女之夭徃百端 慮或禍發染瘴 貴賤之橫死萬狀

위의 팔관의 소문은 수륙재의 개설 시기를 대홍역으로 부모와 자식을 잃은 이들을 위해 '우란분재'의 때로 정해 재가 설행되었음을 밝히고 있다.

수륙재는 '불교 사명일'의 세시명절뿐만 아니라 전쟁을 비롯해 각종 재난의 극복과 위무를 위해 좋은 때를 가려서 절기에 맞춰서도 설행되었다.

월저당 도안과 법손인 팔관 당시의 수륙재 소문을 비교해 보면, 월저당 도안의 〈삼화부천변수륙소三和府川邊水陸疏〉에 부속된 소문인 〈하별소下別疏〉가 '구나驅儺: 儺禮, 섣달그믐 나례'를 언급하고, 경오庚午, 1690년 〈평양천변수륙소〉가 삼월 삼짇날에 수륙재 설행을 밝히고 있다면, 법손인 팔관의 〈평양천변수륙소〉는 재난의 극복을 위해 '불교 사명일四名日의 수륙재'이자 하안거夏安居가 끝나는 칠월 보름의 우란분재로 설행되었음을 밝히고 있다.

수륙재 하단 의식이 '보다 직접적으로 영가를 맞이하는 적극적인 천도재'이기에 지옥세계에 있는 부모와 조상의 구제에 집중하고 있는 우란분재와의 접점을 쉽게 이뤘던 것으로 보인다.

감로탱에서 목련존자의 등장은 '불교 사명일'의 우란분재가 강조된 경우이다. 그런데 한 가지 살펴볼 것은 시기적으로 감로탱의 조성시기와도 관련이 있는가 하는 점이다. 하지만 목련 도상의 등장과 별개로 감로탱 조성시기가 칠월이라 하더라도 이것만으로 감로탱과 우란분재의 연관성을 추정하기는 어렵다. 조성시기를 통해 이를 파악할 수 있는 경우는 드물기 때문이다. 〈선암사仙巖寺 서부도전西浮屠殿 감로탱〉(1736)은 "七月日"에 조성된 것이지만, 조성시기 외에 우란분재와의 관련성을 특별히 유추해 볼만한 도상은 보이지 않는다. 도상 표현이 보여주는 한계라고 할 수 있으며, 이외에도 감로탱의 조성시기와 상관없이 화사에 의해 일부 도상의 초草가 임모되어 새롭게 구성되면서 일관된 도상 해석을 하기 어려운 부분도 고려해야 할 점이다.

그러면 여기서 감로탱에 나타나는 우란분재의 목련 관련 주요 도상들을 살펴보자.

〈직지사 감로탱〉(1724, 개인소장)^{사진}

백중인 우란분재가 든 칠월에 조성된 것이다. 지장보살과 목련존자는 〈은해사 백흥암 감로탱〉(1792)에서처럼 하늘 위의 '하단 거불擧佛 도상'과 '칠여래七如來 도상' 사이가 아니라 화면 아래쪽의 고혼들 중에 직접 나타난다. 고통의 구제는 지장보살과 목련존자가 지닌 위신력의 속성이다. 이들 존격 바로 뒤의 선비들 속에는 한 손에 『맹자孟子』를 들고 맹자왈을 하며 누워있는 한량이 보인다. 당시 선비사회를 풍자한 것이지만, 어떤 삶과 죽음이더라도 그 속에 내재한 크고 작은 다양한 고통의 실체를 들여다보고 포용하는 듯하다.

〈쌍계사 감로탱〉(1728)^{사진}

수륙재와 우란분재에서는 고혼들뿐만 아니라 아귀들도 구제의 주요 대상이 되는데, 조선후기 감로탱 도상에서는 이를 적극 반영하여 '구제의 주역'으로 아난과 목련이 봉청되어 나란히 내영하는 도상들에 나타난다.

〈성주사聖住寺 감로탱〉(1729)

화면 구성과 구도에서 〈직지사 감로탱〉의 초를 거의 임모한 것으로 지장보살과 목련존자의 위치도 동일하다. 그런데 이 〈성주사 감로탱〉의 화기畵記 시주질에는 유난히 '과부'들이 눈에 띈다.

婆幀比丘太明爲 亡母朴召史保體

〈직지사 감로탱〉(1724, 비단에 채색, 199.0×286.0㎝, 개인 소장)의 부분

〈쌍계사 감로탱〉(1728, 비단에 채색, 225.0×282.5㎝)의 부분

태명太明이라는 비구가 '과부'로 수절한 모친 박조이朴召史의 영가천도를 위해 탱화의 바탕을 시주한 것이다. "朴召史"의 "召史"는 이두吏讀로 '과부'를 뜻한다. 일반적으로 시주질에는 '과부'라는 표현을 거의 쓰지 않는다. 쓸데없이 밝혀서 공덕에 누가 될 수 있기에 "망모 박씨"라고 쓰면 되는 일이다. 당시의 우란분재가 부모와 조상의 천도에 초점이 맞춰져 있으면서도 목련이 그 어머니를 지옥의 아귀세계에서 구원한 대중적인 신앙에 기반하고 있었기에, 태명이라는 비구는 부처에 의지해 평생을 외롭게 살았던 자신의 망모를 스스럼없이 드러내며 구원을 염원한 것이다. 이 감로탱의 또 다른 시주자들 속에서는 "김조이 金召史"라는 과부가 나타나기도 한다.

우란분재는 특히 여성들의 참여가 높았다.
성현成俔, 1439-1504의 『용재총화慵齋叢話』 제2권의 우란분재 내용이다.

7월 15일은 세속에서 백종百種이라 하여 승가僧家에서는 백 가지 꽃과 과일을 담아 우란분盂蘭盆을 베풀었다. 서울의 비구니 절에서 매우 성행했는데, 부녀자들이 많이 모여들어 미곡을 바치고는 돌아가신 부모의 혼을 불러 제사지냈다.
七月十五日俗呼爲百種 僧家聚百種花果 設盂蘭盆 京中尼社尤甚 婦女坌集 納米穀唱亡親之靈而祭之

여기에는 우란분재의 중요 장엄물 가운데 하나인 '등燈'에 대한 언급이 빠져 있지만, 꽃·과일·비구니 사찰·부녀자로 여성 중심의 우란분재의 성행을 잘 드러내고 있다. 또한 "부모의 혼을 불러 唱亡親之靈"라는 말에서 영혼식迎魂式의 '창혼唱魂' 의식이 쓰였음을 알 수 있다.

〈국립중앙박물관 소장 감로탱〉(18세기, 비단에 채색, 188.5×198.0㎝)의 부분

〈국립중앙박물관 소장 감로탱〉(18세기)^{사진}

전통적인 감로탱의 도상에 불교 사명일인 우란분재 신앙 형태가 결합된 전형적인 도상이라 할 수 있다.

화면의 중간에는 설단設壇 표현이 없지만, 화면 위쪽의 오른쪽에 관음·지장을 협시로 하는 아미타삼존이 이미 '거불擧佛'로 현현해 있고, 화면 왼쪽으로는 번幡을 드날리며 인로왕보살이 봉청奉請되어 있다. 유주·무주 고혼들과 함께 감로의 구제를 받은 면연귀왕의 위로는 성현의 명호로 선양된[宣揚聖號] 칠여래七如來가 현현해 있다. 이러한 성스러운 대중 가운데 목련은 아미타삼존이 있는 위치의 끝자락에서 아미타삼존을 향해 합장하고 있는데, 인로왕보살과 구도상 대칭을 이룬다. 비슷한 구도를 〈리움 소장 감로탱〉(18세기)에서도 볼 수 있는데, 다만 〈국립중앙박물관 소장 감로탱〉과 달리 칠여래 가운데 아미타여래를 분리한 육여래로 묘사해 '거불'의 대상인 아미타삼존의 아미타불과의 중복을 피하고 있으며, 그 한쪽 끝에 목련이 나타나 있다.

〈용주사 감로탱〉(1790, 비단에 채색, 156.0×313.0㎝)의 부분

〈용주사 감로탱〉(1790) ^{사진}

이 감로탱은 화기에 감로회甘露會로 표기되어 있다.

화면의 윗면에는 제왕의 모습에 홀을 든 "주수명귀왕主壽命鬼王"이라는 매우 희귀한 존격과 방제가 나타난다. 그리고 이 존격은 인로왕보살의 뒷쪽으로 "대목련존자大目連尊者" 도상의 방제와 함께 나란히 배치되어 매우 특이한 도상 구성을 이루고 있다. 목련존자와 나란히 있는 대귀왕大鬼王인 주수명主壽命은 실제 목련과는 관련이 없지만, 지장보살이 목련과 관련 있는 것처럼, 지장보살과 주수명귀왕은 관련이 있다.

당나라의 실차난타實叉難陀가 번역한 것으로 지장신앙의 소의경전에 속하는, 『지장보살본원경地藏菩薩本願經』(『지장보살본원경언히』; 1791, 송광사 간행, 원각사 소장)은 우리나라에서 '지장경'으로 불릴 정도로 대중적인 경전이다. 여기에 이 주수명귀왕이 나타난다.

제1의 「도리천궁신통품忉利天宮神通品」은 석가모니불이 도리천에 계시는 어머니 마야부인摩耶夫人을 위해 설법하는 내용으로 시작하고, 제7의 「이익존망품利益存亡品」은 돌아가신 부모와 가족들이 18지옥을 비롯해 여러 지옥에서 고통 받지 않고 천도될 수 있도록 사십구재 설행의 공덕을 강조하고 있는데, 전체적으로 유명세계 교주본존인 지장보살의 자비로운 중생구제와 부사의한 큰 위신력을 찬탄하는 내용이다.

주수명귀왕과 관련된 핵심적인 내용은 제8 「염라왕중찬탄품閻羅王衆讚嘆品」에 나타난다. 그가 석가모니불 앞에서 자신의 본래 업연業緣에 대해 다음과 같이 밝혔다.

> 저의 본래 업연은 염부제 사람의 수명을 맡아 주관하여 삶과 죽음의 때를 환히 압니다. 제가 세운 본원력은 중생들을 심히 이롭게 합니다.
> 我本業緣 主其閻浮提人壽命 生時死時 我皆主知 在我本願 甚大利益

주수명귀왕의 선한 본원력으로 인해 석가모니불은 지장보살에게 설하기를, 주수명귀왕이 미래세에 '무상여래無相如來'가 될 것임을 수기하였다. 즉, 경전에서 지장보살은 미래세의 주수명귀왕이 성불할 것임을 증명하는 존재로 나타나는 것이다. 지장과 목련, 그리고 지장과 주수명귀왕의 관계에 의해서 〈용주사 감로탱〉에서는 목련과 주수명귀왕이 도상적으로 나란히 배치될 수 있었던 것이다. 이 〈용주사 감로탱〉 도상은 지장신앙의 확대라는 한 측면에서 목련존자와 주수명귀왕이 함께 하고 있어 매우 흥미롭다.

3부
문중門中 고승들의 수륙재, 그리고 감로탱의 등장과 전개

허응당 보우

청허당 휴정
진영(조선후기, 비단에 채색,
127.2×78.5㎝, 국립중앙박
물관 소장)

벽암당 각성
진영(1780, 비단에 채색,
117.0×83.5㎝, 해인사성보
박물관 소장)

    1392년 조선의 건국과 함께 공식적으로 시행된 배불정책은 불교계에 대내외적으로 크고 작은 변화를 가져 왔다. 전대와 달리 불교계 전반에 더 이상의 내실 있는 성장과 외적 확장이 어려워지자 일부 왕실과 관련된 사찰들을 제외하고는 많은 사찰들이 존립의 기로에 서게 되었다. 불교의 국가제도 편입과 통제의 상징과도 같았던 선교양종禪敎兩宗의 종무宗務제도 자체도 이에 따라 존폐를 거듭하며 점차 유명무실하게 될 정도였다. 그러나 신앙의 기저는 여전히 견고해서 여러 고승들이 배출되고 선교禪敎의 내실이 다져졌으며 사찰 의식의 정비를 통해 새로운 대중적 신앙의 수요에 대응해 나갔다.

    조선중기인 16세기는, 일부 왕실발원으로 명맥을 유지하던 전대의 불교 침체기와 달리 조선시대 불교사에서 가장 극적인 시기이다. 그 정점이 문정왕후文定王后, 1501-1565가 권력을 잡은 시기이다. 문정왕후는 1545년에 섭정해 1565년 훙서薨逝할 때까지 적극적인 불교 중흥 정책을 펼쳤고 이것은 불교사와 불교문화사에 주목할 만한 변화와 전환의 계기가 되었다. 당시 명망 높은 승려였던 허응당虛應堂 보우普雨, 1509-1565는 문정왕후와 함께 선종과 교종의 양종을 부활시키고 국가에서 주관하는 승과僧科; 度僧試도 부활시켰다. 이것은 그를 조선불교의 중흥조로 추앙하는 중요 업적들이다.

특히, 유교 사회에서 승과의 개설은 그 자체만으로도 놀라운 변화였는데, 승과 개장하는 날과 국시國試 개장하는 날을 같게 해 승과의 위상을 더욱 높이기까지 했다.024 이 부활된 승과는 기존의 종무제도와 긍정적으로 결합하면서 새로운 전기를 맞았다.

승과와 관련된 승가의 교육 측면에서 살펴보면, 무엇보다도 승과 응시를 위한 준비와 수준 높은 강학講學 활동이 따랐고,025 불서佛書간행도 활발히 이뤄졌다. 불서 간행량을 임진왜란 이전과 이후로 보면, 선조宣祖 전반이 조선시대를 통틀어 가장 많은 불전이 간행된 시기이다. 오히려 임진왜란 이후에도 이 시기의 간행량을 회복하지 못했을 정도이다. 불교경전·수륙재 의식집·선禪 전적을

---

024 17세기 불교계를 대표하는 인물 가운데 한 명인 백곡처능(白谷處能, 1617-1688)은 『대각등계집(大覺登階集)』〈봉은사중수기(奉恩寺重修記)〉에서, "처음부터 우리나라에서는 선(禪)·교(敎)의 양종(兩宗)을 능침(陵寢)의 질황(窒隍) 밖에 설치하고, 특히 승과(僧科)를 만들어 대개는 국시(國試)와 같은 날에 개장(開場)하였다. 그리고는 하관(夏官)을 보내어 경전에 통한 석자(釋子)를 고선(考選)하되, 특히 갑·을·병의 3과(科)를 주어, 그것을 대선(大選)이라 하였으니, 대선이란 곧 유가(儒家)의 대과(大科)요, 다음에는 제작(制作)할 때에 가끔 발탁(拔擢)되는 사람이 있어 그것을 참학(參學)이라 하는데, 참학이란 곧 유가의 소과(小科)이며, 대선에 의해 다시 승과를 보아 합격한 사람을 중덕(中德)이라 하는데, 중덕이란 곧 유과의 중시(重試)이다."(『한글대장경』166, 동국역경원, 1980, p.234)라고 하여 승과가 위상이 높고 매우 체계적으로 관리되었음을 알 수 있다. 여기서 중덕의 법계(法階)는, 조선전기 성현(成俔, 1439-1504)의 『용재총화(慵齋叢話)』에서 승시(僧試)에 대해, "선종(禪宗)은 곧 대선에서 중덕으로, 중덕에서 선사(禪師)로, 선사에서 대선사(大禪師)로 올라가는데, 판사(判事)에 제수된 자를 도대선사(都大禪師)라 한다. 교종(敎宗)은 곧 대선에서 중덕으로, 중덕에서 대덕(大德)으로, 대덕에서 대사(大師)로 올라가는데, 판사에 제수된 자를 도대사(都大師)라 한다. [중략] 중덕에 오른 자는 주지(住持)에 임명할 수 있다."고 한 것이 참조가 된다.

025 정병삼, 「몽산 저술의 간행과 16세기 조선불교」, 『불교학연구』 제18호, 2007, p.125 참고.

중심으로 한 다량의 불서 간행 경향은 16세기에 시작된 현상이다.[026] 불서 간행은 불교문화의 시금석이 되는 것으로 명목상으로든 실질적이든 당시 고승들에 의해 주도되었다는 점에서 주목된다. 승과를 통해 더욱 엄격히 선발된 승려들을 중심으로 이들이 종무제도의 핵심으로 자리 잡게 되면서 뛰어난 스승 밑에 뛰어난 제자들이 건당建幢하며 자연스럽게 주류가 형성되었다. 비록 숭유억불의 국가적 기조에 의해 행정적으로 관리되는 제한된 제도의 틀이었고 시기적으로 짧았지만 이러한 인적 자량資糧에 의해 불교계는 비로소 내실 있는 성장의 토대가 마련되었다.

문정왕후 흥거 이후의 시기를 보면, 보우가 유생들의 배척으로 비극적인 죽음을 맞게 되면서 한 때 승가의 입장에서 제도적인 모습을 갖췄던 것들이 일시에 허물어져버리는 듯 했다. 그러나 널리 알려진 것처럼 승과를 통해 청허당淸虛堂 휴정休靜, 1520-1604을 비롯해 사명당四溟堂 유정惟政, 1544-1610 등과 같은 동량들이 이미 배출된 것은 불교계에 또 하나의 중요한 전환의 계기로 작용했다. 임진왜란이 닥치자 이들은 불교계의 지도자가 되어 승군僧軍을 조직해 국난을 극복하는 데 일조하고, 국난 이후에는 이러한 승군체계를 이어받아 '팔도도총섭八道都摠攝' 등과 같은 도첩제度牒制를 통해 그 영향력이 지속되었기 때문이다. 이와 함께 인재중심의 문중체계 기반이 강화되면서 문중의 성장도 본격적으로 이뤄졌다.

'청허계淸虛系'와 '부휴계浮休系'는 이 시기를 대표하는 문중이다.

여기서 고승 중의 고승으로 추앙받으며 서산대사로 불렸던 청허당 휴정의 문중 법맥을 먼저 살펴보면, 조선시대 임제종臨濟宗 태고의 정통 법맥을 밝힌 『서역중화해동불조원류西域中華海東佛祖源流』(1764, 송광사)에는 태고화상太古和尙 이래로 법맥을 이은 1세 환암혼수幻菴混修, 2세 구곡각운龜谷覺雲, 3세 벽계정

---

026 손성필, 「16. 17세기 불교정책과 불교계의 동향」, 동국대박사학위논문, 2012, p.220.

심碧溪淨心, 4세 벽송지엄碧松智嚴, 5세 부용영관芙蓉靈觀, 6세 청허휴정淸虛休靜으로 이어진다.

휴정은 강학講學을 위한 강원講院 교육의 효시라고 할 수 있는 벽송당碧松堂 지엄智嚴 1464-1534과 부용당芙蓉堂 영관靈觀, 1485-1571의 법맥을 이었고, 부용당 영관의 법맥은 청허당 휴정과 부휴당浮休堂 선수善修, 1543-1615가 계승했다. 이에 따라 조선후기의 양대 계파는 '청허계'와 '부휴계'로 나뉘었으며, 이 중에서도 '청허계'가 단연 최대의 계파를 형성했다. 청허 휴정의 제자는 1천여 명에 이르렀다 하는데, 대표적인 인물은 청허계의 4대 문파를 형성하고 있는 사명당 유정, 편양당鞭羊堂 언기彦機, 1581-1644, 소요당逍遙堂 태능太能, 1562-1649, 정관당靜觀堂 일선一禪, 1533-1608 등이다.[027]

'부휴계'는 부휴의 법제자인 벽암당碧岩堂 각성覺性, 1575-1660에 이르러 크게 진작되었는데, 임란 이후 화엄사 중수 등과 같은 각종 재건불사에 힘을 쏟았다. 그는 승군 활동에도 깊이 관여해 1624년에는 '팔도도총섭'으로서 승군을 지휘해 남한산성을 쌓았으며, 병자호란 때인 1636년에는 승군 3천 명으로 항마군降魔軍을 조직해 남한산성에 고립된 인조를 돕기 위해 진격하기도 했다.

16세기에 이어 17세기의 불교계는 '청허계'와 '부휴계'의 고승들에 의해 주도되었으며, 불서의 간행에 있어서도 이들을 중심으로 산보刪補되거나 서문序文, 발문跋文, 협주 등을 통해 새로운 관점과 방향성이 제시되고 인가되었다. 이 시기는 '숭유억불'의 기조 속에서도 대중들의 신앙 기저가 다시 회복되고 기도와 재齋의 수요가 점차 늘어나며, 이를 기반으로 새로운 불교 체제가 정비되기 시작

---

027 김영태, 『한국 불교사 개설』, 경서원, 1986, p.194.

한 시기이다. 이러한 시대 상황 속에서 고승들을 중심으로 불서 간행이 늘고 사찰 재정의 주요 기반이 되는 재의식의 정비와 재 설행設行의 지침서라고 할 수 있는 의식집의 수요가 늘어난 것은 특별한 의미를 지닌다. 대중불교로 나아가기 위한 불교사조의 전환이 모색되고 있었음을 보여주기 때문이다.

16세기 중반의 성대한 왕실발원 불사는 보우의 입적과 함께 막을 내렸는데, 보우 개인으로 보면, 건당의 법맥도 보이지 않으며 진영조차 현존하는 것이 없어 사실상 제향이 끊겼음에도 그가 수륙재에 기반해 설행한 왕실 기신재와 탱화불사는 그 규모와 성격에서 교학에 기반한 엄밀하고도 창의적인 것이었다는 점에서 이후의 고승들에게도 큰 영향을 미쳤다. 앞서 살펴본 『조선왕조실록』의 기록에서처럼 금강산과 보우라는 고승을 중심으로 수륙재가 새로운 전성기를 맞았던 점은 불교의례사적 관점에서 새로운 조명을 필요로 하는 부분이다.

이를 후대인 19세기 말-20세기 초 구한말의 불교계와 비교해 보면, 당시의 성대한 왕실발원 불사와 폭증한 민간 수요가 있었음에도 불서인 의식집 간행불사와 관련해 오히려 눈에 띌 만한 성과와 방향성 제시가 없었다는 점에서 이를 주도할 만한 고승들의 부재가 확인되고 이는 분명 시대적으로 차별화되는 부분이다.

기본적으로, 의식집은 의식절차만을 담고 있는 것이 아니다.
선禪과 교敎, 그리고 밀密의 '핵심적인 가르침'을 도량이나 전각 내에서 재齋의식을 통해 구현하는 것이다. 따라서 존격尊格이 가르침이며 가르침이 존격이기도 해서 그 구현에 서로 상이하거나 어긋남이 없어야 한다. 즉, 존격의 찬탄을 위한 범음범패梵音梵唄를 중심으로 존격을 도상圖像으로 모신 탱화와 번幡을 비롯한 장엄물莊嚴物, 위의威儀, 기물器物, 전물奠物 등이 위격位格에 맞아야 하고 의식의 진행 동선動線도 여법해야 하는데, 실상은 이들이 서로 연동되어 구현하는 관계이기 때문이다.

고승들의 의식집 편찬이 이러한 맥락에서 중요한 의미를 갖는 이유이다. 또한 이들을 중심으로 기존 의식집 판본의 간행이나 산보刪補를 통해 여러 판본들이 간행되기 시작한 것은 지역과 수요자들을 중심으로 재의식에 대한 보다 다양한 수요와 엄밀한 고찰, 그리고 종합적인 이해가 반영되고 있었음을 뜻한다.

감로탱의 등장과 전개는 이러한 다양한 배경들 아래에서 이뤄진 것으로 여러 측면에서 이를 구체적으로 살펴볼 필요가 있다.

1. 수륙재의 성격 및 주요 의식문의 종류와 특징

16세기 명종明宗대에 문정황후의 후원으로 불교중흥을 이끈 보우의 지위와 영향력은 18세기 당대 고승들의 증명에 의해 편찬된 『천지명양수륙재의범음산보집天地冥陽水陸齋儀梵音刪補集』[028](1723, 重興寺 간행)[029]의 〈신입제산종사청新入諸山宗師請〉이라는 대종사 봉청문 의식에서 일부 살펴볼 수 있다. 비록 당대의 서산은 앞서 별도의 봉청문에서 봉청되었고 보우는 〈신입제산종사청〉이라는 기타 62명 대종사의 범주에서 봉청되고 있지만 첫 시작이 보우에서 시작해 사명 등으로 이어진다는 점에서 눈에 띈다. 이 봉청문의 게송은 하나로, "각자 종법을 이으신 62분의 스님, 동서남북에서 모두 다 귀의하네. 各自嗣宗六十二 東西南北 盡歸依[하략]"라 하고 있는데, 수륙재의 정례화된 제산단諸山壇 속에서 보우가 불교중흥의 대공덕주로 여전히 숭앙되고 있었음을 방증하는 것이다.

---

028 金純美는 「『천지명양수륙재의범음산보집(天地冥陽水陸齋儀梵音刪補集)』 板本考」, 『동양한문학연구』 제17집(동양한문학회, 2003, p.27)에서 坡田 金戊祚 博士의 6종의 소장본을 대상으로 조사했다. 이후 동국대도서관 소장본들인 1709년 도림사 판본을 비롯해 1782년 판본도 추가되어 현재는 8종 이상으로 추정된다. 戒晃, 「진관사의 의례음식: 마지와 발우공양」, 『진관사 공양음식 문화』, 진관사, 2020, p.9.
029 간기에는 1721년 간행으로 되어 있으나 수록된 서문 2개와 발문 2개가 모두 1723년이기에 이를 기준으로 했다.

그러면 보우의 수륙재는 어떤 성격의 것이었을까?

앞서 살펴본 대로 보우는 초기에 금강산에서 수륙재 설행으로 그 명성을 떨쳤는데, 보우의 문집인 『나암잡저懶庵雜著』를 보면, 그가 생전에 베푼 재의 대부분이 수륙재로 판단될 정도로 여러 소문疏文들이 남아 있다.[030] 이 소문들을 보면, 낮재에 본사本師 석가모니불의 법화法華 영산회상靈山會上의 법석法席을 열고 밤재에는 수륙의 삼단을 베푸는 이부二部 구성이 자리잡고 있다. 낮재와 밤재는 비록 다양한 의식문에 의해 설행 순서에 따라 혹 낮과 밤에 하게 되더라도 반드시 일상의 환한 낮과 어두운 밤을 의미하는 것은 아니다. 실제 의식의 관점에서 보면, 낮에도 밤에도 있는 '명양冥陽세계'이기 때문이다. 이것이 각종 '제사' 문화와 '영혼천도' 의식, 그리고 세속문화의 제사 시간 등과 맞물리면서 보다 복잡한 형식으로 전개된 것뿐이다.

이러한 낮재와 밤재의 편제는 수륙재가 '대재大齋'였기에 또한 가능했다. 가장 기본적인 법석으로 본사이신 석가모니불의 설법을 영산靈山이나 더 나아가 예수豫修 등을 포함한 여러 관련 의식들의 광범위한 수용이 가능한 체계였는데, 영산작법靈山作法은 석가모니 설법의 영산회상을 구현하는 큰 모임인 '대회大會' 임에도 이러한 수륙재의 '대재'에 속하게 된 예이다. 의식으로 보면, 대회보다는 대재가 더 큰 개념이다. 후대의 기록을 보면, 대작불사인 괘불掛佛이 영산회상에 기반한 의식용 탱화임에도, 17세기 〈청도 적천사磧川寺 괘불〉(1695) 화기에, "괘불 권선화주 및 수륙재 화주[掛佛引勸兼水陸化主]"와 "괘불낙성 수륙재 대시주질[落成水陸齋大施主秩]"로 되어 있어서 괘불 낙성식이 낮재의 영산작법이 아닌 수

---

030 소문(疏文)으로 〈천모점안수륙재소(薦母點眼水陸齋疏)〉, 〈화성오백응진탱급사화엄경점안법회소(畵成五百應眞幀及寫華嚴經點眼法會疏)〉, 〈천부소(薦父疏)〉, 〈천모소(薦母疏)〉, 〈축성재소(祝聖齋疏)〉, 〈세자소상재소(世子小祥齋疏)〉, 〈청평사보상춘추수륙재소(淸平寺保上春秋水陸齋疏)〉, 〈회암사중수경찬소(檜巖寺重修慶讚疏)〉 등 많은 소문이 전하고 있는데, 대부분이 수륙재에 사용된 소문이다.

륙재의 이름으로 설행되었다는 사실을 보여준다. 대재의 위상을 짐작할 수 있다.

보우의 영향을 받은 서산이 설행했던 수륙재 역시 다르지 않았다.

서산의 〈명적암경찬소明寂庵慶讚疏〉를 보면, 삼단三壇의 밤재와 칠축七軸의 법화경 낮재라는 법수를 중심으로 한 대구가 분명하다.

> 삼단의 향찬을 차리고 칠축의 금문인 법화경을 독경하였습니다. 종과 북소리 산중에 울리고 펄럭이는 번들은 구름 밖으로 솟았으니 영산회가 눈 앞에 펼쳐진 듯하고 도솔궁이 인간계에 내려온 듯합니다.
> 設三壇香饌 誦七軸金文 鍾鼓明兮山之中 風幡動兮雲之外 靈山會疑列於眼底 兜率宮恐移於人間

실제의 수륙재 의식은 세부적으로 시대와 지역, 편찬자에 따라 절차상 매우 다양한 방식으로 설행되었는데, 낮재와 밤재의 이러한 기본적인 구성은 서산의 제자이자 승병장이었던 제월당霽月堂 순명順命, 1544-1633의 문집인 『제월당집霽月堂集』 등을 비롯해 동 시대의 여러 대선사들의 문집 소문疏文에도 일반적으로 나타나고 있어 어느 정도 확립된 재의 형태였음을 알 수 있다.

후대의 수륙재 해설서에 해당하는 『작법절차作法節次』(1774, 간행처 미상, 동국대도서관 소장)도 참조가 된다. 여기에는 소문이나 방대한 수륙재의식에서 드러나는 것보다 더욱 뚜렷이 낮재의 영산회와 밤재의 수륙재 의식절차가 구분되어 있다. 즉, 중례문中禮文인 『천지명양수륙재의찬요天地冥陽水陸齋儀纂要』를 하기 전에 아침마다 낮재의 「영산회靈山會」 의식을 설행하고 있다. 첫째 날 영산회와 「중례문」의 하늘의 다섯 길을 여는 오로단五路壇 의식의 일부를 마친 다음날, 이튿째 아침의 의식절차는 다음과 같다.

또한 영산회는 당일 아침에 죽粥을 먹은 후에 설행하고, 수륙회는 점심을 먹고나서부터 이를 시작하니, 곧 재식을 마치고는 종두가 먼저 소종을 세 번 치고 이어서 북을 세 마루 울리며[하략]
又靈山會當日莫啼後設行 水陸會自齋食後始之 則齋食卽畢 鍾頭先擊小鍾三槌次鼓三宗[下略]

이틀째 날에는 점심을 먹은 후에 선행의식을 시작으로 수륙재의 나머지 오로단 의식을 한 다음 상단上壇으로 이어진다.

수륙재의 이러한 복합적인 재의 구성은 어떻게 가능했던 것일까?
다시 말하면, 수륙재가 '대재'였기에 가능했다.
『지반문志磐文』으로 불리는 『법계성범수륙승회수재의궤法界聖凡水陸勝會修齋儀軌』1권 1책(1470, 발행처 미상, 해인사 성보박물관)에는 "법계성범수륙보도대재승회法界聖凡水陸普度大齋勝會"의 의미를 밝히면서 '보도'와 '대재', '뛰어난 모임'의 성격에 대해 다음과 같이 밝히고 있다.

> 왜 '보도'라고 하는가?
> 제도하지 않음이 없어 육도(의 윤회)가 비록 다르나 다 해탈시키기 때문이다.
> 왜 '대재'라고 하는가?
> 식食으로써 베풀어 성현과 범부에 이르기까지 공양하지 않음이 없기 때문이다.
> 왜 '뛰어난 모임'이라고 하는가?
> 법法으로써 베풀어 육법계에 수승한 이로움을 끼치기 때문이다.
> 何謂普度 無不度故 六道雖殊俱解脫故 何謂大齋 以食施故 若聖若凡無不供故 何謂勝會 以法施故 六凡界中蒙勝益故

수륙재 설행 대상의 세계는 작게는 물과 뭍의 것에 이르고 크게는 천지명양세계天地冥陽世界에 미치는 것으로 어떠한 가림 없이 무차無遮의 법식法食을 베푸는 것이다. 이 법식을, 위로는 성스러운 대중들께 올리는 '공양供養'이라 하고 아래로는 '시식施食'이라 하지만, '공양'이 지향하는 본래의 가치와 다르지 않다. 수륙재는 기본적으로 수승한 이로움이 있는 재이다. 영가에게는 천도와 극락왕생을 기원하는 법의 연회[法筵]가 되고, 산자에게는 수복증장壽福增長이나 경찬慶讚의 재가 되며, 설행만으로도 미물들에게 은혜로운 혜택이 미치는 재이다.

수륙재 설행의 공덕에 대해 그 이치를 가장 잘 드러낸 글은 풍계명찰楓溪明察, 1640-1708의 『풍계집楓溪集』〈가야산보문암창건수륙모연문伽耶山普門庵創建水陸募緣文〉이다.

> 이에 마땅히 잔치를 여는 경하하는 날을 맞아 어찌 크게 제도하는 공이 없을 수 있겠습니까? 법의 연회에 성현을 모시니 곧 온갖 복이 함께 이를 것이요, 명계에 묘한 법식을 베푸니 곧 만령이 다 흠향할 것입니다.
> 斯當薦賀之日 豈無鴻濟之功 邀聖賢於法筵 則百福幷臻 頒妙格於雲溪 則萬靈咸享

수륙재의 성격은 결국, 모두를 크게 이롭게 하는 대재라고 할 수 있다.

조선시대의 수륙재는 의식체계로써 고유의 '개건開建'과 '단壇', 그리고 '삼단三壇' 등의 개념을 유지하면서도 여기에 여러 의례작법들이 부가된 형태의 통합적인 의례 구조 속에 다양한 성격의 발원들까지 적극적으로 수용하는 '대재'로 발전하였다.

그 성격도 화합수륙재, 왕실수륙재, 무차無遮수륙재, 구병救病수륙재, 대비大悲수륙재, 호국護國수륙재를 비롯해[031] 여기에 위에서처럼 경찬 수륙재, 천도재 성격의 수륙재, 영혼식迎魂式 등이 베풀어졌으며 뒷장에서 다룰 '불교 사명일四

---

031 김응철, 「진관수륙사 및 수륙재의 현대적 조명」, 『진관사 수륙재』, 사)한국미술사연구소, 2010, pp.75-82.

名日: 설, 단오, 추석, 우란분재[百種]의 명절세시(名節歲時)'에 정례적으로 행하는 하단의 〈영혼시식迎魂施食〉처럼 매우 다양한 성격의 수륙재가 베풀어졌다.

    또한 사찰에 따라서는 도량의 크기나 재의 규모에 따라 수륙재의 핵심적 가치인 하단 고혼들에 대한 구제에 집중하여 '시식'으로 대표되는 의식들을 설행하기도 했다. 『조선왕조실록』 등의 많은 문헌사료들이 수륙재를 '施食'이라고 하고 있듯이, 삼단 설행의 목적이 불보살의 상단·중단보다는 고혼의 천도를 위한 하단에 있었음을 잘 보여주고 있다. 이에 따라 작은 규모의 재는 대부분 하단시식 위주로 이뤄졌다고 할 수 있다.

    그러나, 여기서 한 가지 주목해야 할 것은, 독립된 '시식'의식에서도 〈해당 의식을 증명證明하는 존격尊格의 명호를 칭해 그 공덕의 위신력威神力을 드러내는 '거불擧佛; 擧念'〉이 의식절차 앞부분에 대부분 나타나며 이에 앞서 별도로 먼저 상단권공上壇勸供을 하기도 하기에 '하단시식'만을 전부로 해서 '시식'을 이해해서는 안된다는 점이다.

    당대의 의식문 편집자들은 기본적인 삼단 개념의 설행을 바탕으로 하면서도 하단시식에 새로운 산보刪補의 관점을 반영하였는데, 그 결과 경전의 주석서인 논소論疏처럼, 산보 형태의 편집이나 협주夾註를 통해 오늘날 전하고 있는 크고 작은 다양한 시식 의식문의 분화로 나타나고 있다. 즉, 수륙재 의식의 기본적인 바탕이었던 중례문과 결수문에서 더 나아가 선교일치를 강조하는 『증수선교시식의문增修禪教施食儀文』 등을 받아들이면서 다양한 관점이 반영되던 시대 상황과 맥을 같이 한다. 구병시식救病施食이나 관음시식觀音施食과 같이, 독립적인 시식의 유행도 주목되는 부분이다.

    삼단과 시식이 동시에 쓰인 경우도 등장한다.
    초기의 수륙재 의식문에서는 '삼단'을 기본으로 하면서 하단시식의 중요성이 부각된 『진언권공眞言勸供』(1496, 규장각 소장)의 「삼단시식문三壇施食文」을 비롯해 『권공제반문勸供諸般文』(1574, 釋王寺 간행, 국립중앙도서관 소장)에는 '삼공三供시식'이라는 용어가 등장하고 있는데, 시식이 삼단의 범주에 더해 더욱 강조되고 있었음을 보여준다.

수륙재의 이러한 다양한 분화와 발전 속에 중요 작법인 영산작법은 수륙재에 어떤 방식으로 인식되고 수용되었는지 그리고 그 위상과 관련해 대재의 측면에서 구체적으로 살펴볼 필요가 있다.

조선시대 영산작법 의식문은 왕실판본인 『진언권공』(1496)의 「작법절차作法節次」에 처음으로 등장한다. 이후 16세기의 의식집에 수록된 것으로 『청문請文』(1527, 금강산 楡岾寺, 국립중앙도서관 소장)을 비롯해 『진언집眞言集』(1573, 무안 法泉寺, 동국대도서관 소장)을 들 수 있는데, 이 「작법절차」를 산보刪補한 것이다. 이들 판본을 살펴보면, 전자는 앞장 쪽으로 낙장들이 있다. 후자는 부분적으로 결락된 부분이 있어서 해당 의식문의 제목 등을 확인할 수 없으나 제목 부분 아래로 할향喝香이 바로 이어지고 있고 옆 행의 글자 수와 비교해보면 '작법절차' 정도의 글자 수이다. 그 내용도 「작법절차」를 약간 산보한 것이다.

그런데 이 『진언집』에서는 작법절차의 회향이 끝난 다음에도 특이하게 상단과 중단, 그리고 하단에 차를 올리고 있다[上壇茶偈 次中壇 次下壇]. 이어서 총 4수首의 다게茶偈가 수록되어 있어 눈길을 끈다. 작법절차 본문 중의 다게 부분에 해당하는 "奉茶"의 게송 갯수까지 포함된 것으로 보인다. 2년 후에 간행된 『제반문諸般文』(1575, 가지산 寶林寺, 대흥사 소장)의 「供養文 作法節次」도 동일 의식문인데, 해당 부분은 '茶偈上壇 次中壇', '下'로 표기되어 있으며 게송들도 같다. 이처럼 수륙재 개념의 삼단에 차와 게송을 각각 올리는 것은 작법절차가 끝난 이후로 이어지는 절차여서 수륙재의 확장성을 단편적이나마 잘 보여준다.

17세기에 이르러서 『영산대회작법절차靈山大會作法節次』(1634, 경기도 삭령 龍腹寺, 국립중앙도서관 소장)와 『제반문諸般文』(1694, 金山寺, 동국대도서관 소장)

의 「거령산작법절차擧灵山作法節次」에서처럼 작법절차는 '영산대회'와 '거령산'이라는 수식구가 등장하면서 본격적인 산보가 이뤄지는데, 역시 영산회상 당시를 현현하는 대법회大法會 중심이다.

대재인 수륙재와 관련해 본격적으로 논의되어야 할 것은 규모에 따른 '하루의 의식설행 기준'이다. 영산작법 의식과 끊임없이 연동되고 있기 때문이다. 재에 따라 최대 칠일칠야七日七夜 등과 같이 여러 날로 행해지는 경우, 의식문에서는 이러한 많은 날의 효율적인 의식 진행을 위해 세부적으로 하루의 의식설행 기준이 아침과 점심을 기점으로 자연스럽게 드러나 있는 것이 눈에 띈다. 이것은 수륙재가 지닌 본연의 가치인 '공양', '시식', '감로'에 부합하는 것으로 '공양의 또 다른 연장선'이었다. 실제 재齋 당일當日에 승려들의 발우공양鉢盂供養을 기점으로 한, '재전齋前'과 '재후齋後'의 분류가 그것이다.

여기서의 '재齋'는 '식食'의 의미로, 조선전기의 『통록촬요通錄撮要』(광양 백운산 만수암萬壽庵, 1529)에, "때가 아닐 때는 먹지 않는 것이 곧 재齋이다. 不非時食者 是齋"고 한 것이 참조가 된다. 즉, 위의 글은 불공佛供인 사시마지巳時摩旨를 올리고 난 후의 발우공양인 식당작법食堂作法으로 '점심'인 '재식齋食' 전후前後의 분류이다. 이때의 경우, '재전'은 점심 전이고 '재후'는 점심 이후이다. 그런데 '재'가 '식'의 의미이듯이, 소규모의 기신재忌晨齋 형태로 설행되어 아침에 끝날 때에는 '아침'을 '재식'[032]으로 먹을 수 있었다.

---

032 戒昊, 앞의 글에서 수륙재 당일의 아침 발우공양을 '막제(莫啼)', 점심 발우공양을 '재식(齋食)'의 관점으로 밝혔으며, 『천지명양수륙재의범음산보집』 권중 〈별식당작법(別食堂作法)〉과 〈재식식당(齋食食堂)〉을 각각 아침과 점심의 발우공양으로 접근했다. 대찰에서 대중들이 대재(大齋)로 수륙재를 설행할 때에 아침을 대개는 '막제'인 죽(粥)으로 먹을 수밖에 없는 이유는 평상시의 아침 대중공양이고 또한 여러 채비로 겨를이 없어서이기도 하지만 재가 본격적으로 설행되기 이전이므로 반승(飯僧) 음식이나 퇴공(退供) 음식이 없기 때문이

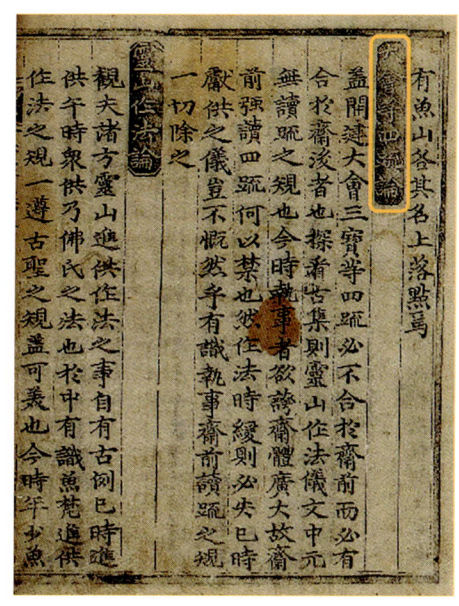

『천지명양수륙재의범음산보집』〈대회등사소론〉
(1739, 대흥사 소장)

이에 따라 『천지명양수륙재의범음산보집』의 〈영산작법절차靈山作法節次〉와 그에 뒤이은 〈재후작법절차齋後作法節次〉 각각을 '재식'의 관점에서 〈영산작법절차〉와 〈영산작법절차를 끝내고 재식[점심]을 먹고 난 뒤 하는 작법절차〉로 번역할 수 있다. 또한 중흥사 이후의 도림사 판본인 『천지명양수륙재의범음산보집』 권상(1739년, 대흥사 소장) 〈영산대회 등에서 네 가지 종류의 소문을 읽는 것에 대한 논증[大會等四疏論]〉사진에는 재전작법과 재후작법에 대한 뚜렷한 관점이 제시되어 있다.

대개 '개건대회開建大會'와 '삼보三寶' 등에 사용하는 네 가지 소문疏文은 반드시 재전의식에 합할 것이 아니라 재후의식에 합해야 한다. 고본을 깊이 살펴보면, '영산작법의문'이라 하는 것에는 원래 소문을 읽는 규식이 없다. 요즘 재를 집전하는 이들이 재의 규모를 지나치게 크게 하고자 재전작법에 네 가지 소문 읽는 것을 강행하니 어찌 금할 수 있으랴! 작법 시에 늘어지게 되면 반드시 헌

다. 그러나 규모가 작은 영혼식(迎魂式) 형식의 기신재(忌晨齋)의 경우에는 차이가 있다. 유학자 정시한(丁時翰, 1625-1707)의 명산 사찰 유람기인 『산중일기(山中日記)』〈1688년 7월 17일〉를 보면, "동틀 무렵에 우징(宇澄) 수좌가 그의 선친을 위해 기신재를 올리고 아침을 재식으로 대접했다. 曉澄首坐爲其親忌設齋 朝饋齋食"는 내용에서 볼 수 있듯이 소규모 기신재의 경우는 동틀 무렵 시작해 아침에 끝나므로 아침을 '재식'으로 먹을 수 있었다.

공의 때를 놓치게 되니, 어찌 탄식하지 않을 수 있으랴! 식견 있는 집전자라면 재전의식에서 소문을 읽는 규범 일체를 없애야 할 것이다.
蓋開建大會三寶等四疏 必不合於齋前 而必有合於齋後者也 探看古集則 靈山作法 儀文中 元無讀疏之規也 今時執事者 欲誇齋體廣大故 齋前强讀四疏 何以禁也 然 作法時 緩則必失巳時獻供之儀 豈不慨然乎 有識執事 齋前讀疏之規一切除之

따라서 학계에서 18세기에 '영산작법'이 아닌 '영산재靈山齋'가 등장하는 가장 이른 시기의 자료로 인용되는 『천지명양수륙재의범음산보집』〈운수단작법雲水壇作法〉의 문장인, "雲水壇作法 齋前如上靈山齋後鳴鈸喝香"의 해석에도 수정이 필요하다. 이 문장을 재전작법과 재후작법의 관점에서 보면 다음과 같다.

운수단 작법. 점심[齋食, 午供]을 먹기 전에는 위에서와 같이 영산(작법)을 하고, 점심 후에는 명발을 하고 할향을 한다.

위의 문장은 일반적으로 알려진 것처럼 18세기 '영산재'라는 용어의 등장으로 알려져 있지만, 영산작법 후에 운수단작법을 한 작법의 예일 뿐이다. 여전히 이 시기에도 재로서의 영산재는 나타나지 않는다.

'재전작법'과 '재후작법'은 조선후기 수륙재의 『천지명양수륙재의범음산보집』에만 국한되지 않아 비교적 이른 시기의 종합 의식문 가운데 하나인 16세기 『청문請文』(1529, 동국대도서관 소장)에도 나타난다. 일부 결락되었으나 독립된 편목으로 남아 있는 '영산작법'의 삼회향三回向 부분에서 다음과 같이 살펴볼 수 있다.

이어서 '축원'을 한 후에 '환희장마니보적불 원만장보살마하살 회향장보살마하살'을 한다. 재전작법[점심 이전 작법]과 재후작법[점심 이후 작법]과 초야와

후야를 통틀어 적용되는 별도의 예는 '향화공양 일체공경'이다. <협주> 재식 후에[점심 후에] '영산회상불보살'을 거념하고 법당으로 들어가 요잡을 한 후에 '육법공양', '삼귀여래'를 하고 이후에 '거불', '개경게'를 하는데, 법사는 재전작법에서 했던 것처럼 하는 것이 가장 좋다. [중략] 회향. '환희장마니보적불 원만장보살마하살 회향장보살마하살'을 한다. <협주>(이렇게 하여) 재후작법을 마친다.

次祝願後 歡喜藏摩尼寶積佛 圓滿藏菩薩摩訶薩 回向藏菩薩摩訶薩 齋前齋後初夜後夜 通用別例 香花供養一切恭敬〈夾註〉食後擧念靈山會上佛菩薩 入法堂繞匝後 六法供養 亦淂三歸如來 亦淂此後擧佛開經偈 法師如前作法爲妙 [중략] 回向 歡喜莊摩尼寶積佛 圓滿莊菩薩摩訶薩 回向莊菩薩摩訶薩〈夾註〉齋後作法已竟 [하략]

독립된 영산작법뿐만 아니라 영산작법이 낮재로 포함된 수륙재에서도 '재전작법'과 '재후작법'의 구분이 왜 필요했는지는 정확하게 알 수 없지만, '대재'의 규모를 갖춘 수륙재를 설행할 경우에는 대상을 청請하고 공양과 법식法食을 베푸는 관련 의식들의 성격을 하루의 점심, 특히 재에서 승려에게 공양을 베푸는 식당작법食堂作法의 점심 이전과 이후로 분류해 적합하게 설행하는 것은 더욱 의미가 있었을 것이다. 실제 의식이 설행되는 현장에서는 매우 편리하고 유용한, 의식절차가 전환되는 기점이었을 수 있다.

또한 이 '대재'에는 그 자체로 '재齋'의 의미를, 어원적으로, '식食'이나 '재식齋食'에서 접근한 관점도 포함되어 있음을 알 수 있다. 수륙재는 '대재'로서 가장 큰 공양이자 법식이었음은 분명해 보인다.

그러면 수륙재 자체의 의식집으로 어떤 것이 있었을까?

조선시대에는 다양한 종류의 의식집들이 간행되었고, 이것은 당시 감로탱 도상에도 자연스럽게 반영되었다. 특히, 〈곡성 태안사 봉서암鳳瑞庵 감로탱〉(1759, 리움 소장)을 보면, 의식을 집전하는 의례승들이 화문석 욕석褥席 위에 있고 앞쪽

〈곡성 태안사 봉서암 감로탱〉(1759, 비단에 채색, 228.0×182.0㎝, 리움 소장)의 부분

에는 책보冊寶를 올려 놓는 탁자인 배안상排案床이 놓여 있다. 여기에는 낮재[晝齋]인 영산작법에 쓰인 총 7권의 '법화경함法華經函' 한 질이 올려져 있어 그 위상을 잘 보여준다. 그 아래 경상經床에는 밤재[夜齋]의 의식집인 『운수집雲水集』, 『중례문中禮文』, 『결수문結手文』을 비롯해 불가의 일용작법日用作法으로 추정되

는 『어산집魚山集』을 비롯한 여러 의식집들이 펼쳐져 있다.^{사진}

문헌기록으로 대표적인 것은, 표제表題가 중례문中禮文인 『천지명양수륙재의찬요天地冥陽水陸齋儀纂要』(1694, 해인사, 해인사성보박물관 소장)에 수록된 발문을 들 수 있다. 이것은 당시 해인사의 고승이었던 청허계의 완월당翫月堂 처휘處徽[033]가 썼는데, 그는 발문에서 다음과 같이 수륙재 의식집의 요의를 뽑아 그 종

---

033 완월당 처휘의 계맥(系脈)은, 은사(恩師) 중심의 득도사(得度師)와 법을 건당(建幢)하는 사법사(嗣法師)의 두 가지로 살펴보아야 한다(득도사와 사법사의 분류는, 〈이철헌, 「사명당(四溟堂) 유정(惟政)의 후대법맥(後代法脈)」, 『불교학보』49, 동국대불교문화연구원, 2008〉을 참고하였는데, 그는 사명의 법손이 올려진 18세기의 『佛祖源流』·『四溟堂枝派根源錄』·『四溟堂僧孫世系圖』의 세 문헌자료를 분석하면서 "모두가 청허의 법손이라는 개념이 강했고 浮休 善修의 법손과도 융화하여 파벌을 형성하지 않았으며…직계가 아닌 방계를 함께 법손이라고 칭하기도 하였다."〈p.228〉고 하여 계맥 형성과 관련해 갈등도 있었지만 한편에서는 매우 유연한 측면도 있었음을 서술하였다). 먼저 사법사 중심의 『서역중화해동불조원류(西域中華海東佛祖源流)』(1764, 송광사)와 『서역중화해동석씨원류(西域中華海東釋氏源流)』(용화사, 동국대 소장) 등에서 완월당 처휘의 계맥을 살펴보면 다음과 같다. 청허(淸虛)의 제자인 정관당(靜觀堂) 일선(一禪, 1533-1608)의 법은 임성당(任性堂) 충언(冲彦, 1567-1638)이 이었는데, 임성당의 법은 남봉당(南峰堂) 영신(英信)이 이었다[〈임성대사행장후서(任性大師行狀後序)〉『백곡집(白谷集)』]. 임성당의 또 다른 법제자로 송파당(松坡堂) 각민(覺敏, 1596-1675)을 비롯해 『오종범음집(五種梵音集)』(1661, 무주 호국사 간행)을 편찬한 반운당(伴雲堂) 지선(智禪) 등이 있다. 그런데 송파당 각민이 입적한 이듬해, 용연사에 그의 비(碑)가 세워질 때에 그를 사명의 법손이자 송월당(松月堂) 응상(應祥)의 제자라 주장하는 문도들에 의해 논란이 일어나지만 실제로는 80여 년이 지나 『서역중화해동불조원류』에서도 임성당 법맥의 수정은 반영되지 않았다. [『서역중화해동불조원류』 초간본의 존재 가능성과 개판본(改版本)에 대해서는, 김용태의 「조선후기·근대의 宗名과 宗祖 인식의 역사적 고찰」, 『선문화연구』, 2010, p.58을 참조할 것]. 각민의 이러한 일은 그가 임성당 문하에서 7년을 배우고 송월당 문하에서 비로소 마쳤기 때문에 누구를 스승으로 하는 지에 대해 본인이나 제자들의 관점의 차이에 기인한 것이다.[『동사열전(東師列傳)』第二〈松坡大師傳〉 "무주 구천동으로 임성당(任性堂) 대사를 찾아뵙고 7년을 머물며 유·불·선 삼교의 깊고 심오한 이치를 강구하여 이를 일부 기록한 『해의(解疑)』란 책을 세상에 전했다. 계미년(1643) 봄에는 금강산에서 송월당 대사를 찾아뵙고 학업을 마쳤다. 又謁任性大師于九泉千洞 留七年 講究三敎奧旨 錄成如干 名曰解疑 而傳于世 癸未春 謁松月堂于金剛山 而卒業焉"]. 심지어 각민과 같은 법제자인 지선의 경우, 『천지명양수륙재의범음산보집(天地冥陽水陸齋儀梵音刪補集)』(1654, 星州 雙溪寺 개간, 적천사 소장)과 『오종범음집』에서 자신을 임성당의 법제자임을 밝히지 않고 부휴계의 벽암당(碧巖堂) 각성(覺性)의 문인으로 경우에 따라 달리 밝힌 것도 이러한 예에 속한다.[조선후기 법맥 형성의 실상에 대해서는 충허지책(冲虛旨冊, 1721-1809)의 문집인 『충허대사유집(冲虛大師遺集)』〈스승과 제자에 대한 변 師弟辨〉에 잘 드러나 있어 참조가 된다.] 각민은 사법사와 달리 득도사 중심의 『사명당승손세계도(四溟

류를 구체적으로 여섯 가지로 분류했다.

> 수륙의식문의 저작은 서역에서 중국에 이른 것으로 예닐곱 가지 정도입니다. 『자기문』과 『지반문』은 의식이 크고 광범위하며 『운수단』과 『제반문』은 의식이 작고 소략한데 비해, 오직 『중례문』과 『결수문』의 의식만이 크고 작은 것을 절충해 가장 정밀하니 세상에 널리 행해지고 있습니다. 그 교화의 이로움은 곧 복이 유명계에 끼쳐 은택이 현세에까지 미치게 되는 것이니, 진실로 베풀어도 소모되지 않고 그 이익은 더욱 깊어질 뿐이라 하겠습니다.
> 夫水陸儀文之作 自西及中多至六七然而 仔夔志磐之述則廣以已大 雲水諸般之纂則畧而已少 唯中禮結手之儀則少大折中 最爲精要成行于世矣 其所化之利則福被幽冥澤及當世 誠可謂惠而不費益以愈深者矣

처휘는 수륙재 의식집의 종류를 『자기문仔夔文』, 『지반문志磐文』, 『운수단雲水壇』, 『제반문諸般文』, 『중례문中禮文』, 『결수문結手文』의 여섯 가지로 분류했다. 여기서 『운수집』, 『중례문』, 『결수문』은 〈곡성 태안사 봉서암 감로탱〉의 어산 경상에 올려져 있던 의식집이다.

이들 여섯 가지 의식집을 차례로 다시 살펴보자.

堂僧孫世系圖)〉(1739, 서울대중앙도서관 소장)에 사명의 법손인 송학당(松鶴堂) 혜구(惠球)의 제자로 올라 있어 눈길을 끈다. 해인사 〈영자전상량기(影子殿上樑記)〉(1731)에는 사명의 영정을 모신 영자전을 송학당 혜구가 창건하고 그의 제자인 각민이 중수했다는 기록이 있어서, 해인사에서 사명 계맥의 득도사 중심으로 이들의 계맥이 확립된 것으로 보인다. 송파당 각민의 부도는 해인사에 있다. 그의 법은 대송당(對松堂) 묘원(妙遠)이 이었는데, 대송당은 침운당(枕雲堂) 담화(曇華), 설곡당(雪谷堂) 상능(尙能), 완월당 처휘를 포함해 세 명의 제자를 두었다. 이들 세 명의 제자들도 해인사와 인연이 깊다. 위의 해인사 『천지명양수륙재의찬요』(1694)의 간행불사에서 두 명이 보이며, 한 달 후에 행해진 해인사 원당암의 아미타여래삼존상 개금불사의 〈불상복장기문(佛像腹藏記文)〉(1694)에는 모두 나타나는데, 연화질(緣化秩)의 대선사(大禪師) 네 명 가운데 세 명이 이들이며, 완월당 처휘가 기문을 썼다. 특히, 완월당 처휘의 사형인 설곡당(雪谷堂) 상능은 『자기산보문』(1724, 해인사 간행, 해인사강원도서관 소장) 〈산중종사질(山中宗師秩)〉에 의하면, 1724년에 팔도도총섭에 올라있는 것을 볼 수 있는데, 이때에는 송암당(松庵堂)이라는 새로운 당호를 쓰고 있다. 조선후기 대찰인 해인사에서 청허계 사명 문중을 중심으로 한, 완월당 처휘의 입지가 확인이 된다.

첫 번째의 『자기문仔夔文』이다.

금나라의 승려 자기仔夔가 1150년에 찬술한 《천지명양수륙의문天地冥陽水陸儀文》으로 3권에 총 100편의 편목을 갖추고 있으며 통칭 『자기문』이라 한다. 『자기문』과 그 계열의 의식문은 기본적으로 대찰大刹에서 설행 가능한 대재大齋의 의식문이었기에 널리 유포되지 못했던 것으로 보인다. 여기에다가 양대 전란 등으로 말미암아 산일되면서 혹은 기록으로 남겨지거나 후대에 수륙재 의식집에 합본된 형태로 유통되어 전적典籍의 괘적이 많이 드러나지 않은 편이다.

자기가 찬술한 원본이라 할 수 있는 3권 『자기문』의 가장 이른 국내 판본으로는 완질인 성암고서박물관 소장본이 있으며, 동일 판본의 복각본으로 1401년 권근權近, 1352-1409의 발문이 첨부되어 있는 『염구천지명양수륙의문焰口天地冥陽水陸儀文』 권하(1533, 송광사 복각본, 원각사 소장) 등이 있다. 이 『염구천지명양수륙의문』 부록에는 재에 소용되는 각종 문서인 첩문牒文의 양식과 설단목록, 글 등이 복잡하게 수록되어 있어 당시 자기문으로 설행된 수륙재 의식의 면모를 살펴볼 수 있다.

권근 이후에 간행된 『천지명양수륙잡문天地冥陽水陸雜文』(1496, 대성사 소장)의 아래 발문跋文에는 자기문과 관련된 저간의 간행 상황이 나타나 있다.

> 수륙의문은 그 방대함과 간략함이 한 가지가 아니어서, '자기', '지반', '중례', '결수'라고 합니다. (우리나라에) 모두 판본들은 있으나 오직 소문과 방문이 갖추어진 것이 없었는데, 갑신년(1464, 세조10)에 이르러 갖추게 되었습니다. 세조대왕께옵서는 중국에서 이를 구해 인쇄활자로 인출한 다음 수십여 부를 배포해 왕실 사찰에서 여법하게 봉행하게 하셨습니다.
> 水陸儀文廣略非一焉 曰仔夔曰志槃曰中禮曰結手 皆有板本而 獨排備疏榜 未有歲甲申 我 世祖大王求諸中國 以鑄字印出 數十件頒施 御刹如法奉行[034]

---

[034] 『천지명양수륙잡문』(1496, 대성사 소장)의 발문에는 일부 박락이 있으므로 송광사 판본

즉, 갑신년인 1464년 이전에도 소문과 방문이 갖춰지지 않았을 뿐, '자기', '지반', '중례', '결수'를 모두 갖추고 있었던 것으로, 여기서의 '자기'는 1401년 판본을 일컫는 것으로 보인다.

『자기문』은 16세기인 1533년 송광사에서도 복각되고, 1569년 무등산無等山 안심사安心寺에서 중간重刊된 『진언집眞言集』(표충사성보박물관 소장)에는 『자기문』의 진언이 집성되어 있는 것으로 보아[035] 현존하는 판본의 수와 별개로 그 유통의 수요가 있었음을 알 수 있다.

『자기문』이후 자기문 계열의 의식문으로는 산보된 10권 『자기산보문仔夔刪補文』이 있다. 3권의 『자기문』과 구별하여 10권 『자기문』이라고도 한다. 이 『자기산보문』의 판본은 조선후기에 불교계의 불서간행 사업으로 『자기산보문』(1724, 해인사 간행, 해인사강원도서관 소장)이라는 새로운 판본이 개간될 때까지 10권 중 제10권만이 전하거나 그 외에는 기록으로만 남아 있다.

현존하는 『자기산보문』은 1568년에 간행된 안동의 대찰 광흥사廣興寺 판본이 가장 오래된 판본이지만, 총 10권 가운데 제10권만이 전한다. 광흥사 판본은 규장각에 소장(古1750-11) 되어 있는 것을 비롯해 『운수단가사雲水壇謌詞』(간행연대 미상, 해인사성보박물관 소장)에 합본되어 있는 것과 1649년에 간행된 통도사 중간본重刊本(국립중앙도서관 소장, 한古朝21-163)이 있다.

그런데 이 광흥사 판본은 후대의 10권 완질 간행본인 『자기산보문』(1724, 해인사 간행, 해인사강원도서관 소장)의 제10권 편목이 "諸山壇 十王壇 宗室位 四天王壇 加持蓮池"로 되어 있는 것과 달리 〈제산단諸山壇〉과 〈종실위宗室位〉만이 있

(1531, 용흥사 소장)을 참고함.
035 이 『진언집』에 수록된 『자기문』은 '봉향송진언(捧[奉]香誦眞言)'으로 시작한다.

다. 그리고 왕실의 봉청문도 태조에서 예종睿宗, 재위 1468-1469까지로 끝나 있는데, 대찰인 광흥사가 거의 백년 만인 1568년 판각하면서도 당시 종실위에서 왕실선가仙駕의 봉청문을 반영해 수정하지 않은 점이 놀랍다. 그 이유를 추정해 볼 수 있는 상황에 대해서는 아래에서 살펴보았다.

17세기 초 안동지역의 서적 해제집인 김휴金烋, 1597-1638의 『해동문헌총록海東文獻總錄』036 〈諸家詩文集. 釋家. 307. 仔虁刪補文〉을 보면, 『자기산보문』에 대해, "승려 일선이 편찬하였으며 제일이 제산단이고 제이가 종실위이다. 釋一禪所撰 第一曰諸山壇 第二曰宗室位"라고 하여 간행 연대를 알 수 없는 간략한 『자기산보문』 서지기록이 전하는데, 편찬자가 알려져 있어 눈길을 끈다. 광흥사 판본은 서지기록에서처럼 일선과 관련된 내용은 찾아볼 수 없지만 김휴가 조사했던 당시 안동 지역에 안동 광흥사 판본으로 불리는 것과 일선이 편찬한 것으로 알려진 판본이 있었고, 김휴의 생몰 연대로 보면 하한 연대인 1638년에까지 일선이 언급된 것이어서 이 둘은 동일 판본인 것으로 판단된다.

여기서 일선은 누구일까?

16세기에 활동한 고승이면서 서산과 직접적으로 관련된 인물로 두 명의 일선一禪이 있다. 서산의 사숙인 경성당慶聖堂 일선一禪, 1488-1568과 서산의 법제자法弟子인 정관당靜觀堂 일선一禪, 1533-1608이다. 두 선사 모두 이 글에서는 의식집의 편찬과 관련이 있지만 『자기산보문』은 경성당 일선과 관련이 있다. 그의 지위는 서산이 기록한 벽송지엄碧松智嚴, 1464-1534·부용영관芙蓉靈觀, 1485-1571·경성일선敬聖一禪, 1488-1568의 세 선사의 행장인 〈삼로행적三老行蹟〉(『청허당집淸虛堂集』)에 드러난다.

---

036 『해동문헌총록』은 김휴(金烋, 1597-1638)가 1616년에서 1638년까지 안동(安東) 일대 명문대가들이 소장하고 있는 문헌들을 해제한 것이다. 리상용, 「해동문헌총록 불가서적(佛家書籍)에 대한 연구」, 『서지학연구』 제50집(2011.12), p.473.

휴정의 행장은 머묾에 정해짐 없어 '지리산'에서는 '벽송'의 행적을 찬하였고, '금강산'에서는 '부용'의 행적을 찬하였으며, '묘향산'에서는 '경성'의 행적을 찬하였으니 이 세 산문 납자들의 끈질긴 청에 의한 일이다. 하물며 세속의 법에 따라 보면, 벽송은 조부이며 부용은 부친이며 경성은 숙부이니 휴정이 어찌 소홀히 할 수 있겠는가!

靜之行裝 鶉居不芝 在頭流山 撰碧松 在楓嶽山 撰芙蓉 在妙香山 撰敬聖乃迫於三山衲子之勉也 況以法論派 則碧松 祖也 芙蓉 父也 敬聖 叔也 靜亦其可忽哉

경성당 일선은 당시 대선승이자 보현사의 중창주[037]로 〈묘향산의 기이한 사적[妙香異蹟]〉에 수록된 54가지 중 40번째의 "일선이 귀신을 부려서 탑을 옮긴 일. 一禪役鬼而運塔"[038]에도 등장한다.

일선의 명성은 광해군 때의 권신이었던 유몽인柳夢寅, 1559-1623의 『어우야담於于野談』의 이야기들 중에서도 확인할 수 있다. 당시 일선이 '묘향산의 선승禪僧'으로 이름을 떨칠 때에 보우1509-1565가 그를 천거해 세력화하려다 실패하고 1565년에 비극적인 죽음을 맞은 일이 있었는데,[039] 일선도 이후 3년만인 1568년에 입적한다. 그런데 서산이 쓴 사숙 경성당 일선의 행적에서 행간의 또 다른 이야기를 살펴볼 수 있다.

『청허당집淸虛堂集』의 〈태백산상선암기太白山上禪庵記〉를 비롯해 〈삼로행적〉 중 〈경성당선사행적敬聖堂禪師行蹟〉을 보면, 일선이 묘향산[태백산] 상선암 동쪽 언덕에 국왕의 성수만세聖壽萬歲를 위해 경성당慶聖堂이라는 세 칸의 장엄한 당

---

037 경성당 일선은 〈묘향산보현사사적기(妙香山普賢寺事蹟記)〉에 보현사의 중창주로 서산과 함께 나란히 등장하고[『朝鮮寺刹史料』 하권(조선총독부, 1911, p.211) "自己巳至孝宗弘治十三年庚申歲康津人道泉禪師佛像改金而其時慶聖一禪大師淸虛休靜大師泗溟惟政大師相繼而出大有功於邦家矣", 해남 대흥사의 〈서산대사행록(西山大師行錄)〉에는 서산이 그에게서 계를 받았음[受戒於一禪和尙](『朝鮮寺刹史料』 상권, p.320)을 밝히고 있다.

038 『朝鮮寺刹史料』 하권, p.215.

039 박명희 外(역), 『어우야담』1, 전통문화연구회, 2001, pp.184-186.

을 짓고 날마다 향을 피우고 기도했다는 내용이 나온다. 그가 이렇게 왕실을 위해 스스로 발원해 지은 전각이 유명하게 되면서 그의 당호도 자연스럽게 전각 이름대로 불리게 된 것으로 보인다. 경성당 관련 기문 내에서도 혹은 〈삼로행적〉의 경성당 행적인 〈敬聖堂禪師行蹟〉과 〈慶聖堂休翁行錄後跋〉에서 볼 수 있는 것처럼 당호에 '慶경'자와 '敬경'자를 모두 썼다.

서산은 〈태백산상선암기〉에 이 당의 건립에 대해 각 과정을 자세히 기술하고 있다. 건물은 1559년에 시작해 1560년에 짓고 다섯 구의 존상과 금으로 그린 탱화 세 점의 조성은 1562년에 시작해 1563년에 마쳤으며 최종적으로 기와를 구워 덮은 을축년(1565)이 낙성한 해가 된다.040 이 해는 보우가 입적한 해이기도 하다.

이후 3년 만에 경성당 일선도 입적하는데, 그가 입적한 해와 안동 광흥사 『자기산보문』 판본의 개간 시기가 1568년으로 겹치는 점이 눈에 띈다. 경성당을 세운지 두 해가 되고 명종이 1567년 승하하자 『자기산보문』 제10권의 〈종실위宗室位〉와 같은 왕실의식을 설행할 의식집의 간행이 뒤이어 이뤄진 것이겠지만, 당시 왕실선가 봉청문의 반영과 수정은 그의 입적 시기와 맞물리면서 이뤄지지 못한 것으로 보인다.

이 『자기산보문』 제10권의 유통 성격은 대선사와 큰스님 존령尊靈의 〈제산단〉과 왕실 선가仙駕의 〈종실위〉 의례의 독립적 수요가 묘향산 상선암의 경성당에서 본격적으로 시작되어 이후에 대찰을 중심으로 이어졌음을 보여준다. 경성당 일선과 이 『자기산보문』에 대한 언급은 후대인 19세기 초에도 이어져 『오주연문장

---

040 〈태백산상선암기(太白山上禪庵記)〉. [중략] 庵之東塢 特起慶聖堂三間也 軒窓戶闥也 皆牧丹桃花也 始於己未春 終於庚申夏也 因以丹靑也 因以落成也 又山之人宗敏也 塑鑄金像 釋迦也 彌陁也 藥師也 觀音也 地藏也 並五軀也 純金靈山會 純金彌陁會 純金藥師會 並三幀也 始於壬戌秋 終於癸亥夏也 因以點眼也 因以安邀也 又山之人性俊也 繼以陶瓦也 始於甲子春 終於乙丑夏也 因以盖覆也 因以落成也 [하략]

『전산고五洲衍文長箋散稿』 경사편3 〈석전총설釋典總說. 불경佛經〉에 "一禪 仔夔刪補文"으로 여전히 나타나고 있어 서지적 측면에서 하나의 기록적 간행이었던 것은 분명하다.

일선의 생애 마지막 편찬이라는 측면에서 보면, 노년의 경성당 일선의 불사와 말년의 허응당 보우의 불사의 성격이 대비되는 부분이다.

『자기산보문』과 관련해 등장하는 또 다른 고승은 조선후기인 18세기 초 팔도도총섭八道都摠攝인 계파당桂坡堂 성능聖能에 이르러서이다. 이때에 현존하는 전권이 비로소 다시 갖춰진다.

성능이 팔도의 승군본부[僧營]이며 종무제도의 중심 사찰이었던 북한산 중흥사에서 팔도도총섭의 직위에 있었던 마지막 해에 『천지명양수륙재의범음산보집』(1723)의 간행을 완료하고, 이듬해 3월에 해인사에서 『자기산보문』(1724, 해인사 간행, 해인사강원도서관 소장)과 여기에 『자기문』의 설단채비 목록과 설명이라 할 수 있는 『자기문절차조열』을 합본해 간행한 것은, 당시의 불교계를 대표하는 기록적인 간행불사였다고 할 수 있다. 『자기산보문』〈산중종사질山中宗師秩〉에는 성능에 이어 중흥사에서 팔도도총섭에 오른 해인사의 송암당松庵堂 상능尙能 대선사도 이 불사를 공식적으로 이어 받고 있다.

특히, 이 판본 권10의 〈종실위청좌의문宗室位請坐儀文〉을 1568년의 광흥사 판본과 비교해 보면, 새롭게 〈삼조선국제왕청三朝鮮國諸王請〉, 〈신라제왕청성의문新羅諸王請聖儀文〉, 〈고려제왕청좌의문高麗諸王請座儀文〉이 추가되어 있는 점이 눈에 띄지만, 〈종실위청좌의문〉이 중간에 끊어져 〈삼조선국제왕청〉에서 다시 이어지고 있다. 여기서는 숙종재위 1661-1720 양위 선가로 끝을 맺고 있다.

이 『자기산보문』이 간행되기 한 해 전에 조성된 〈해인사 감로탱〉(1723)에도 한 가지 흥미로운 점이 나타난다. 단 위에는 왕실 천도재에서나 등장할 만한 화려한 '우리于里' 기물들이 나란히 진설되어 있다. 그 안에는 고려와 조선시대에

〈해인사 감로탱〉(1723, 모시에 채색, 275.0×261.0㎝, 해인사성보박물관 소장)의 부분

이르기까지 불교음식 가운데 가장 진귀한 음식이자 화려하고 장식적 요소가 강했던 유밀과油蜜果가 고임음식으로 차곡차곡 채워졌으며 공양의 꽃인 공불화供佛花도 올려 장엄했다.^{사진}

'우리'는 음식을 높게 고여 쌓는데 유용하고, 고임의 형태가 시간이 흐르면서 흐트러지는 것을 방지하기 위해 고안된 의례용 식기이다. 현존하는 감로탱 중에 '우리'의 사용이 확인되는 유일한 예이다. 현존하는 놋우리[鍮于里]인 국립고궁박물관 소장의 종묘宗廟제례에 쓰던 놋우리^{사진}와 비교해 보면, 틀의 기둥에는 내용물이 밖으로 빠져나오지 못하게 목구조 건축물의 '낙양落陽'과 같은 모양의 기능적인 장식을 했는데, 이 '우리' 도상에도 그 형태가 비교적 자세히 표현되어 있다. 다만, 이 '우리' 도상은 주칠과 은은한 금속의 색을 띤 두 가지 종류로 표현되어 있어 놋쇠의 색을 염두에 둔 것은 아닌 것으로 보인다. 또한 사찰의 특성에 맞게 '우리' 받침 대신에 동이를 사용하

왼쪽_〈해인사 감로탱〉의 '우리' 도상
오른쪽_국립고궁박물관 소장 〈산자우리〉
(H 24.2㎝)와 〈산자우리 받침〉(H 7.5㎝)

고 있어 차이를 보인다. 재질로 보면, '우리'는 '놋우리'만 있었던 것이 아니다. 『영정모사도감의궤影幀摹寫都監儀軌』(1901, 고궁박물관 소장) 〈圖說〉에는 '은우리銀于里'가 있어 은으로도 제작했음을 알 수 있다.

〈해인사 감로탱〉의 이 '우리' 도상은 당시 일련의 간행불사가 이뤄지던 시기에 나타난 것으로 해인사의 성대한 왕실발원 수륙재의 규모를 보여준다.

이 『자기산보문』의 서문은 서산 청허계의 최대 문파였던 편양당鞭羊堂 언기彦機의 법손인 낙암의눌洛巖義訥이 썼으며, 성능은 발문에서 이 간행이 불교계의 숙원사업이었음은 구체적으로 드러냈다.

먼저 아래 성능의 글에서 밝힌, 해인사에서 10권 『자기산보문』을 편찬하기까지의 유통 경로를 살펴보자.

> 『수륙의문』은 양나라에서 창설되어 촉나라로 계승되었습니다. 성현들께서 이어서 깊이 탐구하고는 붓을 놓아버렸으나, '자기' 큰 현인께서 그 의식의 번잡함을 삭제하고 빠진 것을 보충하여 편찬한 것이 무릇 10권입니다. 이를 일컬어 『산보자기문』이라 합니다. '총통' 대로께서 중간하시어 동쪽 우리나라에 전하여졌으니, 어언 몇 백년이겠습니까!
> 水陸儀文剏於梁繼於蜀 前聖後賢博探絶筆 仔夔大賢刪其繁補其闕所撰者凡十卷 曰刪補仔夔文也 總統大老重刊東傳震旦 乃至幾百年耶

발문은 내용상으로 약간의 모호한 점이 있다. 자기가 편찬한 것은 『자기문』으로 불리는 《천지명양수륙의문》으로 3권에 총 100편의 편목을 갖추고 있는데, 발문에서는 『산보자기문』 10권을 자기가 편찬했다고 하고 있기 때문이다. 이것은 당시의 『자기산보문』(1724) 의식체계에서도 반영되어 3권 『자기문』과 10권 『자기문』으로 산보라는 별다른 구분 없이 사용하여 단지 권수로서 10권 『자기문』의 경우는 『산보자기문』을 의미하여 쓰고 있는 것을 볼 수 있다. 현재 이 『산보자기문』으로 언급된 초기 의식문은 남아 있지 않고, 아래에서 살펴보겠지만 기록으로만 전한다. 결국, 이를 바탕으로 산보한 해인사의 10권 『자기산보문』이 조선 후기의 최종 판본이라 할 수 있다.

또한 위의 발문에서 이 10권 『산보자기문』을 '총통대로摠統大老'가 중간重 刊했다고 한 점도 살펴볼 필요가 있다. 이와 관련해, 간기刊記가 없지만, 1496년 에 간행된 왕실판본으로 추정되는 『천지명양수륙잡문天地冥陽水陸雜文』(규장각 소장 古1750-2A-v.1-2)에 임제종의 18대손인 원나라1271-1368 '설당雪堂; 雪堂普 仁'[041] 총통의 글을 비롯해 그가 대장경에 수록되어 있다고 밝힌 영가를 위한 수 륙재 문서들과 도판圖版들이 집성되어 있는 점이 참조가 된다. '설당' 총통은 조 선시대 수륙재에 영향을 미친 선사임을 알 수 있다.

무엇보다도 흥미로운 점은 『염구천지명양수륙의문焰口天地冥陽水陸儀文』 권 하(1533, 송광사 복각본, 원각사 소장) 등과 같은 3권 『자기문』에도 '설당' 총통 의 글인 지부공덕안地府功德案 등의 '오사五事'에 의지할 것을 밝힌 글이 첨부되 어 있다는 점이다. 이 '설당' 총통의 글은 이외에도 후대의 간행본에 수록된 것 이지만, 찬의감응撰儀感應 등과 같은 '사사四事'의 예를 잘 살펴 수륙재 설행의 공덕에 의지하기를 밝힌 글이 『천지명양수륙재의오종범음집天地冥陽水陸齋儀五 種梵音集』(1740, 石南寺 간행, 원각사 소장)과 『불설구면연염구경천지명양수륙의 문佛說救面然焰口經天地冥陽水陸儀文; 卷尾題_佛說焰口經天地冥陽水陸齋義五種梵 音集』 권상(1740, 간행처 미상, 대성사 소장)에 나타나 있는 것이 눈에 띈다. 성능 은 이러한 '설당' 총통이 지닌 수륙재의 권위에 힘입어 『산보자기문』을 중간했 다고 언급한 것이다.

---

041 싱동펑(邢東風)은 설당보인에 대해 〈元刊本『臨濟錄』考察〉에서 "보인은 당시 북방 임제종에 서 실제로 중심적 인물이며[중략] 불교 경전의 전승을 특히 중요시해서 『임제록』과 『도서』 를 중간했고, 특히 『임제록』을 중간한 일은 조사의 성전이 단절되지 않도록 한 점에서 이는 『임제록』 전승의 역사상 중대한 의의가 있다."라고 했다. 런민(人民)대학 불교와종교학연구 소 外(공편), 금강대학교 불교문화연구소 금강학술총서35 『동아시아선불교의 사상과 의의』, 여래, 2018, p.231.

실제로 자기가 1150년에 3권 『자기문』을 편찬한 이후로 '설당' 총통과 관련된 『산보자기문』 중간 관련 기록은 뚜렷하지 않으며 직접적인 관련성은 드러나 있지 않지만, 성능의 언급은 『산보자기문』의 국내 초기 유통과 관련된 측면에서 의의가 있다.

다시 성능의 발문을 보자.

그런데 섬 오랑캐가 일으킨 변란으로 잿더미가 되고 말았습니다. 제방의 총림에서 혹 일찍이 들어본 적은 있더라도 볼 수 없게 된 지는 이미 오래입니다. 소납이 정본을 수소문해 찾아 나설 뜻을 세웠으나 남한·북한산성의 일을 맡아 겨를이 없어 원을 이루지 못했습니다. 일을 마치고 다시 돌아와서야 사중의 논의를 다 모으고 마침내 이를 판각하게 되었습니다. 소요되는 인력과 비용을 금년에 해인사에서 감당했으니 그 공이 참으로 크다 하겠습니다.[하략]
島夷變亂火于散焉 諸方叢林或嘗聞 而亦不覩者已久矣 小衲搜獲正本 志欲而如南北儲胥旎戟無遑 願未遂也解歸於此焉 寺議僉同遂而刻之 於勞且費 今玆海印寺歟 功之大矣

위의 글은 간행불사에 해인사가 가장 큰 공력을 기울였음을 찬하는 글이다. 이때의 시주질을 보면 전적으로 해인사 승려대중들을 중심으로 전현직 승통과 주지 등이 동참했지만, 인근의 사찰들에서도 조력을 했다. 특히 통도사도 조력해, "통도사에서 해당 2책의 판각을 담당하고 (돈 꿰미로) 동전 50냥兩을 조력하였음 通度寺當刻二冊 銅錢助五十貫"이라고 한 내용이 눈길을 끈다. 이것은 『자기문』의 제10권이 1649년에 통도사에서 중간되었던 것도 영향을 미친 것이다.

앞서 살펴본, 『해동문헌총록』에서 서산의 사숙인 경성당 일선이 『자기산보문』을 편찬한 기록이 전한 이후로 임진왜란 등을 거치며 산일됐던 것을 1724년 성능에 의해 해인사에서 완본이 다시 간행된 것은 이 의식문이 여전히 대찰大

刹에서 대재大齋의 수요로 설행되었음을 보여주는 것일 뿐만 아니라 당시의 고승들에 의해서도 중요 의식문으로 인식되었음을 보여주는 예이다.

그런데 여기서 한 가지 중요한 사실은, 3권의 『자기문』이나 10권 『자기문』은 방대하면서도 편篇 위주여서 실제 대재로 설행되기 위해서는 의식의 동선動線에 따른 세부 작법이 협주夾註로 설명된 산보 판본이나 부록 형태로 첨록된 각종 문서들이 필요하다는 점이다. 『자기산보문』(1724)이 간행되기 한 해 전에 간행된 『천지명양수륙재의범음산보집』에는 이 의식문에 대해 길지는 않지만 설행에 충분한 의식절차들이 집성되어 있다.

『천지명양수륙재의범음산보집』을 통해 『자기문』의 의식절차를 살펴보면, 오늘날에도 수륙재로 대표되는 '칠일칠야七日七夜'의 성대한 의식절차의 규범이 잘 드러나 있다. 설행 일수는 의식절차의 도입부에 해당하는 〈자기초권작법仔夔初卷作法〉을 시작으로[042] 3권이나 10권 『자기문』의 의식집을 대상으로 해서 삼일, 오일 혹은 칠일 밤낮으로 설행하는데,[043] 이 중에서 3권 『자기문』과 10권 『자기문』으로 하는 7주야 작법규범인 〈三卷仔夔文十卷仔夔文兼七晝夜作法規〉에 '칠일칠야'가 해당된다.

---

[042] 『천지명양수륙재의범음산보집』의 자기작법 의식절차에서 〈자기초권작법(仔夔初卷作法)〉은 기존의 자기문 계열에서 볼 수 없었던 것으로 조선시대 수륙재 개설에서 일반적으로 통용되던 의식이 반영된 것이다. 그 내용은 "명발(鳴鈸)을 하고 개건대회소(開建大會所)의 소문(疏文)을 읽어 마친 다음, 바라를 세 번 치고 초(初)할향을 한다. 鳴鈸 讀建會疏畢 三動鈸 喝香[하략]"로 시작해 사자단과 오로단[五方壇]까지 하여 마치는 것이다. 『자기산보문』(1724, 해인사 간행, 해인사강원도서관 소장)에도 이러한 성격의 의식문이 수록되어 있다. 성능의 발문과 산중종사질(山中宗師秩) 사이에, "六几咸證 箇箇華嚴 海印三昧 次頂戴偈 次開經偈 次收經偈 擧揚 今日 某靈駕 我有一卷經 不因紙墨成 展開無一字 常放大光明 某靈駕 还會得 此一卷經麽 如未會得 爲汝宣揚 一乘圓敎 大方廣佛大華嚴經 至心諦聽 至心諦受 次釋題則 華嚴釋請法偈 次說法偈 次大衆同誦 華嚴經後 魚山 唱久遠刧中 久遠刧中 成等正覺 常住華莊 說大華嚴 我本師 毘盧遮那佛"이라는 2매(枚)의 글이 있는데, 권제1에 들어가기 앞서 시작의식으로 여기서는 '화엄법석(華嚴法席)'을 채택한 것이 눈에 띈다.

[043] 〈三卷仔夔文五晝夜作法規〉, 〈三卷仔夔文十卷仔夔文兼七晝夜作法規〉, 〈十卷仔夔文三晝夜作法規〉, 〈三卷仔夔文三晝夜作法規〉.

숭유억불의 국가적 기조에서 당시의 고승들이 『자기문』 계열로 이러한 성대한 수륙재를 개설한 점은 주목되는 부분이다.

단편적이나마 그 설행 예들을 살펴보자.

16세기 말 서산은 묘향산 보현사 누각樓閣의 낙성식을 위해 베푼 수륙재에서 〈보현사경찬소普賢寺慶讚疏〉(『청허당집淸虛堂集』 권6)를 썼다. 문장 중에, "때는 황락의 시기요, 절기로는 청명淸明의 달에 공경히 48대원을 발하고 경건히 13단을 설단하니 時維荒落之期 節屬淸明之月 敬發六八之願 虔設十三之壇"라고 하여 "十三之壇"이 등장한다. 서산의 이 13단, 13의 법수法數는 의식문에서 일반적으로 볼 수 있는 법수가 아니다. 『자기산보문』(1724)에 설단채비設壇差備 지침서로 합본된 『자기문절차조열仔夔文節次條列』을 보면, 신중단인 '옹호단擁護壇'의 경우에서도 단의 법수가 다르다.

그런데 자기문 계열 의식문에 대해 권수 별로 의식절차들이 상세하게 집성되어 있는 『천지명양수륙재의범음산보집』 하권(1723)을 보면, 10권 『자기문』으로 3일 낮과 밤으로 하는 작법규범인 〈十卷仔夔文三晝夜作法規〉에 13단의 단이 개설되어 있는 것을 볼 수 있다.

> 중회일에 풍백우사단과 가람단의 신중을 청하여 자리를 드리고 공양을 올리며 축원하기를 의식문대로 하고, 대령소에서는 영혼을 맞이하여 작법하는 것을 의식문 대로 한다. 점심을 먹고나서 예적단穢跡壇, 명왕단明王壇, 사왕단四王壇, 산왕단山王壇, 용왕단龍王壇, 풍백우사단風伯雨師壇, 제석단帝釋壇, 범왕단梵王壇, 국사단國師壇, 성황단城隍壇, 토지단土地壇, 가람단伽藍壇, 천왕단天王壇의 이 13단 신중을 청하여 자리를 드리고 공양을 올리며 축원하기를 의식문 대로 한다.
> 衆會日 風伯雨師壇 伽藍壇 請坐進供祝願如儀文 至對靈所 迎魂作法如儀文 齋後 穢跡壇 明王壇 四王壇 山王壇 龍王壇 風伯雨師壇 帝釋壇 梵王壇 國師壇 城隍壇 土地壇 伽藍壇 天王壇 此十三壇 請坐進供勸供祝願如儀文

서산의 소문에 나타나는 13단을 위의 〈十卷仔夔文三晝夜作法規〉에 나타나는 의식절차의 순서로 살펴보면, 3일 재의식 가운데 첫째 날인, 대중들이 다 모이는 '중회일衆會日'의 신중단 설단을 언급한 것임을 알 수 있다.

이 10권 『자기문』의 내용은 시기적으로 『자기산보문』(1724) 판본과 동일 모본을 바탕으로 했을 가능성은 있지만 특정하기란 어렵다. 다만, 『천지명양수륙재의범음산보집』에 발문을 쓴 월주당月洲當 자수子秀가 이 의식집에 대해 모본이 되는 특정 의식집들은 거론하지 않고, "제방에 있던 고금古今의 남겨진 판본들을 두루 모아 얻은 것[徧撫諸方古今遺本]"이라 밝힌 것이 참조가 된다. 여기의 『자기문』도 이 고금의 판본들에 속하는 것이다.

국내에 들어와 유통된 『자기문』 계열 의식집은 수륙재 의식문들 가운데 그 내용이 가장 크고 광범위해서 널리 유통되지는 못했지만 관련 부문에 크고 작은 영향을 미쳤다. 의식면에서 삼단의 대상을 구체적으로 최대 칠일 밤낮으로 확장된 의식으로 설행하고 있기에, '각 단壇 설행 중심의 종합 의식집'을 대표하게 되었다. 이 가운데 가장 특징적인 것이 '33단壇의 설단設壇'과 '7주야晝夜'의 설행, 그리고 '오백나한五百羅漢' 의식절차와 같은 대작불사에 그 특징이 잘 드러나 있다. 이를 살펴보자.

전자의 '33단의 설단'과 '7주야'의 설행에 대한 것이다.

'33단'은 어산인 반운당伴雲堂 지선智禪이 찬하고 발문을 쓴 『오종범음집五種梵音集』(1661, 무주 호국사 간행, 김영태 소장)에도 나타나, "게다가 청량산 일행一行 대사가 숭상했던 『자기문』과 『자기산보문』의 '33단'을 얻어 보았는데, 〈7주야의 의식문〉이었다. 又得淸凉山行大師之所尙 仔夔本文与刪補三十三壇 分爲七晝夜之文"고 한 것이 참고가 된다. 여기에 등장하는 일행 대사[044]는 『자기문』과 『자

---

044 일행 대사가 당대의 어산임은 『신간산보범음집(新刊刪補梵音集)』(1713, 묘향산 보현사, 동국

기산보문』 의식에 매우 정통한 어산이었음을 보여준다.

　지선은 이들 의식문을 『오종범음집』에 별도의 편목으로 두지 않았다. 그 방대함으로 인해 상권上卷 끝나는 부분에 의식절차의 내용을 별도의 협주 형태로 간략히 첨록했다. 그리고는 여기에 덧붙여서, "이 규식은 일행 대사 시절의 것으로, 대찰은 모여든 사람들로 번성하였고 혹은 나라의 은택이 미쳤기에 사람들은 다 이를 믿었다. 지금의 사람들에게 이것은 장황스러운 예로 보일 뿐이기 때문에 곧 큰 비웃음을 살 것이다. 此規 行大師在之時 大刹盛衆處 或被國力爲之故 人皆信之 如今人見此張皇之禮 則必發大笑哉"라고 했다.

　이 글은 각기 다른 시절에 활동했던 한 어산의 격세지감을 느낄 만큼의 설행 환경의 변화가 나타나 있으며, 일행 대사는 지선의 선대 어산으로 16세기 중반의 문정왕후 시기가 주요 활동기였을 것으로 보인다. 이러한 '33단'의 '7주야' 설행은 그러나 지선 이후에도 완전히 끊어지지 않고 명맥이 유지되고 있었다. 풍계명찰楓溪明察, 1640-1708의 행장인 『풍계집楓溪集』〈보제등계대사행장普濟登階大師行狀〉을 보면, 1704년 계파 성능이 통도사 세존석종을 중수하며 수륙재를 베풀 때에 '자기절차仔夔節次'로 설행한 것이 드러나 있다.

　[중략] 갑신년(1704) 봄에 청량산으로부터 다시 가야산 백련암으로 들어가서 열반하실 때를 기다렸다. 대덕스님 계파 성능이 통도사 세존석종을 중수하고 경찬대회를 열려고 하였으나 『자기』에 나와 있는 절차에 대하여 자세히 아는 이가 드물었다. 그런데 멀고 가까운 곳의 많은 스님들이 다 말하기를, "스승이 아니면 이 일을 주장하여 치를 사람이 없다."라고 하자 사람을 보내 매우 간절하게 간청하니 의리상 거절할 수 없었다. 이에 용기를 가지고 나아가 보니 재일이 사월 초파일이라 하였다. 대사는 정월부터 재일까지 그 사이에 온갖 것을 시설하였는데, 모두 대사의 지휘 아래 '33단'을 설단하고 '7주야' 동안 의례절

　　　대도서관 소장)〈신간산보범음집발제(新刊刪補梵音集發題)〉에도 나타나 있다.

차에 맞추어 진행하니 대중들이 다 탄복하였다.
至甲申之春 自淸涼山 再入伽耶山白蓮菴 以待涅槃之時矣 大德桂坡性能 重修通度寺世尊石鐘 欲設慶讚大會 而仔夔節次詳知者鮮矣 遠近緇衣咸曰 非師 莫可主張此事 來邀甚懇 義不可辭 於是勇進 齋日卽四月初八日也 自正月至齋日 其間凡百設施 皆出師指揮 排三十三壇 七晝夜悉中儀節 衆皆歎服[하략]045

위의 글은 계파당 성능이 이미 1704년에 통도사 계단戒壇을 중수할 때에 풍계명찰에 의해 『자기산보문』을 바탕으로 수륙재가 설행되었고 세존의 사리 불사였던 만큼 최대의 의식으로 '33단'이 부각되어 설행되었음을 보여준다.

이것은 통도사가 1649년에 『자기산보문』 제10권의 중간본을 간행하고, 1704년에 『자기산보문』을 바탕으로 한 대규모의 세존 사리불사 회향 수륙재의 설행, 그리고 1724년에는 해인사의 『자기산보문』과 『자기문절차조열』 판각불사에서 2책에 대한 판각 조력을 함으로써 해인사, 통도사와 같은 대찰의 상호부조 및 협력 관계와 함께 『자기산보문』을 중심으로 한 일련의 불사가 완전히 단절되지는 않고 이어졌음을 잘 보여준다.

이때의 의식설행에 대해 살펴보자.

『천지명양수륙재의범음산보집』 권하의 〈삼권자기문십권자기문겸칠주야작법규三卷仔夔文十卷仔夔文兼七晝夜作法規〉에 간략히 나타나는 3권 『자기문』과 10권 『자기문』의 '33단'과 7주야의 규범은 다음과 같다.

1주야 풍백우사단風伯雨師壇, 천왕단天王壇, 용왕단龍王壇, 가람단伽藍壇
2주야 예적단穢跡壇, 명왕단明王壇, 범왕단梵王壇, 제석단帝釋壇, 사왕단四王壇, 성황단城隍壇

---

045 김두재(역), 『풍계집』, 동국대학교출판부, 2021, pp.411-412.

3주야 사자단使者壇, 오로단五路壇

4주야 비로단毘盧壇, 지향단地向壇, 행주단行住壇, 삼십삼단三十三壇[046]

5주야 나한단[羅漢 前半壇], 나한단[羅漢 後半壇], 개종단開宗壇, 향당단鄕唐壇, 제산단諸山壇

6주야 제천단諸天壇, 제신단諸神壇, 시왕단十王壇

7주야 종실단宗室壇, 왕사단枉死壇, 법계단法界壇, 지옥단地獄壇, 아귀단餓鬼壇, 방생단傍生壇, 상단·중단·하단의 고혼단[上中下孤魂壇]

이를 또 다른 판본인 『염구천지명양수륙의문焰口天地冥陽水陸儀文』 권하 (1533, 송광사 복각본, 원각사 소장) 등과 같은 3권 『자기문』의 부록에 첨록되어 있는 〈모든 단을 청하고 맞이하여 순서대로 거둥하시게 하는 의식의 설단목록 [諸壇迎請次第擧案[047]]〉의 설단과 비교해 보면, 7주야가 아니라 3주야를 대상으로 각각의 경우에 따라 설행할 수 있게 되어 있는데, 전체적으로 생략이 있는 약본略本으로 보인다.

초하룻날 점심 전에 모두 청하고 맞이하여 거둥하시게 하는 의식의 설단목록
初一日齋前摠迎請擧動

초이튿날 점심 후에 다음 초삼일날 점심 전에 거둥하시게 하는 의식의 설단 목록
初二日齋後次三日齋前

삼보단三寶壇, 범왕단梵王壇, 제석단帝釋壇, 천왕단天王壇, 금강단金剛壇, 예적단穢跡壇, 성황단城隍壇, 풍백단風伯壇, 우사단雨師壇, 산왕단山王壇, 오로단五路壇, 용왕단龍王壇, 가람단伽藍壇, 토지단土地壇

---

046 '33조사(祖師)'의 예경(禮敬)과 공양을 위한 단(壇)이다.
047 "擧案"의 사전적 의미는 '명단'이나 여기서는 '설단(設壇) 목록'을 뜻한다.

다음날 점심 전에 거둥하시게 하는 의식의 설단목록
次日齋前

비로단毘盧壇, 지향단地向壇, 행주단行住壇, 십육단十六壇[048], 오백단五百壇, 삼십삼단三十三壇, 개종단開宗壇, 향당단鄕唐壇, 제산단諸山壇

다음날 점심 후에 종실위를 찬청하는 의식의 설단목록
次日齋後讚請宗室位

다음 삼일째 날 점심 전과 후, 철야하여 회향하는 의식의 설단목록
次三日齋前齋後徹夜回向

제천단諸天壇, 제선단諸仙壇, 제신단諸神壇, 시왕단十王壇, 명리승단名利僧壇, 산야승단山野僧壇, 세속승단世俗僧壇, 대처승단對妻僧壇, 존위가친단尊位家親壇, 평인가친단平人家親壇

다음 삼일째 날 점심 후 의식의 설단목록
次三日齋後

법계고혼단法界孤魂壇, 찬청왕사단讚請枉死壇, 고혼상번孤魂上番, 고혼중번孤魂中番, 고혼하번孤魂下番, 아귀단餓鬼壇, 방생단傍生壇, 파전산지옥破錢山地獄, 파지옥단破地獄壇

『천지명양수륙재의범음산보집』 하권의 〈삼권자기문십권자기문겸칠주야작법규三卷仔夔文十卷仔夔文兼七晝夜作法規〉의 3권 『자기문』과 10권 『자기문』의 '33단'과 '7주야'의 규범은 『염구천지명양수륙의문』 권하(1533, 송광사 복각본, 원각사 소장)에 수록된 3권 『자기문』〈모든 단을 청하고 맞이하여 순서대로 거둥

---

[048] '십육나한(十六羅漢)'의 예경(禮敬)과 공양을 위한 단(壇)이다.

하시게 하는 의식의 설단목록[諸壇迎請次第擧案]〉의 개설하는 날과 재단의 종류에서 서로 차이가 있는 것을 볼 수 있다.

　1704년 계파 성능이 통도사 세존석종을 중수하며 수륙재를 베풀 때에 '자기절차仔夔節次'인 '33단'과 '7주야'의 규범대로 설행하였으므로 자세한 것은, 『천지명양수륙재의범음산보집』 이전 판본인 청량산 일행 대사의 옛 소장본을 바탕으로 했을 가능성이 높다. 풍계명찰이 그 해 봄까지 청량산에 머물렀던 것도 차후의 일에 있어서 무관해 보이지 않는다. 결론적으로 보면, 1724년 판본 이전의 것으로 10권 『자기문』, 즉 『자기산보문』은 현존하는 것이 거의 없음에도 기록으로 따라가 보면, 실제 유통된 판본들이 있었고 부록에도 다양한 문서가 첨록되어 있었을 것으로 보인다.

　또한 이와 관련해서 감로탱에서는 이 '7주야'의 것은 아니지만 '5주야'의 작법과 관련된 일부 도상으로 그 영향이 남아 있는 것도 있어 눈길을 끈다. 〈직지사 감로탱〉(1724, 개인소장) 사진은 『자기산보문』이 간행된 해의 칠월에 조성된 것이다. 화면의 하늘 위에는 칠여래와 관음·세지보살이 현현해 있으며 오른쪽의 끝에는 특이하게도 불보살의 회상 도상이 그려진 전각과 연지가 나타나 있는데, 전대에서는 볼 수 없던 장면이다. 일반적으로 알려진 극락구품의 전각과 연지가 아니다. 칠여래와 관음·세지보살의 협시 도상은 칠여래의 한 분인 아미타불이 하단下壇 시식施食의 '거불擧佛'로서 결합된 복합 도상으로 하단 의식의 범주에 있다. 따라서 서방극락세계 극락구품의 전각과 연지는 영가들의 최종 지향점이지 이곳 하단에서 미리 갖출 전거는 없다.

　다시 『자기산보문』(1724)을 살펴보면, 제10권의 끝에는 종합적인 봉송회향 편목의 집성에 해당하는 〈가지연지등편加持蓮池等篇〉이 있고, '가지연지'와 '가지정토루加持淨土樓'가 나타난다. [049] 위의 것은 이와 관련이 있다. 그런데 여기에

049　이들 두 가지는 『자기문절차조열(仔夔文節次条列)』에서 단의 분류 목록인 〈공양을 올리지 않

〈직지사 감로탱〉(1724, 비단에 채색, 199.0×286.0㎝, 개인소장)의 부분
화면 오른쪽 윗부분에 '연지'와 '정토루'가 표현되어 있다.

는 주로 소문疏文 중심의 의식문이 수록되어 있다.

『천지명양수륙재의범음산보집』(1723) 하권 〈三卷仔虁文五晝夜作法規卷之下〉에는 『자기산보문』(1724)에서 더 나아가 자세히 다루지 않은 『자기문』의 여러 핵심적인 의식절차들을 다루고 있어 참고가 된다. 〈三卷仔虁文五晝夜作法規卷之下〉는 3권 『자기문』으로 5주야로 하는 작법이다. 시식단규施食壇規에서 의식의 끝 부분에 해당하는 '봉송하는 의식[奉送儀]'을 보자.

> 작법대중들이 다시 법당을 향해 바라를 친 다음 중정에서 '회향소'를 읽고 소문을 다 마치면 병법이 요령을 세 번 흔들어 내리고 〈연못에 가지하는 편[加持蓮池篇]〉을 의식문 대로 한다.
> 法衆還向法堂 鳴鈸讀回向疏於庭中 疏畢 秉法振鈴三下 加持蓮池篇如文

> 중정을 세 번 돌고 법당을 향해 서서 "산화락"을 세 번 창화하고 바라를 친다. 이어 '거령산'을 짓소리로 하고 요잡을 한다. 출문하여 '정토루' 앞에 이르면 여러 단의 위패와 위목, 화개들을 다 '정토루' 위에 놓고 불사른다.
> 三匝庭中 向立法堂 唱花散落三動鈸 擧靈山引聲 繞匝 出至淨土樓前 諸壇位牌及位目花盖 幷燒于淨土樓上

법당 중정에서는 〈연못에 가지하는 편〉을 읽고, 출문해서는 정토루에서 소하여 봉송회향하고 있다. 여기서 정토루는 오늘날 현행 수륙재 의식에서 '소대燒臺'에 해당한다. 〈직지사 감로탱〉의 인로왕보살이 화면의 왼쪽이라는 그 전형적

는 17단[十七無供壇]〉의 "加持功德林, 加持蓮池, 淨土樓閣, 望鄕臺, 思鄕嶺, 寒林花, 枉死城, 破地獄, 尊勝塔, 銀橋, 金橋, 甘露壇, 先農壇, 蚕織壇, 靈星壇, 老人星壇, 馬牧馬步等壇"에 등장한다. 또한 『염구천지명양수륙의문(焰口天地冥陽水陸儀文)』 권하(1533, 송광사 복각본, 원각사 소장)의 3권 『자기문』의 부록에 수록된 〈無供壇排備帙〉은 〈十七無供壇〉과 단의 숫자와 종류에 차이가 있지만, "蓮池一所", "淨土樓一所"라 하여 이것이 포함되어 있다.

인 위치를 버리고 화면 오른쪽의 정토루와 연지 아래에서 번을 들어 영가들을 인도하는 이유이기도 하다.

따라서 이 도상을 보다 정확히 말한다면, '봉송회향'의 장면이다.

이후의 〈창원 성주사聖住寺 감로탱〉(1729)도 동일 계열의 도상이다.

후자의 '오백나한五百羅漢' 의식절차를 살펴보자.

의식문으로만 보면, 『자기산보문』(1724)의 의식문들 가운데 규모 면에서 가장 큰 것이 '오백나한' 존격의 청請이다. 오백나한을 청해 향찬을 베풀기 위해서는 『자기산보문』 중 제5권의 〈오백나한전반청좌의문五百羅漢前半請坐儀文〉과 제6권의 〈오백나한후반청좌의문五百羅漢後半請坐儀文〉을 하게 되는데, 그 방대함으로 인해 전반과 후반으로 의식문이 나뉘어져 있다.[050] 앞의 '33단'에서도 유일하게 전반단前半壇과 후반단後半壇으로 2개의 단으로 분리되어 있다.

그런데 이 의식문에서 중요한 것은 나한의 존명이다. 16세기 중반 보우의 오백나한탱에 기록된 존명은 멀리 고려불화의 나한탱 존명과 비교할 것도 없이 이 의식집의 나한존명과 일치하는 매우 중요한 특징을 보이기 때문이다.[051]

---

050 『자기산보문』은 각 권별로 제5권에 250존자가, 제6권에 250존자가 전반과 후반으로 나뉘어져 여러 다른 의식문들과 함께 있다. 이 시기의 『천지명양수륙재의범음산보집』〈삼권자기문십권자기문겸칠주야작법규(三卷仔夔文十卷仔夔文兼七晝夜作法規)〉라는 자기문 의식 규범에도 "羅漢前半壇後半壇"이라고 하여 나한의식을 전반과 후반의 단으로 나누어 설행했음을 알 수 있다.

051 화엄강백인 영파당(影波堂) 성규(聖奎, 1728-1812)의 필사본인 은해사 거조암의 『오백성중청문(五百聖衆請文)』(1805)의 오백나한 명호는 우리나라에서 현전하는 가장 오랜 의식집의 명호로 알려져 있으며[한국고고미술연구소, 『미술사학지(美術史學誌)』4, 2007의 부록 (pp.254-279) '오백나한 명칭 목록'] 이를 관련논문 등에서 다루고 있지만, 이미 『자기산보문』(1724)에 그 모본으로 보이는 오백나한의 명호가 나타나 있다. 당시 성규는 『오백성중청문』 서문에서 "운이 좋게도, 선객으로 떠돌던 때에 승군영(僧軍營)에서 한 권의 책을 얻었으니, 곧 안변 석왕사를 창건할 때에 무학조사가 백일 나한재를 올렸던 의식집이다. 幸於周遊禪客 軍持中得一冊 乃安邊釋王寺草刱時 無學祖師百日享聖之儀也"라고 하여 무학대사가 사용한 나한 의식집을 바탕으로 했음을 밝히고 있다. 권근(權近, 1352-1409)이 태조의 명으로 쓴

이 『자기산보문』(1724) 이전의 모본으로 현존하는 이른 시기의 것은 제10권만이 남아 있는 광흥사 판본이므로 당시 오백나한 불사의 점안과 회향에 『자기산보문』의 제5권과 제6권이 수록된 『자기산보문』의 완본도 있었을 가능성은 의심의 여지가 없다.

보우의 『나암잡저懶庵雜著』 〈화성오백응진탱급사화엄경점안법회소畵成五百應眞幀及寫華嚴經點眼法會疏〉의 소문疏文은 경찬법회인 수륙재[斯設慶讚之會]에 사용되었기에 현존하는 〈삼각산 향림사香林寺 오백나한탱〉과 함께 『자기산보문』 설행의 중요한 전거가 된다.052 〈삼각산 향림사 오백나한탱〉(1562)사진의 경

「석왕사당주비로자나좌우보처문수보현복장발원문釋王寺堂主毗盧遮那左右補處文殊普賢腹藏發願文)」에는 오백나한을 석상으로 조성한 기록이 나타나 있어 의식집도 있었을 것이나 여기서 성규가 석왕사와 무학대사를 인용한 것은 나한신앙의 권위에 가탁한 것으로 보인다. 『자기산보문』(1724)은 해인사에서 간행되었으나 팔도도총섭이자 승군을 이끌고 북한산성을 축성한 계파당 성능이 발문을 썼으며, 산중종사질에는 "주판경사(主辦經紀)"로 나타나 간행을 직접 주관했음을 알 수 있다. 성능은 이 간행불사 한 해 전에 『천지명양수륙재의범음산보집』(1723, 삼각산 중흥사)의 발문도 썼기에, 영파당 성규가 승군의 진영에서 얻었다고 하는 의식집은 성능과 관련된 『자기산보문』이었을 것으로 보인다. 『오백성중청문』과 『자기산보문』(1724)의 내용을 비교해 보면, 『오백성중청문』이 재 의식절차를 새롭게 갖추고 있지만, 오백나한의 봉청(奉請)에서는 『자기산보문』 고본의 게송을 따르고 [위의 『자기산보문』〈오백나한전반청좌의문〉 주해(註解)에서 "앞의 게송은 예로부터 내려오는 것이고, 뒤의 게송은 근래에 집성한 것이다. 前頌古來後頌今集"라고 하였는데 『오백성중청문』의 게송은 앞의 게송과 내용이 같다], 그 명호의 일부를 수정해서 필사한 것임을 알 수 있다. 또한 『오백성중청문』에는 불교식 명호와 관련 없는 명호와 오자(誤字)들도 상당수 발견된다.

052 왕실후원과 보우의 주도로 『대방광불화엄경소』 권1-권120을 복각하는 대규모의 판각사업이 1556년에 시작해 1564년 3월에 황해도 귀진사(歸眞寺)에서 당시 대찰 주지들의 동참으로 거의 8년만에 회향되었는데[오용섭,「조선시대 〈대방광불화엄경소〉의 간행」, 『書誌學研究』 제76집, 서지학회, 2018, pp.143-144], 이 때에 보우의 『나암잡저』에 수록된 〈화성오백응진탱급사화엄경점안법회소〉의 소문(疏文)대로, 〈오백나한탱〉과 『대방광불화엄경소』를 함께 점안했을 가능성이 높다. 일반적으로, 보우와 회암사의 인연으로 보면, 회암사와 오백나한탱이 관련이 있어 보이지만, 직간접적인 연관관계는 나타나지 않는다. 동국대박물관 소장의 회암사 청동다기(높이 12.5㎝)의 굽 안쪽에, "檜岩五百聖殿茶器羹 五十"이라는 명문이 있어서 당시 회암사에도 오백나한 전각이 있었음을 알 수 있다. 이 시기의 오백나한탱으로 현전하는 탱화는 문정왕후가 발원하고 보우가 주관해 조성한 〈삼각산 향림사(香林寺) 오백나한탱〉(1562) 200점 가운데 1점(미국 L.A County 미술관 라크마 소장)이 유일하게 남아 있다. 여기서 오백나한탱화이면서 향림사에 200점만을 봉안한 것은 의문을 남긴다. 그러면 나

〈삼각산 향림사 오백나한탱〉
(1562, 미국 L.A County 미술관
라크마 소장)의 덕세위존자

우는 이 탱화불사가 오백나한재로 설행되더라도 기본적으로 그 의식은 『자기산보문』의 수륙재 의식이므로 봉송회향奉送回向하는 과정에서, 존격의 화상畵像 일부를 '태워서[燒하여]' 보내드렸을 것이다. 탱화의 크기도 세로 44.5㎝, 가로 28.4㎝이므로 전각 내의 봉안용 탱화라기보다는 번幡에 가깝다. 화면의 여백에 보우의 왕실축원 발문跋文이 있고 여기에 "괘안掛安"이라 한 것도 번임을 유추하게 한다. 『자기문절차조열』에서, "바깥 채비의 여러 존격의 화상들도 마땅히 점안법에 의거해 점안한다. 外排備諸畵形像依法點眼爲宜"라고 하여 봉안용 탱화뿐만 아니라 번에도 신앙의 예를 다했음을 보여준다. 자기관련 의식문이 탱화를 비롯해 불교미술에 끼친 영향과 범위에 대해서는 앞으로 심도있는 연구를 필요로 한다.

머지 300점의 오백나한탱화들은 어떻게 된 것일까? 보우에 의해 주도된 짧은 시기의 왕실후원 오백나한탱 불사임을 고려한다면, 〈화성오백응진탱급사화엄경점안법회소〉에 따라 1564년 귀진사 불사 회향에 맞춰 수륙재 경찬 법회에 점안되고 회향되었을 것이라는 추정이 가능하다. 오백나한탱의 조성과 점안을 각기 다른 지역 사찰에 시차를 두고 설행한 것은 『자기산보문』의 오백나한 의식문이 제5권과 제6권의 의식문 편집 체계에서 굳이 나눠져 있는 것에서도 볼 수 있듯이 의식 자체에서는 가능한 형태였던 것이다. 이에 따라 탱화의 수량을 정확히 반으로 고집할 필요가 없었던 것으로 보인다. 또한 대작불사의 경우에는 조성일과 점안일에도 차이가 날 수 있다. 보우가 귀진사 불사가 끝난 바로 다음 해인 1565년 정월에, 문정왕후의 발원으로 4월의 회암사 중수 경찬을 위한 수륙재에 점안하고 회향할, 석가모니불·아미타불·약사불·미륵불도의 4존(尊) 총 400점의 조성을 마친 것도 비록 같은 해이긴 하지만 같은 맥락에서 접근해야 할 부분이다. 귀진사 대작불사 시기에 향림사에 오백나한 200점이 봉안되고 그로부터 2년 후에 귀진사 회향불사 수륙재에 나머지 300점이 점안·회향되면서 전체적으로 오백나한탱화불사가 회향되었을 것이며, 그리고 그 이듬해의 회암사 중수 경찬 수륙재에 맞춰 또 다른 존격인 4존 400점의 탱화가 점안·회향된 것을 추정해 볼 수 있다. 불과 수년 사이에 천여 점에 이르는 탱화가 조성된 것은 기록적인 일이다.

다시, 위의 완월당 처휘의 발문에서 『자기문』 계열의 의식문과 함께 크고 광범위한 의식문의 두 번째로 분류된 것은 『지반문志磐文』이다.

남송南宋의 승려 지반志磐이 1270년에 『법계성범수륙승회수재의궤法界聖凡水陸勝會修齋儀軌』 6권을 편찬하였는데, 지반은 중국불교사의 기념비적 저작이자 천태天台의 역사라 할 수 있는 『불조통기佛祖統紀』(1269)를 저술한 인물이다. 『불조통기』와 한 해 간격으로 『법계성범수륙승회수재의궤』가 간행되었다.

명대의 4대 고승인 운서주굉雲棲袾宏, 1535-1615이 이를 산보한 것이 일반적으로 『지반문』으로 알려져 있는 것이다. 운서주굉은 『죽창수필竹窓隨筆』에서 다음과 같은 글을 남겼다.

> 오직 사명四明 지반志磐 법사가 편집한 의식문만이 매우 정밀하고 매우 간편하되, 정밀하지만 번잡하지 않고 간편하면서도 누락된 곳이 없다. 이 본은 사명에만 있고 다른 곳에서는 본 적이 없는 것으로, 내가 오류를 바로잡아 다시 판에 새겨 널리 유포하였다.053

『지반문』의 원본과 산보의 내용에 큰 차이가 없음을 밝힌 것이다.

『지반문』은 앞서 『천지명양수륙잡문天地冥陽水陸雜文』(1496) 발문跋文에서도 드러나 있듯이 조선전기에도 간행되었다. 『지반문』인 『법계성범수륙승회수재의궤法界聖凡水陸勝會修齋儀軌』 1권 1책(1470, 해인사 성보박물관)은 권말제卷末題가 『천지명양수륙재의찬요天地冥陽水陸齋儀纂要』이다. 즉, 국내에서 간행한 『지반문』은 『중례문』인 이 『천지명양수륙재의찬요』를 저본으로 설행이 용이하게 다시 편집된 것이지만,054 큰 범주에서 취한 것일 뿐 세부적으로는 수륙재의

---

053 연관(옮김), 『죽창수필』, 불광출판사, 2014, p.568.
054 송일기·한지희, 「불교의례서 『중례문』의 편찬고」, 『書誌學研究』 제43집, 서지학회, 2009, p.144.

정의와 존격의 봉청문 등을 중심으로 교학적 정밀함이 여전히 남아 있다. 크게 앞부분을 살펴보면, 소청제성결계召請諸聖結界로 제 성현들이 강림할 도량을 호지하여 결계하고, 천수천안대자대비관세음자재보살을 계청啓請하며, 비로자나불 계청 등을 하고 나서 개건법회開建法會를 할 때의 여러 지침들을 설하고 있는데, 이 때에 "법계성범수륙보도대재승회法界聖凡水陸普度大齋勝會"의 의미도 밝히고 있어서 수륙재에 대한 깊은 이해와 통찰력이 잘 드러나 있다.

후대의 산보자들에게도 이것이 반영되어 『자기산보문』(1724) 권제2에 "지반개계志磐開啓"의 편목이 수록되어 있는 것도 같은 맥락에서 볼 수 있다. '큰 모임인 대회大會를 건립해 여는 개계開啓'의 의식절차들이 『지반문』의 것으로 수록된 것이다. 그에 비해 권제3의 "자기개계仔夔開啓"의 편목은 『자기문』의 핵심적인 의식절차 위주로 수록되어 있다.

또한 『천지명양수륙재의범음산보집』 권중(1723)에 수록된 『지반문』을 보면, '대재'의 의식 규모도 여전히 갖추고 있다. 권상에는 3일 동안 설단하는 총 17단을 도표로 그린 〈지반 3주야 17단 배설도志磐三晝夜十七壇排設圖〉가 첨부되어 있다. 권중의 〈지반 3주야 작법절차[志磐三晝夜作法節次]〉에는 첫째 날과 둘째 날, 그리고 셋째 날의 작법에 대해서 별도로 〈삼일 째 날 점심 전의 작법절차[三日齋前作法節次]〉055에서 이를 밝히고 있는데, 첫째 날은 삼단을 포함해 12개의 단壇을 동서남북의 방향에 따라 다음과 같이 세우고 있다.

> 북쪽에는 상단上壇을, 남쪽에는 하단下壇을, 동쪽에는 중단中壇, 당산단當山壇, 성황단城隍壇, 오로단五路壇, 종실단宗室壇을, 서쪽에는 제산단諸山壇, 풍백단風伯壇, 가람단伽藍壇, 사자단使者壇, 가친단家親壇을 세운다.

---

055 〈三日齋前作法節次〉의 통상적인 번역은 "삼일재를 지내기 전의 작법절차"로 하는데, 잘못이다. 여기서의 '齋前'은 점심공양(혹은 食堂作法) 이전의 작법을 말하는 것이다.

위의 단들은 '대재'에 세우는 것이다.

위격 상, 전체적으로 삼단의 상단上壇·중단中壇·하단下壇과 그 분화된 대상의 단들이다. 실제의 예경 대상을 중심으로 설단이 구성되어 있는 점이 눈에 띈다. 또한 이들 단은 위격位格과 성격에 따라 사방 동서남북의 방향이 지정되어 있다.

전체적으로 단의 규모나 설행기간으로 보면, 『자기문』의 '33단'과 '7주야'의 설행이 '대재'의 면목을 드러내는 것에 맞춰져 있는 것에 비해, 『지반문』 역시 '대재'이면서도 예경의 실질적인 범주 내에서 '대재'의 성격과 관련하여 여러 분석적인 관점을 제시하고 있는 점이 돋보인다.

세 번째의 『중례문』과 네 번째의 『결수문』은 앞서 살펴본, 『천지명양수륙잡문天地冥陽水陸雜文』(1496) 발문跋文에서 드러나 있듯이, 오래 전부터 판각된 의식집으로 조선시대에 가장 널리 유통된 수륙재 의식집이다.

『중례문』은 1342년 고려의 승려 죽암竹菴이 편찬한 것으로 송나라 때에 간행된 《천지명양수륙의문》 2종의 영향을 받아 편찬된 것이다. 북송시대에 양악楊諤이 《천지명양수륙의문》 3권을 편찬하였고 남송시대 금나라 승려인 자기仔夔가 양악이 편찬한 《천지명양수륙의문》의 이동異同을 살피고 산삭刪削하여 《천지명양수륙의문》 3권을 찬집했다. 고려의 승려 죽암이 편찬한 『중례문』은 이에 영향을 받은 것이다.[056] 『천지명양수륙재의찬요天地冥陽水陸齋儀纂要』, 줄여서 『찬요纂要』라고 하는 것이 이 『중례문』이다. 대재大齋, 대례大禮와 대별되는 중례中禮의 의미로 쓰였지만, 수륙재 삼단을 중심으로 한 핵심적인 의식집이다.

『중례문』이 의식절차에 교教를 체계화한 일종의 수륙재 개설서에 해당한다면, 『중례문』 이전에 편찬되었을 것으로 추정되는 찬자 미상의 『결수문』은 실수實修라는 실증적인 행을 중심으로 한 것이다. 『결수문』은 고승 아사리阿闍梨의

---

056 송일기·한지희, 위의 논문, p.130.

'신身·구口·의意'의 삼밀가지三密加持를 핵심적인 개설開設 작법으로 삼는데, 이 가운데 신身을 도설화圖說化한 수인手印 도판圖板들을 별도로 수록한 것이 특징이다. 『수륙무차평등재의촬요水陸無遮平等齋儀撮要』를 일컬으며, 줄여서 『촬요撮要』라고 한다. 이들 의식문은 이런 고유한 성격과 정밀한 체계로 인해 대표적인 의식문으로 대중적인 입지를 확보할 수 있었다.

간행으로 보면, 『중례문』은 1469년 김수온金守溫의 발문이 있는 해인사 간행의 고반재 소장본을 비롯해 역시 1469년의 동일 발문이 있는 1566년 후쇄본인 『결수문』(대성사 소장) 등 많은 판본들이 전하는데, 이들 의식문은 1513년에 순천 대광사大光寺에서 『중례문』(장흥 寶林寺 소장)을 간행하고 연이어 1514년에 『결수문』을 간행한 예를 비롯해 동일 사찰에서 동일 연도에 함께 판각된 예들이 상당수 있어서 의식문의 성격이 서로 유기적으로 연결되어 있음을 보여준다.

이들 의식집에 나타나는 특징들은 본문에서 세부적인 의식절차와 함께 다시 살펴보겠다.

다섯 번째의 『운수단』과 여섯 번째의 『제반문』은 간단한 의식문으로 분류되어 있다.

『운수단』은 서산이 편찬한 수륙재 의식집으로 의식의 중요 요의를 뽑아 크고 작은 사찰에서도 간결하게 설행할 수 있게 되어 있는데, 일반적으로 『운수단』이라고 하는 것은 조선시대에 유행했던 『운수단雲水壇 가사謌詞』 판본을 말하는 것이다. 16세기에 간행된 현존 판본들을 살펴보면, 가장 이른 것이지만 1588년의 운문사雲門寺에서 판각한 목판의 후쇄본後刷本인 1988년 판본이 전한다. 17세기에는 1605년 해인사海印寺 판본, 1607년 송광사松廣寺 판본, 1627년 반룡사盤龍寺 판본, 1632년 용복사龍腹寺 판본, 1636년 송광사 판본, 1639년 대원사大原寺 판본, 1659년 함흥 천불사千佛寺 판본, 1659년 서봉사棲鳳寺 판본, 1662년 표훈사表訓寺 판본, 1664년 해인사 판본, 1680년 묘향산 판본 등 많은 판본들이 간행되었다.

이 『운수단』의 또 다른 판본으로 주목되는 것은 1664년 해인사 선사들이 '운수승가례雲水僧家禮'를 만들기 위해 보우의 『수월도량공화불사』와 동시에 간행한 『운수단작법雲水壇作法』이 있다. 『운수단 가사』를 당시의 작법에 맞게 일부를 산보한 것이다.

『운수단작법』을 18세기의 합설된 재의식으로 보면, 『천지명양수륙재의범음산보집』의 1709년 도림사 판본과 1723년 중흥사 판본에 수록된 〈운수단작법〉의 협주夾註에는 "齋前如上靈山 齋后鳴鈸喝香"으로 되어 있으나 도림사에서 1739년에 다시 중간한 판본(용흥사 소장)에는 아래와 같이 "齋前"이 "齋食前"으로 재의 규모가 구체적으로 드러난 의식에서 설행되고 있다. 점심 전후의 '소영산작법小靈山作法'과 '할향喝香'이 설행 의식의 또 다른 시작점이다.

점심[齋食]을 먹기 전에는 소영산작법을 하고, 점심을 먹은 후에는[齋后] 명발을 하고 할향을 한다.
齋食前小靈山作法 齋后鳴鈸喝香

운수단작법이 '재전'에 소영산작법이라는 작은 규모의 영산작법을 하고 나서 '재후'에 (초)할향으로 본격적으로 시작되는 것이다. 『운수단』은 매우 짧은 의식이지만, 18세기에 이미 다양한 형태로 설행되고 있었음을 보여준다.

완월당 처휘가 위에서 밝힌 여섯 종류의 수륙재 의식문 가운데 그 성격이 약간 다른 것이 바로 『제반문』[057]이다.

---

057 비교적 앞 시기의 판본으로, 남희숙의 「16-18세기 佛敎儀式集의 간행과 佛敎大衆化」, 『韓國文化』34(서울대한국문화연구소, 2004, p.150. 〈표3〉)에서는 보원사 판본(1566), 용천사 판본(1576), 봉암사 판본(1658), 용흥사 판본(1681), 금산사 판본(1694), 해인사 판본(1719)의 6종이 조사되었는데, 여기에는 앞뒤가 결락되어 있는 『권공제반문(勸供諸般文)』(1574, 석

『제반문』에서 수륙재 의식은 주가 아니다. 『제반문』은 말 그대로 조선시대 사찰에서 행하던 권공勸供을 비롯해 하단시식 위주의 수륙재 의식문들 뿐만 아니라 각종 재의례, 그리고 일상의례와 같은 다양한 제반 의식들을 집성하고 있기 때문이다. 이『제반문』은『청문請文』과도 같은 성격으로 쓰였다. 『제반문』에서는 여러 수륙재 의식문들도 단편적인 편목의 단위에 속할 뿐이다. 이러한 시각에서 보면 완월당 처휘의 분류 관점과 부합하는 부분이다.

그의 분류대로, 『제반문』이『운수단』과 함께 작고 소략한 의식으로 분류되었다는 것은 당시 불교계의 필요에 의해 방대한 수륙재 의식문들이 선택적으로 정비되고 내실화된 정착 단계에 있었음을 보여준다. 또한『제반문』은 비록『중례문』과『결수문』처럼 정밀하여 세상에 널리 유포된 것은 아니었어도, 조선시대 사찰의례 종합서라는 측면에서 간과하기 어려운 비중이 있다. 즉, 간행 연도를 중심으로 이 의식집에 수록된 수륙재 의식들의 여러 형태나 다른 의식과의 관계, 그리고 비중 변화 등을 함께 살펴볼 수 있다는 점에서 문헌사적으로 중요한 의식집인 것은 분명하다.

이를 다음 장에서 좀 더 자세히 살펴보겠다.

왕사)도 추가되어야 한다. 『권공제반문』 계열의 복각본인 금산사 판본(1694)을 통해 『권공제반문』의 결락된 부분을 살펴볼 수 있다.

2. 『제반문』과 『청문』의 간행, 그리고 『청문』(1529)의 「대령소참對靈小參」

수륙재 의식집이나 관련 의식집들은 주로 고승이나 이들의 인가에 의해 이뤄졌던 만큼 편찬자가 있다. 이에 비해 의식문 집성集成의 성격이 강한 『제반문』이나 『청문』[058]의 경우에는 보다 다양한 측면에서 대중적인 수요에 촛점을 맞췄기에 이와 비교가 된다. 여기서 『청문』은 앞서 살펴본 완월당 처휘가 여섯 종류로 분류한 의식문 제목에는 나타나지 않지만 『제반문』과 성격이 다르지 않다. 이들은 제목을 엄격히 구분하는 것이 의미가 없을 정도로 혼용된 표제表題로도 유통되었으며, 해인사 『제반문』(1719)처럼 본문의 첫 편목이 "諸般文"으로 권수제卷首題이고 판심제版心題는 "請文"으로 되어 있는 경우도 보인다. 이와 같이 표제와 판심제를 서로 혼용해서 쓰는 경우에 표지와 함께 앞부분이 결락되어 있으면 제목 선택의 문제에 직면하게 된다.

다만, 제목 자체로 보면 제반문은 의식문의 집성集成에, 청문은 의식에서 청請하는 대상에 더 초점을 둔 것이다. 의식을 할 때에 청하는 대상의 명호나 이름을 불러주지 않거나 그 청請에 위격이나 존재론적 가치가 담겨 있지 않으면 아무런 감응感應이 없듯이, 청은 자체로 재의식의 핵심을 이루기 때문이다. 청하는 대상을 모시고 공양이나 시식을 베푸는 구조는 불교 의식의 중요 기반을 이루는 것으로, '청문이 가장 발달한 것이 대재大齋인 수륙재'이다. 의식문으로서 『청문』은 고전적인 의미에서 재齋의 성격이 강조된 것이며, 『제반문』은 이에 더해 사중寺中에서 대중적으로 필요로 하는 의식문까지 수록한 종합적인 의식문이

---

058 앞 시기의 판본으로는, 남희숙의 앞의 글, p.150. 〈표3〉에서는 영각사 판본(1535), 덕주사 판본(1540), 실상사 판본(1610), 통도사 판본(1639), 용흥사 판본(1681), 해인사 판본(1719), 보현사 판본(1729), 봉정사 판본(1769)의 8종이 조사되었다.

라 할 수 있다. 그런데 실제로는 당대 의식문의 수요나 산보자의 관점에 따라 산보되고 크고 작은 첨삭과 다양한 의식문들로 구성되게 되어 이러한 구분조차 의미가 없어지게 된 것이다. 따라서 『제반문』이나 『청문』이라는 제목으로 시대를 이어 유통되었던 이유이다.

그리고 여기서 한 가지 살펴보아야 할 것은, 『제반문』이나 『청문』에 실린 의식문들의 순서이다. 상당수의 의식문들은 의식의 성격에 맞게 판심제에 의해 분류되고 일정한 순서에 따라 수록되어 있다. 의식집은 재의 설행 현장에서 실제 필요한 지침서이기에 재의식의 순서와 설행 빈도가 편집에 큰 영향을 미칠 수밖에 없기 때문이다. 간혹 중요 『제반문』이나 『청문』에서 목차를 알 수 없이 책 앞쪽에 결락된 장들이 있거나 부록된 의식문들이 결락된 것 등이 있는데, 이 경우에도 현존하는 상태 내에서 이를 감안해 접근할 필요가 있다.

현존하는 『제반문』과 『청문』 계열의 의식집들 가운데 가장 고본에 속하는 판본들은 16세기 초에 간행된 본들이다. 1527년 금강산 유점사楡岾寺에서 간행된 국립중앙도서관 소장본인 『청문』과 1529년 간기의 간행처를 알 수 없는 동국대 도서관 소장본의 『청문』이 그 주대상이다. 모두 표지를 비롯한 앞부분이 일부 결락되어 있고 본문에 계선界線 등이 없다.

먼저 전자인 『청문』(1527)을 살펴보자.

왕실 여관女官인 귀인貴人 홍씨洪氏 등이 발원한 목판본으로 장안사 전 주지 등이 글씨를 썼으며 봉은사 주지, 정인사 주지, 유점사 지음持音[059] 등 대찰 주지들이 발원에 동참한 것이 눈에 띈다. 이에 따라 후반부에는 「축상작법祝上作法」을 비롯해, 「조사공양문祖師供養文」에 이은 왕실축원이 강화된 〈관송觀誦〉이 수록되어 있다. 16세기 초 대찰에서 정비된 형태의 왕실축원 의식이 설행되었음

---

[059] 조선전기의 주요 사판승직(事判僧職)임.

을 보여준다.

의식집의 판심제는 "청문" 하나이다. 앞부분의 결락이 있어 서찬게舒讚偈부터 남아 있는데, 편목의 첫 번째는 영산작법이 중심인 작법절차에 해당하는 것이다. 학조 시대의 작법절차를 바탕으로 산보한 것인데,060 의식절차가 과감히 생략되어 있다. 의식도 도량엄정게道場嚴淨偈의 게송에서 끊어지고 곧바로 두 번째 「점안문點眼文」으로 이어지고 있다. 이 다음에 「나한점안羅漢點眼」, 「탑점안塔點眼」, 「천왕점안天王點眼」, 「시왕점안十王點眼」으로 이어지고, 「재전청불문齋前請佛文」과 「법석재후작법法席齋後作法」이 이어지는데, 이들 두 의식문은 내용상으로는 앞의 작법절차에서 끊어진 부분에 해당된다. 제본제책 상의 실수로 보일 정도로 통째로 분리된 채 구성되어 있다.

여기서 「재전청불문」은 점심의 재식齋食 전에 하는 청불문請佛文이고, 「법석재후작법」은 법석法席, 즉 법문이 끝나고 점심의 재식 후에 하는 작법이다. 이들 두 편목을 보면, 점심의 재식을 전후로 아예 의식이 분리되어 독립된 편목으로 자리를 잡은 작법절차라 할 수 있다.

이들 두 편목 다음으로 「성도재문成道齋文」, 「나한청문羅漢請文」, 「소청명부문召請冥府文」061, 「축상작법祝上作法」, 「조사공양문祖師供養文」, 「가람공양伽藍供養」이 이어지고 있다.

이 의식집의 기타 의식문들에 수륙재 관련 청문들이 수록되어 있으면서도 특별히 수륙재의 삼단의식이나 하단시식과 관련된 의식문이 눈에 띄지 않는 것은 이후의 관련 의식문들과 다른 점이라 할 수 있다.

---

060 중요한 개계문(開啓文)의 내용이 학조 시대의 것과 다른데, 이것은 이후에 『영산대회작법절차』가 아닌, 『오종범음집』이나 『신간산보범음집』의 작법절차에서 다시 나타나고 있어 주목된다.

061 『청문』(1527)의 「소청명부문(召請冥府文)」은 고향게(告香偈)로 시작하는데, 『제반문』(1681, 龍興寺) 등에 나타나는 〈소청명부문(召請冥府文)〉은 거불(擧佛)부터 시작하게 하여 산보의 차이가 있다.

후자인 『청문』(1529)은 전자에 비해 시기적으로 2년 후에 간행되었지만, 전자의 의식문 편목도 상당수 포함하고 있을 정도로 다양하고 종합적인 의식집이다. 또한 하단시식을 비롯해 비교적 정비된 형태의 관련 의식문들도 나타나고 있어서 주목된다.

간기는 권말에 간단하게, "嘉靖八年己丑未月旣望 勸化智英 玄敏寫"라고 하여, 1529년 6월 16일 지영이라는 승려가 화주를 맡고 "현민"이라는 승려가 글씨를 썼음을 밝히고 있다. 판면板面에는 "施主熙云" 등의 시주자들이 올라 있다. 이 본은 앞서의 왕실 여관과 대찰 고승들이 주관해 간행한 의식집보다 그 체제와 내용을 뛰어넘는 것이어서, 옛 고본을 바탕으로 충실히 집성한 것으로 보인다. 표지 앞부분에 일부 결락이 있어서 의식문의 제목을 알 수 없지만 『청문』으로 불리고 있다.

참고로 앞부분의 결락부분은, 서산 개심사에 목판木板으로 온전히 남아 있는, 『제반문』(1566, 서산 普願寺)[062]을 통해 살펴볼 수 있다. 『청문』(1529)에 비해 소략하고 편목 순서와 내용에도 차이는 있지만, 원문 비교대상의 범주에 있는 본이다. 이 『제반문』(1566)의 편목은 '개계開啓'를 시작으로 「시왕청문十王請文」, 「약례왕청문略禮王請文」, 「나한청문羅漢請文」, 〈사자청使者請〉, 〈관음청觀音請〉, 「가사청문袈裟請文」, 「제석청문帝釋請文」, 〈제불보살통청諸佛菩薩通請〉, 「시식문施食文」, 「조사공양문祖師供養文」이 있고, 이어서 「점안문點眼文」, 〈나한점안문羅漢點眼文〉, 〈시왕점안문十王點眼文〉이 있으며, 「삭발문削髮文」, 「다비작법茶毗作法」, 「북두칠성공양문北斗七星供養文」, 〈불설북두칠성연명경佛說北斗七星延命經 칠성하조목七星下條目〉, 「염불작법念佛作法」, 〈여래십대발원문如來十大發願文〉, 〈나옹화상발원懶翁和尙發願〉, 그리고 『공양문供養文』의 「작법절차作法節次」, 「분소작법焚燒作法」의 순서로 이어지고 있다. 여기서 끝의 『공양문供養文』「작법절

---

062 문화재청, 『한국의 사찰문화재10-중요 목판 인출2』, 2017, pp.621-665.

차」부터는 합본된 것으로 기존의 장차張次에 속하지 않는다. 영산작법의 작법절차에 해당하는데도 맨 앞의 편목에 위치하는 일반적인 관행을 따르지 않고, 끝부분에 위치하고 있는 것이다. 또한 이것은 『청문』(1529)의 앞쪽 결락된 부분에 해당하기도 하는데, 거의 복각에 가까운 형태를 보이고 있어서 모본에 참조가 된다. 이 『제반문』(1566)은 현존하는 의식집으로 보면, 『제반문』(1681, 고성 와룡산 龍興寺)063과 『제반문』(1719, 해인사)064 등의 편목과 체제에도 그 영향이 나타나고 있다.

『청문』(1529)은 이들 판본보다 앞선 것으로 편목과 판심제에 대해 자세히 살펴볼 필요가 있다. 여기에는 다섯 개 이상의 판심제가 나타나고 있다. 현재 육안으로 판별이 가능한 판심제 별로 수록된 편목들을 순서대로 살펴보면 다음과 같다.

첫 번째 판심제는 "공양供養"이다.

이에 대한 편목들을 살펴보면, 앞부분의 일부 결락된 의식은 인수대비仁粹大妃의 명으로 고승 학조學祖가 교정번역校訂飜譯한 한글 언해본諺解本인 『진언권공眞言勸供』(1496)의 「작법절차作法節次」에서 찾아 볼 수 있다. 이 『청문』의 현

---

063 17세기 말 『제반문』(1681, 龍興寺)의 경우, 앞부분은 『제반문』(1566, 보원사)과 편목의 순서 및 내용에서 큰 차이가 없지만 뒷부분으로 갈수록 「나한점안」과 「시왕점안문」 사이에 「탑점안문(塔點眼文)」이 추가되고 「시왕점안문」에 이어서 「천왕점안문(天王點眼文)」이 추가되면서 동 시기의 사찰에서 필요로 하는 의식문 위주로 재편되어 있다. 또한 18세기 초 『제반문』(1719, 해인사)의 경우를 『제반문』(1566)과 비교해 보면, 개계(開啓)의식에서 「조사공양문」까지는 그대로 이어지고 있고, 「점안문」에서는 「탑점안문」과 「천왕점안문」이 추가되어 있다. 「삭발문」과 「다비작법」 사이에는 「성도재문(成道齋文)」이 들어 있고, 북두칠성 관련 부분은 합본되어 「북두칠성의문(北斗七星供養文)」으로 통합되어 있다. 그리고 이 이후부터의 의식문은 「현왕재의문(現王齋儀文)」, 「독성재의문(獨聖齋儀文)」으로 다르다.

064 이 판본은 해인사 사중에 전하는 고본을 바탕으로 편찬된 것인데, 시기적으로 가까이는 『제반문』(1681, 龍興寺)과 매우 유사하다. 『제반문』(1681, 용흥사)에서 1691년에 「별축상작법(別祝上作法)」과 〈보통축원(普通祝願)〉을 첨간(添刊)한 부분과 일부의 편목을 제외하고는 의식문을 거의 충실하게 따르고 있다.

존 상태는 「작법절차」의 육법공양六法供養 중 화공양花供養과 찬과讚果부터 남아 있다. 『청문』은 간행 자체로 보면 시기적으로 『진언권공』이 간행된 지 33년 만에 간행된 것이어서 영향을 받고 있지만[065], 『진언권공』 간행 당시보다 훨씬 다양하고 풍부한 의식문들이 수록되어 있어 16세기 초에 이미 불교의식의 수요가 증가한 것을 보여준다.

이어서 「분소작법焚燒作法」[066], 「진언권공眞言勸供」으로 이어지고 있다. 원래의 『진언권공』 순서가 「진언권공」을 첫 번째로 하고 「작법절차」를 다음으로 한 것과 달리, 여기에서는 「작법절차」를 첫 번째로 했다는 점에서 재의 빈번화로 인한 위상의 변화가 나타난다. 이어서 「진언권공」과 「대령소참對靈小參」 순서로 수록되어 있다. "공양"의 판심제에 수록된 「작법절차」와 「진언권공」은 각각 재 의식과 일상의례로서 불보살의 성스러운 대중들께 올리는 공양 의식문이고, 「대령소참」은 영가들을 맞이해 하단의 시식施食을 베푸는 의식문이다.

두 번째 판심제는 "청문請文"이다. 처음 편목인 「제반문諸般文」은 고향게告香偈를 시작으로 "원부原夫"의 '개계開啓'[067]로 이어지고 있다. 의식문 내용의 대부

---

065 『진언권공』은 표제이다. 권수제인 「진언권공(眞言勸供)」에 이어서 「작법절차(作法節次)」와 「삼단시식문(三壇施食文)」의 세 편목으로 이뤄져 있다. 발문에서, "또한 시식과 권공, 그리고 불가의 일용작법[日用常行之法事] 가운데 혹 넘치거나 전도되고 문리에 맞지 않은 것들이 있어 아는 자들은 이를 병으로 여겼다. 이에 상세히 교정을 보고 바로 잡아서 4백 부를 인출해 중외에 반시하였도다. 且施食勸供日用常行之法事 或衍或倒文理不序學者病之 詳校得正印出四百件頒施中外焉"고 하고 있으므로, 이 간행이 당시의 불교계와 불교의식 전반에 영향을 미쳤을 것임은 분명하다.

066 분수작법(焚修作法)이라고도 한다. 지은 죄악(罪惡)을 소멸시키기 위한 일종의 참법(懺法) 수행이다.

067 심상현의 『영산재』(국립문화재연구소, 2003, p.226)에서는 개계에 대해 "「상주권공」의 〈개계〉를 '상부개계(詳夫開啓)', 「각배」의 〈개계〉를 '원부개계(原夫開啓)'라 칭하듯, 「영산작법」에서는 '영산대개계(靈山大開啓)'로 불러 구분한다."고 했다. '원부개계'는 『천지명양수륙재의범음산보집』(1723, 중흥사)의 〈시왕단작법(十王壇作法)〉과 〈종실단작법의(宗室壇作法儀)〉의 개계와도 동일한 것이어서 적어도 18세기까지는 시왕의식에 적용되었음을 알 수 있다. 그

분이 다음과 같은 총 23개의 청문들로 이루어져 있어서 초기 제반문 형태가 청문 위주의 의식문들로 구성되었음을 알 수 있다. 처음은 〈제불보살통청諸佛菩薩通請〉이다. 이어서 〈비로자나청毘盧遮那請〉, 〈노사나청盧舍那請〉, 〈석가청釋迦請〉, 〈치성광청熾盛光請〉, 〈정광청定光請〉, 〈미타청彌陀請〉, 〈미륵청彌勒請〉, 〈문수청文殊請〉, 〈보현청普賢請〉, 〈약사청藥師請〉과 같은 십대十大 주요 신앙 대상의 존격이 올라 있다. 그리고 이어서 〈풍악산오십삼석가청楓岳山五十三釋迦請〉, 〈중향산법기보살청衆香山法起菩薩請〉, 〈지장청地藏請〉, 〈나한청羅漢請〉, 〈사자청使者請〉, 〈나한찬청羅漢讚請〉, 〈대아라한병종大阿羅漢幷從〉, 〈관음청觀音請〉, 〈제석청帝釋請〉, 〈가사청袈裟請〉, 〈왕청王請〉, 〈시왕찬청十王讚請〉 순으로 끝난다.

세 번째 판심제는 "공양"이다. 〈사자별청使者別請〉과 〈오로별청五路別請〉이 있고, 다음으로 왕실 축원을 위한 작법인 「별축상작법別祝上作法」이 공양의 판심제에 속해 있다.

이 다음은 여러 의식문들과 발원문 등이 다소 혼재된 채 수록되어 있다. 네 번째의 판심제인 "청문"과 다섯 번째의 판심제인 "시식施食", 그리고 판심제를 알 수 없는 의식문들이 이에 해당된다. 특별히 부록이나 '부附'라는 부가적인 명칭이 없다.

네 번째 판심제인 "청문"에는, 「점안문點眼文」, 「탑점안塔點眼」, 「나한점안羅漢點眼」, 「성도재문成道齋文」, 「삭발문削髮文」, 〈영혼迎魂〉[068], 「성왕청聖王請」, 「구병

러나 이 16세기 초의 『청문』(1529) 「제반문(諸般文)」 개계가 '원부개계'임에도 23개의 청문이 〈제불보살통청〉과 〈비로자나청〉 등에서 시작해 〈시왕찬청〉으로 끝나는 점은 시왕각배 개계의 기원과 관련해 앞으로 연구되어야 할 부분으로 보인다.

068 다섯 번째 판심제의 "시식(施食)"에 집성된 『증수선교시식의문(增修禪敎施食儀文)』의 「영혼문(迎魂文)」과는 체계가 다른 매우 짧은 의식문이다. 영가를 위한 게송들과 파지옥진언으로 끝나 있다. 일부 산일된 것으로 보인다.

시식救病施食」,「조사공양문祖師供養文」이 있다.

다섯 번째 판심제인 "시식"에는, 「증수선교시식의문增修禪敎施食儀文」, 〈법계도法界圖〉, 〈금강반야바라밀경찬金剛般若波羅蜜經讚〉이 있다.

여섯 번째 판심제는 확인할 수 없다. 「염불작법念佛作法」, 「잡례절차雜禮節次」, 〈여래십대발원문如來十大發願文〉, 〈나옹화상발원문懶翁和尙發願文〉이 있다.

위의 판본에는 시기적으로 중요한 의식문이 수록되어 있는데, 첫 번째 판심제인 "공양供養"에 나타나는 「대령소참對靈小參」이 그것이다. 원래, 〈대령소참〉은 나옹혜근懶翁惠勤, 1320-1376의 『나옹화상어록懶翁和尙語錄』〈갑인납월십육일경효대왕수륙법회대령소참甲寅臘月十六日敬孝大王水陸法會對靈小叅〉 등에서 볼 수 있듯이, 수륙재의 의식절차 중 영혼을 맞이하는 '대령'에서 짧은 소참법문을 들려주는 의식절차이다.

이러한 '영혼'의식은 15세기 초의 고승인 득통기화得通己和, 1376-1433의 『함허당득통화상어록涵虛堂得通和尙語錄』에서 〈영가를 맞이하여 안좌시키고 법문함[迎魂獻座下語]〉이라는 법문이 있는 것을 보면 널리 유행했던 의식으로 보인다. 다만, 이 「대령소참」은 영가천도 의식인 '영혼迎魂'을 위한 매우 짧은 의식문이다. 봉청문奉請文도 하나다.

이 봉청문에는 수륙재를 의미하는 '명양의 뛰어난 모임'이라는 문구가 있어 의식문의 설행 성격이 잘 드러나 있다.

> 인연이 모였다 흩어지는 것은 예나 지금이나 다르지 않으니 불법의 위엄있는 광명에 의지해 '명양의 뛰어난 모임[冥陽之勝會]'에 이르시길 일심으로 받들어 청하옵니다. 금일 특히 모 영가께서는 오직 바라건대, 삼보님의 위신력과 비밀한 말씀에 의지해 금일 금시에 법회에 내려 오셔서 법식을 받아 흠향하소서. 작

법대중들은 창화唱和한다. 향화청香花請.
一心奉請 因緣聚散 今古如然 憑佛法之威光 赴冥陽之勝會 今日特爲 某灵加 惟願
承三寶力仗祕密語 今日今時來臨法會 受沾法食 衆和 香花請

영가천도를 위한 이러한 매우 짧은 봉청문에서도 '명양의 뛰어난 모임'이라는 수륙재의 정의가 잘 드러나 있다. 그러면 여기서 조선시대 수륙재 영가천도 의식의 핵심의식이자 개념으로 자리잡고 있는 '영혼' 관련 단일 의식문에 대해 살펴보자.

첫 번째는「영혼문迎魂文」이다.
처음의 '영혼迎魂'에서 마지막의 송혼送魂까지 갖춰진 의식절차이다.
이「영혼문」의 찬술자를 비정하기 위해서는 먼저 살펴봐야 할 의식문이 있다. 조선시대 영가천도 관련 의식에 큰 영향을 끼친 이는 원나라의 몽산덕이蒙山德異, 1232-?로 〈증수선교시식의문〉이 그것이다. 대표적인 것이『청문』(1529)에 수록되어 있는「증수선교시식의문」이다. 제목 앞에는 '절목수絕牧叟'와 '몽산蒙山'이라는 그의 인장印章을 넣었고 끝부분 협주에는, "당본 시식을 판에 새겨 후세에 유통하고자 한다. 唐板施食鋟梓 欲望流通後世"라는 발원까지 넣어 당시 유통되던 원본 수록임을 강조하고 있다.

그런데 또 다른 판본인『증수선교시식의문』(간행연대, 간행처 미상, 동국대도서관 소장)의「증수선교시식의문」을 이『청문』(1529)의 것과 비교해 보면,『청문』의 '주행회향운主行回向云'으로 시작하는 회향 부분이 없으나『증수선교시식의문』에는 있고『청문』의 것에는 생략된 일부 의식들이 있어서 적어도 내용상으로는 간행 연대의 선후를 단언하기 어렵다. 무엇보다도 이『증수선교시식의문』에서 주목되는 점은 게송과 진언에 대한 비중보다 문장 위주의 형식화되지 않은 의식문 형태로「영혼문」이 수록되어 있다는 점이다.『증수선교시식의문』의 간행

연대가 기존에 추정된 임란 이후[069]보다 올라갈 가능성이 높은 이유이다.

『진언집』(1573, 무안 法泉寺 간행, 동국대도서관 소장)에 수록된 「영혼문」은 이 『증수선교시식의문』의 「영혼문」과 거의 동일한데, 다만 '영혼'의식문에서 성스러운 대중을 참례할 때에 나타나는 전형적인 의식절차인, "지단진언指壇眞言-정로진언淨路眞言-개문게開門偈-정중게庭中偈-보례삼보普禮三寶"에서 '정로진언'의 협주[070] 부분만 생략되어 있다.

또한 『증수선교시식의문』의 「영혼문」과 위의 『청문』 「대령소참」과 의식절차를 비교해 보면, 「대령소참」은 지단진언指壇眞言과 정로진언正路眞言으로 순서와 명칭이 뒤바뀌어져 있고 지단진언 밑에는, "法身遍滿 云云 引路王菩薩 云云 沙門小參某靈駕 云云"이라는 협주가 있어서 소참법문의 교설 다음에 개문게開門偈가 위치하는 불안정한 의식절차를 보이고 있다. 의식의 끝부분도 안좌진언安座眞言과 다게茶偈로만 끝나고 있다. 「영혼문」에서 '안좌진언' 다음에 '다게' 없이 〈獻靈飯時〉라고 하여 별도의 항목 속에서 법문을 하고 영반을 올리는 것과 차이가 있다. 전체적으로 내용도 짧다. 의식절차로 살펴보면, 「대령소참」은 「영혼문」에 없는 내용도 있지만 이 「영혼문」을 축약해 산보한 것으로 이후 「영혼식迎魂式」 전개의 초기 형태라 볼 수 있다. 이 「대령소참」은 이후의 『제반문諸般文』(1575, 가지산 寶林寺, 대흥사 소장)에 내용 그대로 「시식문施食文」과 함께 수록되어 있다. 『증수선교시식의문』의 「영혼문」은 『청문』의 「대령소참」의 등장에 매우 중요한 역할을 했던 것으로 보인다.

사실, 「영혼문」은 조선시대 수륙재에 큰 영향을 미친 의식문이지만, 시식施食관련 의식문으로 원대 몽산덕이 찬술의 〈증수선교시식의문〉과 함께 하나의 범주에서 다뤄지고 있을 뿐 그의 찬술로 뚜렷이 용인된 것은 아니다. 하지만 단편

---

069 동국대 도서관의 서지정보란에는 이 판본의 간행연대를 임진왜란 이후인 1600년대로 추정하고 있다.
070 齋者執爐前引大衆聲○○ 後闍梨振鈴誦呪引入庭中

적이나마 판본에 따라서는 그것이 복각본이든지의 유무와 관련없이 의식문으로 보면 상당히 시대를 거슬러 올라가며 여전히 몽산덕이와 연결되고 있다는 점은 간과 할 수 없다. 뒤에서 살펴볼, 고려말 공민왕이 노국대장공주의 사십구재에 '영혼' 의식절차를 사용한 것도 이러한 예에 속한다.

몽산덕이 찬술의 〈증수선교시식의문〉 계열 의식문들은 같은 성격의 것임에도 의식문 집성 과정에서 편집상의 주관이 개입되어 있는 점도 살펴보아야 할 점이다. 『청문』(1529)의 경우를 보면, 「대령소참」은 "공양" 판심제에 속해 있고 「증수선교시식의문」은 "시식"에 속해 있어 몽산덕이의 찬술의 유무나 의식문의 성격과도 관련 없이 의식 수요에 따른 편집 양상을 보여주고 있다. 이러한 점은 「영혼문」과 「대령소참」, 「증수선교시식의문」이 다양한 의식조합의 환경에 노출되었을 가능성을 보여준다.

「증수선교시식의문」은 시기적으로 『청문』(1529)에 몇 년 앞서 간행된 몽산덕이의 『몽산화상육도보설蒙山和尙六道普說』(강원도 양구 도솔산 上庵, 1521, 동국대도서관 소장)[071]에도 합본되어 있는데, 책의 끝부분에 결락이 있어서 「영혼문」 등의 합본 여부는 알 수 없다. 『청문』(1529)과 같은 시기에 간행된 『시식의문施食儀文』(1529, 순천 龍門寺, 동국대도서관 소장)에 수록된 의식문들 중에는 눈에 띄는 의식문이 있다. 책의 앞부분을 보면, 일부 낙장이 있는 「승가일용식시묵언작법僧家日用食時默言作法」을 시작으로 「관세음보살시식觀世音菩薩施食」, 「몽산화상시식의문蒙山和尙施食儀文」, 「진언권공眞言勸供」, 〈오십삼불계청五十三佛稽請〉 등이 수록되어 있다. 여기서 「몽산화상시식의문」은 흥미롭게도 『권공제반문勸

---

071 이 판본은 「몽산화상육도보설」에 「승가일용식시묵언작법」과 「증수선교시식의문」이 합본되어 있다. 「몽산화상육도보설」은 육도윤회에서 벗어나 깨달음에 이르는 '법문'으로, 「승가일용식시묵언작법」은 이 가운데 '식당작법(食堂作法)'을 통한 '반승(飯僧)'으로, 그리고 「증수선교시식의문」의 '시식(施食)'으로 볼 수 있어서 이들 세 가지 의식문으로 하나의 재 의식체계를 갖춘 의식집임을 알 수 있다. 하나의 의식집에 '반승'과 '시식'이 있음으로써 후대의 발우공양에서 볼 수 있듯이 이들이 언제든지 결합될 수 있는 여지가 있었음을 보여준다.

供諸般文』(1574, 석왕사)의 「시식의문施食儀文」과 그 내용이 동일하다. 이 「시식의문」은 몽산의 「증수선교시식의문」을 핵심 위주로 축약해 산보한 것으로 간행 연대로 보면 16세기 전 시기에 걸쳐 있다.[072]

「시식의문」이 수록된 『권공제반문』에는 사명일과 같은 '세시명절歲時名節'에 설행되었던 「거찰사사명일시식영혼식巨刹寺四名日施食迎魂式」 의식문이 전후로 나란히 수록되어 있어 눈길을 끈다. 『권공제반문』보다 한 해 전에 간행된 『진언집』(1573, 法泉寺)[073]에 수록된 시식 의식문에는 「영혼문」과 「몽산화상시식의문」, 그리고 새로운 시식문인 「약시식의문略施食儀文」이 있는데, 여기서의 「몽산화상시식의문」은 『증수선교시식의문增修禪敎施食儀文』에 해당하는 것이다. 앞서 『시식의문施食儀文』(1529)의 「몽산화상시식의문」과 비교하면 제목만 같을 뿐 내용은 다르다. 이 『시식의문』과 동일 계열의 판본이 1550년에 지리산 신흥사神興寺에서도 판각되었다.

여기서 한 가지 살펴보아야 할 것은 16세기 〈증수선교시식의문〉 계열의 의식문들이 몽산의 권위를 중심으로 한 범주에서 큰 무리없이 집성되는 과정에서 「영혼문」의 경우는 그 독특한 성격으로 인해 쉽게 혼용되지 않았다는 점이다. 이것은 「영혼문」이 이미 오랜 기간에 걸쳐 형성된 종교적 관념과 의식절차에 의해 뒷받침되어 왔다는 것을 의미한다.

앞서 「영혼문」에서 성스러운 대중을 참례할 때에 나타나는 전형적인 의식절차는, "지단진언-정로진언-개문게-정중게-보례삼보"의 순이었다. 후대에 세부적으로 의식의 차이가 나타나더라도 여전히 가장 특징적으로 전해진 것은 영가를 '문門' 밖에서 법의 연회가 열리는 도량 안으로 맞아들이는 의식이다.

---

072 『승가일용식시묵언작법(僧家日用食時默言作法)』(1569, 무등산 安心寺, 대성사 소장) 등에도 수록되어 있다.

073 이 판본은 결락이 심한데, 동일 판본의 것으로 제목이 『제진언집(諸眞言集)』이 있어서 참조가 된다.

현행 영산재와 수륙재의 '시련侍輦'과 '대령' 의식절차에도 이것은 남아 있다. 다만, 여기서 한 가지 중요한 것은 후대의 『천지명양수륙재의범음산보집』(1723)을 통해 널리 알려진 〈상중하삼단시련위의지도上中下三壇侍輦威儀之圖〉에 나타나는 삼단三壇 중 상단上壇의 시련에 사용되는 '불연佛輦'과 이러한 「영혼문」에 나타나는 문밖의 영혼迎魂 시련을 위해 사용되는 국왕 선가仙駕 등을 위한 연輦은 그 성격이 다르다는 점이다. 뒤에서 살펴보겠지만, 왕실 영혼식 도상을 살펴볼 수 있는 것으로는 〈쵸덴지 소장 감로탱〉(1591)[p.222의 사진 참조]이 있다. 이것은 도상으로 나타나 있는 가장 오랜 '영혼' 장면이다.

「영혼문」의 주요 절차를 보면, 지단진언指壇眞言을 통해 도량으로 가는 방향을 잡고, 개문게開門偈를 통해 도량 안으로 들어가는 문을 열며, '보례삼보'로 상징되는 전각의 주존을 향해 예를 올리는 것은 재회 설행의 극적인 순간의 하나이며 고유한 의식 영역에 속한다. 특히, 여기서 개문게의 게송은 수륙재 관련 의식의 게송들이 다양한 의식절차에 변용되고 내용이 바뀌는 와중에도 오늘날까지 이를 대표하고 있다.

개문게開門偈

발을 걷으면 미륵불을 맞이하고
문을 열면 석가모니불을 뵈리니
위없는 분께 아홉 번 절 올리고
법왕의 집에서 즐거이 노니소서.
捲箔逢彌勒 開門見釋迦
三三禮無上 遊戲法王家

위의 게송에서 '발을 걷는 것[捲箔]'은 영가가 연輦을 타고 있다는 것이며 문을 연다는 것은 법당으로 향하는 중정의 문을 연다는 뜻이다. 조선후기 체계화된 '삼단'의 수륙재가 상단과 중단의 존격, 그리고 하단의 위位를 중심으로 봉청奉請하고 봉송奉送하는 것에 연의 사용이 집중되었다면, '영혼' 의식의 개문게에서는 연을 탄 영가가 문을 매개로 도량 안으로 들어가 불전의 존격께 '보례'하는 것이 핵심이다. 이 '문門'은 영가가 법의 도량 안으로 들어가는 중요 전환 매개이다.

고려시대에 편찬되어 조선시대 사역원司譯院의 중국어 교재였던 『박통사朴通事』를 보면, 상장례喪葬禮 문화 속 '문'과 관련된 오랜 종교적 관념을 살펴볼 수 있다. 세종대 이후의 판본들 중 『박통사언해朴通事諺解』(1677) 〈오늘 새벽에 발인했소. 今早起出殯來〉에는 한 관리의 새벽 발인 모습이 중국어와 한글로 실려 있는데, 중요 내용은 다음과 같다.

> [생략] 맨 먼저 문밖에 탁자를 놓고. 그 위에 佛像 하나를 놓았소. 또 등불을 밝게 켜고, 여러 다과를 벌여 놓았소. 스님을 청하여 殯殿에 들게 하자 법라를 불고 바라, 북, 경쇠 등을 치며, 날이 밝도록 염불하였소. 팥죽과 粿子燒餠과 麵茶 등을 공양하고, 날이 밝을 때 쯤 온반을 먹었소. [생략] 丑時에 입관했소. [생략][074]

위의 내용은 비록 민가의 발인이지만, 문밖의 탁자에 불상을 안치하고 온갖 다과를 올렸으며 빈전의 운구가 놓인 곳에서는 범음을 울리고 전물奠物음식을 차렸다는 점에서 흥미롭다. 이러한 상장례에서 '문'은 같으면서도 다르다. 〈오늘 새벽에 발인했소. 今早起出殯來〉의 '문'은 비로소 망인이 된 이가 차후에 집을 떠나는 '문'으로 불교식 망혼의식의 중심이라면 「영혼문」을 통해 도량에 재현되는 '문門'은 법의 도량으로 들어가는 '문'으로 본격적인 영가천도의 시작이다. 송혼送魂도 '문'을 통해 이뤄진다. 의식의 중심이 '문'을 매개로 하고 있다는

074　王霞 등 3인(역), 『譯註 朴通事諺解』, 學古房, 2012, pp.378-379.

점에서 흥미롭다.

위의 첫 번째 「영혼문」에 이어 두 번째의 「영혼식迎魂式」은 보우, 서산과 같은 당대 고승들이 찬술한 의식문이라는 점에서 주목된다.

보우의 문집 가운데 가장 이른 시기의 것으로 추정되는 것은 『허응집虛應集』 (규장각 소장 古1709-4)인데, 여기에 부록으로 합본되어 있는 「영혼식」 의식문들 중 〈중종인종양대왕급선왕선후영혼식中宗仁宗兩大王及先王先后迎魂式〉은 중종中宗,재위 1506-1544과 인종재위 1544-1545의 영혼식 당시에 설행되었던 의식절차가 자세히 드러나 있어 그 유례를 찾아보기 어려울 정도로 매우 희귀한 자료이다. 이것은 의식문의 제목만으로 보면, 왕실 기신재忌晨齋 의식문이다.

중종 11년(1516)에 중종에 의해 왕실 기신재는 영구히 혁파되었음["今後 先王先后忌晨齋 其永罷勿行"][075]에도 그의 훙서 이후에 보우에 의해 다시 설행된 것으로, 『나암잡저』에는 〈인종대왕기신재소仁宗大王忌晨齋疏〉와 같은 관련 소문이 수록되어 있다.

서산의 의식문을 중심으로는 보우와 다른 새로운 경향이 나타난다.

그의 찬술인 『운수단雲水壇 가사謌詞』에는 「영혼식」 의식문이 대부분 부록으로 합본되어 있는데, 이들 의식문은 하나의 범주화된 의식으로 설행되었다. 이 「영혼식」은 수륙재의 핵심적인 부분만을 의식화한 운수단의 체계만큼이나 매우 간략하여 『운수단 가사』와 「영혼식」이 합설된 의식은 작은 규모의 사찰에서도 재의 대중적 수요에 쉽게 접근할 수 있는 기반이 되었다.

세 번째는 「영혼문」과 「영혼식」에 이은 『권공제반문』(1574, 석왕사)의 「거찰사사명일시식영혼식巨刹寺四名日施食迎魂式」의 출현이다. 16세기 말에서 조선후

---

075 『중종실록』 25권, 중종 11년(1516) 6월 2일자.

기에 걸쳐 유행한 사명일의 「영혼식」과 「시식」 의식이 합설된 것으로 대중성이 강한 의식문이다. 의식문의 제목에 드러난 '시식영혼식施食迎魂式' 그대로이다.

'문門'과 연계된 전형적인 '영혼' 의식절차에, 사명일의 명절에 베푸는 시식인 만큼 영반靈飯과 같은 단순 시식이 아니라 여기에 수륙재 하단 '시식施食'의 핵심적인 의식인 '사다라니四陀羅尼; 變食眞言, 施甘露水眞言, 一字水輪觀眞言, 乳海眞言'에 이어서 『찬요』와 『촬요』에서처럼 '오여래五如來의 현현'을 부가시켰다는 점에서 종합적 의식의 성격을 띠고 있다.

또한 여기서 이 의식문의 합설과 관련해 한 가지 살펴봐야 할 것이 있다.

『권공제반문』에는 「거찰사사명일시식영혼식」 다음으로 「시식의문施食儀文」이 수록되어 있는데, 이 「시식의문」은 「거찰사사명일시식영혼식」에 비해 매우 짧지만, 중요한 것은 전대의 『시식의문施食儀文』(1529, 순천 龍門寺, 동국대도서관 소장)에서는 이를 「몽산화상시식의문蒙山和尙施食儀文」으로 이미 받아들여 유통하고 있다는 점이다.

몽산의 『증수선교시식의문』〈주행탄불백의主行嘆佛白意〉의 문장 일부까지 산보해 '개계開啓' 소문疏文으로 쓰고 있는 등 몽산 의식문의 축약본이라 할 수 있는데, 「거찰사사명일시식영혼식」에는 있지 않은 것이다. 또한 「거찰사사명일시식영혼식」에는 '거불擧佛'의 존격이 자리 잡고 있는데 비해, 「시식의문」은 이것이 없으며 삼보의 가피력加被力을 구하는 대상이자 귀명歸命의 대상인 "南無常住十方佛 南無常住十方法 南無常住十方僧 南無本師釋迦牟尼佛 南無觀世音菩薩 南無冥陽救苦地藏王菩薩 南無起敎阿難陁尊者"가 나타나 있다. 구제의 존격도 「거찰사사명일시식영혼식」에는 '오여래'가 현현하고, 「시식의문」에는 '오여래'에 보승여래와 아미타여래가 더해진 '칠여래'가 현현하고 있다.

특히, 「시식의문」의 경우는 「거찰사사명일시식영혼식」에 비해 요의를 간결하고 명료하게 설명적으로 밝히고 있을 뿐만 아니라 실외의 작법 동선이 거의 노출되어 있지 않아 주로 전각 내부의 설행에 적합했던 것으로 보인다.

이들 두 의식문은 이러한 특징으로 인해 적어도 '시식'의식의 범주인 '재 형식의 불교 제사'에서는 보완을 통해 언제든지 자연스럽게 습합될 여지가 상존함을 보여주고 있다. 즉, 사명일에 어떤 여건에 의해 실외에서 하지 못하고 전각 내부에서만 「거찰사사명일시식영혼식」을 하게 되더라도 의식문 자체가 지닌 구제의 시작과 끝은 여전한 전개성을 띠어서 「시식의문」과의 습합이 용이할 수 있기 때문이다. 동일 범주의 의식문들은 언제든 현장 상황에 따라 '견기이작見機而作'을 통해 의식의 시간을 늘일 수도 줄일 수도 있는 가변성의 여지 한 가운데 있었다. 이것은 오늘날의 재 현장에서도 여전히 유효한 의식문 설행 방식이다.

이들 「거찰사사명일시식영혼식」과 「시식의문」은 '영혼식'의 범주에서 보면, 감로탱 연구에 하나의 중요한 분기점이 되는 의식문이다.

3. 보우의 『수월도량공화불사水月道場空花佛事』의 성격과 특징

보우普雨, 1509-1565가 16세기 중반에 편찬했을 것으로 추정되는 『수월도량공화불사여환빈주몽중문답水月道場空花佛事如幻賓主夢中問答』은 그 중요성에 비해 생각보다 판본 간행이 활발하지 않았음에도 이 책 자체가 지닌 권위와 대중적인 영향력은 조선후기에도 이어져 각종 불사佛事에서 '수월도량공화불사'라는 불사 명칭이 끊이지 않는 계기가 되었다. 19세기 말에 이것은 각종 재齋 설행의 정점에서 관용구로 굳어지면서 대중적인 용어로 유행하게 된다.

이러한 유행의 한편에는 『수월도량공화불사여환빈주몽중문답』이 이야기 구성으로 된 '대화형식의 해설적 의식문'과 무관하지 않다. 첫 문장이, "'무하유지향'[076]의 백운의 터에 어느 객이 있었는데, 하루는 법성산의 무심도인에게 물었다. 無何有之鄕 白雲之墟애 有客焉이러니 一日애 問於法性山無心道人曰"로 시작

---

[076] 『장자(莊子)』에 나오는 이상향(理想鄕)으로, '있는 것이란 아무 것도 없는 곳'이라는 뜻이다.

하여 마치 극중처럼 도인인 주인과 객을 설정해 재에서 설행되는 주요 의식에 대해 서로 질문을 주고받아 이해를 돕고 있다.^{사진} 교과적敎科的인 내용의 대중적 이해를 위한 것이다.

이처럼 복잡한 불교의식이 더이상 재장齋場의 전유물에서 머물지 않도록 단순 축약하고 재 설행의 목적과 의미를 효과적으로 전달하려는 노력은 대중과의 소통을 위한 크고 작은 다양한 시도를 통해 조선시대 내내 끊이지 않고 있어 왔다. 특히, 재의 수요가 폭발적으로 증가하는 19세기 말과 20세기 초에 나타나는 사찰의 연희문화에서는 보다 뚜렷하게 드러난다.

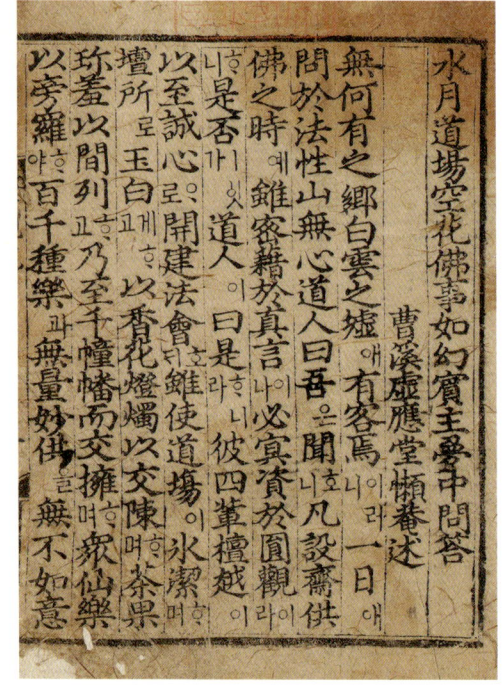

『수월도량공화불사여환빈주몽중문답』(『허응집』, 간행시기·간행처 미상, 규장각 소장)

예를 들어, 20세기 초 고려왕실의 원당願堂인 개성 연복사演福寺에서 재를 마치는 삼회향三回向이 끝나고 하는 놀이인 〈삼회향〉 혹은 땅에 앉아 놀면서 듣는 〈땅설법〉의 '재담才談, 축원祝願, 덕담德談, 춤, 잡희, 사홍서원'[077]은 재에 참여

---

077 최정여(崔正如), 「寺院雜戲 "三回向"〈俗稱·땅설법〉」, 『陶南趙潤濟博士古稀記念論叢』, 형설출판사, 1976, PP.131-139.

한 대중들의 홍법弘法을 위한 무대이자 '나례儺禮'나 '걸립乞粒; 建立' 성격의 것이기도 하다. 특히, '재담'에는 대중적인 구술 전승을 흥미롭게 가미한 '불교가사佛敎歌詞' 등과 같은 많은 단편적인 내용들로 채워져 있다. 최정여가 당시 채록한 '재담'을 보면, 처음 도입부가 『수월도량공화불사여환빈주몽중문답』처럼, 고금의 오래된 형식인 주인과 객의 문답으로 시작하고 있는 점이 눈에 띈다. 단순 비교는 어렵지만, 『수월도량공화불사여환빈주몽중문답』은 〈삼회향〉과 같은 연희공간에서 문답으로 구연口演된다고 하더라도 그 내용의 무거운 함의에도 불구하고 재 설행의 목적과 의미의 전달에 있어 어느정도 보편성과 구연성을 지니고 있는 것은 분명하다.

이 책은 후대에 간행된 판본에 따라서 의식문과 합본되어 있는 경우들이 있기에 의식 이후에 구연이 되었을 가능성도 있는 한편, 무엇보다도 의식문 사이에서 '의식문 해설서'의 역할을 하였다는 점에서 보기 드문 성격의 것이라 할 수 있다.

즉, 의식집이 아님에도 이후 후대의 간행판본들에 따라 다른 의식문들이 부록으로 합본될 수 있었던 것은 이야기 구성이라는 그의 창의적 자량資糧에 기반해 쓰여진 이 '대화형식의 해설적 의식문'이 재의식의 핵심적인 내용들에 대한 깊은 이해를 기반으로 하고 있었기 때문이다. 이러한 점은 재 현장의 필요에 의해 크고 작은 '의식문의 산보'가 이뤄지던 경향과 완전히 다른 것이어서 보우의 저술 내용 그대로 지속적으로 영향을 미쳤다. 이와 같은 성격의 것을 후대에 찾아보기 어려운 점은 그 영향력의 반증이기도 하다.

『수월도량공화불사여환빈주몽중문답』이라는 긴 제목도 흥미롭다. 본문의 말미에서 책의 제목을 어떻게 정할지 논의되고, 꿈속의 도인과 객의 문답 속에 의탁한 일종의 선문답이 오간다. 객이 말하길, "도인은 어찌 하늘과 땅이 수월이며 삼계가 공화이며 중생과 부처가 하나같이 허깨비이며 칭찬과 비난이 한 바탕 꿈임을 알지 못하는가!"⁰⁷⁸라고 하자 도인이 이를 받아 말하길, "비록 나의 뜻은 아니지만, 객의 말이 하도 간절하니 도리어 객이 말한 대로 이름을 지어 마땅히 '수월도량공화불사여환빈주몽중문답'이라 하리라. 객은 이를 취하든지 버리든지 하라. 그 이름을 붙인 자가 일찍이 그 이름을 붙인 적이 없음을 어찌 알리오."라고 하는 것으로 끝을 맺는다.⁰⁷⁹ 본문의 일부 문장이 제목이 된 것이다.

매우 문학적인 결말이지만, '수월도량공화불사' 자체는 그 이상의 내용을 함의하고 있다. 고려말 백운경한白雲景閑, 1298-1374의 『백운화상어록白雲和尙語錄』(1378)에는 '수월도량공화불사'에 대한 중요한 관점이 제시되어 있다. 백운화상이 공민왕恭敏王의 왕비 노국대장공주魯國大長公主의 원당願堂인 흥성사興聖寺 주지로 있으면서 설한 법문인 '상당법문[上堂云]'이 그것이다. 〈興聖寺入院小說〉에 나타나는 한 상당법문에는, 안거일安居日에 대가람에서 성대한 규모의 재를 베푸는 것에 대해 재 자체의 설행과 의례에 함몰될 것이 아니라 요의了義를 적확히 아는 것이 중요함을 다음과 같이 설파하고 있다.

그러나 나는 이 경우에 전혀 이와 같이 하지 않을 것이다. 수월도량水月道場을 건립하고 밑이 뚫린 그릇을 늘어놓으며, 익히지 않은 밥을 가득 담아 그림자나 메아리 같은 대중에게 공양하고, 공화만행空花萬行을 닦고 익혀서 거울 속의 마구니를 항복시키고, 꿈속에서 불사를 성취하며[成就夢中佛事] 환화와 같은[如幻] 중생을 널리 제도하여 적멸의 과보를 함께 증득하리라.
我這裏 總不恁麼 建立水月道場 排列穿心埦子 盛滿不濕之飯 供養影響之眾 修習空花萬行 降伏鏡裏魔軍 成就夢中佛事 廣度如幻眾生 同證寂滅之果⁰⁸⁰

---

078 "道人이 豈不知天地ㅣ 水月이며 三界ㅣ 空花이며 生佛이 一幻ㅣ며 毀譽ㅣ 一夢也ㅣ시리잇고"
079 曰雖非我意ㅣ나 客言이 斯切이라 返以客說로 以名之ᄂ댄 宜名水月道場空花佛事如幻賓主夢中問答ㅣ니라 客은 其取舍之ᄒ라 安知其名名者는 又不曾其名也歟ㅣ리오
080 『백운화상어록(白雲和尙語錄)』上, ABC_조영미(역)

이 내용을 보면, '수월도량공화불사여환빈주몽중문답'은 도인과 객이 책 제목을 짓는 것에 단순한 문답을 주고받은 것이 아니라 선문답을 한 것이며, 그 요지 또한 '적멸의 과보를 함께 증득하는 것[同證寂滅之果]'에 있음을 알 수 있다.

『수월도량공화불사여환빈주몽중문답』(이하 『수월도량공화불사』)에도 제목을 정하는 것에서 보여주는 무심함과 달리 구체적인 작관법作觀法에서는 '원관圓觀'을 통해 "일만의 법체[萬法]에 나아가는 관법"을 행하는 중요성이 다음과 같이 강조되어 있다.

저 사부대중들이 지극히 정성스런 마음으로 법회를 열되 비록 도량을 청결하게 하고 단을 백옥처럼 빛나게 하며 향화등촉을 펼쳐놓아 다과진수를 그 사이사이에 놓고 심지어 천 개의 당번으로 서로 나부끼게 하며 온갖 신선의 음악을 펼쳐 놓아 백천 가지 음악과 무량의 묘한 공양을 뜻한 대로 하지 않음이 없이 크게 장엄하여 진설하더라도, 만약 '원관'이 아니면 어찌 능히 일만의 법체에 나아가 한 가지의 마음을 밝히고 한 가지 일에 머물러 온갖 이치를 드러내며, 곧 공양을 구족하게 해 적은 것을 많게 하고 없는 것을 있게 하며 더러움에 물든 것을 청정하게 하겠는가! 이 마음의 법이 장애가 없고 일의 이치가 원융하며 크고 작은 것이 서로 용납됨이 있고 있음과 없음이 다르지 않으며 더러움과 깨끗함이 한 가지인 부사의한 큰 모임의 뛰어난 법석을 오늘에 이룰 수 있겠는가! 이에 반드시 '원관'을 자량으로 하여야 세속적인 진리의 장엄으로써 가히 공양의 오묘한 법을 성취하리라.

彼四輩檀越이 以至誠心으로 開建法會디 雖使道場이 氷潔ᄒ며 壇所로 玉白게 ᄒ고 以香花燈燭以交陣ᄒ며 茶果珎羞以間列ᄒ고 乃至千幢幡而交擁ᄒ며 衆仙樂以旁羅ᄒ야 百千種樂과 無量妙供을 無不如意히 廣陳嚴設ᄒ나 若非圓觀이면 何能卽萬法ᄒ야 而明一心ᄒ며 處一事ᄒ야 而現衆理ᄒ야 卽使供具로 變小化多ᄒ며 以無爲有ᄒ며 轉染作淨케ᄒ야 此心法이 無碍ᄒ며 事理ㅣ圓融ᄒ며 大小ㅣ相容ᄒ며 有無이 不二ㅣ며 染淨이 一體ㄴ 不思議之大會勝席을 成就於今日也리오 是故로 須必資圓觀ᄒ야ᅀᅡ 可以卽世諦之莊嚴ᄒ야 成妙法之供養ᄒ리라

고려말의 백운화상과 조선중기 보우의 '수월도량공화불사'는 재의 설행에 있어서 간과되어서는 안 될 재 설행의 본래 목적을 상기시켜 주고 있다. 이러한 관점은 보우에 의해 다시 촉발되고 이후의 선승들에 의해 끊임없이 환기되었다. 19세기 말의 『동사열전東師列傳』 권제6(1894년 탈고)의 〈월화강사전月華講師傳〉에 나타나는 "산과 산이 운수행각의 도량이니 처처가 공화불사의 도량이다. 山山雲水道場 處處空花佛事"라는 내용 역시 이와 다르지 않다.

『수월도량공화불사』에서 표면적으로 눈에 띄는 중요한 사실은 이 책이 당시에도 보기 드문 국한문 혼용의 한글 현토懸吐본이라는 점이다. 『수월도량공화불사』는 16세기 중반에 당시 불교의례의 성격과 체계에 대한 진지한 정체성이 모색되고 왕후와 여관女官, 동참대중들을 위한 보다 해설적인 종교 수요가 있었던 시기에 저술된 것으로 보인다. 『수월도량공화불사』가 보우 이후에 조선시대 불교의례사를 관통하며 기반적 의례의 배경으로 자리 잡을 수 있었던 그 구체적인 의식의 특징에 대해 살펴보자.

조선시대에 한글이 들어간 '의식문 해설서'는 매우 드물고 그것도 왕실발원과 관련이 깊다. 『수월도량공화불사』 이전의 대표적인 것으로 『진언권공眞言勸供』(1496)이 있다. 인수대비仁粹大妃의 명으로 고승 학조學祖에 의해 편찬된 한글 언해본諺解本으로, 한글로 자세한 풀이가 더해져 기존의 일반적인 한문 주석의 협주夾註만 있는 것보다 진전된 형태였다.

『수월도량공화불사』는 내용 중에 "卽以齋文을 次第而問曰"으로 시작하는 것이 있는데, 이 『진언권공』「작법절차」를 새로운 형태로 풀이한 것이다. 여기서 주의 깊게 살펴볼 것은 "재문齋文"이라는 용어다. "재문"이라 하더라도 여전히 해설적인 측면에서 교과적인 담론 형식의 의식문을 지칭하는 것이어서, 「작법절차」의 법화법석인 영산작법을 '영산재'로 특정한 것은 아니다.

의식의 성격을 결정하는 「작법절차」의 '거불'을 살펴보면, 영산회상의 법석法席인 법화법석을 첫 번째로 하여[081] 이어서 화엄법석으로 하는 경우,[082] 참경법석으로 하는 경우,[083] 미타참법 법석으로 하는 경우,[084] 지장경 법석으로 하는 경우[085]의 다섯 가지로 형식상 분류하고 있다. 법석에 따라 이를 증명하는 '거불'의 존격이 달라 의식문의 제목을 '영산작법절차'가 아닌 '작법절차'라 한 것이다. 위의 다섯 가지 가운데 법화법석이 그 중심이 되어 후대 영산작법의 전거가 되고 있다는 점에서 주목된다.

　위의 내용에서 "재문"이라는 용어가 사용된 것은 그 이면에 이러한 의식 설행의 복합성이 있었기 때문이다.

　이 복합성은 『수월도량공화불사』가 수록된 보우의 문집에서도 또 다른 형태로 살펴볼 수 있다. 『허응집』(간행시기·간행처 미상, 규장각 소장)에 수록된 부록의 판심제版心題로 보면, '작관설作觀說'에 『수월도량공화불사여환빈주몽중문답』이 있고 이어서 각각 '영혼식迎魂式'과 '염향拈香'의 판심제에 관련 의식문이 있다. 이 '영혼식'의 판심제에는 〈중종인종양대왕급선왕선후영혼식中宗仁宗兩大王及先王先后迎魂式〉 등과 같은 왕실 영혼식 의식문을 비롯해 왕실, 사대부, 백성들에 이르기까지 소청 대상자를 세세히 분류한 많은 소청문召請文이 수록되어

081　法華則 靈山教主釋迦牟尼佛 證聽妙法多寶如來 極樂導師阿彌陀佛 文殊普賢大菩薩 觀音勢至大菩薩 靈山會上佛菩薩

082　華嚴則 華嚴教主毘盧遮那佛 圓滿報身盧舍那佛 千百億化身釋迦牟尼佛 普賢文殊大菩薩 觀音勢至大菩薩 華嚴會上佛菩薩

083　懺經則 興慈示寂彌勒尊佛 示滅度生釋迦牟尼佛 文殊普賢大菩薩 無邊身觀世音菩薩 龍華會上佛菩薩

084　彌陀懺則 一代教主釋迦牟尼佛 極樂導師阿彌陀佛 觀音勢至大菩薩 清淨大海衆菩薩 彌陀會上佛菩薩

085　地藏經則 一代教主釋迦牟尼佛 幽冥教主地藏王菩薩 文殊普賢大菩薩 觀音勢至大菩薩 忉利會上佛菩薩

있어 당시 '영혼식'의 성격과 특징을 살펴볼 수 있다. 그 편집 구성으로 보면, 재해석된 『수월도량공화불사』의 「작법절차」와 부록의 '영혼식' 의식은 언제든 상호 연계될 수 있는 내용이다. 『허응집』에서 이들은 비록 본문과 부록 형식으로 편집되어 있지만, 16세기 중반 '작법절차'의 영산작법과 '영혼식'의 관계를 살펴볼 수 있는 초기 자료이다.

이처럼, 특정 의식문에 방점을 두지 않고 전체적으로 재齋 구성의 일부이면서 연계된 의식으로 편제한 것은 이후의 의식집에서도 살펴볼 수 있다. 『사명일상주권공四名日常住勸供』(1691, 고성 와룡산 운흥사, 考般齋 소장)은 제목에서 알 수 있듯이, 사명일의 영혼시식 의식에 행하는 연계 의식인 '상주권공常住勸供'이 나타나 있다. 할향喝香으로 시작하는 이 시기의 영산작법이다. 또한 1723년의 중흥사 판본의 사명일 의식 가운데 하나인 「명일별대령시식규明日別對靈施食規」에는 평소대로 '상단권공上壇勸供'을 마친 다음에 사명일 대령의식을 위해 문 밖으로 나가게 한 것이 참조가 된다.

사명일과 같이 명절세시로 특정된 날에도 영산작법과 영혼시식이 형태상으로는 낮재와 밤재로 설행되었음을 보여주는 것이어서 매우 흥미롭다. 영혼시식을 하기 전에 영산작법이나 상단권공과 같은 의식을 했다는 점은 의식체계에 자리한 신앙심과 관계된 것이다. 독립된 하단시식 의식을 하게 되더라도 기본적으로 상단에 대한 권공이 따랐다는 것은 성스러운 대중들의 가피력에 의지한 불교적 신앙과 예법에 그만큼 충실했다는 증거이다. 달리 말하면, 이것은 삼단에 대한 뿌리 깊은 인식의 반영이라 할 수 있다.

그리고 『진언권공』「작법절차」에서는 잘 드러나 있지 않지만, 『수월도량공화불사』는 고려말 조선초의 불교계에 큰 영향을 미친 몽산덕이의 『증수선교시식의문』에 영향을 받고 있어서, 법사法師 소임의 법문보다 증사證師 소임이 행하는 '원관圓觀' 또는 '정관正觀'에 대한 비중이 높은 점이 특징이다. "법체의 실상을 보는 것[見法實相]"이 궁극적으로 강조되어 있는 점에서 이미 수륙재 작관법의 영향이 반영되어 있는데, 이러한 점은 전체적으로 법화법석에 대한 발전적 재해석이다. 보우가 생전에 설행한 재의 대부분은 『나암잡저懶庵雜著』(1573, 간행처 미상, 동국대도서관 소장) 등에 수록된 각종 소문疏文에서처럼 수륙재였듯이 『수월도량공화불사여환빈주몽중문답』에도 이것이 반영된 것이다.

『수월도량공화불사』의 법사와 증사의 소임에 대해서는 『권공제반문』(1574, 석왕사)의 「거찰사사명일시식영혼식」도 이와 함께 살펴볼 필요가 있다. 이 의식문에는 서산의 '사다라니' 작관법에 대한 협주夾註가 있어 그와 관련이 깊은데,[086] 의식문 앞부분인 거불擧佛과 진령게振鈴偈 사이에 다음과 같은 협주가 있어 눈길을 끈다.

> 법주가 합장하고 잠시 있는 것은 상근기를 드러낸 것이고, 요령을 세 번 흔들어 내리는 것은 중근기를 드러낸 것이며, 법문하는 것은 하근기를 드러낸 것이다. 이를 바른 증명만이 드러내니 눈 밝은 이는 알 것이다.
> 法主合掌良久者爲上根也 動鈴三下者爲中根也 言說者爲下根也 此正良訂 以此爲示 哲者知之

재를 주관하는 주요 소임 속에 법사와 증사의 소임을 하나의 범주로 다루고 있으며, 최종은 재를 증명하는 증사가 강조되어 있다. 재의 완성적인 측면에서 작관作觀이 끊임없이 요구되는 이유이기도 하다.

여기서 무엇보다도 수륙재와 수월도량공화불사가 중요 지향점인 '공양供養과 시식施食'이라는 하나의 범주에 포함되어 있고 '원관圓觀'을 통해 법체의 실상을 보는 것을 핵심으로 하기에 이들이 언제든지 자연스럽게 결합될 수 있는 성격을 지니고 있었다는 점도 간과되어서는 안 될 요소이다. 증사가 지혜[正智]로

---

086 본문 p.43 참조.

념상念想하여 불보살 공덕의 위신력을 하나하나 볼 수 없고 고혼들의 실상을 하나하나 볼 수 없으며, '공양과 시식'이 가피력에 힘입은 것을 볼 수 없다면 의식 절차가 원만히 회향되기 어렵기 때문이다.『수월도량공화불사』의 내용 중에 객이, 법사가 관상까지 겸한다는 것이 어떤 의미인지 문자[法師ㅣ 兼作觀想이라ᄒᆞ니 此意ㅣ 如何ᄒᆞ니잇고 도인은 그 자체를, "아니다[人이 曰否ㅣ라]"라고 단호하게 말하는 장면은 이를 단적으로 잘 보여준다.

『수월도량공화불사』이후로 수륙재를 수월도량공화불사라고 칭하기도 하였는데, 하나의 범주에서 구체적 의식절차만이 다를 뿐, 재 설행 운용 과정에서 드러나야 할 수행력은 같기에 회통이 가능했던 것이다. 또한『수월도량공화불사』에서 수륙재『결수문結手文』의 신身·구口·의의의 삼밀가지三密加持를 재 설행의 구체적인 기제로 적극적으로 받아들이고, '사다라니四陀羅尼; 變食眞言, 施甘露水眞言, 一字水輪觀眞言, 乳海眞言'를 당시 재장齋場의 관례대로 인정하여 수용한 것도 큰 영향을 미쳤다.

서산의 청허계와 양대 계파를 이루며 부휴계를 이끌었던 부휴당浮休堂 선수善修, 1543-1615의 문집인『부휴당대사집浮休堂大師集』을 보면, 여기에 수록된 여러 수륙재 소문疏文들 중 화엄경을 인경하고 수륙재를 베푼〈인화엄경겸수륙소印華嚴經兼水陸疏〉에 '수월도량공화불사'가 언급되어 있다.

> 그리하여 명산의 사찰[寶坊]을 택하고 심원深源의 선찰禪刹을 얻어, 옥립玉粒을 단상에 바치고 보개寶蓋를 공중에 걸어 놓고서, 수월水月의 도량을 세우고 공화空花의 불사를 일으켰습니다. 이에 꽃은 촉천蜀川의 비단보다도 현란하게 모여 있고, 등불은 초한楚漢의 별빛보다도 찬란하게 빛나며, 향기로운 향은 금로에서 피어오르고, 노랫소리는 옥경玉磬에서 울려나오게 하였으니, 진설한 제물이 비록 약소하다 하더라도 중생을 비추는 자비의 거울[菱鑑]을 비

추어 두루 살펴주소서.087

부휴는 위의 소문 외에도 임진왜란으로 죽은 수많은 원혼冤魂들을 제도하기 위한 〈천전사망영소薦戰死亡靈疏〉, 비로전毘盧殿의 기와 번와불사를 경찬하기 위한 〈번와수륙소燔瓦水陸疏〉 등의 소문을 썼는데, 수륙재를 수월도량불사의 성격으로 언급함으로써 이들이 본래 서로 회통이 가능한 성격의 것임을 보여주었다.

또한 서산의 제자인 제월당霽月堂 순명順命, 1542-1632이 재에 소용되는 바라를 시주한 이들을 위해 지은 수륙재의 경찬 소문인 『제월당대사집』下 〈바라경찬소鈸螺慶讚疏〉에서도 법사를 청해 칠축七軸의 법화경을 전독하고 아울러 삼단三壇을 설행하면서, "수월의 도량을 세우고 공화의 불사를 성취하다[開建水月之道場 成就空花之佛事]"고 하고 있다. 수월도량공화불사가 당대의 재에 하나의 관용구로 전형성을 띠고 있음을 볼 수 있다.

16세기 말의 초기 감로탱 도상에서도 이 부분은 도상으로 이미 나타나고 있다. 『수월도량공화불사』에서 보우가 사용하고 있는 용어와 문장에서도 알 수 있듯이 보우의 사상적 기조는 허깨비와 같은 뜬세상의 실상을 확철廓徹히 깨치면서도 불립문자不立文字와 같은 최후의 경지에 있지 않다. 접근 과정이 충실한 교학적 근거에 의해 일관되게 유지되고 있다. 즉, 실제 수월도량의 건립은 역설적이게도 도인과 객이 주고받는 문답 속 허깨비이고 꿈이 아니다.

수월도량은 법체法體인 달이 연못의 물에 비치듯 건립된 도량이며, 공화는 허공의 꽃과 같이 실제하지 않는 현상의 사변이 아니라 법신法身의 현현顯顯으로 말미암아 하늘에 꽃비가 내리는 산화락散花落의 증명 불사다. 즉, 증명의 '원관'

---

087 『부휴당대사집』 浮休堂大師集卷之五[ABC_이상현(역)]. 擇名山之寶坊 得深源之禪刹 呈玉粒於壇上 懸寶盖於空中 建水月之道場 作空花之佛事 花簇蜀川錦 燈燦楚漢星 香烟出金爐 樂音生玉磬 施作雖少 菱鑑即周

으로 드러나는 불사다.

몽산덕이의 『증수선교시식의문』에서 영가를 청하는 청혼請魂조의 첫 게송도 수월도량공화불사만큼이나 법신의 현현을 찬탄하는 수륙재의 대표적인 게송이다.

> 법신을 백억 세계에 두루 나투시고
> 널리 금빛 광명을 내어 인천을 비추시네.
> 만물에 따라 드러내심이 연못의 달과 같고
> 법체 원만하사 보련대에 정히 앉으셨도다.
> 法身遍滿百億界 普放金色照人天
> 應物現形潭底月 體圓正坐寶蓮臺

연못에 달이 비치듯, 건립된 도량은 영가를 도량으로 청하기 위한 것으로 지금의 도량이 법신이 현현하는 도량임을 알려준다.[088] 영가가 가야할 곳과 가는 곳의 성격을 분명하게 제시하는 게송이다. 『증수선교시식의문』에 게송의 명칭은 명기되어 있지 않지만 게송의 시작이 법신으로 시작하고 법신의 현현과 관계되므로 성격상 '법신게'로 통칭된다.

이 게송과 관련된 의식집들을 살펴보면, 전대의 『진언권공』 「삼단시식문三壇施食文」(1496)에서도 『증수선교시식의문』 청혼 조의 첫 게송처럼 소청하위편의 첫 게송으로 나타난다. 게송의 명칭도 다양하다. 후대의 『천지명양수륙재의범음

---

088 서산이 81세 되던 해인 1600년에 쓴 〈보현사 석가세존사리부도비(釋迦世尊舍利浮圖碑)〉(1603) [『청허당집(清虛堂集)』권3] 비문에, "부처는 오로지 만물을 이롭게 하는 것으로써 자신의 일로 삼으시는 까닭에 시방세계에 물에 비치는 달과 같이 응하여 몸을 드러내시어 겁이 다하도록 중생을 제도하시길 만족함이 없으시도다. 佛專以利物爲己任故 於十方界現水月應身 窮劫度生無厭爾"라고 밝힌 문구에서 '수월'의 보편적인 인식을 살펴볼 수 있다.

산보집天地冥陽水陸齋儀梵音刪補集』(1723, 중흥사)「대령의對靈儀」에서는 '염화게拈花偈'로,「설주이운說主移運」에서는 '법사게法師偈' 등으로 다양한 관점에서 쓰이고 있다. 오늘날 현행 봉원사 영산재에서는 영가를 목욕시키는 관욕灌浴의 '출욕참성편出浴參聖篇'에서 '법신게法身偈'089로 등장한다. 이 게송이 시대를 거치며 삼단三壇의 하단에서 상단으로, 낮재로, 다시 현행 영산재로 이동하고 있음에도 그 본래의 성격은 변치 않음을 잘 보여준다. 즉, 법신의 현현으로 인해 이뤄지는 중생 구제의 상징성이 보편적 시각에서 여전히 수용되고 있는 것이다.

감로탱에서 이 '법신이 현현한 수월도량'의 도상은 어떻게 나타날까?

법신의 현현을 불佛 중심으로 살펴보면, 수륙재 하단 '거불擧佛' 존격의 위신력威神力의 현현이 있고, 영가의 시식을 위한 사다라니 작법 전후로 '칠여래七如來 또는 오여래五如來'의 명호를 칭량하여 이뤄지는 현현이 있다. 또한 삼보의 가피력을 구하는 구체적인 대상으로, "南無常住十方佛 南無常住十方法 南無常住十方僧 南無本師釋迦牟尼佛 南無觀世音菩薩 南無冥陽救苦地藏王菩薩 南無起敎阿難陀尊者"이 나타나는데, 이때에 이 시방의 삼보와 칠존 도상에 불보살의 성스러운 대중이 따르기도 한다.

교학적으로 보면, 이들 존격에게는 법신의 현현에 이르러 꽃비인 '산화락散花落'이 따른다. 의식절차에서도 존격을 청청請한 다음에 관용적 표현인 산화락을 창창唱하는 것은 그 장엄한 법신의 현현함을 찬탄하기 위함이다.

〈세이쿄지 소장 감로탱〉(1590)의 수월도량은 종교적 영감으로 가득 차 있다. 깊은 산속의 밤하늘 가에는 별이 뜨고 푸른 잎이 달린 붉은 꽃비가 날리고 있으며 불보살의 성스러운 대중들의 법신이 현현해 있다. 사진 p.190

---

089 심상현,『중요무형문화재 제50호 영산재』, 국립문화재연구소, 2003, p.177.

〈세이쿄지 소장 감로탱〉(1590, 삼베에 채색, 133.2×127.0㎝)

감로탱에서 법사法師와 증사證師 도상의 수용

『수월도량공화불사』는 '의식문 해설서' 성격의 것이지만 '의식문과 연계'되었으며, 법체의 실상을 보는 '원관'의 측면에서 '작법절차'에 수륙재 시식의식들이 용인되었고 수륙재도 수월도량공화불사로 언급될 정도로 회통 가능한 성격의 것이었다. 이러한 관점을 바탕으로 16세기 의식문들은 향후 시대와 산보자에 따라 다양하게 재편될 수 있는 근거가 마련되었으며, 대재인 수륙재가 이후에 크게는 낮재의 영산작법과 밤재의 수륙재라는 이원화된 구조로 자연스럽게 정착하는 것에도 영향을 미친 것으로 보인다. 즉, '원관'에 의한 작법이, 가능한 보다 큰 범주에서 이뤄진 것이다.

또한 수륙재에 기반한 감로탱이 『수월도량공화불사』의 성격과 회통 가능하듯이 『수월도량공화불사』에 나타나는 소임은 감로탱의 의례승 도상에도 영향을 미치고 있다.[090] 조선시대 사찰의 소임은 대중들의 당면 여건에 따라 크게 일상의 대중소임이나 선원禪院의 대중소임[龍象榜]을 비롯해 불사의 대중소임[緣化秩], 재 설행의 대중소임[龍象榜]으로 나눌 수 있는데, 재 설행의 대중소임은 상대적으로 매우 한시적 성격을 띤 것이다.

이 재 설행의 대표적인 대중소임이라고 할 수 있는 법사와 증사의 두 소임은 초기 감로탱 도상에서부터 나타나고 있어 감로탱의 등장 시기와 관련해 자세히 살펴볼 필요가 있다.

『수월도량공화불사』는 그 내용이 '작법절차'의 영산작법과 관련된 것임에도 법사와 증사의 소임을 통해 명목상으로 각각 현밀顯密을 전개시키는 중요한 역할을 하고 있다. 객이 도인에게 원관을 법사가 힘써야 할 것인지 증사가 힘써야

---

090 『수월도량공화불사』를 포함해 전반적인 재의 소임과 관련된 연구로 정명희의 「조선시대 불교 의식과 승려의 소임 분화: 甘露圖와 문헌 기록을 중심으로」, 『미술사연구』31(미술사연구회, 2016)가 있다.

할 것인지 묻자, "법사는 다만 무념으로 경전을 펼쳐서 법을 설하지만 증사는 고요히 바른 지혜로 생각을 움직여 관법을 짓느니라."[091]라고 답한다. '작법절차'의 법사는 '석제釋題'[092]를 통한 법석의 권위와 상징성이 부여되어 있어서 소임으로 보면 법사는 증사보다 위이다.

그런데 위의 글에서처럼 법사보다 증사의 '원관'이 지속적으로 강조되는 이유는 전체적으로 선교禪敎 양종의 이해를 바탕으로 밀교의 아사리阿闍梨 관법의 '원관' 중심으로 회통하려는 경향이 있기 때문이다. '원관'의 강조는 '실증實證'이라는 구체적인 의식절차의 체현體現을 강조한 것과 다르지 않다. 『증수선교시식의문』과 『수월도량공화불사』가 그 기술하는 형식과 내용의 차이에도 불구하고 '원관'이라는 하나의 작관법으로 통하고 있는 이유는, 재를 설행할 때에 정작 주관자가 '원관'으로 볼 수 없으면 존격의 현현과 감응을 살필 수 없어 재를 실질적으로 진행할 수 없기 때문이다. 즉, 법사를 우위로 하면서 '원관'이라는 불가결한 작법의 필요성에 의해 '재의 설행에 있어서 법사와 증사의 특수한 관계'가 새롭게 형성된 것이다. 이때의 증사는 '원관'을 강조하기 위한 것이지 전체 재 자체

---

091 法師는 只以無念으로 但展冊說文이어든 證師ㅣ 黙以正智로 運想作法이니라.

092 『진언권공(眞言勸供)』「작법절차(作法節次)」에서는 경전 의식과 관련해, 〈拈香〉〈開經偈〉에 이어 〈會主釋題〉〈同誦〉의 순서로 진행되는데, 법화법석(法華法席)일 경우, 〈會主釋題〉는 영산의 회주인 법사가 법화경의 경전 제목[經題]을 풀어 설법하는 것으로 이것이 끝나면 대중이 함께 법화경을 독송한다. 서산이 쓴 『운수단(雲水壇) 가사(謌詞)』(1588, 해인사 후쇄본)의 「영혼식(迎魂式)」에서는 〈開經偈〉 다음에 바로, "금일 모 영가시여! 나에게 한권의 경전이 있으나 종이와 먹으로 이루어진 것이 아니네. 펼쳐도 글자 하나 없으나 항상 대광명으로 빛나네[후략] 今日 某靈駕 我有一卷經 不因紙墨成 展開無一字 常放大光明"로 시작하는 '거량(擧揚)'을 하고 이어서 법화경 석제를 한다. 이 거량은 보우의 『수월도량공화불사』(『허응집(虛應集)』 합본, 규장각 소장) 부록에 실린 거량[只這一卷經 無相可相 不可以形色求無名可名 不可以言說得 然而無相之相 能相一切相 而四聖六凡興焉 無名之名 能名一切名 而千經萬論生焉 由是聖有無量 經有多門 皆導生之大士 濟溺之迅航 旣然如是 試問大衆 向何等寰 依何等經 可以導濟 某人之靈 速道速道 如未道也 即今自道去也良久 伏請大衆 同運悲心 同聲諷此大乘某經 共濟賓遊 以導樂國]과 다른, 서산의 거량이다. 영산작법절차의 관점에서, 「작법절차(作法節次)」의 영산작법을 서산의 「영혼식」과 비교해 보면, 영가천도 성격의 접합점이 드러나는데, 서산의 「영혼식」 거량에서 그 기점이 더욱 뚜렷하다.

의 증명을 위한 확대된 소임은 아니다.

『수월도량공화불사』에 나타나는 이러한 관점은 조선후기에도 이어지고 있다. 1721년 화엄사에서 간행한 『수월도량공화불사』에 청허계의 상월새봉霜月璽封, 1687-1767[093]은 〈전각鐫刻 증사원관의궤證師圓觀儀軌〉라는 서문에서, "또한 재문의 순서 하나하나를 분석해 후일 불사를 이끄는 이로 하여금 달리 의혹이 없게 하였으니 가히 총림의 지침으로 증사의 의궤라 할 만하다. 亦齋文次第 一一分析 令後之指揮佛事者 更無餘疑 可謂叢林之指南 證師之儀軌矣"고 하여 '증사의 의궤'로서 『수월도량공화불사』에 충실하고 있다.

물론 다른 경향도 있다. 『청문』(1769, 봉정사) 〈법사작관식法師作觀式〉에는 증사가 아닌 법사의 작관법으로 아사리 관법이 인용되고, "이와 같이 관법을 행하는 것이 수월도량공화불사이다. 如是觀者水月道場空花佛事也"라고 하여 『수월도량공화불사』에서 객이 말해 도인에 의해 단호히 거부된 내용인 "법사가 관상도 겸한다."는 것이 이 시기에도 여전히 사라지지 않고 적용되고 있는 사실을 보여준다. 또한 17세기에 간행된 『수월도량공화불사』(1664, 해인사, 전남대도서관 소장) 등의 부록에 합본되어 있는 〈작관별의作觀別儀〉를 보면, 서쪽에 앉아 있는 이의 소임이 법사法師가 아닌 '병법秉法'으로 나타나고 있다. 재의 규모가 크지 않을 경우, 법문을 상징하는 법사를 세우지 않고 재의 실질적 주관자인 병법을 세워 신축적으로 적용한 예이다. 그리고 재의 규모가 작아 의례승들이 몇 안 될 경우에 증사는 없을 수 있어도 법사나 병법은 있으므로 이들이 관상을 겸할 수 있었던 것으로 보인다. 모두 재의 규모에 따른 경향이다.

이것은 초기 감로탱인 16세기 말의 법사와 증사 도상에서도 각각의 소임에 따라 특징적인 도해로 나타나고 있지만, 여기서도 법사를 우위에 두고 도해圖

---

093 청허계 최대의 문파인 편양당(鞭羊堂) 언기(彦機)-풍담당(楓潭堂) 의심(義諶)-월저당(月渚堂) 도안(道安)-설암당(雪巖堂) 추붕(秋鵬)으로 이어지는 법을 이어받았다.

解될 수밖에 없는 현실적인 한계가 반영되어 있다. 결국, 17세기와 그 이후의 감로탱 도상에서 증사의 도해가 점차 모호해지고 사라진 것도 이에 기인한 것으로 보인다.

현존하는 초기 감로탱인 〈약센지 소장 감로탱〉(1589)과 〈세이쿄지 소장 감로탱〉(1590) 등은 회화적 표현의 한계에도 불구하고 재에서 법사와 증사의 소임에 대한 당시의 관점이 잘 드러나 있다.

〈약센지 소장 감로탱〉(1589)을 보면, 재장齋場의 재단을 기준으로 의례승들 앞쪽에는 두 명의 고승이 앉아 있다. ^{사진} 경상經床 앞에 앉아 금강령金剛鈴으로 진령振鈴을 하고 있는 이가 법사이다. 대부분의 의식문에서는 법주法主가 요령을 드는데, 이것 역시 감로탱 도상에서 일반적으로 확인이 된다. 그리고 법사의 바로 측면에 앉아 합장을 하고 있는 이가 증사이다. 불교에서 고귀함이나 장엄, 존격을 상징하는 색인 감청색의 가사를 입고 있으며 가슴 부분에는 가사 장식구인 금속 빗장이 표현되어 있어서 고승임을 드러내고 있다.

〈세이쿄지 소장 감로탱〉(1590)^{사진 p.196}의 의례승 앞줄에는 '동서東西'로 나란히 앉아 있는 듯한 법사와 증사의 도상이 비교적 잘 표현되어 있다. 이것은 『수월도량공화불사』에서 밝힌, "또한 앉는 자리의 위치로 이를 밝히리라. 동방은 움직여 만물이 생기하는 땅이니 증사가 말없이 동쪽으로 앉는 것은 곧 움직이되 움직이지 않는 것을 보이는 것이요, 서방은 고요하여 만물이 시드는 방향이니 법사가 말을 하며 서쪽으로 앉는 것은 고요함에 고요하지 않음을 보이는 것이니라. 又將坐位ᄒ야 以明之호리라 東方이 爲動而萬物生起之地ㅣ어늘 證師ㅣ 不言而坐於東者ᄂᆞᆫ 示卽動而無動也ㅣ오 西方이 爲靜而萬物衰殺之方ㅣ어늘 法師ㅣ 有言而坐於西者ᄂᆞᆫ 示於靜애 非靜也ㅣ니라."고 한 것이 참조가 된다. 증사와 법사의 앉는 자리 위치가 각각 동쪽과 서쪽으로 지정된 것이다.

◁ 〈약센지 소장 감로탱〉
(1589, 삼베에 채색,
158.0×169.0㎝)의 부분

도상에서 법사는 금강령을 들어 진령 의식을 설행하고 있다. 옆에는 마치 달마대사나 유마거사처럼 표현된 증사가 앉아 있는데, 〈약센지 소장 감로탱〉의 증사가 입고 있는 감청색 가사가 아니라 붉은 색의 옷을 입고 있다. 동시대의 또 다른 감로탱인 〈국립중앙박물관 소장 감로탱〉(16세기, 에지마 고도 기증)을 살펴보면, 여기서의 증사는 비록 법사보다 비중이 낮게 묘사되어 있지만 역시 붉은 색의 옷을 입고 있다. 주

〈세이쿄지 소장 감로탱〉
(1590, 삼베에 채색, 133.2×127.0㎝)의 부분

변의 의례승들과 비교하더라도 단연 눈에 띄는 옷임을 알 수 있다.

    증사의 소임은 법사의 소임만큼 중요 소임이다.
    여기서 증사가 법사나 다른 승려와 달리 일반적인 승복이 아닌 눈에 띄는 색의 승복을 입고 있는 이유가 무엇일까? 후대의 『천지명양수륙재의범음산보집』(1723, 중흥사) 〈상당축원上堂祝願〉의 '증명' 소임에서, "산과 강과 대지를 한 입에 능히 삼키고 눈으로는 저 허공을 응시하며 칠보 화각에 무심히 앉아 격식을 벗어난 도인 山河大地 一口能吞 眼掛長空 七寶花閣 閑坐無心 出格道人"이라고 한 관점에서 보면 흥미로운 참고가 된다.
    그런데 당시의 『수월도량공화불사』에도 법사와 증사의 소임에 대한 비유가 다음과 같이 분명히 드러나 있다.

〈원광대박물관 소장 감로탱〉(1750, 모시에 채색, 176.5×185.5㎝)의 부분

지금 말한 법사는 진제의 주인인 석가세존이시고 증사는 속제의 주인인 유마대사이니,

今之所謂法師ᄂᆞᆫ 表眞諦之主ㅣ신 釋迦世尊ㅣ오 證師ᄂᆞᆫ 表俗諦之主ㅣ신 維摩大士也ㅣ니

물론 감로탱 도상에서 증사는 유마거사처럼 그의 상징인 부채를 들고 있지는 않지만, 〈세이쿄지 소장 감로탱〉의 증사 도상은 달마대사나 유마거사로 보일 정도로 범상치 않다.

16세기 말 감로탱 도상에서 법사와 증사의 위상은 그래도 크게 차이나지 않는 경향이 있지만, 이후의 특히 조선후기 감로탱에서는 경상 앞자리에 앉아 있는 도상 대신에 경상 앞 높은 의자에 앉아 있는 법사의 권위적인 도상이 강조되면서 증사는 다른 의례승들 사이에서 위상의 약화 뿐만 아니라 도상적 구분도 더욱 약화되고 있다.

이를 살펴보면, 〈원광대박물관 소장 감로탱〉(1750)사진 등에서 증사는 이전의 감청색이나 붉은 색과 같은 눈에 띄는 옷 대신에 승복을 입고 있으며 법사와 같이 노란 지삿갓[종이를 꼬아 만든 삿갓]을 쓰고 있다. 〈신흥사新興寺 감로탱〉(1768)에서는 지삿갓에 승복을 입고 합장한 채 서있는 증사의 앞에 경상이 있고 그 위에는 금강저가 놓여 있다.

〈수국사 감로탱〉(1832, 비단에 채색, 192.0×194.2㎝, 기메미술관 소장)의 부분

19세기 초에도 제한적이나마 〈수국사守國寺 감로탱〉(1832)^{사진}에서 경상에 책을 올려놓고 법사와 증사가 나란히 앉아 의식을 행하는 모습을 볼 수 있는데, 역시 초기 감로탱의 증사 도상만큼은 뚜렷하지 않다.

이 시기의 또 다른 서울·경기지역 감로탱으로 대왕대비 조씨趙氏와 상궁 등이 발원한 〈승가사僧伽寺 감로탱〉(1851)은 기존의 감로탱에 나타나는 의례승들의 위치가 단壇의 측면이 아니라 단의 바로 아래에 위치해 있다. 단의 오른쪽에는 당사소堂司所: 維那所가 세워져 있어 다섯 명의 노승과 재의 상황을 알리는 종두鐘頭의 모습이 묘사되어 있다. 단의 왼쪽에는 각각 염주, 요령, 주장자를 든 '삼화상三和尙'사진이 있는데, 특히 요령을 든 화상은 단을 정면으로 바라보며 뒷모습을 보인 채로 재를 설행하고 있다. 노승들 위주로 재편된 이들 도상은 19세기 중반임을 감안하더라도 고전적 방식에서 벗어난

〈승가사 감로탱〉(1851, 128.7×180.5㎝, 청계사 소장)의 부분

보기 드문 형태로, 소임들 간의 관계적 의미가 더욱 약해지고 있음을 보여준다.

그러면 문헌자료와 의식문에 등장하는 이러한 재 설행의 대중소임은 어떤 영향과 변화를 겪었는지 살펴보자.

17세기 침굉현변枕肱懸辯, 1616-1684의 『침굉집』 하권 〈상당과 육색장을 위한 축원上堂及六色掌祝願〉에서는 법석法席과 관련된 전통적인 의미에서 석가모니 영산회상 설법을 증명하는 다보여래의 증명으로 '금일 명명하게 증명하시는 대로비구大老比丘[今日明明證明 大老比丘]'를 첫 번째로 하고, '금일 영산회상의 회주이신 병법대사 비구[今日靈山會主 秉法大師比丘]'를 그 다음 순으로 하고 있다. 여기서의 회주는 영산회상의 회주로 이 회주는 병법과 같이 쓰였다. 내용상 '법주'에 해당된다.

그런데 이 영산회중靈山會中의 축원에 나타난 소임의 위격 순서는 당대의 것과 차이가 있으며 그 관점 역시, '원관' 혹은 '관상'이 강조된 재 의식에서 법사와

증사의 특수한 관계와는 또 다른 것이다. 예를 들어, 『오종범음집』(1661, 무주 호국사 간행)이나 『제반문諸般文』(1694, 金山寺, 동국대도서관 소장)의 〈영산회중백팔상당수靈山會中百八上堂數〉가 "會主, 證明, 秉法, 衆首, 禪德, 禪伯, 梵音, 魚山, 梵唄, 持殿, 禪和, 道者, 沙彌"라 표기하고 있고, 전대의 『수월도량공화불사』를 비롯해 월저당月渚堂 도안道安, 1638-1715의 『월저당대사집月渚堂大師集』 상권(1717, 묘향산 보현사) 〈묵은해가 새해로 나뉘는 섣달그믐 밤의 덕담축원[分歲德談祝願]〉의 '사암통용寺庵通用'[094], 그리고 『천지명양수륙재의범음산보집』 〈상당축원〉[095] 역시 회주 우위이다. 그럼에도 『침굉집』이 그 순서를 달리해 다보여래를 석가모니불의 설법 증명으로 첫 번째에 둔 것은 『묘법연화경』 「견보탑품見寶塔品」의 내용에 대한 세부적 관점이 바탕이 되었겠지만, 증명이라는 소임에 대한 새로운 경향이 반영되었을 가능성이 있다.

『천지명양수륙재의범음산보집』의 부록에는 〈용상방목龍像榜目〉과 〈법사방목法事榜目〉이 있는데, 1723년 판본은 일부 낙장이 있으므로 1739년 곡성 도림사道林寺의 판본이나 1782년의 판본을 보면 18세기 재의 중요 대중소임에 대한 관점의 변화가 나타나 있다.

〈龍像榜目〉 證明, 會主, 秉法, 衆首, 禪德, 禪伯, 梵音, 魚山, 梵唄, 持殿, 禪和, 道者, 某年某月, 沙彌, 陽傘, 拂子, 毛鞭, 奉盖, 奉輦, 引陪, 金堂佐, 經堂佐, 末堂佐, 普請堂佐, 攻拔, 知賓, 大都, 書記, 右判首, 左判首, 副鍾頭, 右鍾頭, 副記事, 上記事, 察衆, 維那, 三網, 住持

〈法事榜目〉 證明, 秉法, 衆首, 禪德, 禪伯, 梵音, 魚山, 梵唄, 持殿, 禪和, 使者, 五路, 上壇, 中壇, 下壇, 施食, 獻食, 宗室壇, 諸山壇, 家親壇, 建會疏, 大會疏, 開

---

094 祖室法師, 中室大師, 東堂禪德, 西堂禪德, 無心道人, 極樂沙門, 經論學者, 上行徒弟, 維那判事, 知殿上人, 梵修導師, 鍾頭上人, 請召沙門, 看堂沙彌, 執事近侍.
095 會主, 證明, 秉法. 禪德, 魚山, 梵音, 維那, 察衆, 記事, 鍾頭, 沙彌, 堂佐, 道者.

啓疏, 使者疏, 五路疏, 上疏, 中疏, 下疏, 三寶疏, 別文, 回向疏, 捴牒, 天牒, 月牒, 日牒

여기서 〈용상방목〉은 주로 영산작법 등에서의 소임이고, 〈법사방목〉은 수륙재 설행 시의 구체적인 소임으로 수륙재 의식집에 맞는 소임을 분류하고자 한 시도가 엿보이지만, 두 방목 모두 증명이 첫 번째로 중시되어 있어서 〈법사방목〉에 〈용상방목〉의 영향이 일부 미쳤음을 보여준다. 또한 위의 〈용상방목〉은 선원禪院에서의 대중소임과도 관련되어 있다.

이러한 〈용상방목〉의 관점에 영향을 받은 것이 19세기 초의 대표적인 불가 상용常用 의식집인 백파긍선白坡亘璇, 1767-1852의 『작법귀감作法龜鑑』(1827) 하권 〈용상방龍象牓〉이다. 여기서는 소임들의 대표적인 위계로 '증명證明'을 앞에 두고 '회주會主'와 '병법秉法'의 순서로 해서 표면적으로 『침굉집』의 것도 따르고 있는데, 여전히 〈용상방목〉에서처럼 선원의 대중소임과 연계되어 있다.

『작법귀감』의 편자인 백파긍선은 알려진 것처럼 선원의 참선의식과 관련된 간당看堂에 대한 글을 여러 편 썼다. 『작법귀감』에 부록으로 수록된 〈간당론看堂論〉이 있고, 그의 또 다른 저술인 『선문수경禪文手鏡』에도 〈간당십통설看堂十統說〉이 수록되어 있다. 『작법귀감』의 〈용상방〉에 〈용상방목〉과 세부적인 차이에도 불구하고 다음과 같이 '선원' 소임의 영향이 일정 부분 반영되어 있는 것도 이러한 영향이다.

證明, 會主, 秉法, 衆首, 禪德, 禪伯, 禪和, 持殿, 魚山, 梵音, 梵唄, 鍾頭, 普請, 客堂佐, 經堂佐, 金堂佐, 沙彌, 道者, 鳴囉, 攻鈸, 毛鞭, 叅頭, 拂子, 陽傘, 引陪, 奉輦, 威儀, 左判首, 右判首, 地排, 上記事, 副記事, 察衆, 維那格外, 三網

위 소임들의 특징은 전체 대중 위계에 의해 상판과 하판으로 순서를 밝히되,

큰 맥락에서 처음의 소임과 끝의 소임이 만나게 '원융圓融 배치'한 것에 있다.

이에 따라, '제일 웃어른이 그 모임을 증명하는 소임'을 상징적으로 맡게 되고 모임의 주관자인 회주가 그 다음에 위치하며 여러 소임들이 이어지고 있고 상판에서 하판으로 이어지는 그 끝에는 법도와 규범의 이행을 살피고 바로잡는 '찰중察衆', '유나격외維那格外', '삼강三綱'이 위치해 다시 이어지고 있다. 이러한 〈용상방〉은 오늘날까지 영향을 미쳐 그 세부적인 차이에도 불구하고 상당수의 사찰에서 재와 관계된 〈재시齋時 용상방〉이든 상용의식과 관계된 것이든 큰 구분 없이 상황에 맞게 쓰이고 있다. 이때에 원융 배치의 끝은 '찰중', '유나격외', '삼강' 대신에 일반적으로 '주지住持'가 위치한 경우가 많다.

선원과 연계된 '증사'의 위상 변화와 소임의 '원융배치'는 재장齋場에서 '법사'와 '증사'라는 소임의 재편을 가져오며 '증사'를 상징적인 대표 소임으로 나타나게 했는데, 이것은 '증사'에 대한 관점이 다름에도 당시의 시대배경으로 인해 특히 19세기 말 감로탱에서 실제의 '증사' 도상을 쉽게 찾아보기 어렵게 하는 요인으로 큰 영향을 미친 것으로 보인다. 이러한 점은 왕조 말기의 왕실발원 불사가 거의 상설화, 대형화되고 규모의 의례로 도상들이 새롭게 재편되는 것과도 맞물려 있는 것이지만, 당시의 불교계가 다시 중흥기를 맞이하면서도 보우의 『수월도량공화불사』는 정작 표면적으로만 받아들인 결과이다. 19세기 말 감로탱을 포함한 탱화들의 화기畵記 상당수가 불사의 성격을 "수월도량공화불사"라고 표기할 정도로 회자되어서, 실로 보우와 "수월도량공화불사"의 부흥이라 할 수 있었지만, 감로탱 도상에서는 오히려 '증사' 도상이 점차 불명확해지거나 사라진 것이다.

즉, '증사'의 소임을 재의 설행에 있어서 '원관圓觀'을 이끄는 소임이 아니라 『작법귀감』〈용상방〉에서처럼 제일 웃어른을 상징하는 소임으로 받아들인 것이라는 점에서 16-19세기 초 의례 현장을 묘사한 감로탱의 '증사' 소임과는 실제적인 차이가 난다. '수월도량공화불사'가 '재 불사'이면서도 여기에 더해 '법신法

身이 현현顯顯하는 불사'이며 증명의 '원관圓觀으로 드러나는 불사'라는 의미의 쇠퇴를 가져온 것이다.

전물奠物 음식과 '사다라니四陀羅尼', 그리고 '원관圓觀'의 연계

『수월도량공화불사』는 본사本師 석가모니불에 대한 예찬과 공양, 설법의 의식절차인 작법절차를 도량의식의 기본으로 하고 있지만, 논란의 여지가 있었던 수륙재 하단下壇 설행의 '사다라니四陀羅尼; 變食眞言, 施甘露水眞言, 一字水輪觀眞言, 乳海眞言'에 대해 그 수용을 재확인하고 있다.

객이 이르길, "제가 매번 총림에서 재를 지내는 것을 보니, 마땅히 식食을 주呪할 때와 수水를 주呪할 때에 법사로서 단 앞에 서서 팔을 휘둘러 공양물 위에 물을 뿌리지 않는 이가 없되 그 법도가 만 가지로 같지 않아 알 수가 없습니다. 이것은 또한 어떻게 해야 하나이까?" 도인이 이르길, "말하기 어렵도다. 이전의 의궤에도 정해진 것이 없고 이후의 의궤에도 정해진 것이 없으니 장차 어떤 것에 전거하여 그 법을 정하리오. 그러나 그침이 없는 것은 곧 반드시 『결수문結手文』의 인법印法을 따르는 것이니라. 비록 이와 같다 하더라도 옛사람이 이르길, '이치에 해가 되지 않는 일이라면 관습을 따라도 된다.'고 하였으니 오늘날 하는 바를 따라 절충하여 말하리라. 마땅히 식食을 주할 때에 법사는 단 앞으로 나아가서 오른손 무명지로 단 위의 청수그릇 가운데에 범자로 '옴'과 '만'의 두 글자를 쓴 다음 그 손가락으로 공양물 위를 둥글게 돌리고, 이어 수水를 주할 때에는 청수에 훈향하여 감로법수를 만들어 음식 위에 뿌리되 반드시 세 번 돌려 뿌려서 두루 퍼지게 하고, 이어 수륜관水輪觀을 주할 때에는 범자 밤을 청수그릇 가운데에 쓰고 이 밤자로써 다함없는 감로법수를 흘러보내 공중에 흩뿌리되 역시 세 번 돌려 뿌려서 충만하게 하고, 이어 유해乳海를 주할 때는 청수그릇을 다시 돌려놓은 다음 마땅히 두 손을 가슴 앞으로 모

아 합장하고 단 앞에 서 있다가 주를 마칠 때까지 기다린 다음 물러나니라."⁰⁹⁶

　본문에서 도인은 이 '사다라니' 작법 논란에 대해서, "그러나 그침이 없는 것은 곧 반드시 『결수문結手文』의 인법印法을 따르는 것이니라."고 하여 『수륙무차평등재의촬요水陸無遮平等齋儀撮要』(『촬요撮要』)인 『결수문』의 삼밀三密작법의 수용을 기정사실화 하며, 전대의 『진언권공』(1496) 「작법절차」에 나타나는 '사다라니'를 그대로 인정하고 있다. '작법절차' 체제에서 하단 '사다라니'의 사용을 당시 관행적으로 행해지는 작법으로 설명하며, "이치에 해가 되지 않는 일이라면 관습을 따라도 된다."라고 하여 적극적으로 옹호하고 있기까지 하다. 보우 당시에 이미 정착화의 시기였음을 보여준다.

　「작법절차」에는 공양과 관련해 세 가지 의식절차 단계가 있는데, '사다라니'를 중심으로 연동되어 있다. '사다라니' 설행 전후의 순서를 살펴보면, 자리를 내어드린[獻座] 다음 전물음식[奠物]을 올리고, 이어서 바라를 치고[鳴鈸] 소문을 읽는데[讀疏], 이 소문은 "香羞羅列施主虔誠"으로 시작해 "仰惟三寶特賜加持"로 끝맺는다. 오늘날도 불가의 일용의례에서 사용되는 문장이다. 이어서 '사다라니'를 하고 육법공양을 한다. 간략히 이를 정리하면, 전물음식-사다라니-육법공양의 순이다. 「작법절차」의 공양에 수륙재 하단 '사다라니'가 전물음식과 연동되어 하나의 전형을 이루고 있는 것이다.

096　曰吾今애 每見叢林齋席ᄒᆞ니 當呪食呪水之時ᄒᆞ야 法師ㅣ 皆出立壇前ᄒᆞ야 莫不揮臂灑水於供具上호디 其法이 有萬不同이어시니 不知케라 此又何如也ㅣ잇고 曰難言也ㅣ니라 前乎齋軌예도 未有定制ᄒᆞ고 後乎齋軌예도 亦未有定制ᄒᆞ니 將憑何典ᄒᆞ야 以定其法乎ㅣ리오 然이나 無已則須從結手의 印法歟ᄂ이며 雖然如是ㅣ나 古云事之無害於義者ᄂᆞᆫ 從俗이 可也ㅣ라ᄒᆞ니 隨今行事ᄒᆞ야 折衷而語之호리라 當呪食時ᄒᆞ야 法師ㅣ 出立壇前ᄒᆞ야 以右手無名指로 向壇上淨器中ᄒᆞ야 書梵字 (옴) (만) 二字ᄒᆞ고 遂其手指로 旋揮供具上ᄒᆞ고 次呪水時옌 以淨水로 熏香ᄒᆞ야 作甘露法水ᄒᆞ야 散灑食上호디 須三匝令徧케ᄒᆞ고 次呪水輪觀時예 書梵 (밤) 字于器中ᄒᆞ고 以其 (밤) 字로 流出無盡甘露法水ᄒᆞ야 散灑空中호디 亦三匝令滿케ᄒᆞ고 次呪乳海時옌 還置水器ᄒᆞ고 當胸合掌而立于壇前ᄒᆞ야 以待畢呪而退也ㅣ니라

이 경우를 보면, 다른 의식문들에는 얼마나 광범위한 영향이 있었을지 짐작이 간다. 먼저 수륙재의 삼단三壇 의식을 중심으로 그 용례를 살펴보자.

수륙재와 직간접적으로 관련된 의식집들에서조차 하단 시식施食의 '사다라니'는 고혼孤魂들의 수향受饗을 위해 주식呪食하여 공덕을 드러내는 법식法食에 일정하게 나타나지만 삼단의 상단上壇·중단中壇으로 권공勸供을 할 경우에는 차이를 보인다.

예를 들어, 수륙재 상단·중단 권공에 나타나는 '사다라니'를 살펴보면, 『천지명양수륙재의찬요天地冥陽水陸齋儀纂要』(『찬요纂要』)에서는 모두 나타나지만, 핵심적인 삼밀 작법이 엄격히 설행되는 결수문結手文인 『촬요』에서는 차이를 보인다. 『촬요』의 상단·중단에서는 정법계淨法界진언을 한 다음에 '사다라니' 가운데 첫 번째 진언에 해당하는 변식진언만이 특징적으로 나타나고 이어서 출생공양出生供養진언, 그리고 육법공양에 해당하는 진언들이 나타나며 헌식獻食진언과 운심공양運心供養진언 순으로 끝난다.

운심공양은 상단·중단 권공에서 일종의 '흠향歆饗'에 해당하는 것이다. 『밀교개간집密敎開刊集』(1784, 佛靈山 雙溪寺 修道庵, 동국대도서관 소장)에서는 이 운심공양진언에 대해, "일체 공양 시에 만약 이 주를 염송하지 않으면 공덕이 작다. 一切供養時 若不誦此呪 功德小也"라고 하여 협주夾註를 낼 정도로 의식에서 반드시 염송해야 하는 진언이다.

『촬요』 내에서 상단·중단과 하단의 이 변식진언과 수인법手印法도 비교대상이다. 변식진언에서는 결과적으로 미세한 음소音素의 차이 정도이지만, 수인법에서는 완전히 다르다.[097] 이렇게 상단·중단의 권공과 하단시식의 세부적인 것

---

097 『결수문』에서 상단·중단 권공의 변식진언은 "나막 살바 다타아다 바로기데 옴 삼바라 삼바라 훔 曩謨 薩哩巴 怛他葛哆 嚩路枳帝 唵 三把囉 三把囉 吽"이고, 그 수인법은 "오른손 대지는 두지에 붙이고 중지와 소지는 펼치며 무명지로는 공양물 위를 빙 둘러 휘두른다. 右手大指捻頭指 中指小指舒 無名指旋揮供具上"로 모두 동일하다. 하단시식의 '사다라니' 가운데 변

들에 차이가 나는 것은 각 단이 지닌 본래 성격뿐만 아니라, 때에 따라서는 육법공양 외에 상단·중단에도 올려지는 진수珍羞 혹은 '조촐한 공양음식인 빈조蘋藻'098, 즉 재齋의 '전물奠物 음식'에 대한 인식과 접근 때문이기도 하다.

가장 방대한 수륙재 의식집에 속하는 자기문 계열 가운데 『자기산보문仔夔刪補文』(1724, 해인사 간행, 해인사강원도서관 소장)을 살펴보면, 상단·중단과 수많은 권속들의 권공에서 강조되는 것이, "전물을 올린 후 가지하여 권공하고 육법공양을 올리는 것[奠物後六法供養; 奠物後加持勸供六法供養]"이다. 각 청문들의 권공에서 '전물음식에 대해 가지 후 육법공양'이 하나의 의례절차로 나타나고 있는 것이다. 나물류나 해조류, 세시음식이나 제사음식 등의 이 세속적인 전물음식을 불보살이 공양할 수 있는 음식으로 만들기 위해 가지加持에 힘입어 청정하고 새로운 법의 음식으로 만드는 것은, 그 성격이 특정화되어 있어 전물음식의 가지와 접합하기 어려운 하단의 '사다라니'에 의한 가지보다는 정법계진언-변식진언-출생공양진언에 의한 가지가 더욱 적합했던 것이다. '변식變食'과 '출생出生'이라는 새롭고 명료한 성격의 가지를 『촬요』가 따르고 있는 것이다.

『촬요』에서는 또한 이러한 가지 이후로 이어지는 육법공양진언의 육법공양물도 영산작법의 전형적인 육법공양물인 '향香, 등燈, 화花, 과果, 다茶, 미米'가 아니라, '향香, 등燈, 화花, 과果, 수水, 병餠'이다. 비슷한 성격의 것이지만, 용어

식진언은 "나무 살바다타 아다 바로기제 옴 삼바라 삼바라 훔 曩謨 薩嚩怛他 葛哆 嚩盧枳帝 唵 三婆囉 三婆囉 吽"이고, 그 수인법은 "왼손 손바닥은 펴서 위를 향하게 하여 가슴에 대고, 오른손은 앞쪽을 향해 세운 다음 중지와 대지를 서로 붙인다. 左手仰掌當心 右手向前竪 中指與大指相捻"고 하여 앞의 상단·중단과 진언은 일부 음소(音素)의 차이뿐 내용에는 차이가 없으나 수인법에서는 완전히 다르다.

098 빈조는 변변치 못한 채소와 나물을 뜻하는 것으로 불교관련 의식집에서도 전물음식의 의미로 자주 나타난다. 『춘추좌씨전(春秋左氏傳)』〈은공(隱公) 3년〉에서, "진실로 밝은 마음이 있으면 시냇가와 연못에서 자라는 수초(水草), 부평이나 마름 같은 채소를 비롯해 소쿠리, 솥 같은 그릇이나 웅덩이나 길바닥에 고인 물조차도 모두 귀신에게 제물로 바칠 수 있고 왕공에게 올릴 수 있다. 苟有明信 澗溪沼沚之毛 蘋蘩薀藻之菜 筐筥錡釜之器 潢汙行潦之水 可薦於鬼神 可羞於王公"라고 하여 정성을 강조하고 있는데, '빈번온조'에서 빈조를 취한 것이다.

상으로 다茶가 수水로, 미米;味가 병餠으로 차이를 보인다. 이러한 차이는 본사本師 석가모니불의 영산회상을 현현시키는 영산작법과 달리 『촬요』의 수륙재는 삼단三壇이 사자使者와 오로五路를 거쳐 명양세계가 열리는 독특한 의식체계에 있고 상단·중단의 불보살 성중이 이에 속하고 있다는 명확한 관점에서 벗어나지 않은 결과이다. 이에 따라 여기서의 육법공양물은 「작법절차」의 공양에서 볼 수 있는 전물음식과 연동된 '사다라니', 그리고 육법공양이 아니라, '전물음식에 대한 가지加持와 서로 연동되는 육법공양물'이라는 흥미로운 관계가 드러나 있다.

조선시대에 간행된 여러 의식집들 가운데 불보살 성중에게 올리는 빈조의 전물음식을 하단 '사다라니'의 논란을 피해가며 의식체계에 어떻게 수용할 것인가에 대해, 『수월도량공화불사』는 관례에 의지한 반면에 『촬요』는 보다 정교한 교학적 체계로 보여주고 있다. 대부분의 불교 의식문들에서는 이 '전물음식에 대한 가지와 서로 연동되는 육법공양물'은 엄격하게 인식되고 있지 않다.

또 한 가지 살펴보아야 할 것은, 전물음식을 올리지 않는 경우에 있어서 '사다라니'의 존재 유무이다. 조선전기의 대표적 의식문인 『진언권공』(1496)의 발문跋文을 보면, "또한 시식과 권공, 그리고 불가의 일용작법[日用常行之法事] 가운데 혹 넘치거나 전도되고 문리에 맞지 않은 것들이 있어 아는 자들은 이를 병으로 여겼다. 且施食勸供日用常行之法事 或衍或倒文理不序學者病之"라고 한 것이 있는데, 이 발문에서 밝힌 편목과 여기에 수록된 「진언권공眞言勸供」, 「작법절차作法節次」, 「삼단시식문三壇施食文」이라는 이 세 편목의 내용을 비교해 보면, 시식은 「삼단시식문」이고 권공은 「작법절차」이며 불가의 일용작법은 「진언권공」에 해당한다.

「삼단시식문」과 「작법절차」에서는 제사음식인 전물음식을 올리는 것에 반해 「진언권공」은 전물음식과 관련이 없는 일상의 마지摩旨를 올리는 공양의식으로 가지의 측면에서 『촬요』의 것과 유사한 점이 있다. 이것은 매우 짧은 의식문이다. 주요 진언의 절차는, 정법계진언淨法界眞言-진공진언進供眞言-무량위덕자재광명승묘력변식진언無量威德自在光明勝妙力變食眞言-출생공양진언出生供養眞言-정식진언淨食眞言-보공양진언普供養眞言-향공양香供養-등공양燈供養-화공양花供養-과공양菓供養-다공양茶供養-미공양味供養-퇴공진언退供眞言 순이다. 즉,「진언권공」의 마지는 크게 보면 정법계진언-변식진언-출생공양진언 등에 의한 가지加持가 이뤄지고 육법공양과 퇴공진언退供眞言으로 끝을 맺는다.「진언권공」은 16세기의 의식문들인『시식의문施食儀文』(1529, 순천 龍門寺, 동국대도서관 소장)과『시식의문施食儀文』(1550, 지리산 神興寺, 동국대도서관 소장),『승가일용식시묵언작법僧家日用食時默言作法』(1569, 무등산 安心寺, 대성사 소장),『진언집眞言集』(1573, 무안 法泉寺, 동국대도서관 소장),『제반문諸般文』(1575, 가지산 寶林寺, 대흥사 소장) 등과 같이 다양한 표제表題의 의식문들에도 합본되어 있다.

한 가지 눈에 띄는 점은 이「진언권공」의 전개이다. 특히,『진언집』(1573, 무안 법천사)에 수록된「진언권공」에서는 전대의「진언권공」이 육공양六供養을 모두 언급한 것과 달리 "五供養"으로만 명시하여 상단공양이 아닌 중단공양을 위한 의식문으로 등장하고 있는 것을 볼 수 있다. 17세기 이후로는 중단의 위격에도 본격적으로 나타난다.

『제반문諸般文』(1694, 金山寺)에서는 시왕十王 청문의 간략본인「약례왕청略禮王請」에까지 영향을 미치고 있어서, 먼저 삼보께 보례普禮하며 공양청을 올릴 때에 "眞言勸供"이라 명시하여「진언권공」의 주요 진언절차를 따르고 있다. 또한『청문』(1769, 봉정사)의「독성의문獨聖儀文」에도 같은 맥락으로〈진언권공〉이 들어 있다. 별도의 독립된 의식문에서도〈진언권공〉을 정례화한 것이다. 즉, 주전각 외에 각 전각인 명부전, 독성전 등에 모신 존격의 단에도〈진언권공〉을 하게 한 것인데, 오늘날에는 점차 사라져 가고 있는 상단과 중단의 각 단 마지공양摩旨供養 의식의 전거라 할 수 있다.「진언권공」이 시대를 거치면서 각 단의 불공에 맞게 변화할 때에도 '사다라니'는 여전히 나타나지 않는 것을 볼 수 있다.

일반적으로 하단의 '사다라니' 작법은 도량을 정화하는 의식인 '쇄수灑水'의

식과도 비교되는데,[099] 보우 당시의 『수월도량공화불사』에 나타나는 '사다라니'
에는 또 한 가지 중요한 변화가 수용되어 있다. '원관'의 관점에서 보면, 세부적
으로는 『촬요』의 하단 '사다라니'를 기반으로 하면서도 재의 동참대중들을 위한
신앙적 요구가 반영되어 있다는 점이다.

『촬요』의 이 '사다라니' 작법은 삼밀三密의 수
행으로 행해지는 작법이다. 이 가운데 가장 두
드러지게 눈에 띄는 작법인 수륜관진언水輪
觀眞言의 수인법手印法은, "왼손은 물그릇을
들었다고 관상하고 오른손 중지와 대지로는
튕기듯 맺되, 왼손 손바닥에 '밤'자가 있다고
관상하고 다함이 없이 흘러나오는 감로수를
공중에 튕겨서 뿌린다. 左手想持器 右手彈忍禪
想左掌中鑁字 流出無盡甘露法水 彈洒空中"고
하였는데, 이때의 물그릇은 특이하게도 실제가
아닌 관상으로 현현된 물그릇이다.^{사진}

『촬요』(1555, 廣德寺 간행)
사다라니 작법 중 수륜관진언

이에 비해, 『수월도량공화불사』의 '사다라니' 작법이 주목되는 것은 법사法
師가 직접 단 앞으로 나와 서서 하는 작법이며 수륜관진언의 물그릇도 실재하는
기물器物이라는 점이다. 『수월도량공화불사』 방식의 '사다라니' 작법은 당시 널
리 행해진 것으로 보인다. 〈약센지 소장 감로탱〉(1589)^{사진 p.210}과 〈쵸덴지 소장
감로탱〉(1591)^{사진 p.210} 등에서는 단 앞에 서서 한 손에 물그릇을 받든 채 작법을
하는 도상을 볼 수 있다. 또한 이들 감로탱의 단 앞에서 짓는 '사다라니' 작법 도
상은 『수월도량공화불사』에서 객의 말에 의하면 당시 '증사'가 아닌 '법사'가 하
고 있었던 것을 알 수 있으며 주인도 이를 원론적인 측면에서 지적하고 있을 뿐

---

099 정명희, 위의 논문, pp.262-265.

〈약센지 소장 감로탱〉(1589, 삼베에 채색, 158.0×169.0㎝)
의 부분

〈쵸덴지 소장 감로탱〉(1591, 삼베에 채색, 240.0×208.0㎝)
의 부분

이다. '법사'와 '증사'의 본래의 소임에도 불구하고 당시 재의 규모나 설행 여건, 상황에 따라 영향을 받고 있었음을 알 수 있다. 그러나 본래의 소임에 대한 것은 사라지지 않고 이후의 고승들에 의해 끊임없이 환기되었다.

서산 당시에 간행된 의식문인 『권공제반문勸供諸般文』(1574, 석왕사) 「거찰사사명일시식영혼식巨刹寺四名日施食迎魂式」에는 '사다라니' 끝에 다음과 같은 협주夾註가 있다.

위의 작관하는 법은 곧 서산의 가르침으로 증명이 할 바이다.
此上作觀之式 乃西山之敎也訂明之所爲也

서산의 가르침에 따라 증사가 '사다라니'를 하는 것으로 명시한 것이다. 서산의 영향을 받은 의식문에서는 작법에 따르는 기물과 관법도 더욱 세밀하게 나타난다. 예를 들어 '사다라니'에 나타나는 '버들가지[楊枝] 기물'에 대해 살펴보면, 『촬요』에는 전혀 나타나지 않으며, 16세기의 『수월도량공화불사』의 본문에도 '사다라니'와의 연계성이 나타나지 않지만, 이후 간행된 17세기의 『수월도량공화불사』(1642, 해인사, 동국대도서관 소장)와 『운수단작법雲水壇作法』(1664, 해인사, 해인사성보박물관 소장) 부록[100]에 첨록되어 있는 〈삼단작관변공三壇作觀變供〉에는 나타난다.

위의 『수월도량공화불사』〈삼단작관변공〉은 이른 시기의 것으로서 '사다라니' 중 변식진언을 제외한 나머지 시감로수진언, 일자수륜관진언, 유해진언에서 전대의 버들가지 기물이 부가되어 있어 눈에 띄는데, 이것은 특히, 「거찰사사명일시식영혼식」의 '사다라니'와 그 의식절차의 내용에 차이가 없어 주목된다. 「거찰사사명일시식영혼식」의 '사다라니'에 나타나는 관상의 구체적인 내용이 서산의 가르침임을 협주를 통해 밝혀져 있기에 〈삼단작관변공〉도 시기적으로 그 영향 아래에 이뤄진 것임을 알 수 있다. 이 「거찰사사명일시식영혼식」의 '사다라니' 중 유해진언의 끝에는 다음과 같은 협주가 있다.

> 이 진언을 염송하되 버들가지로 공양물 위에 향기로운 물을 세 번 뿌리고 또한 공중에도 세 번을 뿌려서 백골 고혼으로 하여금 살이 돋아 배부르게 하라.
> 誦此呪时以楊枝洒香水於供具上三度 又洒空中三度也 使白骨孤魂以成肥飽滿也

이 협주의 내용은 '사다라니'의 보다 구체적인 작법이 서산의 가르침임을 밝히고 있으며, 16세기 당시의 '사다라니' 작법에 버들가지 기물을 사용한 이가 원론적으로는 법사가 아닌 증사의 소임이었음을 보여준다.

---

100 『운수단작법』과 『운수단가사(雲水壇謌詞)』(1605, 해인사 간행, 대성사 소장)의 부록은 그 내용에 차이가 있다. 『운수단작법』은 1664년 해인사의 '운수승가례(雲水僧家禮)' 간행불사 중 하나이다.

4. 보우의 '왕실 기신재忌晨齋'와 서산의 영혼식

『허응집』(규장각 소장)의 판심제는 세 가지이다.

첫 판심제인 '작관설作觀說'에 「수월도량공화불사」가 있다. '관觀'의 작법에 방점을 둔 관점이다. 두 번째 판심제는 '영혼식迎魂式'이다. 중종대왕 등을 비롯해 왕실과 일반 백성의 영가에 이르기까지 일심봉청一心奉請으로 시작되는 소청문召請文의 예가 관용구 형태로 제시되어 있는데, 실제 영가천도 의식에서 필요한 각 대상 위位에 따른 세세한 소청문들이다. 끝의 판심제는 '염향拈香'으로, 영산작법 의식에 쓰이는 '염향拈香'과 '거량擧揚'의 정수가 되는 문장들을 뽑아 수록했다.

이들 중 특히 두 번째의 '영혼식' 판심제에 수록된 의식들은 판본의 간행 연대를 추정할 수 있는 매우 중요한 자료이다. 동시기의 제반문류 가운데 고식에 속하는 『청문請文』(1529, 간행처 미상, 동국대도서관 소장)의 「제반문諸般文」이 불보살과 그 위격에 대한 소청문 23개를 수록하고 있는 것에 비해, 여기에서는 왕조시기에 그동안 구체적인 분류가 이뤄지지 못했던 영가들을 신분과 직업별로 왕실, 남녀와 승속僧俗, 귀천에 따라 '영혼식' 및 청문請文의 서른세 가지로 분류하고 있다. 보우에 의해 본격적인 영가천도 의식의 정비가 이뤄진 것이다. 수록된 서른세 가지는 다음과 같다.

〈중종인종양대왕급선왕선후영혼식中宗仁宗兩大王及先王先后迎魂式〉, 〈인종대왕영혼식仁宗大王迎魂式〉, 〈제대왕영혼식諸大王迎魂式〉, 〈제왕후영혼諸王后迎魂〉, 〈제공주영혼諸公主迎魂〉, 〈제빈귀인소의숙의통용청사諸嬪貴人昭儀淑儀通用請詞〉, 〈제소용숙용숙원상궁청사諸昭容淑容淑媛尙宮請詞〉, 〈제전시녀청사諸殿侍女請詞〉, 〈제대군청사諸大君請詞〉, 〈제군청사諸君請詞〉, 〈제부

마청사諸駙馬請詞〉,〈제재상청사諸宰相請詞〉,〈제사상청사諸使相請詞〉,〈관찰사청사觀察使請詞〉,〈제절도사청사諸節度使請詞〉,〈제한림학사청사諸翰林學士請詞〉,〈부윤부사청사府尹府使請詞〉,〈제주문관諸州文官〉,〈제주무관諸州武官〉,〈치사관원청사致仕官員請詞〉,〈제주아리영혼諸州衙吏迎魂〉,〈제부호단월청사諸富豪檀越請詞〉,〈제한거단월청사諸閑居檀越請詞〉,〈제장자청사諸長者請詞〉,〈제거사청사諸居士請詞〉,〈선종판사화상영혼식禪宗判事和尙迎魂式〉,〈교종판사청사敎宗判事請詞〉,〈선교양종상방통청禪敎兩宗上房通請〉,〈제선교사원주지존숙통청諸禪敎寺院住持尊宿通請〉,〈제선교강사통청諸禪敎講師通請〉,〈암거도인통청庵居道人通請〉,〈총림도반통청叢林道伴通請〉,〈제상하귀천승속남녀통용청諸上下貴賤僧俗男女通用請〉

위의 〈중종인종양대왕급선왕선후영혼식〉과 〈인종대왕영혼식〉은 16세기의 대표적인 왕실 기신재의 영혼식이자 대상이 특정된 매우 희귀한 불교 의식문이어서 그 중요성은 아무리 강조해도 지나치지 않다. 특히, 왕실 천도재와 관련해서 사찰에 파견되는 향사香使의 구체적인 역할은 그동안 알려진 부분이 거의 없었는데, 이 의식문에는 여러 흔적들이 보인다. 가장 분량이 많은 의식문인 첫 번째의 〈중종인종양대왕급선왕선후영혼식〉을 보면, 중종의 영혼식에 참여한 향사의 역할이 그 성격상의 차이에도 불구하고 산릉山陵 기신제忌晨祭처럼 향과 위패를 중심으로 전물의 진설 과정이 드러나 있고 의식에 산릉 기신제의 제례도 일부 포함되어 있어서 당시의 불교 기신재의 면모를 살펴볼 수 있다.

〈중종인종양대왕급선왕선후영혼식〉은 제목으로만 보면 중종中宗, 1488-1544이 훙서 후 일 년만에 훙서 한 인종仁宗, 1515-1545과 중종의 양위兩位의 영혼식 의식문으로 보이지만, 실제로는 중종의 영혼식 의식문으로, 뒤 이은 〈인종대왕영혼식〉까지 포함하는 제목으로 쓰인 것이다. 중종 영혼식은 설행의 핵심적인 내용 중심으로 수록되어 있어서 이후의 왕실 대상 영혼식을 통칭하는 의식문으로 하나의 전거가 되고 있다. 〈인종대왕영혼식〉에서 "餘軌同前"이라고 하여 본문에서 언급하지 않은 영혼식 의식문은 앞의 중종 영혼식과 같다고 밝히고 있는 것도 이러한 이유이다. 이 〈인종대왕영혼식〉다음에 관용화된 왕실 의식인 〈제대왕영혼식〉, 〈제왕후영혼〉 등이 계속 이어지다가 〈제상하귀천승속남녀통용청〉의 영혼식 청문請文으로 끝을 맺는다. 위로는 국왕과 왕후를 비롯한 왕실을 대상으로 하고 아래로는 중앙과 지방의 관리들을 대상으로 하며, 또한 선교양종의 이판사판 승과 승려, 일반 백성을 대상으로 한, 16세기 '영혼식'과 그 청문은 유례를 찾아보기 어려울 정도로 전반적이며 체계적인 형태를 갖추고 있다.

이러한 의식문이 만들어진 시기는 보우의 문집인 『나암잡저懶庵雜著』(1573, 간행처 미상, 동국대도서관 소장)의 〈인종대왕기신재소仁宗大王忌晨齋疏〉라는 재의 소문疏文에서 살펴볼 수 있다. 여기에 명종明宗의 비에 대해 속히 세자의 탄강[速誕聖子]을 축원하는 내용이 있어 13살에 요절한 순회세자順懷世子가 태어나기 이전인 1551년 이전에 쓰여졌음을 알 수 있다.

그리고 중종의 영혼식인 〈중종인종양대왕급선왕선후영혼식〉은 특정 대상의 의식문이므로 중종이 훙서한 1544년 이후의 어느 기일 영혼일 전에 사찰의 법사法師와 왕실의 향사香使에 의해 미리 의식문이 만들어져 의식절차가 공유되었을 것으로 보인다. 〈인종대왕영혼식〉의 법어法語; 對靈小參에, "이 일을 논하자면, 금일 칠월 초하루입니다. 此事若爲論 今日七月旦"이라는 문구가 있어서 이 의식문은 인종이 훙서한 7월 1일 기신재로 당시 실제 설행된 의식문임을 알 수 있다. 인종의 기일에 맞춰 보우에 의해 쓰여진, 〈인종대왕기신재소〉와 〈인종대왕영혼식〉을 통해 사찰에서 발원재자 영가의 기일에 베풀어지는 '영혼식'이 '기신재'와 동일한 의미의 것이었음을 알 수 있다. 다만, 사찰에서는 '기신재'보다 '영혼식'이라는 용어를 더 널리 쓴 것으로 보인다.

몽산덕이의 『증수선교시식의문』(간행시기·간행처 미상, 동국대 소장)에 합본된 「영혼문」[101]은, 보우의 「영혼식」을 거쳐 서산의 「영혼식」에 이르러서는 산보자의 입장에서 매우 간결하고 정비된 형태로 나타난다. 16세기 중반에 가장 영향력 있었던 보우와 서산이 찬술한 영혼식의 성격을 비교해 살펴보자.

서산의 현존하는 가장 이른 판본인 『운수단雲水壇 가사謌詞』(1588, 운문사 후쇄본, 동국대도서관 소장)를 보면, 여기에는 「영혼식」과 「설선식說禪式」이 합본되어 있다. 이 「영혼식」의 중요 의식은 「영혼문」의 영향을 받고 있지만, 극항極行을 적용하고 의식의 중요 내용을 간결하고 명료하게 드러내고 있으며, 당시 재의식의 현장에서 필요로 하는 설판재자設辦齋者의 영가靈駕를 위한 의식문 형식과 왕실 축원의 형식도 정련하게 갖추고 있다. 후대의 운수단 판본 상당수에는 영혼식이 부록으로 합본되어 있다.

또한 위의 「설선식說禪式」은 영산회상 법사 설법의 시작과 끝을 경전의 서사적 구조에 의지해 의례화한 독특하고 흥미로운 의식문인데, 이후에 독립적으로 간행될 때에 합본되는 의식문들의 면면을 비교해보면 「영혼식」과 연결되는 의식으로 자리잡고 있다. 17세기 초에 이르러 「설선식」은 서산의 제자인 중관해안中觀海眼, 1567-?에 의해 다시 판각될 때에 『설선의說禪儀』(1634, 삭령 龍腹寺, 동국대도서관 소장)로 나타나며 「동국제산선등직점단東國諸山禪燈直點壇」과 「선왕선후조종열위단先王先后祖宗列位壇」이 합본되었으며 그가 1631년에 쓴 발문인 〈後跋〉도 수록되었다. 「동국제산선등직점단」은 고승들의 개별 봉청문奉請文과

---

101 몽산덕이의 수정 주해[修註]본이며 해서체 판본이다. 편제는 세 가지 시식의문으로 이루어져 있다. 「증수선교시식의문」〈版心: 施食〉, 「영혼문迎魂文」〈版心: 迎〉, 「구병시식의문救病施食儀文」〈版心: 救〉이다. 여기서 통상적인 의식 용어로 말하면, '선교시식' 의식은 삼단 가운데 하단의 시식의식을 선종과 교종의 양종 사찰에서 통합적으로 설행하기 위해 새롭게 산보한 독립적인 시식의식이며 삼단의 하단에 속함에도 앞에는 거념(擧念)이 없고 뒤에는 왕생정토주(往生淨土呪)의 독송으로 서방극락정토의 왕생을 기원하는 왕생신앙이 반영되어 있다. '구병시식' 의식은 '삼보와 관세음보살[三寶及觀音大士]'로 거념하고 있다. 병든 이들에게 관세음보살님의 대비심이 특별히 미치기를 기원하는 독특한 성격의 산보 시식의문이다.

찬讚이 서산으로 끝나고 있어서[102] 서산의 입적 이후에 그의 존령尊靈이 추가되었음을 알 수 있으며, 「선왕선후조종열위단」의 개별 봉청문과 찬은 의인왕후懿仁王后, 1555-1600로 끝나고 있어서[103] 역시 편찬 시기를 짐작할 수 있다. 중관해안은 발문에서, "제산단과 종실위 역시 곧 대로[서산]께옵서 재세시에 구결하셨던 것이다. 而諸山壇宗室位 亦是大老在世時口訣者"라고 하여 서산의 고본을 바탕으로 한 것임을 밝혔다.

이 『설선의』에 합본된 이들 두 편의 의식문은 서산의 법손인 월저당 도안이 1703년에 발제문을 쓴 『신간산보범음집新刊刪補梵音集』(1713, 普賢寺, 동국대도서관 소장)에 수록된 의식문들과도 비교된다. 『신간산보범음집』은 상권과 하권 가운데 하권이 유실되어 목록만 남아 있다. 하권 목록을 보면 '단법壇法'인 「삼보단법三寶壇法」, 「제산단법諸山壇法」, 「종실위단법宗室位壇法」으로 시작하는데, 이것은 「동국제산선등직점단」과 「선왕선후조종열위단」이 백여 년 이후에도 서산의 문도들에 의해 비슷한 범주에서 영가를 맞기 위한 봉청문 형식으로 끊임없이 정비되고 있었음을 보여준다. 문중 고승들의 규범을 바탕으로 시대의 신앙적 요구가 지속적으로 반영되고 있었던 것이다.

몽산덕이의 「영혼문」〈헌영반시獻靈飯時〉를 비롯해 서산의 「영혼식」에 나타나는 흥미로운 공통점은 영가를 위해 '영반靈飯'[104]을 올린다는 점이다. 영가를 맞이해[迎魂] 시식施食을 베푸는 영혼 의식문으로 재齋뿐만 아니라 불교식 제사에도 방점이 주어진 의식문임을 상기시켜 준다. 특히, 『운수단 가사』(1659, 함흥

---

102 개별 봉청문과 찬 다음에는 헌좌(獻座)와 다게(茶偈)로 끝난다.
103 개별 봉청문과 찬 다음에는 영가를 목욕시키는 세부적인 관욕(灌浴)의식으로 끝난다.
104 '영반'을 근대 『석문의범(釋門儀範)』의 시각에서 주로 접근한 논문으로, 심상현의 「施食과 靈飯에 대한 고찰 -시식의 종류와 용례를 중심으로」, 『불교와 세계종교의 신비사상과의 대화』(한국불교학회, 2014)가 있다.

千佛寺, 동국대도서관 소장)에는 「영혼식」에 〈영반규차靈飯規次〉라는 새로운 절차 규정이 나타나고 있을 정도로 중시되었음을 살펴볼 수 있다.

여기서 '반飯'은 영가의 생전 음식이고 '영반'은 제사음식인 전물奠物음식을 말한다. 그런데 서산의 『운수단 가사』(1588) 「영혼식」에 나타나는 '영반'은 단순히 영가만을 위한 것이 아니다. '거우하지去又何之: 스님께서 가시면 또 어디로 가십니까?'의 입적한 선객[禪陀客]의 위位에도 올리는 선열미禪悅味: 禪悅米이자 조주의 차[茶]로 선미禪味의 전물[105]이기 때문이다. 서산의 「영혼식」은 불교의 수행관이 집약된 형태로 구성되어 있다.

보우의 「영혼식」에서는 왕의 영혼식에 올리는 전물음식을 '영반'이 아닌 다른 용어를 사용하고 있다. 서산의 「영혼식」에 비해 보우의 「영혼식」 자체는 후대에 널리 보급되지 못했지만, 조선이라는 왕조의 보편적인 불교의식문 편찬을 염두에 두고 각각의 대상과 지위에 따른 법식을 체계적으로 분류했다는 점에서 그 의의가 있다. 보우의 「영혼식」에 포함된 많은 개별적인 의식문 가운데 특히 〈중종인종양대왕급선왕선후영혼식〉은 나머지 대부분이 봉청문 형식인 것과 달리 구체적인 의식의 내용을 남기고 있는데, 왕실 영혼식인만큼 보편적인 '영반' 대신에 '수라水剌'라는 용어가 나타나는 등 차별화되어 있다.

먼저 이 영혼식[『허응집虛應集』(규장각 소장)]에 대해 간략히 살펴보자.

영혼식의 시작은 아래에서 볼 수 있듯이, 중종中宗, 재위 1506-1544을 위한 기신재忌晨齋 의식문으로 위의 제목만으로 보면, 잇따라 훙서한 인종재위 1544-1545의

---

105 『운수단 가사』(1588)의 「영혼식」 '영반'을 보면, 먼저 안좌게에 해당하는 게송이 있고, "이어서 안좌진언을 한 후에 전물을 올린다. 次安座云云次奠物"고 하여 '전물'이라는 용어를 쓰고 있다. 이 다음으로 영반게에 해당하는 다음과 같은 게송이 있다. "無底鉢擎禪悅味 바닥 없는 발우로 선열미 받들고 穿心椀貯趙州茶 구멍 뚫린 다기로 조주의 차 담아 慇勤奉勸禪陀客 선객에게 그윽이 받들어 올리니 薦取南泉翫月華 저 남전화상의 달과 꽃을 취하소서."

기신재에서도 사용되었음을 나타낸 것이다. 별도의 〈인종대왕영혼식仁宗大王迎魂式〉은 그 내용이 이에 비해 짧다.

> 작법대중과 향사는 영가를 맞이하는 곳에 나란히 나아가서 각자의 위치에 따라 서서 마땅히 가슴에 합장하되 조용히 말없이 있는다. 향사가 향을 올리고 작법대중들이 요발을 치고 범음(어산)이 거불을 하여 마치고 나면 법사는 요령을 세 번 흔들며 다음과 같이 말한다. '금일 우러러, 중종공희휘문소무흠인성효대왕 선가를 받드나이다'(세 번 한다).[하략]
> 法衆與香使 齊赴迎請之所 各自依位而立 當智合掌 默無言說 香使上香 法衆動鐃鈸 梵音擧佛畢後 法師振鈴三聲云 今日奉爲中宗恭僖徽文昭武欽仁誠孝大王仙駕 三呼云

여기서 의식의 시작 부분에 정형화된 개문게開門偈 등과 같은 게송은 생략되었는지 수록되어 있지 않지만, 영가를 맞아하는 곳[迎請之所]이 별도로 있고 '다상茶床'을 올리면 향사香使가 향과 차를 올린다. 이것은 이 시기의 『권공제반문』(1574)의 「거찰사사명일시식영혼식」〈봉향례奉香禮〉에서 '향사'가 아닌 '법주法主'가 종실위宗室位에 향을 사르고 있어서 '향사'의 파견과 관련이 없는 대찰의 사명일 의식과 비교된다.

위의 의식에서 이어지는 절차는 다음과 같다.

> 법당이 있는 중정에 이르러 연輦을 내린다. 향사가 연에 있는 대왕의 위판位板을 들고 법당 안으로 들어가 위판을 연화좌 위에 앉힌 다음,[106] 난간 밖으로 물러나 엎드리면 법사는 자애로운 불상[金相]을 우러러 한 번 요령을 흔들고 공경히 이르길, "삼가 아뢰옵나니, (중종)공희대왕선가시여![하략]

---

106 〈중종인종양대왕급선왕선후영혼식〉과 달리 〈인종대왕영혼식〉의 경우에는 이 부분이 일반적인 '보례(普禮)'로만 나타날 정도로 간략하다.

至殿庭下輦 香使奉位板上殿 以位板安蓮花座上 退伏欄外 法師仰瞻金相慈尊 振鈴 一聲敬白云 謹白 恭憶大王仙駕

　　조선초기인 1508년 왕실 기신재의 한 예는, "왕의 위판을 가지고 뜰 아래에서 법당을 향해 보례普禮하고, 어휘御諱로 쓴 소문疏文을 불전 앞에 진설하니 **且以位板於庭下禮佛 書御諱疏文 設於佛前**"[107]라고 하여, 어제御製 소문만을 법당에 들이고 위판은 법당에 들이지 않았다. 그러나 보우는 〈중종인종양대왕급선왕선후영혼식〉에서 중종의 위판을 '보례' 시에 법당 안으로 들이고 있다. 왕실 기신재와 중종의 영혼식에서 의식의 내용은 같은 것임에도 왕의 위패를 안치하는 장소가 다른 것은 재의 규모와 사찰의 설행 여건이 감안된 것으로 보인다. 그리고 중종의 영혼식은 법당 안의 보례를 마치고 이어서 '시식施食' 의식을 법당이 아닌 하단下壇에 해당하는 '영당靈堂'이라는 또 다른 전각에서 행하고 있어 주목된다. 물론 이때에는 북쪽의 법당과 남쪽의 영당을 중심으로 북남 축의 의식이 설행되었을 것이다. 영당이 없는 사찰의 경우에는 역시 북남축의 누각樓閣[108]에서도 행해졌을 것으로 보인다.

　　의식문을 보면, '향사'를 비롯해 '법사'와 작법대중들이 영당으로 이동할 때의 협주에는, "향사는 위판을 들고 영당으로 바로 가서 선령仙靈: 仙駕이 앉는 자리에 공경히 안치하고 배례한 다음 물러난다.[香使又奉位板 直至靈堂 敬安靈席 退伏拜位]"고 하여 '향사'의 역할이 계속 위판을 중심으로 긴밀히 이어지고 있다.

　　영당 안에서는 중종 선가仙駕에게 '수라'인 진수珍羞와 제향祭享에 천신薦

---

107 『중종실록』 6권, 중종 3년(1508) 5월 28일자.
108 16세기의 누각에 대해 손신영은 「조선후기 사찰 樓 연구」, 『강좌미술사』52(한국불교미술사학회, 2019, pp.262-265)에서 42종의 연구 대상 누각을 분석하면서 "창건연대가 파악되는 14동 중, 가장 시대가 앞서는 루는 1527년의 충남 태안 흥주사 만세루이며 중수·중창연대를 고려해보면 익산 숭림사 우화루(1555년)와 영주 부석사 안양루(1580년), 공주 갑사 강당(1583년)도 16세기에 창건된 것으로 여겨진다."고 했다.

新하는 '귤[酸物]' 등을 올렸다. 〈중종인종양대왕급선왕선후영혼식〉의 제목에도 불구하고 중종 선가를 위한 기신재에 이 의식문이 쓰인 것을 알 수 있는 것이 바로 '귤'이다. 중종의 기신재가 음력 11월 28일이고, 인종의 기신재가 7월 1일인데, '귤'은 동지 무렵에 제주도에서 진상하므로 7월 1일에 쓰는 것은 불가능하다. 영당 안에서의 자세한 의식절차는 아래의 두 가지 협주夾註에 잘 드러나 있다.

헌좌진언獻座眞言 아래의 협주이다.

'수라'를 올릴 때에 작법대중들은 위의를 갖춰 영당 아래에 이르러 나란히 각각의 위치에 따라 합장하고 선다. 향사가 먼저 네 번 절을 하고 바닥에 엎드린다. 영당의 좌우 협문이 열리고 세수가 들어가며 이어 정문正門이 열리고 상이 계속 들어가는데 여러 종류의 진수 약간이다. 후에 향사는 향을 올리고 차를 올린다. 법사는 요령을 한 번 흔들어 내리고 이르길[하략]
獻水剌時 法衆具威儀 齊赴於靈堂之下 各各依位合掌而立 香使先四拜伏地 開靈堂左右陜門進洗水 次開正門擧床繼列種種若干珎羞 後香使上香進酌 法師振鈴一聲云

법사와 모든 작법대중은 조용히 반야심경을 한 번 독송하여 마친 후, '수반'을 올리고 정문은 닫는다. 작법대중들이 물러가면 바로 상을 물리고 또한 '귤'을 올린다. 향사는 네 번 절을 마치고 나와 다시 영당의 문을 닫아서 사람들이 엿보아 신성함을 범하지 않게 하는데, 이후는 다 이에 따른다. 다음날 혼을 돌려보낼 때에 외삼문에 이르러 앞에 전석을 편 다음 찻상을 올린다. 향사는 향과 차를 올린다. 법사는 요령을 세 번 흔들어 내리고 이르길[하략]
法師與諸法衆 徐誦般若心經一遍畢 獻水飯閉正門 法衆退散 俄而徹床 又獻酸物 香使後四拜畢退出 還閉靈堂 莫使人窺以犯靈威 後皆倣此 翌日送魂時 至外三門首設餞席 獻茶床 香使上香進酌 法師振鈴三聲云

전체적으로, 상단上壇에 해당하는 법당 안에서 '보례普禮'를 한 다음 하단에 해당하는 영당靈堂 안으로 이동해서 이 곳에서 전물음식을 올리는데, '수라'로 시작해 철상한 다음에는 진귀한 '귤'을 올리고 있다. 혼을 돌려보낼 때에 일주문인 '외삼문'에서 전석을 펴고 있어서 재의 규모가 큰 대찰에서 행해졌음을 알 수 있다.

보우가 편찬한 「영혼식」의 가장 큰 특징은 수륙재 하단을 재齋 형식의 '불교제사'로 신분과 계층에 따라 분류해 의식규범의 확립을 처음으로 시도한 점이다. 여기에 수록된 서른세 가지의 의식문들은 〈중종인종양대왕급선왕선후영혼식〉에서 〈제상하귀천승속남녀통용청諸上下貴賤僧俗男女通用請〉에 이르기까지 왕실을 비롯해 당시 제사와 큰 관련이 없이 살던 비천한 남녀백성들에까지도 영가를 위한 제사의 규범을 확장하고 하나하나 구체화했다는 점에서 그 자체만으로도 큰 의의가 있다. 이러한 획기적인 시도는 당시 불교계를 비롯해 왕실의 후원과 지지가 있었기에 가능한 일이었을 것이다.

또한 왕실 영혼식이라는 구체적인 의식문의 등장은 의례의 전환을 가져와 제반 설행환경뿐만 아니라 공간에 대한 변화도 수반하였을 것이라는 점에서 보우에 의해 감로탱의 등장 기반도 이때에 처음으로 갖춰졌을 가능성을 보여준다.

현존하는 감로탱 가운데 왕실 영혼식이 도상으로 반영된 것은 보우 입적 이후에 조성된 〈쵸덴지 소장 감로탱〉(1591)이다. 하단 소청의 대상 중에 '일체 고금 세상의 주인[왕] 一切古今世主'에 해당하는 도상을 보면, 연輦에 왕실의 위패를 안치해 영혼을 맞으려가는 영혼식迎魂式의 행렬 장면이 묘사되어 있어 참조가 된다. 조선시대 감로탱 중 도상에 반영되어 유일하게 남아 전하는 장면이다. *사진 p.222*

최초의 감로탱은 이 왕실 영혼식과 관련된 것으로 보인다. 현존하는 가장 오래된 감로탱으로 알려진 것이 1580년 기년명의 "下壇幀"인 것을 감안하고, 〈중

〈쵸덴지 소장 감로탱〉(1591, 삼베에 채색, 240.0×208.0㎝)의 부분

종인종양대왕급선왕선후영혼식〉이 크게는 '야외-법당-영당-야외'의 장소로 의식동선이 진행되고 있는 점을 살펴보면 보우가 왕실 영혼식에서 '하단의 관상觀想 전 과정을 도해圖解한 탱화'를 영당 내에 봉안하는 것은 필요하고 또 자연스러운 일이었을 것이다. 특히, 중종 선가의 '시식'의식에 해당하는 것이 영당 안에서 행해진 점도 이를 뒷받침한다. 서산과 그의 법제자인 일선 시기의 대중적인 영혼의식문인 「거찰사사명일시식영혼식」〈시식단배치규식施食壇排置規式〉에 나타나는 야외의 시식단 배치들이 매우 소박하고 봉안용 탱화가 아닌 번幡 위주인 것도 보우 시기의 감로탱 등장과 관련해 살펴보아야 할 점이다.

감로탱의 등장을 신앙의 이해라는 측면에서 보면, 보우가 재의식 규범의 확립과 문정왕후를 비롯한 왕실 여관女官들과 동참대중들을 위해 국한문혼용의 『수월도량공화불사여환빈주몽중문답』을 쓴 것과 같은 연장선상에서 논의될 수 있을 것이다.

보우에 의해 '왕실 기신재'의 영혼식은 보다 체계적인 설행의 기반이 마련되었으나 그의 입적과 함께 혁파됨으로써 현존하는 마지막 '왕실 기신재' 의식문으로 남았을 가능성이 있다. 그러나 문화적인 측면에서는 이것 역시 여기에서 그치지 않고 영혼식 문화의 일부로 여전히 영향을 미쳤을 것으로 보인다. 이후로 서산의 간결한 영혼식에 이어 그의 법제자인 일선에 이르러서는 끊임없는 대중화의 요구에 의해 유교적 가치관이 반영된 사명일의 영혼식이라는 새로운 활로가 모색된 것이다.

이 시기의 '왕실 기신재'와 영혼식에 대한 연구는 적어도 감로탱의 등장과 직접적으로 연계되는 것이며, 전체적으로 보면, 최초의 감로탱과 현존하는 초기 감로탱의 연구 범주에 해당한다고 할 수 있다.

5. 불교 사명일四名日의 등장과 전개, 그리고 '재齋 형식의 제사'

16세기의 「대령소참」 혹은 「영혼문」과 같은 의식문들은 대찰의 '불교 사명일四名日'과 연계되며 더욱 체계화되는 전기를 맞는다. 「대령소참」 혹은 「영혼문」은 의식의 앞부분이 특징적이다. 지단진언指壇眞言과 개문게開門偈를 전후로 펼쳐지는 야외 의식에서 영가를 문門 밖에서 맞이해 도량 안으로 인도하기 때문이다. 그런데 이들 의식절차는 대부분 진언과 게송으로 이뤄져 있어 작법동선을 미리 숙지하고 있지 않으면 그 극적인 요소들이 잘 드러나지 않는 편이다.

이에 비해 '불교 사명일 의식'인 「거찰사사명일시식영혼식」은 설행작법의 동선이 연상될 정도로 구체적이다. 먼저 의식의 처음부터 거불擧佛로 "南無大聖引路王菩薩" 또는 "南無冥陽救苦地藏王菩薩"[亦可]을 드러내어 이전의 '영혼식'과 달리 하나의 독립적인 항목으로 세운 점은 그간의 의식 정비를 보여준다. 이어서 소청하는 대상을 특정해 선왕선후열위 선가, 그리고 영가와 무주고혼 등이 도량에 이르길 청하고 지단진언[109]을 한다. 어산은 거령산擧靈山의 예[음조]로 대성 인로왕보살을 창하며 요잡을 하고 정문에 이른다[魚山以擧靈山例 唱大聖引路王菩薩 繞匝至正門]. 문 밖에서 개문게를 한다.

이 「거찰사사명일시식영혼식」은 '불교 사명일'과 관련된 현존하는 가장 이른

---

109 지단진언은 도량 안의 개건(開建)된 단(壇)이 있는 방향을 가리키는 진언이다. 「거찰사사명일시식영혼식」 판본의 지단진언 다음에는 정로진언(淨路眞言)이 와야 하는데, 그렇지 않고 지단진언 밑에 정로진언의 성격에 해당하는 이행게(移行偈)의 계송 일부가 쓰여 있다. 간행 이후에 세필로 가필(加筆) 된 것이어서 논외로 한다. 이 이행게는 후대의 복각본인 금산사 판본(1694)에도 나타나지 않는다. 『증수선교시식의문』의 「영혼문」에는 지단진언 다음에 정로진언이 나타나는데, 『청문』(1529)의 「대령소참」에서는 정로진언 다음에 지단진언이 나타나 진언의 순서가 바뀌어 있다.

시기의 기년명 있는 의식문이며, 불교의례에서 하나의 중요 분기점이 되는 의식문이다. 이때에 소청 대상을 '종실청宗室請', '승혼청僧魂請', '유주고혼청有主孤魂請·무주고혼청無主孤魂請'이라는 삼청三請[110] 의식을 순서대로 관용구화 해서 이후에 인로왕보살청을 포함한 사청을 하나의 체계로 정착시켰다는 점은 매우 주목되는 부분이다.

이보다 앞서 16세기 초인 연산군 9년(1503)의 국행수륙재 기록을 보면, 삼단의 이름을 갖추면서도 승려를 성스러운 대중으로 하여 중단에 포함시키고 왕실은 원래의 하단에 있는 것을 볼 수 있다.

> 승정원이 아뢰기를, "수륙재를 베푼 것은 조종 때부터 있었는데 그 제도는 상단上壇·중단中壇·하단下壇을 설치하여, 상단에는 부처를 공양하고 중단에는 승려를 공양하고 하단에는 왕후王后를 공양하니, 그 무례함이 아주 심합니다.[하략]
> 承政院啓 水陸之設 自祖宗朝有之 其制則設上中下壇 上供佛 中供僧 下壇供王后 其褻慢莫甚"라고 하였다.[111]

즉, 위의 1503년의 수륙재 설행은 상단을 부처로, 중단을 승려로, 하단을 왕후로 하여 왕실이 승려 뒤에 있어서 숭유억불의 기조 속에서도 위격의 순서에 의한 삼보의 존숭이 나타나 있다. 그런데 1574년의 「거찰사사명일시식영혼식」은 그 순서가 삼단이 아닌 기존의 하단 '청'의 삼청을 통해 왕실의 '종실청', 승려의 '승혼청', '유주고혼청·무주고혼청'의 순으로 되어 있는 것을 볼 수 있다. 유교적 가치관으로 보면, 1503년과 달리 문제될 소지가 없다. 「거찰사사명일시식영

---

110 협주(夾註)에는 모두가 고혼청임을 밝히고 있다[此上三請皆孤魂請].
111 『연산군일기』 48권, 연산 9년(1503) 1월 28일자.

혼식」이 태조의 원당願堂이며 서산의 수도처로 알려진 안변 석왕사釋王寺[112]에서 간행된 『권공제반문勸供諸般文』(1574, 국립중앙도서관 소장)에 수록되어 있는 점도 사찰의 위상과 관련해 간과할 수 없는 것이기도 하다.

여기서 「거찰사사명일시식영혼식」의 등장 배경인 '불교의 사명일四名日'에 대해 자세히 살펴보자. 사명일의 역사는 매우 오래고 깊다. 그러나 오늘날 인지하고 있는 '불교의 사명일'에 대해 살펴보면, 사찰에 옛 사명일 의식집들이 전하고 있어서 사명일이라는 용어만을 쓸 뿐, 대중적인 의식문으로는 거의 사용되고 있지 않기에 지금까지 그 구체적인 내용에 대해서 논의되지 못했다.

『불교 4대명절』(비매품, 2022)은 대한불교조계종 포교원에서 간행한 것인데, 현재 불교신앙의 기념일로 '초파일, 출가재일, 성도재일成道齋日, 열반재일'을 들고 있다. 이외에 '초파일, 성도재일, 열반재일, 백중百種: 白衆, 百中, 우란분재'[113]을 드는 경우도 있다.

조선시대 불교신앙의 기념일에 행하는 의식문들을 먼저 살펴보자.
당시의 상용常用 의식문들인 『제반문』과 『청문』 계열에 수록된 의식집들에는 한 가지 특이한 점이 있는데, 여기에는 당연히 있어야 할 초파일이나 열반재일 관련 의식문이 아니라 부처의 깨달은 날을 기리는 성도재일 의식문인 「성도재문成道齋文」이 있는 경우가 많다. 16세기의 『청문』(1529)에서는 "청문" 판심

---

112 석왕사 사적은 현재 여러 단편적인 자료들로 전한다. 국립중앙박물관 소장 유리건판 사진(원판번호 130881)의 〈설봉산석왕사기〉는 서산이 직접 쓴 것으로 태조 이성계와 무학대사의 석왕사 창건 일화가 수록되어 있는데, "왕이 될 꿈을 해몽한 절"이라는 뜻으로 석왕사의 사명이 지어졌음을 밝히고 있다. 『설봉산석왕사기(雪峯山釋王寺記)』(1761, 석왕사 간행, 동국대도서관 소장)는 목판본이다.
113 정명희는 『朝鮮時代 佛敎儀式의 三壇儀禮와 佛畵 硏究』(홍익대박사학위논문, 2012, p.148)에서 조선시대 사명일을 "초파일, 성도재일, 열반재일, 백중"으로 보았다.

제판心題의 편에 성도재일 의식문이 수록되어 있어, 청문 의식을 잘 갖춰야 할 만큼 성도재일이 성행했음을 보여준다. 『권공제반문』(1574) 등에도 역시 「성도재문」이 수록되어 있다. 그러나 초파일이 성행하지 않은 것도 아니어서 조선후기를 보면, 정조가 초파일 당일에 초파일을 '명절名節'이라고 부르며 백성들을 위해 통금을 풀도록 명한 것이[114] 눈에 띈다. 유교 군주에 의해 초파일이 한 때 '명절'로도 불린 것이다.

다만, 이들 『제반문』과 『청문』 계열에 수록된 의식문과 판심제의 성격으로 보면 당시의 '불교 사명일'은 이와 성격이 다르다. 아래에서 살펴보겠지만, 이를 당시 사람들은 인식하고 오늘날의 사람들은 인식하지 못한 것은, 단절의 시기가 너무 길었던 이유도 있지만, 정작 사명일의 종류에 대해 불교 내에서 구체적으로 언급한 문헌이 한 가지 정도에 불과했기 때문이다.

17세기 중반까지 활동했던 어산인 반운당伴雲堂 지선智禪이 쓴 『오종범음집』(1661, 무주 호국사 간행)의 「총림대찰사명일영혼시식지규叢林大刹四名日迎魂施食之規」에는 "설, 단오, 추석, 백중(우란분재)"이라고 하여 각각의 해당 게송이 수록되어 있다.

이 이전 시기의 의식문인 『권공제반문』의 「거찰사사명일시식영혼식」에는 사명일의 종류가 나타나 있지 않지만, 여기에서도 '백중(우란분재)'의 게송은 수록되어 있어서 이를 통해 16세기 말 '불교 사명일' 가운데 백중(우란분재)을 가장 성대한 명절로 인식하는 것에 무리는 없어 보인다.

그러면 '불교 사명일'의 종류에 대해 살펴보자.

---

[114] 『정조실록』 9권, 정조 4년(1780) 4월 8일자. "하교하기를, '오늘은 명절일(名節日)이다. 저잣거리에서 백성이 모여 놀고 마시는 것은 이상한 일이 아니니, 오늘 밤에는 삼법사(三法司)에서 나가 금하지 말게 하라. 教曰 今日 名節日也 街巷之間 民庶之會集遊飲 不是異事 今夜 令 三法司, 勿爲出禁'고 했다."

위의 의식문들은 제목에 드러나 있듯이, 사명일에 하는 "迎魂"과 "施食"이므로 통칭 '불교 제사'와 관련이 깊다. 위의 초파일, 성도재일, 열반재일의 경우는 시식영혼식施食迎魂式의 의식 대상이 아니다.

이 '불교의 사명일' 의식의 시작은 유교와 관련이 깊다.

조선시대 불교계는 유학자와 동일한 형식의 문집편찬, 고관이나 명문장가에게 의뢰해 받은 고승비의 건립, 유학의 독서순서와 체제가 유사한 승려 교육과정 정비는 물론 의승군의 충의의 공적, 부모의 봉양과 제사를 행한 승려의 효의 실천 등을 통해 유불공존을 추구하였는데,[115] 이 가운데 불교의 사명일도 유교의 영향을 받은 것이다.

유교의 사명일은 '사명일속제四名日俗祭'이다. 사대 속절俗節인 사명일(설, 한식, 단오, 추석)에 분묘墳墓에서 행하던 제례祭禮이다.[116] 조선중기의 이이는 사명일을 『율곡전서栗谷全書』 권27 〈묘제의墓祭儀〉에서 "설[正朝], 한식, 단오, 추석"이라 했고, 조선후기 『일성록日省錄』〈정조 원년 정유(1777) 5월 30일〉과 같은 왕실기록에서도 "설, 한식, 단오, 추석"으로 동일하게 나타난다. 그런데 김매순金邁淳,1776-1840의 『열양세시기洌陽歲時記』〈중추中秋〉에서는, "사대부의 집에서는 설, 한식, 추석, 동지를 사명일이라고 하여 묘제墓祭를 행하는데, 설이나 동지 때 혹 행하지 못하더라도 한식과 추석 때 행하며 한식보다는 추석 때 많이 행한다."[117]고 하여 단오 대신에 동지를 넣는 경우도 보인다. 그러나 이들 모두가 묘제, 제사와 연관되어 있는 것에는 차이가 없다.

지선이 밝힌 사명일은 '사명일속제'에서 '한식'이 '백중'으로 대체된 불교 사명일이다. 조선전기인 세종 대에도 나라의 풍속[國俗]이라 할 만큼 '백중'은 매

---

115 김용태, 앞의 논문, p.193.
116 하수민, 『명절의 탄생』, 민속원, 2016, p.168.
117 『조선대세시기』Ⅲ, 국립민속박물관, 2007, p.146.

우 성행했다.

> 나라의 풍속으로 7월 15일은 절에 가서 혼魂을 불러 제사합니다. 오늘 무뢰한 승도들이 도성에 들어와서 길가에 깃발을 세우고 징과 북을 쳤으며 탁자를 설치해 찬을 늘어놓고 죽은 사람의 이름을 불렀으니, 이를 백종百種 시식施食이라 합니다.
> 國俗以七月十五日 就寺招魂以祠 是日無賴僧徒入都城 於街巷竪幡幢 擊錚鼓 設卓 陳饌 唱死人名 號曰百種施食[118]

'불교 사명일'에 대한 16세기와 17세기의 관련 의식집 자료는 현존하는 것으로 보면, 대찰과 고승들 중심으로 남아 있는 매우 한정적인 것이다. 그런데 이때까지도 사명일의 명절을 의미하는 '名명'자를 쓰는 것에는 변화가 없었으나 18세기에 이르러서는 『대찰사명일영혼시식의문大刹四明日迎魂施食儀文』(1710, 해인사 백련암)이나 『천지명양수륙재의범음산보집』(1723, 중흥사) 〈총림사명일영혼시식절차叢林四明日迎魂施食節次〉, 『대찰사명일영혼시식의문大刹四明日迎魂施食儀文』(1740) 등에서 볼 수 있는 것처럼, '四名日사명일'을 '四明日사명일'로 표기하는 예가 늘어나고 있으며, 이후 19세기를 거쳐 오늘날에 이러한 사명일 의식은 쉽게 찾아보기 어렵게 됐다. 조선후기에 하나의 분기점으로 '名'을 '明'으로 쓰고 있는 것은 하나의 동의자 범주에서 나타날 수 있는 작은 변화이지만, 사명일에 대한 인식의 변화로 볼 수 있다.

또한 각종 재난과 여역厲疫의 피해로 참상이 극에 달했던 17세기 중·후반 현종재위 1659-1674과 숙종재위 1674-1720 재위 기간에 간행된 '불교 사명일' 의식집에는 의식의 시작 부분인 종치는 법[擊金]이나 의식절차의 협주에 지옥중생의 구제와 같은 강렬한 문구들이 나타나고 있는 점을 눈여겨 볼 필요가 있다. 이러한 구

---

118 『세종실록』 109권, 세종 27년(1445) 7월 15일자.

체적인 협주의 등장은 재의 설행이 같이 동반되었음을 보여준다. 즉, 정기적인 사명일을 중심으로 영가천도를 위한 하단시식의 설행과 의식집의 간행이 거의 비슷한 시기에 이뤄졌다고 볼 수 있다. 수륙재 의식집 내에서도 사명일 의식집에 이처럼 눈에 띄는 변화가 나타나는 것은 다른 의식집에 비해 사명일 의식의 대중성이 지닌 시대상의 반영 때문이다.

먼저, 사명일의 초기 의식문인 「거찰사사명일시식영혼식」(1574)을 살펴보면 의식의 시작인 종치는 법은 다음과 같다.

> 대중들이 정문에 모여 있을 때에 먼저 법당의 종을 세 번 친다. 이어서 승당, 선당, 종각 세 곳의 종을 각각 세 번 치고 높고 낮은 소리로 내렸다 올렸다 점종을 다섯 번 친 후에 명발과 거불을 한다.
> 大衆會正門時 先打法堂金三追 次僧堂禪堂鍾閣三處金各各三追 打之占鍾五追 鳴鈸擧佛

이후의 『오종범음집』 「총림대찰사명일영혼시식지규叢林大刹四名日迎魂施食之規」(1661)의 경우는 이에 대해 좀 더 자세히 묘사되어 있으며 종치는 법에도 큰 차이가 없어 보인다.

> 유나는 종두로 하여금 주지 앞에 나아가 종치는 것을 여쭙게 하고, 주지는 하나하나 일러주되 먼저 향로전의 종을 치게 한다. 중정의 한 가운데에는 오여래번을 걸며 정문에는 돗자리를 마련하고 상을 놓아 인로왕보살번을 건다. 보청의普請儀는 평소대로 한다. 법당, 승당, 선당, 종각의 종을 각각 세 번 치고 주지와 대중들은 각각 체전과 꽃가지 하나를 들고 정문에 모여 가지런히 선다. 종을 높고 낮은 소리로 내렸다 올렸다 하는 점종을 친 후에 명발을 한다. 식견이 밝은 법사가 이르길, "'거불'은 전례대로 '나무 대성인로 운운'으로 하라."고 하였으나 제방의 납자들은 모두 "나무 명양구고지장왕보살 운운"이라

한다. 법주는 요령을 세 번 흔들어 내리며 이르길, "선왕선후열위 선가를 받들어"라고 한다.

維那使鍾頭 進住持前問擊金 則住持一一敎授先打香爐殿金 而庭中掛五如來幡 正門鋪陳安床 掛引路幡 普請如常 擊法堂僧禪堂鍾閣金 各各三搥 住持与大众 各持掛錢花枝一柄 聚正門齊立 占鍾鳴鈸 有識大哲師云 以擧佛例 南無大聖引路云云 諸方皆云 南無冥阦救苦地藏王卄卄卄云云 法主振鈴三下云 奉爲先王先后列位仙駕[하략]

그런데 1673년에 창원 화장사華藏寺에서 간행된,[119] 『거찰사명일시식의문巨刹四名日施食儀文』에서는 의식의 시작 부분에 기존에 볼 수 없었던 사명일에 대한 새로운 인식 변화가 나타나 있다. 영혼식의 창혼唱魂에서 파지옥진언과 멸악취진언을 한 이후, "망부모열명 영가께옵서는 간절한 청을 받아 이미 이 향기로운 단에 강림하였사오니, 합장하고 마음을 다해 부처님께 예를 올리소서. **先亡父母列名灵駕 旣受虔請 已降香壇 合掌專心 糸禮金聖**"라고 하였고, 그 아래에는 다음과 같은 협주가 있다.

> 고금 이래로 여러 대덕스님들이 비록 이르길, "또한 파지옥과 멸악취 등의 진언은 덕망있는 영가라면 가히 삼도의 고통을 멸할 수 있다."고 하였음에도 주를 하였으나, 일 년 중에 '사명일'은 곧 '팔만사천 지옥의 빗장이 열리는 날'이니 지옥주를 칭하지 않는 것도 가하다.
> 自古及今 諸德雖云亦破地獄滅惡趣等眞言 然有德之魂 則可免三途之苦而呪 一年中四名日 乃八萬四千地獄開鑰之日 不稱地呪亦淂是可也

여기서 사명일을 "팔만사천 지옥의 빗장이 열리는 날[八萬四千地獄開鑰之日]", 즉 팔만사천의 지옥문이 열리는 날로 인식하고 있는 점이 눈에 띈다. 팔만사천

---

119 "後來 康熙癸丑春三月乙未 昌原靑龍山華藏寺開刊"

지옥은 불교의 지옥을 대표적으로 상징한다.

1568년에 간행된 광흥사 판본인 『자기산보문仔夔刪補文』 권10(규장각 소장 古1750-11)의 〈종실위청좌의문宗室位請坐儀文〉 '예불禮佛'을 보면, "팔만사천 항하사와 같이 지은 죄[八萬四千恒沙罪]"에 대해 대중들이 참회하고 연비燃臂하는 내용이 있다. 팔만사천 가지 죄를 팔만사천 지옥에 비유한 것으로 죄와 지옥에 대한 오랜 관념이다. 이 '팔만사천지옥'은 『천지명양수륙재의찬요』(1562, 쌍봉사 간행)의 하단 봉청문에서 인로왕보살청 다음의 일곱 번째 청 가운데 지옥들을 열거하며, "시방법계 팔만사천 지옥도[十方法界八萬四千地獄道]"로 나타난다. 감로탱에서는 〈리움소장 감로탱〉(18세기)에 "八萬四千諸地獄道衆"이라는 방제가, 〈남장사 감로탱〉(1701)에서는 "八萬四千地獄城門"이라는 방제가 나타난다.

위의 화장사 판본이 간행된 1673년에 앞서 1670년과 1671년의 17세기 후반의 시대상황을 살펴볼 필요가 있는데, 당시의 조선은 자연재해로 인해 그야말로 참상 그 자체를 겪고 있었다.

1671년 12월 조정에 올려진 한 상소문의 내용 일부이다.

> 엎드려 생각하건대, 국가가 불행하여 액운이 들은 시절을 만나 수재와 한재가 재앙이 되고 해마다 흉년이 져서 주려 사망하는 참상이 지난해에 이르러 극도에 달했습니다. 거기다 여역이 크게 돌아 쪽박을 들고 구걸하며 죽소粥所에 의지하여 얻어먹던 저 무리들은 진휼을 그친 후에 남김없이 죽었습니다. 기근·여역으로 죽은 토착 농민까지 온 나라를 합하여 계산하면 그 수가 거의 백만에 이르고, 심지어 한 마을이 모두 죽은 경우가 비일비재합니다. 비록 임진·계사년 전란의 참혹함이라도 거의 이보다 지나치지는 않았을 것입니다.[120]

---

[120] 『현종개수실록』 25권, 현종 12년(1671) 12월 5일자.

현종 대의 이 상소문은 재난이 끝난 후에 간행된 1673년 화장사 판본에 나타나는 사명일과 팔만사천의 지옥문이 열리는 날에 대한 인식의 실마리를 제공해 준다.

그리고 십여 년이 지나 숙종 대의 무기년[1688-1689]의 전염병 창궐 이후에 간행된 『사명일상주권공四名日常住勸供』(1691, 고성 와룡산 운흥사, 考般齋 소장)의 「거찰사명일영혼시식규식巨刹四名日迎魂施食規式」에서는 전대의 「거찰사사명일시식영혼식」(1574)의 종치는 규범을 그대로 따르면서 각 전각 별로 종과 바라를 치는 것에 대해 그 의미를 상세히 밝힘으로써 재난과 고통의 극복이라는 법구가 지닌 상징성을 부각하고 있다.

> 대중들이 정문에 모여 있을 때에 먼저 법당의 종을 세 번 치는 것은 삼보의 가피력을 우러르기 위함이다. 선당과 승당, 종각 세 곳의 종을 각각 세 번 치는 것은 삼도의 고통을 타파하기 위함이고 이어서 높고 낮은 소리로 내렸다 올렸다 점종을 다섯 번 치는 것은 오취의 고통을 깨트리기 위함이다. 바라를 치는 것[121]은 팔한지옥을 뒤흔들기 위함이다.
> 大衆會正門時 先擊法堂金三搥者 仰賴三寶之力也 禪僧堂鍾閣三處金各三搥者 打破三途苦也 次點鍾五搥者 破五趣苦也 鳴鈸者下振八寒地獄也

여기서 종은 법수대로 치고, 바라는 팔한지옥을 뒤흔들기 위해 친다고 하였으므로[122] 바라도 이미 법수에 포함된 것으로 보인다.

---

121 여기서의 "鳴鈸"은 오늘날 의식절차의 시작을 알리기 위한 "명발"과 다르다.
122 예를 들어, 재난이 아닌 시기의 바라작법의 공덕에 대해서는 응운당(應雲堂) 공여(空如, 1794-?)의 『응운공여대사유망록(應雲空如大師遺忘錄)』〈바라권선문(鈸羅勸善文)〉에서, "바라는 공화불사인 수월도량의 가지작법 할 때에 위의를 세우는 좋은 물건입니다. 이 바라를 울리면 삼세제불이 강림하시고, 이 바라를 들으면 시방제천이 모이며, 이 바라로 인해 십이류의 중생이 해탈을 얻으니, 바라는 물건의 공이 크고 덕이 넓습니다. 이 바라를 보시하여 선인의 공덕을 짓게 됨을 누가 헤아리겠습니까! 鈸羅. 空花佛事水月道場加持作法時 建立威儀之一段

한편으로, 이러한 사명일이 지닌 정례성과 대중성은 지선이 언급하지 않은 다른 중요 절기에 행해진 수륙재 설행에서도 살펴볼 수 있다. 설, 단오, 추석과 같은 '사명일 속제'의 명절과 우란분절인 백중에 수많은 이들이 자신들의 조상과 부모를 천도하고, 남아 있는 이들을 위해 제재초복除災招福의 의례를 베푸는 날에 반드시 정형화된 사명일의 범주가 고집될 이유는 없었을 것이다.

예를 들어, 16세기 말 서산의 〈보현사경찬소普賢寺慶讚疏〉를 보면, 묘향산 보현사 누각樓閣 낙성식을 위해 베푼 수륙재는 "절기로는 청명淸明의 달[節屬淸明之月]"에 설행되었다. 청명은 세종 2년에 한 때 수륙재로 합설되기도 했던 '여제厲祭; 癘祭'를 지내는 절기이기도 하다.[123] '여제'는 제사 지내주는 이 없는 무사귀신無祀鬼神을 위한 제사로 국가 사전祀典 제도에 편입되어 있었다.

절기상, 봄의 명절인 삼월 삼진날(3월 3일)에도 설행되었다. 서산의 법손인 월저당月渚堂 도안道安, 1638-1715의 『월저당대사집月渚堂大師集』(1717, 묘향산 보현사) 〈평양천변수륙소平壤川邊水陸疏〉를 보면, 경오庚午, 1690년 수륙재는 전 해인 무기년[1688-1689]의 전염병 창궐로 인한 것이다.

단오는 오늘날 거의 유명무실하게 되었으나 조선시대에는 '불교사명일'의 하나에 속했을 정도로 당시 매우 중요한 명절이었다. 이때에 수륙재를 설행한 기록을 무용당 수연秀演, 1651-1719의 〈개흥사 수륙재 낮재의 소문[開興寺水陸齋晝疏]〉에서 볼 수 있다.

이에 수륙水陸의 대회大會를 마련하고 경외敬畏의 작은 마음을 일으켰나니, 구름이 바다 위에 피어오르는 시절이요, 보리가 익어가는 천중天中; 단오의 계

好物也 嗚此鈸而三世諸佛降臨 聞此鈸而十方諸天集會 仍此鈸而十二類生度脫 鈸之爲物也 其功大矣 其德廣也 施此鈸而作善人功德 其誰知之"[ABC_이대형(역)]라고 밝힌 것이 참조가 된다.
123 『국조오례의(國朝五禮儀)』〈서례(序例)〉의 시일조(時日條)에서, "봄에는 청명(淸明)에, 가을에는 7월 15일에, 겨울에는 10월 1일에 여제(厲祭)를 행한다."고 했다.

절입니다. 나는 구름과 춤추는 제비는 번개幡蓋와 나란히 나부끼고, 우짖는 새와 노래하는 꾀꼬리는 각패角貝; 소라와 음향을 같이합니다. 향화香花와 다과茶果가 초초楚楚하고 종경鍾磬과 어범魚梵이 융융融融한 가운데 날은 맑고 바람은 시원하며, 옷은 검고 마음은 붉습니다. 영산靈山의 삼보를 청하며 여러 가지 공양거리를 올렸으니, 오늘의 일심을 살피시어 연여輦轝를 타고 함께 강림하시리라 믿습니다. 삼가 원하옵건대 여러 단나檀那는 생전에 복록을 더하고 수명을 늘이며, 사후에 지옥을 벗어나 천상에 오르게 해주시고, 남은 물결이 적시는 곳에 고류苦類 모두를 즐겁게 해주소서.

修設水陸之大會 興起敬畏之小心 雲蒸海上之時 麥熟天中之節 飛雲舞燕 與幡盖而齊飄 叫鳥歌鶯 共角貝而同響 香花茶果之楚楚 鍾磬魚梵之隆隆 日淸風凉 衣黑心赤 請靈山之三寶 獻供具多般 鑑今日之一心 御輦輿同降 伏願諸檀那 生增福而益壽 死脫獄而登天 餘波所沾 苦類咸樂[124]

위의 글은 단오가 사명일에 속함에도 사명일 의식문보다는 오히려 낮재와 밤재 등의 합설로 이뤄진 '대재'의 의식문에 기반하고 있어 눈길을 끈다. 대재 의식문의 적용은 적어도 당시 재 설행의 규모에 따른 유연함이 적용된 예이다.

또한 섣달 그믐날에 시작해서 설날까지 설행되는 수륙재는 한 해의 마지막 재이자 새로운 해에 시작되는 재로 매우 중시되었다. 동빈東賓이 편찬한 『대찰사명일영혼시식의문』(1710, 해인사 백련암, 동국대도서관 소장)의 "今日國大禪刹住持臣僧奉爲"라는 문구가 보여주듯, 이 의식은 해인사와 같은 대찰의 주지가 집전하는 의식이다. 여기에는 백중인 칠월 망일에 대한 협주뿐만 아니라[125] 섣달 그믐날 세시인 "납월臘月 회명일晦明日"에 대한 협주도 있어 눈길을 끈다. 후자는 사명

---

[124] 『무용당유고』無用堂集下, ABC_이상현(역)
[125] 七月望日則 年年七月盂蘭會 是乃目連救母恩 箇箇人誰無父母 請魂空界濟雙親

일의 설날에만 한정되어 있지 않아 납월 회명일에서 설날까지의 의식절차에 대해 매우 짧지만 의미 있는 내용을 협주로 다음과 같이 밝히고 있다.

> 섣달 그믐날의 시식은 '반야심경'을 독송하고 마친다. 단에 번幡과 전錢을 순서대로 차례로 세우고 향과 꽃, 등촉을 진설하며 밤을 세워 다음날 설 아침에 시식을 한다. 곧 이미 영혼을 맞이해 자리에 모셨기에 <선밀가지편>부터 순서대로 독송해 마친 후에 영혼을 보내드린다.
> 臘月晦明日施食 則至誦心經止 壇中幡錢次次而竪 香花灯燭置之 徹夜明日正朝施食 則旣已迎魂安座故 自宣密加持篇 次次誦畢后奉送

위의 경우는 사명일인 설날 당일에만 하는 의식이 아니라 당시의 불교민속으로도 매우 중요했던 묵은 새해인 섣달 그믐날부터 설날까지 행한 의식이다. 이것은 20세기 초까지도 대찰에서 여전히 이어지고 있었다. 『매일신보每日申報』(1918)에 실린 건봉사乾鳳寺의 <이속離俗한 선림禪林의 신년新年>에는 이때에 설행한 건봉사에서의 시식 내용이 보인다.

다음은 해당 내용을 풀어 수록한 『금강산건봉사사적』의 <건봉사의 옛 설날 풍속>이다.

> 절의 과세 풍습은 일반사회보다 오래되었다. 섣달 26일이나 27일부터 세모歲暮가 되어서 정월대보름까지 세초歲初가 된다. 섣달 26-7일이면 대방이나 당루 같은 널찍한 장소에 3층계의 영단靈壇을 설치하고 흰떡국에 만두를 넣어서 진설陳設하고 대령작법對靈作法을 하는데, 제1단은 국혼단國魂壇이니 역대 제왕후비帝王后妃의 영을 모시고, 제2단은 종사단宗師壇이니 불가의 역대조사의 영을 모시고, 제3단은 고혼단孤魂壇이니 승려의 부모로부터 충의절행 순국 병몰殉國病沒 내지 무주고혼無主孤魂을 모셨다. 삼단상의 영에 대령작법對靈

作法을 행하고 떡국공양을 마친 후에는 그 날부터 산신·조왕竈王·나한·칠성·독성·시왕 등 각 전殿에 마지공양을 올린다.[하략][126]

20세기 초의 건봉사 사례는 전각 내부에서 대령작법을 하되, 떡만둣국으로 전물음식을 올리는 등 다양한 형태로 설행되었음을 보여준다.

다시 해인사에서 설행된 『대찰사명일영혼시식의문』(1710, 해인사 백련암)의 의식절차를 살펴보면, 의식집의 제목에 드러나 있는 것처럼 사명일에 영혼식과 시식을 행하는 동일 계열의 의식집들과 달리, 어느 의식진행을 기점으로 이부 구성을 뚜렷이 하고 있는 것이 눈에 띈다.

전자가 소규모의 것이라면 후자는 비교적 큰 규모의 것에 해당된다. 의식문에는 괘전게 아래에 "상편은 영혼의식으로 마치고 하편은 시식의식이다. 上迎魂儀竟 下施食儀"라는 협주가 있는데, 일반적인 사명일 의식문 자체의 제목에 이미 영혼식과 시식의문이 합설되어 있는 것을 감안하더라도 공식화했다는 점에서 중요한 언급이다. 이 협주는 시대를 거슬러 올라가 16세기의 『권공제반문勸供諸般文』(1574, 석왕사)의 「거찰사사명일시식영혼식巨刹寺四名日施食迎魂式」(1574)과 「시식의문施食儀文」도 하나의 합설合設된 의식문으로 쓰였을 가능성을 보여주는 매우 중요한 증거이기 때문이다. 『대찰사명일영혼시식의문』은 짧은 의식문이기에 상대적으로 시식 의식이 약하게 편제되어 있지만, 이 문구는 여전히 중시된 시식 의식의 규모를 보여준다.

이 협주에 이어서는 〈시식단배치규식〉이 있으며, "모두 아래의 시식편을 창화한다. 一下唱施食篇"이라는 협주 아래로 '시식'의 〈선밀가지宣密加持〉가 시작된다. 그런데 여기서의 〈선밀가지〉는 『수륙무차평등재의촬요水陸無遮平等齋儀撮

---

[126] 이영선(편저), 『금강산건봉사사적』, 동산법문 전국염불만일회, 2003, p.383.

要』의 〈비밀한 가지법을 널리 설하는 편[宣密加持篇 第二十七]〉의 체제와 내용이 일치하지 않는다.

　이 〈선밀가지〉 바로 아래에는 소문疏文이 있어 "모든 불자들이여! 경건한 초청을 받아 어느새 향기로운 단상에 내려왔으니, 이제 너희 생사의 두 중생들을 위하여 뛰어난 가르침인 삼보의 가피력과 칠여래의 성호와 비밀한 신주와 제행법문을 차례로 널리 설하리라. 너희들은 자세히 들어라. 宣密加持 諸佛子 旣受虔請 已降香壇 今爲汝等 生死二衆 首說三寶加被之力 及七佛如來聖號 祕密神呪 諸行法門 次第宣揚 汝等諦聽"로 시작하는데, 『촬요』의 것과 다르다.

　전체적으로, 〈선밀가지〉라고 하여 그 이해를 돕고 재장齋場에서 유연하게 적용되고 있음을 보여준다. 또한 이 판심제가 〈시식의〉이듯이, 『촬요』의 오여래가 아닌 최종적으로 칠여래의 현현으로 시식이 이뤄지고 있다. 위의 「시식의문施食儀文」의 체계와 내용에 바탕을 두고 있다.

　이를 통해 보면, 18세기 해인사의 섣달 그믐날 의식은 〈영혼식〉을 하고 '반야심경'의 독송으로 그치는 것이며, 설날의 시식은 위의 〈선밀가지〉를 시작으로 해서 시식의 의식절차로 회향하는 것이었다. 의식의 동선도 섣달 그믐날에는 영혼식이므로 야외이고 영혼식을 통해 영가를 안좌시킨 것이 강조되므로 영가의 위패를 중심으로 설날에는 당연히 법당 등과 같은 전각 내에서 의식이 설행되었을 것이다. 그리고 위에서 "단에 번幡과 전錢을 순서대로 차례로 세우고 향과 꽃, 등촉을 진설하며"에서처럼 하단을 진설하였을 것이다.

　16세기의 「거찰사사명일시식영혼식」 이래로 이러한 '불교 사명일'의 본격적인 등장은 당시 '민속의례와의 결합과 정례화'라는 점에서 매우 중요한 의미를 지닌다. 즉, '불교 사명일' 의식은 조선시대 사람들의 '명절 제사'에 불교의 '영혼식迎魂式'과 '시식施食'이 결합된 의식이었지만, 이러한 '명절 제사'의 대중성으로 인해 대찰이 아니더라도, 즉 작은 사찰과 암자의 경우 그 규모에 따라 적합한 방식으로 의식절차를 행할 수 있었다.

기록상으로, 16세기 전반기에서 18세기 후반기에 이르는 동안 전국의 사찰 수는 줄지 않고 오히려 1,658개에서 1,775개로 늘어난 것을 볼 수 있다. 조선후기에 이르러 전체적인 사찰의 수가 증가한 것은 소규모 암자의 증가에서 비롯된 것인데,[127] 이러한 증가는 보다 간결한 의식문의 수요를 촉진시켰을 것이다. 의식집의 간행 종류와 수가 조선후기 이후로 특히 19세기에 두드러지게 쇠락하고 이에 대비적으로 재가 가장 번성했던 사실이 이를 뒷받침한다. '재 형식의 제사' 수요에 따른 영향으로 보인다.

그러면 16세기에 대찰이 아닌 작은 사찰과 암자들은 '불교 사명일'에 어떤 의식을 했을까?

「거찰사사명일시식영혼식」의 제목에서 사명일과 영혼식 사이에 시식이 붙은 것은, 문門을 매개로 영혼을 맞아들이는 '영혼식'의 특징적인 면모에도 불구하고 시식과 영혼식이 '하단下壇 시식'의 영가천도 범주에 있는 것이었기에 굳이 대찰의 사명일 의식집 그대로를 필요로 하지는 않았을 것이다.

16세기 초의 「대령소참」 혹은 「영혼문」을 비롯해 16세기 중반 보우의 『수월도량공화불사』 부록에서 볼 수 있는 개별 영가들의 천도가 강조되어 있는 '영혼식', 그리고 16세기 말의 '사명일의 시식영혼식施食迎魂式' 외에도 '하단下壇의 여러 시식의식'에 통용해 쓸 수 있는 또 다른 의식문이 이 시기에도 이미 존재하고 있었기 때문이다.

이러한 맥락에서 『제반문』(1566, 서산 普願寺) 등에 나타나는 「시식문施食文」은 눈에 띈다. 이후의 『권공제반문』에는 「시식의문施食儀文」으로 수록되어 있는

---

127 최종성, 「조선후기 민간의 불교문화: 불승(佛僧), 단신(檀信), 제장(祭場)」, 『종교학연구』30권, 한국종교학연구회, 2012, pp.42-43.

데, 법당 내에서도 의식의 설행이 가능한 소문疏文과 계송 위주의 짧은 의식문이다. 그런데 이「시식의문」이「거찰사사명일시식영혼식」과 1574년에 석왕사에서 하나의 범주로 편집되어 수록된 것을 보면, 실제 의식에서 '영혼식'이 포함된 의식을 진행하기 어려운, 즉 야외에 소所나 설단設壇, 각종 번幡, 연輦이나 시련 위의侍輦威儀 등을 충분히 갖추기 어려운 작은 규모의 사찰이나 암자에서는 이러한「시식의문」이 사용됐을 것으로 판단된다.

「시식의문」은 사명일의 '명절 제사'나 '제사'를 비롯해 사십구재의 〈시왕청十王請〉 의식에 이어서 쓸 수 있는 의식문이므로 작은 규모의 사찰에서는 매우 적합한 의식문이었을 것이다. 몽산덕이의「증수선교시식의문增修禪敎施食儀文」도 법당 내부의 의식으로 가능하다는 점에서 이「시식의문」과 비교되며, 또한 또 다른 몽산덕이의「영혼문」은「거찰사사명일시식영혼식」과도 비교된다는 점에서 이들 두 의식문의 성격을 짐작할 수 있다.

다시 말하면, 16세기 말의『권공제반문』의「거찰사사명일시식영혼식」과「시식의문」은 각각으로 설행 가능하거나 하나의 범주에서 언제든 회통 가능한 의식문이었다고 할 수 있다. 이『권공제반문』의 한 해 후에 간행된『제반문諸般文』(1575, 가지산 寶林寺, 대흥사 소장)의「대령소참」과「시식의문」도 각각 이러한 범주에 해당되는 내용이어서 참조가 된다.

조선후기에 이르러 동빈東賓이『대찰사명일영혼시식의문大刹四明日迎魂施食儀文』(1710, 해인사 백련암)에 쓴 발문에는 '사명일 의식문'에 대해 다음과 같이 언급하고 있다.

> 이 '시식의문'은 곧 몽산화상이 지은 의문을 본받아 중록한 것이니 어찌 그 사이 사견이 용납될 수 있겠는가! 또한 전날의 저 유명한 양산사 판본으로 새겼으니 어느 누구라도 두세 번 거듭 인출하지 않았겠는가![하략]

此施食儀文乃效 則於蒙山和尙所製儀文 而重錄焉 豈容私意於其間哉 且前日所向
楊山寺鋟梓板本 出於何人之手而再三重疊

여기서 동빈은 비록 '시식의문'이라는 포괄적 용어를 썼지만, 이러한 예의 한편에는 조선후기에도 여전히 몽산덕이의 영향 아래에서 '사명일 의식문'인 『대찰사명일영혼시식의문』이 '시식의문'으로 통용이 가능했음을 보여준다.

「시식의문」과 같은 간결한 의식은 '불교 제사'의 확대에도 영향을 미쳤다. 기본적으로 사찰에서 재 형식으로 지내는 '불교 제사'는 그 성격상 '유교사회의 제사'보다 대상이 훨씬 넓었고 적어도 내부적으로 신분에 따른 특별한 규제나 제한을 두지 않았다. 다만, 때때로 유교사회의 억압만이 있었을 뿐이다. 17세기에는 적어도 기층민으로까지 기제사의 기신재가 확대되어 있었다.

기층민들의 기신재와 관련한 유의미한 기록으로는 17세기의 『산중일기山中日記』를 들 수 있다. 유학자 정시한丁時翰, 1625-1707이 1686년에서 1688년까지 팔도의 명산고찰 등을 유람하며 쓴 일기 형식의 기록인데, 여기에는 사회 기층민이라도 사찰 법당에서 재를 지낼 수 있었던 당시 '불교 제사'에 대한 그의 거부감이 잘 드러나 있다. 후대 정약용에 의해 이상적인 유학자로 찬사를 받았던 그도 감추기 어려웠던 불편한 진실이다. 이를 살펴보자.

〈1688년 7월 27일〉의 기신재忌晨齋를 올리기 하루 전날인 26일의 기록을 보면, 동화사桐華寺의 말사인 염불암念佛庵으로, "동화사의 덕보 노스님, 각수인 광원, 의연 스님 등 여섯 사람 및 마을사람 다섯 명이 재를 올리려고 저녁에 왔다. 大寺老僧德寶刻手僧廣元義衍等六人及村人五名 設齋次夕來"고 하여 총 11명이 올라온 기록이 있다. 이들은 재와 직·간접적으로 관련된 인물로 여기서 마을사람 다섯 명이 다음날 정시한의 눈에 띄게 된다.

〈1688년 7월 27일〉은 기신재 당일 아침의 모습이다.

동틀 무렵에 재齋를 올렸다. 금고金鼓를 치니 여러 사람이 절을 하였는데, 앞선 조상인 상놈을 제사지내는 것이었다. 정침正寢에서 제사지내는 예가 어찌 이렇게 허물어졌단 말인가! 스님들에게 반승을 올리고 모두 갔다.
曉設齋 擊鼓金 諸人拜禮祭 先常漢祭 寢禮之壞一至此哉 飯僧後皆去[128]

〈1686년 8월 초4일〉에는 구례 연곡사의 암자인 길상대암吉祥臺庵에서 마을의 '상놈[常漢]'이 발원재자가 되어 제사를 지내는 등 기층민의 기신재는 『산중일기』에서 어렵지 않게 볼 수 있다. 이처럼 기층민들의 제사는 법당이라는 동일 공간에서 맞닥뜨렸던 한 사대부에게는 신분상으로 매우 불편한 일이었지만, 이들이 각종 불사에서 이미 이 시기의 주요 후원자층으로 등장하고 있는 점은 눈여겨 볼 필요가 있다.

또한 『산중일기』에는 암자의 승려들도 기신재를 매우 빈번하게 지내고 있는 것을 볼 수 있는데, 불교계의 이러한 '재 형식의 제사'인 '불교 제사'의 확산은 소규모로 그 빈도가 많아지면서 의식의 설행 형태를 더욱 다양하게 하고 범패와 어산의 수요도 증대시켰을 것으로 보인다.

---

128 정시한(권오찬 등 편찬), 원주사료총서 제11권 『산중일기(山中日記)』(下), 원주시, 2012, pp.359-360. 이 기신재 전날과 당일의 관련 기록이다.

'재齋 형식의 제사'와 예수작법豫修作法

사찰에서 사명일이나 기신재 등에 설행되던 '불교 제사'는 '유교 제사'를 불교적으로 수용한 측면에서 지내는 제사를 일반적으로 말하는 것이다. 구체적으로 살펴보면 크고 작은 규모의 차이가 있을 뿐 모두 '재 형식의 제사'이다.

그런데 이러한 '불교 제사'와 일정 부분 다른 형태로 설행되면서도 하나의 범주에 속하는 것이 있다. 다름 아닌 오늘날 예수재로 불리는 예수작법豫修作法이다. 예수작법 단독으로도 설행되지만 수륙재가 예수작법을 합설의 형태로 수용하는 등, 다양한 형태로 나타난다.

예수작법을 살펴보면, '예수재'라는 용어는 남송南宋의 지반志磐이 1269년에 찬술한 『불조통기佛祖統紀』에서 최초로 언급했다. 그는 『불조통기』에서 바로 『유가사지론瑜伽師地論』을 전거로 삼아 칠칠재七七齋를 설명하는 동시에, 예수재에 유교의 상례喪禮 제도가 개입된 것을 비판한다.[129] 즉, 칠칠재 이후의 유교의 백일百日, 소상小祥, 대상大祥을 수용해 열 가지 시왕의 제도와 맞춘 것은 명부冥府세계와 연동될 수밖에 없는 재의 성격을 잘 보여준다. 이러한 '예수재'는 우

---

129 성청환·정승석, 「생전예수재의 교의적 연원」, 『한국불교학』 제97집, (사)한국불교학회, 2021, p.390.

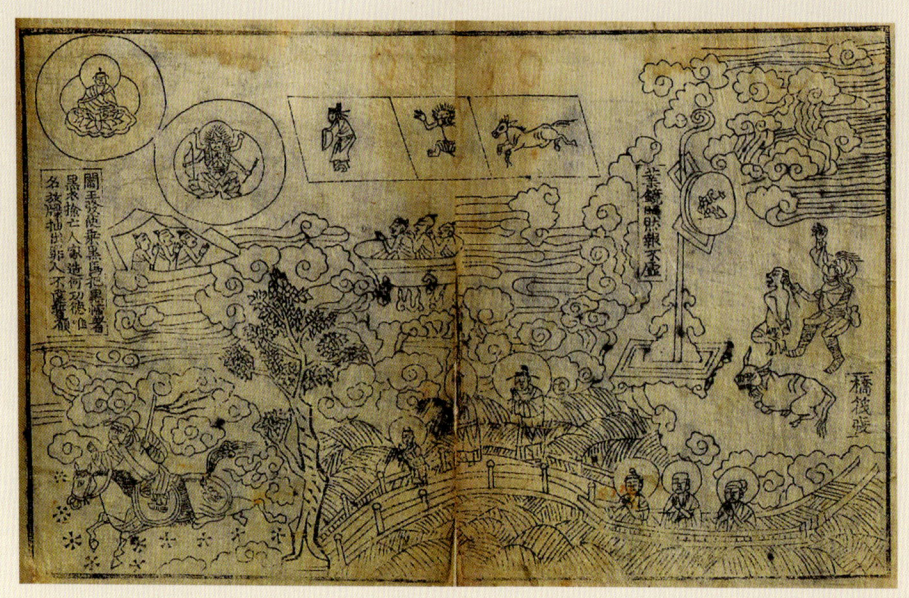

『불설예수시왕생칠경』 변상도(1618, 화암사 개간, 용흥사 소장)

리나라에 유입된 이후로 처음부터 '예수재'로 불리지는 않았다. 조선시대에 널리 유포되었던 당唐 장천藏川의 『불설예수시왕생칠경佛說預修十王生七經』이나 16세기 중반에 송당대우松堂大愚가 찬술한 의식문인 『예수시왕생칠재의찬요預修十王生七齋儀纂要』의 제목을 보면, '시왕'과 '생칠生七'의 '칠칠재' 의미가 포함된 복합적인 의식으로 여전히 인식되고 있는 것을 볼 수 있다. 고승들의 소문疏文에서도 예수작법에는 회會나 재회齋會, 시왕재十王齋가 대부분 따라 붙었다. 16세기 중반, 보우가 왕실발원으로 청평사에서 행한 예수작법의 소문이 〈예수시왕재소預修十王齋疏〉로 '예수시왕재'였던 것을 보면, 통칭 '예수재'로 본격적으로 쓰기 시작한 것은 후대인 조선후기 이후의 일이다.

 예수작법의 성격으로는, 사후 시왕十王에게 심판받기 전, 살아있을 때 명부세계에 빚진 것을 조전造錢하여 갚거나 경전 유포 등을 통해 짓는 생전 공덕이 특별히 강조된 '생전예수生前豫修'의 성격이나 천도재의 성격을 대표적으로 들 수 있다. 그런데 어느 경우에도 이 세계와 저 세계가 각 개인들이 짓는 개별적 공덕과 유기적으로 연결되어 있고 또한 명부의 시왕을 통해 개인의 운명이 결정된다는 점에서 명양세계가 지닌 생사의 연속성을 이처럼 잘 보여주는 것도 드물다. 이러한 점은 대재인 수륙재로의 자연스러운 합설도 가능케 하였다. 명양세계의 큰 자리를 마련하는 대재인 수륙재만큼 그 공덕이 큰 재도 없기 때문이다.

서산의 제자인 기암법견奇巖法堅, 1552-1634의 『기암집奇巖集』〈유점사 천왕상 점안낙성 소문[楡岾寺天王點眼落成疏]〉은 수륙재 소문에 나타나는 예수작법 설행 기록이다.

> [중략] 금강산의 가장 수승한 도량에서 오랫동안 참구해온 운수납자 노장님들을 청해 예수의 모임을 시작으로 수륙재를 열고자 하오니, (먼저) 명부에 기도하여 앞길이 평탄하길 기원한 다음에 수륙재를 베풀어 원한을 지닌 이도 가까운 이도 널리 이익 되게 하여야겠습니다. [하략]
> 就金剛最勝之場 集雲衲久叅之老 始以預修之會 繼以水陸之齋 頌禱冥司 冀前途之平坦 修設勝采 普饒益於冤親

위의 글은 조선시대에 설행되었던 주요 재의 성격이 간결하면서도 매우 명료하게 축약되어 있다. 대재인 수륙재 안에서 세계와 일체를 이롭게 하려는 설행 목적에, "(먼저) 명부에 기도하여 앞길이 평탄하길 기원하는" 예수작법이 자연스럽게 자리 잡고 있다. 이러한 자연스러움은 또 다른 '칠칠재 형식의 수륙재'에서도 드러난다. 수륙재의 중소中疏인 예수작법의 소문疏文들 중 청허계의 최대문파로 서산의 법맥을 이은 허정당虛靜堂 법종法宗, 1670-1733[130]의 별도 소문[中別](『허

---

[130] 편양당(鞭羊堂) 언기(彦機)-풍담당(楓潭堂) 의심(義諶)-월저당(月渚堂) 도안(道安)-설암당(雪

정집虛靜集』)은 은사恩師의 입적에 사십구재, 즉 '칠칠재七七齋'를 위한 수륙재를 설행하며 올린 소문이다. 여기서 그는 '칠칠재'와 '예수작법'을 특별히 구분하지 않아, "우선 다비식의 채비를 잠시 미루고, 먼저 수륙재 의식을 설행하고자 합니다. 姑停茶毘之次排 先設水陸之儀式"라고 하여 은사의 '칠칠재'에 '예수작법'과 '수륙재'가 한 자리에서 설행되고 있는 점이 눈에 띈다.

수륙재 안에 각종 재의식의 합설合設이 자연스럽게 이뤄지고 있는 것이다. 이러한 예수작법은 수륙재 안에서 세부적으로 서로 크게 연동된 경우도 보인다. 18세기 말의 『작법절차作法節次』(1774, 간행처 미상, 동국대도서관 소장)는 「영산회靈山會」, 「중례문中禮文」, 「지반문志磐文」, 「결수문結手文」, 「예수문預修文」을 중심으로 여러 작법에 대한 해설과 그에 따른 각종 규범, 그리고 전대의 규범들까지 체계적으로 수록해 밝힌 것인데, 이 중 「예수문」에서는 의식절차 도중에 「결수문」과 「중례문」 등과 같은 수륙재 의식문이 직접적으로 쓰이고 있다.

>예수문. 처음 명발하고서 사자를 봉송하는 진언에 이르기까지의 작법은 「결수문」과 같다. 사자단을 마치고 상단의 영청소에 이르러 명발을 하고 거불로 "나무상주시방불법승"을 창하여 마친다. 소문을 읽어 마치는 것은 의문(『預修十王生七齋儀纂要』)[131]과 같으나 작법은 「중례문」과 같다. [중략] 그것과 비교하면 곧 「중례문」, 「지반문」과 같다. [중략] <참례성중편>에서 다게에 이르기까지 작법은 「중례문」의 중단 존격에 준한다.
>預修文. 自初鳴鈸至使者奉送眞言 作法與結手同也 使者畢 詣上位迎請所鳴鈸擧

巖堂) 추붕(秋鵬)의 법맥을 이었다.
131 여기서의 '예수문' 의문(儀文)은 16세기 중반에 송당대우(松堂大愚)가 찬술한 『예수시왕생칠재의찬요(預修十王生七齋儀纂要)』를 말하는 것이다. 이 「예수문」 끝의 협주에는 두 가지 판본에 대한 분석이 있는데, 송당대우의 판본 외에 또 다른 판본이 당시 유통되고 있었음을 알 수 있다. 협주에 "그러나 앞의 본은 필시 송당대사가 찬술한 것이지만 뒤의 본은 어떤 이가 이를 본떠 증보한 것인지 알 수 없다. 然前一本必是松堂大師所述 而後一本不知何人效嚬而增之也"라는 글에서 송당대우 판본의 우위를 거듭 확인하고 있다.

佛 南無常住十方佛法僧唱和畢 宣疏疏畢 如儀文而作法與中禮同 [中略] 比之則如 中禮志磐文 [中略] 自參禮聖衆篇至茶偈 作法準中禮文中位也

'칠칠재'와 관련된 시왕의 초기 의식문들을 살펴보면, 『청문』(1527, 유점사, 국립중앙도서관 소장)에도 「소청명부문召請冥府文」의식문이 있지만 얼마 후에 간행된 『청문』(1529, 동국대도서관 소장)에는 이보다 '제반문諸般文' 형태로 확대 산보된 의식문이 있어 참조가 된다. 본문의 수많은 청문들 중 끝 부분에 〈시왕찬청十王讚請〉 항목으로 나타나는데, '유치由致' 부분에 "第某七日之齋"라는 사십구재, 즉 '칠칠재'를 위한 관용구가 등장하고 있어 조선초기부터 칠칠재 의식의 정비가 진행되고 있음을 알 수 있다.

『제반문』(1566, 보원사)의 「시왕청문十王請文」도 이 『청문』(1529)의 〈시왕찬청〉을 산보한 것인데, '개계開啓'를 시작으로 하는 '제반문' 형태로 앞서의 의식문들과 달리 권두에 대표적인 의식문으로 자리잡고 있어 주목된다. 『권공제반문』 권두의 〈시왕청十王請〉 역시 이러한 시왕 관련 의식문들을 집성해 또 다시 산보한 것으로 당시 '칠칠재'와 명부 시왕신앙의 유행을 살펴볼 수 있다. 이 시왕 의식문들도 '칠칠재'나 '예수작법'에 쓰이면서도 언제든 대재인 수륙재의 광범위한 범주 가운데 하나인 영가천도를 위한 기능으로 수용될 여지가 상존했던 것이다.

6. 16세기 불교 사명일과 '재 형식의 제사'의 예例

16세기 사명일에 행해졌던 '재 형식의 제사'로 어떤 것이 있었을까?

당시의 실제 문헌자료를 통해 이를 살펴볼 수 있는 것으로 이문건李文楗, 1495-1567의 『묵재일기默齋日記』가 있다. 이문건의 생애는 흥미롭게도 보우1509-1565의 활동 시기와도 겹친다.

1545년 명종 즉위 후 문정왕후文定王后가 행한 일련의 불교부흥정책은 성주 이씨 이문건의 불교활동에 영향을 미쳤으며 그의 일기인 『묵재일기』에서 그 양상이 확인된다.[132] 당시 성주星州 관내에서 대찰로 불렸던 안봉사安峯寺[133]에는 성주 이씨의 영당影堂이 건립되어 있어 사대부 원찰願刹로서의 관계, 그리고 유교사회에서 재와 제사의 관계가 잘 드러나 있다.

『묵재일기』에서 특히 주목되는 것은 안봉사 불사 관련 기록인 1557년 3월의 회향불사回向佛事기록이다. 안봉사의 승방僧房 건립을 회향하는 불사가 3일 동안 베풀어진 것에 비해 이것은 너무나 짧은 기록이어서 이에 대한 연구는 단지 불교적 시각만이 반영되고 있다.[134]

---

132 박정미, 「조선 명종대 星州 安峯寺의 儒佛儀禮-묵재일기를 중심으로-」, 『태동고전연구』 제32집, 한림대 태동고전연구소, 2014, p.138.

133 안봉사의 규모에 대해 박정미는 「16세기 星州 李氏 影堂寺刹 安峯寺의 규모와 운영」, 『태동고전연구』 제31집(2013)에서 안봉사가 '거찰' 또는 '대찰'로 불린 것은 안봉사가 향촌사회에서 어느 정도 규모있는 사찰이라는 정도의 의미이지 일반적인 의미의 것은 아니라고 보았다. 또한 거승(居僧)은 20여 명 안팎으로 보았다.

134 불교적 시각이 반영된 논문은 위 박정미의 「조선 명종대 星州 安峯寺의 儒佛儀禮-묵재일기를 중심으로-」이다. p.158에서 "3월 초3일 안봉사에서 회향불사를 실행하였다. 묵재일기에 회향불사의 의례가 기록되지는 않았지만, 죽은 영혼에게 법식을 베푸는 시식(施食)을 겸행하였다는 점은 주목할 만하다."고 했으며, 해당 논문의 각주45에서는 시식의식문에 대해, "불사의 끝에 시식을 겸행하는 의례 절차로는 1574년(선조7) 안변 석왕사(釋王寺) 개판본 勸供諸般文 중에 大小佛事祭后通用進奠式이 있어 참고할 만하다."고 했다.

그런데 여기에는 불교 의례적 측면에서 중요 내용들이 담겨 있다. 일기의 해당 내용은 다음과 같다.

3월 2일.
성륜이 사람을 시켜서 묻기를, "내일 (대)작불사에 조상님들의 영혼을 위해 시식을 베풀고자 합니다. 운운" 하므로 기문을 써서 보내주었다.
性輪伻問明日作佛事 祖先亡靈欲施食云云 書記送之

3월 3일.
안봉사에서 회향불사를 하였다. 운운.
安峯寺爲會餉佛事云云

3월 6일.
성륜, 잠희가 와서 보았으며 성륜은 재에 올렸던 과일과 떡을 싸 가져와 주고 갔다.
性輪岑熙來見 輪以齋果及餠來餉而去

위의 일기 내용을 중심으로 관련 내용을 불교 의례적 시각에서 분석해 보면, 다음의 몇 가지 사실을 알 수 있다.

첫 번째, 안봉사 승방건립의 회향불사는 조선시대에 일반적으로 설행되었던 경찬慶讚 성격의 불사이므로 수륙재 설행을 의미한다. 2월 25일에 이미 "(三寶) 성륜이 전하길, '초삼일에 불사를 하고 (畵僧) 각민이 꽃을 만들고 있어서[생략] 性輪送言 初三日佛事 覺敏造花"라고 하여 화승 각민이 수륙재에 쓸 지화紙花를 적어도 일주일 전부터 만들고 있었음을 알 수 있다. 여기서 사찰의 '삼보三寶: 三補. 三甫' 소임은 사찰 외부적인 측면과 조선시대 숭유억불 정책 속에서 보면 양반들의 접빈接賓과 소통을 담당했던 대표적인 소임이다.

두 번째, 삼일 수륙재의 의례 일정은 3월 3일, 3월 4일, 3월 5일로 당시 세시일이 겹쳐 있다. 재가 시작된 3월 3일은 봄의 명절인 '삼월 삼짇날'이다. 다음 날인 3월 4일은 당시의 중요 속절俗節인 '한식寒食' 날이었다. 『조선왕조실록』에는 이 날에 명종이 건원릉健元陵과 현릉顯陵에 거동해 제사[祭]를 올린 기록이 있다.[135] 이문건이 3월 2일에 불사의 하단下壇 시식施食에 쓸 기문을 써서 보냈는데, 그 구체적인 종류와 내용에 대해서는 『묵재일기』 내에 단서가 될 만 한 것이 없어서 알 수 없다. 다만, 사찰에서 필요로 하는 재의 설행과 관련된 전문적인 소문疏文이라기보다는 승당 건립을 경찬하며 3월 4일의 '한식'에 쓸 자신의 조상 제사를 위한 기문이었을 것으로 보인다.

그러면 1557년 3월의 안봉사 불사는 어떻게 설행되었을까?

비록 17년 후에 간행된 것이기는 하지만, 『권공제반문』(1574, 석왕사)의 「거찰사사명일시식영혼식巨刹寺四名日施食迎魂式」의 끝부분에 부가되어 있는 세 가지 의식문인 〈大小佛事대소불사 祭后제후 通用進奠式통용진전식〉, 〈스승의 제사[亡師進奠]〉, 〈영반식靈飯式〉[136]이 참조가 된다. 주로 제문祭文과 관련된 게송 등의 중요 내용을 간략히 드러낸 것이다. 이들 의식문이 '사명일의 명절제사名節祭祀' 의식문인 「거찰사사명일시식영혼식」과 같은 범주에 속해 있는 것은 모두 '재齋 형식의 제사'이기 때문이다. 또한 이들 의식문이 간략한 것은 앞의 「거찰사사명일시식영혼식」 내용을 재의 성격에 따라 부분적으로 취해 연계할 수 있는 의식문임을 뜻한다. 그런데 여기서 〈大小佛事 祭后 通用進奠式〉은 부가된 의식문임에도 불구하고 매우 주목해 살펴보아야 할 점이 있다.

---

135 『명종실록』 22권, 명종 12년(1557) 3월 4일자.
136 의식절차에는 차이가 있지만, 같은 성격의 의식문으로 후대의 『작법귀감(作法龜鑑)』(1826)에 수록된 〈상용영반(常用靈飯)〉, 〈통용진전식(通用進奠式)〉, 〈종사영반(宗師靈飯)〉을 비롯해, 〈통용진전(通用進奠)〉이 수록된 필사본인 『예참문(禮懺文)』(연대미상, 대성사 소장) 등이 있다.

제목을 먼저 살펴보면, "大小佛事"는 어떤 성격의 불사 내용을 규모에 따라 설행하는 것이고, "祭后"는 의식절차상, "齋食後"를 뜻하는 "齋後"의 오기이다. "通用"이라는 용어는 사찰통용으로 쓸 수 있는 보편적인 의식문임을 보여준다. 제사[奠]는 불교의 〈영반식靈飯式〉과 비교되는 유교식 제사 용어이다. 이에 따라 제목을 풀면, 〈대소불사에서 점심을 먹은 후의 사찰통용 제사 의식〉의 뜻이다. 이 의식문은 각종 불사의 시주자들 상당수가 조상천도에 큰 비중을 두고 재에 동참했음을 보여주는 중요한 자료이다.

의식의 내용은 다음과 같다.

모某 영가시여!

영명한 혼의 한 주인공이시여
천고의 그윽한 도량에 앉으샤
본체 당당하시고 일월처럼 밝아
오가며 항상 열반의 상자리에 계시네.

이어 요령을 흔든다.
한 번 더 창한다.

모某 영가시여!

향기로운 향이 그릇마다 가득하고
맛있는 음식들은 늘어져 있습니다.
법의 향은 광명의 길함을 드러내고
진미는 경복과 지혜를 드높입니다.

엎드려 바라옵건대 오직 존자께서는 특별히 높이 흠향하여 주소서.

이어서 반야심경을 독송한다. 운운

某靈 靈然一箇主人公 千古虛玄坐道場 正體堂堂明日月 徃來常在涅槃床 次振鈴 再唱 某靈駕 馨香滿器 美味排床 聞香則光明現瑞 餐味則福惠增崇 伏惟尊慈 特垂尙饗 次諷心經 云云

그런데 위의 〈大小佛事 祭后 通用進奠式〉 게송 중에 "某靈駕 馨香滿器 美味排床 聞香則光明現瑞 餐味則福惠增崇 伏惟尊慈 特垂尙饗"이라는 문구는 보우의 『허응집(虛應集)』(규장각 소장 古1709-4)의 「수월도량공화불사」에 부록된 〈제대왕영혼식諸大王迎魂式〉에 나타나는 문구여서 매우 흥미롭다.

이것은 "기경작법起經作法을 할 때의 짧은 법문[起經時着語云]"인 "某大王仙駕 馨香滿器 美味排床 (化菩薩滿鉢持來 大居士盈空變出) 聞香則光明顯瑞 餐味則福慧增崇 伏惟聖慈 特垂尙嚮"이라는 게송에서 가져온 것이다. 보우가 인종仁宗, 1515-1545을 위해 쓴 〈인종대왕영혼식仁宗大王迎魂式〉 이후의 국왕 기신재의 영혼식에 사용하기 위한 특별한 게송인데, 결국 1545년 이후에는 "某大王仙駕"가 "某靈駕"로 바뀌어 가면서 신분제 사회의 틀 안에서 큰 규모의 제사에 적용되는 사찰통용 의식문으로 사용된 것으로 보인다. 「거찰사사명일시식영혼식」이 서산과 그의 법제자인 일선에 의해 만들어진 것을 감안한다면, 당대에 보우가 끼친 크고 작은 영향은 적지 않아 보인다.

1557년 3월의 안봉사 불사는 2일의 내용에서 나타나듯이, 전체적으로 승방 건립의 회향불사를 위해 수륙재가 "(大)作佛事"로 행해지고 거기에 "祖先亡靈欲施食" 하였으므로, 안봉사의 후원자인 이문건 일가를 위해 먼저 〈大小佛事 祭后 通用進奠式〉과 같은 큰 제사로 행해졌을 것이다. "某靈駕"로 시작되는 내용도 채워졌을 것이다.

또한 3월 4일이 조선시대 유교의 '사명일속제四名日俗祭' 가운데 하나인 '한식'이었고 안봉사에 성주 이씨의 영당도 있었으므로,「거찰사사명일시식영혼식」과 같은 의식도 앞서 설행되었을 것이다. 뒤에서 살펴볼, 후대의 지선이 밝힌 '불교 사명일'에는 이 '한식'이 들어 있지 않아서 단정하기는 어렵지만, '불교의 사명일'이 유교식 속제를 바탕으로 한 것인 만큼 그 영향을 지속적으로 받았을 가능성은 부인하기 어렵다. 또한 이 〈大小佛事 祭后 通用進奠式〉에 이어 여건이 되었다면 안봉사 승려들이 〈스승의 제사[亡師進奠]〉를 했을 것이며, 그리고 이어서 재에 동참한 승려, 신도들을 위해 〈영반식〉의 순서로 설행되었을 것이다.

조선시대 사찰 의식문의 천도와 축원 양식을 보면, 재를 주관하는 사찰의 입장에서는 재의 설행에 큰 공덕이 있는 설판재자設辦齋者가 강조되지만, 재의 설행과 공덕이 동참자를 비롯한 주변에까지 두루 미치게 하는 구조는 결론적으로 동일하다고 할 수 있다.

『묵재일기』의 1557년 3월 안봉사 불사기록과 비교 대상이 되는 1574년 석왕사에서 간행된 「거찰사사명일시식영혼식」과 이에 수록된 세 가지 제사 의식문들은 "사명일"과 같은 명절에 "大小佛事"와 "제사"가 결합된 수륙재로서 '재齋 형식의 제사'로 설행되었음을 참조해 살펴볼 수 있는 중요 사례이다. 또한 〈大小佛事 祭后 通用進奠式〉이 1545년 이후에 보우에 의해 쓰여진 〈제대왕영혼식諸大王迎魂式〉에 나타나는 게송의 영향을 받은 점은 당시 불교계가 직면한 '제사의 대중화'에 대한 인식과 수용을 잘 보여준다.

보우 시기의 '영혼식' 의식문에 이어 보우와 서산, 그리고 그 제자들이 활동하던 시기의 사찰에 '재齋 형식의 제사' 의식에 대한 보다 본격적인 수요와 논의가 있었다는 것은 제한적인 자료나마 16세기 불교계에 두드러지게 나타나는 현상임은 분명하다. 그리고 이것은 관례상, 당시 고승들에 의해 그 구체적인 방향과 방법이 주도된 것임을 환기시켜 준다.

이러한 '재 형식의 제사'가 지닌 성격과 특징들은 법당 내에 행해지는 평상시의 작은 규모의 제사들에도 반영되면서 법당 내의 단壇도 새롭게 정비되는 과정을 거쳤을 것으로 보인다. 여기서 '재 형식의 제사'에 대해 몇 가지 생각해보아야 할 것이 있다.

첫 번째는 '재 형식의 제사'에 연동되는 재의식의 기준에 대한 문제이다.
이것은 역사적으로 보더라도 조선 태조에 의해 건국과 함께 공인된 불교의 재가 수륙재였고 후대에도 하나의 지배적인 종교적·사회적 가치 관념으로 자리 잡았다는 점에서 조선시대 재의식의 중요 기준이 된다.

두 번째는 법당 내외부의 '설행 공간'의 문제이다.
야외에 단壇을 건립하고 소所를 세우는 야단법석野壇法席의 수륙재와 같은 대형 재의 설행이나 영혼식迎魂式 등도 항상 의식의 동선은, '보례普禮' 등을 통해 언제나 법당 중심으로 밀접히 연계되어 있었다. 그만큼 법당의 존재는 야외 재에서도 전각 내부로 언제든지 연결될 수 있는 매우 중요한 동선을 지니고 있었다는 것을 보여준다.
이것이 가장 잘 드러나 있는 것이 법당 탱화의 봉안 위치다.
16세기 법당에 대해 살펴보면, 내부의 중심인 북쪽의 상단上壇 탱화는 법당의 주존主尊이 법화거불法華擧佛 혹은 화엄거불華嚴擧佛 등인 지에 따라 존격의 위격에 어긋남이 없이 봉안되고, 상단의 외연 확대에 따라 중단中壇에는 중단 거불의 주요 대상인 천天·선仙·신神의 이십사부중二十四部衆의 권속을 거느린 삼장보살三藏菩薩의 삼장탱三藏幀이 봉안되었다. 그리고 왕실발원에 의해 법당 남쪽의 별도 전각이나 영당靈堂 등에 감로탱이 등장했을 것으로 보인다.
삼장탱은 현존하는 가장 이른 시기의 탱화가 〈일본 다몬지多聞寺 소장 삼장탱〉(1541)이고 감로탱은 개인소장의 1580년 제작이 가장 이른 것으로 알려져 있는데, 현존하는 것으로 보면, 삼장탱의 봉안이 더 빠르다.

서산의 『청허당집』〈금강산도솔암기金剛山兜率庵記〉에 하나의 단서가 있다.

이 기문은 두 가지로, 기문에 간기의 오자가 있음에도 불구하고 문정왕후 섭정 때인 1555-1556년에 빈터 위에 도솔암이 중창된 것은 분명하다. 이때에 극락전을 세우고 여기에 일곱 구의 도금 불상을 비롯해 정면 벽에는 순금의 미타회탱彌陁會幀과 서방구품회탱西方九品會幀 두 점을, 서쪽 벽에는 삼장탱을 조성했는데, 감로탱은 보이지 않는다. 당시까지 감로탱이 조성되지 않았을 가능성과 함께 영당이 아닌 주불전에 감로탱이 봉안된 예 역시도 보이지 않는다.

삼장탱은 감로탱에 비해 제작이 앞섰음에도 감로탱이 오늘날까지 누리고 있는 오랜 유행의 지위를 확보하지는 못했다. 법당의 중단이 삼장탱보다 삼장보살의 권속으로 이뤄진 신중탱이 더 유행하게 된 것은 지복至福의 강렬한 대중적 신앙이 우위를 점했던 결과이다. 이와 달리 감로탱은 현존하는 것으로 보면, 중단 탱화인 삼장탱에 비해 그 등장 시기가 늦었고 왕실 기신재와 관련이 있었으나 이후에 '재 형식의 제사'로 제사의 수요에 그만큼 충실히 대응하며 임진왜란 이후에 하단탱화로 안정적으로 자리 잡았다. 왕실발원의 극적인 흥망성쇠가 이뤄지던 16세기 중후반 이후로 영혼식인 기신재를 포함한 '재 형식의 제사'가 임진왜란을 거치며 크게 변화한 것이다. 의식의 정비와 대중적 신앙 수요가 전각 내부로 더욱 집약되면서 법당 하단에 감로탱의 상설봉안이라는 새로운 경향이 나타난 것이다. 수륙재 삼단의 설단 개념을 법당이라는 하나의 공간에서 온전히 갖추게 된 것이다. 그리고 이것은 감로탱의 봉안 위치가 전통적인 남쪽이 아니라, 법당 협문의 위치에 따라 혹은 협시의 좌우 위격에 따라 동쪽이나 서쪽에 봉안되는 결과를 낳아 법당 내의 정문을 제외한 세 벽면을 중심으로 한 삼단 구성에 큰 영향을 미쳤다.

세 번째는 당시 불교계가 유교식 '제사'를 어떻게 수용하며 융합하였냐는 점이다. 승려들의 '상례喪禮'를 위한 의식문이 후대인 17세기에 당시 고승들에 의해 『석문상의초釋門喪儀抄』(1657)나 『석문가례초釋門家禮抄』(1660) 등의 간행을 통해 본격화되었다는 사실은 16세기의 불교계가 '제사'와 같은 외부적 수요와 변화 요인을 적극적으로 수용한 이후에야 승려사회를 위한 '상례'를 집성했다는 점에서 '제사'에 당면한 우선 순위를 짐작케 한다. 유교의 사명일 제사를 불교식으로 수용한 정기적인 '명절名節 제사'가 「거찰사사명일시식영혼식」에서 볼 수 있듯이 임진왜란 이전에 대찰을 중심으로 이미 수용되었던 점도 주목된다.

그리고 여기에 더해 앞서 언급한 『권공제반문』의 「시식의문施食儀文」에 기반했을, 법당 내에서 설행하는 기신재 등과 같은 개별적인 작은 '제사' 수요까지 더하게 됨으로써 '제사' 설행의 빈도는 전대에 비해 더욱 증가함을 보여준다.

특히, 작은 규모의 '재 형식의 제사'에서 제사 대상의 신위神位는 일반적으로 법당 내부에 위치하게 된다. 법당이 여전히 중요 공간으로 자리잡고 '제사'의 수요와 빈도가 증가하면서 '재 형식의 제사'가 법당 내부에서 수용 가능한 형태로 이후에 상설화되는 새로운 변화가 일어난 것이다.

16세기의 '재 형식의 제사'는 앞으로 더 많은 불교자료를 바탕으로 이에 대한 실증적인 사례 중심으로 연구되어야 할 필요가 있지만, 이에 앞서 '재 형식의 제사'가 의식절차의 측면에서 수륙재 하단의 시식과 밀접히 연관되어 있는 점은 수륙재를 통한 접근과 그 방향의 유효성을 여전히 확인시켜준다.

7. 17세기 해인사 『수월도량공화불사』 판본의 성격과 특징

17세기의 『수월도량공화불사』 판본은 16세기 『권공제반문』의 「거찰사사명일시식영혼식」 의식과 매우 밀접한 관계를 보인다. 1642년 해인사에서 중간重刊된, 『수월도량공화불사』(동국대도서관 소장)는 이 시기의 대표적인 간행 불사의 하나로 기년명과 발문, 시주자들의 법명이 있을 뿐만 아니라 부록[137]으로 짧지만 중요 의식문들이 합본되어 있어 매우 주목된다.

이 때에 발문을 쓴 백곡처능白谷處能, 1617-1688은 당대의 대선사로,[138] 청허계와 함께 조선후기 양대 계파를 이룬 부휴계의 벽암당碧岩堂 각성覺性, 1575-1660의 법제자이다. 처능이 25세 사미의 신분으로 쓴 발문은 다음과 같다.

대사께옵서 평생에 쓰신 문장과 게송 가운데 아름답지 않은 것이 없어 세상

---

137 국립중앙도서관 소장본에는 부록이 없고 동국대도서관 소장본에는 있다. 또한 동국대도서관 소장본 부록에는 이후의 판본과 달리 〈영혼문迎魂文〉 관련 의식문은 없지만, 편집상, 〈영혼문〉의 끝부분인 송혼게(送魂偈)와 〈영혼문〉에 대한 협주가 있는 해당 장은 수록되어 있다.

138 배규범의 『불가잡체시 연구』(지만지, 2010, p.215)에서는, "백곡처능은 17세기 불교계를 대표하는 선승이자 시승으로서 당대 일류 문사들과 교류가 깊을 정도로 뛰어난 학문적·문학적 재능을 가졌던 인물이다. 특히 스님은 현종(顯宗)의 척불 정책에 맞서 〈간폐석교소(諫廢釋教疏)〉를 올렸는데, 당시 소문(疏文) 중에서도 가장 긴 분량인데다 그 논조가 시종일관 당당해 간소(簡疏)의 체제를 잃지 않은 명문으로 꼽힌다."고 했다. 무용당 수연(秀演, 1651-1719)은 『무용당유고(無用堂遺稿)』 〈백암화상문서(栢庵和尙文序)〉에서 이르길, "우리 동방의 불문에서 문장으로 근세에 명성을 떨치신 분은 서산과 백곡인데, 서산은 도(道)가 문(文)보다 뛰어났고 백곡은 문(文)이 도(道)보다 뛰어났다."고 했다.

에 전하는 것이 많은데, 도량의식에서의 이 편은 가장 중요하여 후세에 대대로 전해 내려왔다. 아! 그러나 병란의 여파가 많은 것을 끊기게 했도다. 반운당 지선대사가 이 편이 장차 묻혀져 전하지 못할 것을 염려하여 뜻을 같이 한 이들 9명과 해인사에서 중간하여 후인들에게 내어 보이셨으니, 가히 대사의 거문고 줄 뜯는 소리를 알아줄 이라 할 만하다. 대사의 휘는 보우이시고 나암이 그 호이시다.

大師之平生所述句偈 無非綺麗而傳於世者多矣 然此偏於道場儀式 最要而歷傳後世 噫 兵燹之餘 卽爲庶絶之態 伴雲堂智禪大師 恐其將沒不傳 與同志九人等 重刊於海印寺 通示後人 則可謂大師之彈絃賞音有矣 大師諱普愚 懶菴其號也

위의 발문은 병자호란(1636-1637)의 병란이 휩쓸고 간지 불과 수년 후에 해인사에서 『수월도량공화불사』를 중간重刊하게 된 저간의 절실한 사정을 밝히고 있는데, "도량의식에서의 이 편은 가장 중요하여 후세에 대대로 전해 내려왔다."라고 한 것에서 그 비중을 짐작할 수 있다. 이 간행을 주도한 이는 여악산인廬岳山人 반운당伴雲堂 지선智禪이다. 선사이자 어산魚山으로, 청허계의 정관당靜觀堂 일선一禪-임성당任性堂 충언冲彦의 법을 이었으며, 『오종범음집五種梵音集』(1661, 무주 호국사 간행)을 편찬했다.

이 『수월도량공화불사』의 간행에서 보이는 고승들의 교류는 문중 간의 교류에서도 잘 드러난다. 처능의 스승인 벽암당 각성은 지선의 『오종범음집』에 후일 서문序文을 쓰고 교정을 해주었고, 『대각등계집大覺登階集』을 보면, 처능은 지선의 스승인 임성당대사의 행장에 대해 매우 자세히 밝히고 썼음을 알 수 있다(〈임성대사행장후서任性大師行狀後序〉).[139]

---

[139] 처능의 『대각등계집』〈임성대사행장후서〉에는 선맥과 교맥의 계보가 자세히 전한다. 등계대사(登階大師) 정심(淨心)이 선(禪)을 벽송당(碧松堂) 지엄(智儼)에게, 교(敎)를 정련당(淨蓮堂) 법준(法俊)에게 전해 사자상승의 법맥을 잇게 하였고, 이후 정련당 법준의 법맥은 백하당(白霞堂) 선운(禪雲)에게 전해져 정관당(靜觀堂) 일선(一禪)과 임성당 대사에 이르렀는데, 정관당 일선의 때에 비로소 청허의 법석(法席)에 입실(入室)하였음을 알 수 있다.

이 1642년 해인사 판본(동국대도서관 소장)은 16세기의 규장각본과 달리, 부록에는 당시 의식현장에서 필요로 하는 짧고 핵심적인 의식문과 협주夾註, 채비 항목들이 합본되어 있는 것이 눈에 띈다.[140] 이들 항목 가운데 나타나는 청문의 경우는 규장각본의 것과 비교되지 않을 정도로 매우 소략하지만, 보우의 『수월도량공화불사』와 '영혼식', 그리고 서산과 관련 있는 『권공제반문』의 「거찰사사명일시식영혼식」 등을 통틀어 산보자의 관점에서 의식설행에 필요한 의식문과 채비 항목 위주로 새롭게 산보한 것이라는 점에서 주목된다.

1642년 해인사 판본의 부록 의식문을 살펴보면, 〈사명일시식시국혼통용청四名日施食時國魂通用請〉, 〈제상하귀천승속남녀통용청諸上下貴賤僧俗男女通用請〉, 〈수륙재시추루단청우사명일시식통청水陸齋時醜陋壇請又四名日施食通請〉의 세 가지 청문을 포함해 〈하단배치下壇排置〉, 〈삼단작관변공三壇作觀變供〉, 〈작관별의作觀別儀〉의 마지막 장, 그리고 〈미타청彌陀請〉이다. 이들 관련 의식문들은 재의식의 현장에서 필요로 하는 의식이나 해설을 간단히 집성한 것이기에 당시 의식의 경향을 살펴볼 수 있는 중요 자료들이다.

특히, 앞의 청문 중 〈제상하귀천승속남녀통용청〉은 보우 당시의 규장각본 부록에 나타나는 청문 그대로이고, 〈사명일시식시국혼통용청〉은 규장각본의 〈제대왕영혼식諸大王迎魂式〉의 일부 내용을 수정한 것이다. 특히, 〈사명일시식시국혼통용청〉 등에서 볼 수 있는 것처럼, 이들 청문에는 사명일이 상당부분 자리잡고 있어 17세기에도 사명일 의식의 영향을 확인할 수 있다.

---

140 1642년 해인사판본(동국대도서관 소장)은 부록 부분에 낙장이 있는데, 이후의 1664년 해인사 간행불사 판본들을 참고로 해당 장들을 보완할 수 있다. 그러나 후대에는 이들 장에 있는 항목도 일부 산보되어 〈삼단작관변공(三壇作觀變供)〉의 끝부분인 "如上作觀證明 通三壇爲之 訂明若不作觀 則雖能諷經誦呪 有何所益 徒勞口舌耳"는 『천지명양수륙재의범음산보집(天地冥陽水陸齋儀梵音刪補集)』(1723)에 이르러서는 〈삼단변공의(三壇變供儀)〉로 되고 해당 문장도 "如上作觀證明 通三壇爲之 證明若不作觀 則雖能諷經誦呪 有何所益 徒勞口舌耳"라고 하여, "下壇則甘露呪 水輪觀乳海呪時 多少節次 鐘頭爲之也"라는 문장이 추가되어 있다.

또한 이 해인사 판본의 판심版心은 "作觀說"로, 이것과 바로 이어진 다음 장에는 위의 세 가지 〈사명일시식시국혼통용청〉, 〈제상하귀천승속남녀통용청〉, 〈수륙재시추루단청우사명일시식통청〉에만 "작관설 끝부분의 영혼식 作觀尾迎魂式"이라는 별도로 강조된 판심의 제목도 있어서, 지선 당시의 17세기에는 일종의 의식 해설서인 『수월도량공화불사』를 중심으로 '영혼식'과 '사명일 의식'이 전체적으로 수륙재라는 하나의 이해 범주 내에서 서로 연계된 의식으로 인식되고 있었다는 중요한 사실을 보여준다. 그리고 그 기저에 핵심으로 자리잡고 있었던 것은 다름아닌 영가천도였다.

그런데 이 판본에는 한 가지 주목할 만한 특이한 글이 있다. 〈하단배치〉 규범을 설명하는 글 바로 뒤에 〈하단배치〉의 내용과 전혀 관련이 없는, '발문'이나 '간행불사의 산중山中 모연문募緣文'의 일부로 보이는 짧은 글이 붙어 있는 것이다.

> 이제서야 '제반문', '운수단', '사명일 의식집'을 차례로 살펴보고 아울러 수륙재의 공덕에 대해서도 헤아려보게 되었습니다. 약간의 재물을 여러 산문에 부탁해 그 (의식집 간행의) 공을 이뤄보고자 하지만, 이뤄질지 여부는 실로 알 길이 없습니다. 도량에 있는 이들 역시 굶주림을 면치 못하는 실정이니, 이를 어찌 해야 하겠습니까? 의식집에도 (방대함과 소략함에 따라) 여러 가지가 있으니, 가지고 있는 재물과 공력을 따지기보다는 그 형편에 맞춰 봉행함이 나을 것입니다.
> 目今第觀諸般雲水及四名日兼水陸功德 以若干之財 付諸山門 責成其功 功成與否 寔未知之 而在於道場者 亦不免其飢 則所見如何 儀文有多般矣 不如量其所儲 稱於財力奉行也

위의 글은 의식에 대한 규정과 배치에 대한 항목들 사이의 매우 생소한 위치에 전부가 아닌 일부의 글로 보이는 것이 붙어있지만, 간행불사와 관련해 빠뜨릴 수 없는 내용임을 짐작케 한다. 간행불사의 절절함이 묻어난다. 앞서 살펴본 17세기 중·후반 현종재위 1659-1674과 숙종재위 1674-1720 재위 기간은 각종 재난과 여역厲疫의 피해로 재난이 극에 달했던 시기였는데, 17세기 초도 임진왜란의 여파뿐만 아니라 병자호란(1636-1637)의 병화로 참상이 이에 못지 않았다. 1637년 통도사에서 간행된 『중례문』의 발문을 보면, 서산의 제자인 영월당詠月堂 청학淸學, 1570-1654은 당시 이를 "나라의 운수가 좋지 못해 흑룡의 변란이 닥쳤을 때[國祚不幸 黑龍變時]"라 하고 있다. 1642년 해인사에서 비로소 중간重刊된, 『수월도량공화불사』는 그때까지도 "도량에 있는 이들 역시 굶주림을 면치 못하는 실정"임에도 비로소 간행된 것이다.

간행불사를 독려한 이 글은 누구의 것일까?

처능이 앞서 담담하게 발문을 갖춰 썼기에, 후록에 또 다시 문체가 전혀 다른 모연문을 추가해 쓰지는 않았을 것이다. 모연문의 내용으로 보면 병자호란 직후의 굶주림으로 보이는 사회적 배경 하에서 '의식문 간행에 직접적으로 관련된 이'가 쓴 것이다. 또한 글에서 운수단이 언급되어 있으므로 서산의 『운수단』이후 인물의 것이다.

이것은 1642년 처능의 발문에 법명이 언급되어 있는 단 한 사람, 선사이자 어산魚山인 지선 대사를 가리키고 있다. 일반적으로, 의식문에 대한 주해註解뿐만 아니라 당시의 범패 사조에 대한 관찰과 질정叱正까지도 주해에 붙여서 분방하게 기술하는 과감함은 대중의례에 자신을 드러내는 것이기에 앞선 시기의 의식집에서는 찾아보기 쉽지 않다. 간접화법이나 제 3자의 권위에 의탁하는 방식이 아닌 어산 자신의 관점을 드러내 직접 개입하는 방식은 지선의 『오종범음집』에 주로 드러나는 특징이다.

이 절절한 글은 이후에 재 설행의 대중화가 확산되던 18세기 말까지도 〈하단배치〉 규범과 붙어서 통으로 유전되고 있는 점이 눈길을 끈다. 그만큼 의식집 간행불사와 관련해 후인들이 새겨야 할 귀감의 사례로 인식되었던 것으로 보인다.

이를 구체적으로 살펴보자.

1642년 처능의 발문에 등장하는 병자호란 직후의 참혹함 속에서 아홉 명의 뜻을 같이 한 이들의 법명이 연화질에 올라 있는데, "함께 원을 세워 판을 새기는 데 조력한 이들[同願助刻板]" 가운데 각수刻手 석일釋日이 있다.[141] 그는 22년 후의 동일 판본 복각본인 1664년의 『수월도량공화불사』 연화질에 전주지前住持들 앞으로 "首頭 釋一"이라 하여 첫 번째로 나타나고 있어서[142] 그를 통해서도 17세기 해인사 의례불사의 연속성과 '운수승가례雲水僧家禮'를 세우기 위한 불사의 성격을 엿볼 수 있다. 이때의 『수월도량공화불사』와 『운수단작법』의 부록에 이 글이 다시 들어 있는 것은 어찌 보면 당연해 보인다.

또한 18세기 말의 수륙재 해설서인 『작법절차作法節次』(1774, 간행처 미상, 동국대도서관 소장)에서도 이것은 이어지고 있어 흥미롭다. 이전의 부록부분을 산보하면서도 특히 이 글도 다시 수록되는데, 문장의 시작이 "目今第觀諸般雲水及四名日兼水陸功德"에서 "目今檀越聞說水陸功德"으로 생략되며 바뀌어 있다. 『일판집一判集』(간행연대 및 간행처 미상, 동국대도서관 소장)에는 "今日檀越聞說水陸功德"으로 "目今"이 "今日"로 되어 있다. 이러한 것으로 보면, 『일판집』은 『작법절차』(1774) 앞부분의 산일된 내용 상당부분을 포함하고 있지만 『작법절차』 이후에 간행된 것으로 보인다. 이 문장을 통해 『작법절차』와 『일판집』의 간행 순서

---

141 처능의 발문에 이어서 〈校正〉, 〈隨喜板施主〉, 〈同願助刻板〉의 연화질이 이어지는데, 내용상 시주질(施主秩)에 가깝다. 교정(校正)이 묘원(妙圓)을 제외하고 "隨喜板施主 冲信 同願助刻板 釋敏 釋日 信彦 戒安 道信 應淡 宗湜 定訔"에서 볼 수 있듯이, 판시주와 판각 시주 모두가 이 9인의 각수(刻手) 승려에 의해 이뤄졌다. 당시 해인사 불사가 어려운 대중살림 속에서도 '가지고 있는 재물과 공력을 따지기보다는 그 형편에 맞춰 봉행한 의식집 간행불사'임을 보여주는 사례이다.

142 〈운수승가례수희공덕개간후록〉에 나타나는 "前住持 一行"이나 "前住持 壁岩"은 해인사 주지를 역임했던 인물이다. 법명으로 보면 17세기 어산 선사들과 같지만 지위로 보면 후록에 올라 있는 다른 전주지들과 순서의 격이 맞지 않아서 동명이인일 가능성을 배제할 수 없다. 그리고 이들은 『수월도량공화불사』 중간본의 연화질에는 나타나지 않으므로 중간본에 합본된 의식문들과 관련이 없는 것으로 판단했다.

를 추정해 볼 수 있다.

다시 위의 간행불사모연 글 가운데 첫 문장인 "이제서야 '제반문', '운수단', '사명일 의식집'을 차례로 살펴보고 아울러 수륙재의 공덕에 대해서도 헤아려보게 되었습니다."라는 글에 나타나는 '제반문'과 '운수단', 그리고 '사명일 의식집'은 1642년 판본의 부록에 합본된 의식문인 〈사명일시식시국혼통용청〉, 〈제상하귀천승속남녀통용청〉, 〈수륙재시추루단청우사명일시식통청〉, 〈미타청〉과 모두 비교 대상이 된다. 위의 것은 '제반문'의 청문이면서 '사명일 의식'과도 관계된 것이며, 〈하단배치〉와 〈삼단작관변공〉, 그리고 〈작관별의〉는 '운수단'을 포함하는 수륙재 설행에서 요구되는 구체적인 설단設壇과 작관법에 대한 '핵심적인 내용을 정리한 것'으로 볼 수 있다. 특히, 〈하단배치〉는 17세기 하단의 설단을 구체적으로 드러냈다는 점에서 주목된다. 모두가 대재로 '수륙재'의 공덕에 귀속되는 의식들이다.

이후, 22년 만에 다시 해인사에서 복각된, 『수월도량공화불사』(1664, 전남대 도서관 소장)도 이러한 기본적인 체제가 유지되고 있다. 이 판본의 합본 부분의 내용을 보면, 세 가지 청문은 『수월도량공화불사』(1642)의 〈사명일시식시국혼통용청〉, 〈제상하귀천승속남녀통용청〉, 〈수륙재시추루단청우사명일시식통청〉과 동일하다. 이어지는 단편적인 의식문 가운데 눈에 띄는 것은 같은 시기에 해인사에서 편찬된 『운수단작법雲水壇作法』(1664, 해인사성보박물관 소장)이 합본되어 있다는 점인데, 같은 달에 편찬되었음에도 의식절차의 수요에 의해 제책製冊 상의 편집 차이를 보인다. 이들 두 해인사 판본에는, '운수승가례수희공덕개간후록雲水僧家禮隨喜功德開刊後錄'이라는 동일한 연화질緣化秩이 있어서 보우의 『수월도량공화불사』와 서산의 『운수단』을 산보한 『운수단작법』의 편찬이 1664년 해인사에서 '운수승가례'의 편찬 목적에 따라 동시에 추진된 불사임을 알 수 있다.

이 『수월도량공화불사』 판본에는 별도의 판본인 『운수단작법』에 합본된 〈영혼문迎魂文〉과 비교해 보면, 장차張次 24장의 영반靈飯 올리는 의식문 1매枚만이 수록되어 있다. 『운수단작법』과 달리 여기서의 『수월도량공화불사』 판본에서는 전체 〈영혼문〉 의식문이 필요하지 않을 수 있으나 이 〈영혼문〉의 끝부분인 송혼게送魂偈 아래에 있는 협주를 부각하고 내용의 연속성을 보여주기 위한 것으로 보인다. 『수월도량공화불사』(1664)의 장차張次 24장 다음으로 이어지는 의식절차 규범을 제목으로 살펴보면, 〈하단배치〉, 〈삼단작관변공〉, 〈하단헌식의下壇獻食儀〉이며, 온전한 장을 갖춘 형태의 〈작관별의作觀別儀〉, 〈미타청〉의 순이다. 1642년 중간본과 1664년 복각본의 『수월도량공화불사』, 그리고 1664년의 『운수단작법』에 합본된 단편적인 의식문의 내용들을 서로 비교해보면, 낙장과 일부 보입補入으로 일정하지 않지만, 대부분이 동일 모본이 바탕이 되었다. 이러한 점에서 1642년 중간본의 지위를 확인할 수 있다.

   해인사의 1642년과 1664년의 판본들이 지선과 직간접적으로 연관되고 1664년의 '운수승가례' 불사가 지선이 1661년에 『오종범음집』을 무주 호국사에서 간행하고 3년 후의 일이라는 점도 지선의 영향력 측면에서 함께 고려되어야 할 점이다. 이후 1740년 석남사石南寺에서 간행된 『천지명양수륙재의오종범음집天地冥陽水陸齋儀五種梵音集』은 이름만 동일할 정도로 『오종범음집』을 종합적으로 새롭게 산보한 것인데, 1710년 해인사 백련암에서 간행한 동빈東賓의 『대찰사명일영혼시식의문大刹四明日迎魂施食儀文』이 여기에 수록되어 있을 정도이다 당시 선교양종겸도대주관禪敎兩宗兼都大主管이자 사명대사의 법손인 설송당雪松堂 연초演初가 서문에서, "오종집은 반운당 지선이 편찬한 것으로 곧 (범패의) 곡조다. 五種集乃伴雲堂智禪所編卽節奏者也"라고 밝힌 점이 눈에 띈다. 어산의 계보를 본격화하며 어산범패의 백가쟁명의 시대로 들어선 18세기에도 여전히 오종범음집의 편찬자인 어산 지선은 조명되고 있었던 것이다.

17세기 지선이 편찬한 의식문들과 많은 협주들 가운데 또 하나 주목되는 것은 '기신재' 의식에 대한 본의本義의 관점을 잃지 않는 분석적 접근이다.

1642년의 『수월도량공화불사』 중간본 판본으로 시작해서 부록의 빠진 장을 보충한 1664년의 『수월도량공화불사』 판본과 『운수단작법雲水壇作法』의 세 가지 판본의 부록에는 다음과 같은 「영혼식」과 관련된 짧은 협주가 있다.

> 앞의 '영반게'와 '안좌진언', 그리고 '송혼게'는 곧 기일忌日에만 쓰고 수륙재를 지낼 때는 제외하는 것이 좋다.
> 此上靈飯安座眞言送魂偈 則忌日宜用水陸則除之爲妙

여기서 '영반'을 수륙재 설행 시에 제외하라고 한 것은, 수륙재 하단이 일체의 외로운 영혼들을 위한 핵심적인 시식施食으로 '사다라니'가 자리 잡고 있기 때문에 '영반'이 지닌 기일忌日의 '제사' 성격을 가급적 배제하기 위한 것으로 보인다. 또한 달리 말하면, 당시 「영혼식」의 의식과 수륙재는 실제 설행 규모의 차이에 따른 의식의 가감과 변용이 있지만 여전히 하나의 범주에서 인식되고 설행되었음을 보여준다.

즉, 『수월도량공화불사』(1642, 해인사)가 중간되던 시기인 17세기 중반의 「영혼식」은 앞서의 기일 기신재忌晨齋에 설행되는 의식문이면서도 경우에 따라서는 수륙재로도 설행이 가능했던 것이다.

이것은 동시대의 산사기록인 정시한의 『산중일기』의 기신재가 참고 된다.

먼저, 사찰에서 기신재를 행하는 시각으로 살펴보면, 12지支의 앞부분인 자시子時나 축시丑時에 행해졌다. 기신재인만큼 당시의 유교적 규범과 경향을 고려하고[143] 여기에 의식의 규모에 따라 본격적인 의식은 대부분 '축시' 전후前後로

---

143 조선후기에 민간에서 제사 올리는 시간을 알 수 있는 대표적인 것으로, 신돈복(辛敦復,

행해졌는데, 고정적인 것은 아니었다.

예를 들면, 『천지명양수륙재의범음산보집』(1723)에 수록된 대재大齋 형식의 수륙재 관련 의식들 상당수는 당일에 사시巳時, 낮9-11시가 아니라 축시丑時, 밤1-3시에 마지摩旨를 올리고 권공 의식을 하며 아침공양으로 '막제莫啼', 즉 '죽粥'을 먹으며 점심공양으로는 재음식으로써 '재식齋食'을 한다. 대재의 경우 작법대중들의 재의식 준비 등을 고려한 것으로 이때의 '재식'은 점심공양[齋] 전후의 작법인 '재전작법齋前作法'이나 '재후작법齋後作法'의 기준이 된다.

그런데 1686년에서 1688년까지의 전국의 명산대찰 등을 유람하며 보고 쓴 『산중일기』의 사례에서는 기신재나 칠칠재를 「영혼식」이나 수륙재 형식으로 하며 먼동이 틀 무렵이나 혹은 동틀 무렵 시작해 아침공양으로 그 전물奠物음식을 말그대로 '재식'으로 하고 있다. 재를 마친 아침에 일종의 아침 반승飯僧을 한다는 점에서 재의 규모에 따른 '재식'의 때가 달라, 작은 규모의 암자에서는 여지가 있었음을 알 수 있다.

『산중일기』에서는 기신재의 '신晨'에서도 알 수 있듯이, 대부분 '동틀 무렵[曉]'에 시작하고 있다. 1687년 3월 13일자에 원주 치악산 상원암上院庵에서 한 승려가 설판재자가 되어 올린 기신재 장면이다.

> 잠시 후에 돌아와 보니, 스님들이 '꽃'과 '전물음식'을 진설해놓고 법복을 입은 이들은 북과 징을 치고 있었다. 크게 불사를 베풀어 자못 볼만 했다.
> 移時還下 僧輩設花陳饌 被法服伐鼓錚 大張法事頗可觀

1692-1779)의 『학산한언(鶴山閑言)』을 들 수 있는데, "제사는 날을 밝히는 닭이 울기 전인 자시에 하는 것이 가장 좋다."고 했다. 밤이 가장 깊은 때는 삼경(三更)인 자시(子時, 11시-1시)이기 때문이다.

이 기신재는 수륙재로 설행된 것이다.

동 일기에는 1686년 10월 27일자에 "수륙재水陸齋" 설행 기록이 있는데, 10월 28일자로 보면 마을의 남녀 오육인의 설판재자에 의해 발원된 것이므로 기신재로 추정된다. 그런데 이 수륙재는 사정에 의해 속리산 본속리암本俗離庵에서 서방갑암西方甲庵으로 장소가 변경될 정도로 작은 암자들에서도 설행이 가능한 의식이었다. 서방갑암은 11월 25일자로 보면 큰 법당과 그 좌우로 비좁고 누추한 승당僧堂이 딸려 있는 곳이었다.

또한 1688년 6월 27일 동화사桐華寺의 승려가 말사인 염불암念佛庵에서 그의 상좌를 위한 칠칠재 중 오재를 설행하고, 육재[7월 5일][144] 전날인 4일에 거사 1인, 사당3인, 객승 등이 염불암으로 올라와 사당들이 저녁공양을 암자의 스님들에게 올린 일[居士一人舍堂三人客僧德閑淸輝等來 舍堂饋菴中僧夕食]은 다음날 육재에서 이들에 의한 수륙재의 연희演戱 장면을 떠올리게 한다.

칠칠재의 경우는 『청문』(1529, 동국대도서관 소장) 〈시왕찬청十王讚請〉 등에 나타나는 "第某七日之齋"에 따라 각 재가 설행되었을 것이지만, 앞서 살펴본 대로 허정법종虛靜法宗, 1670-1733이 은사恩師의 입적에 칠칠재를 위한 수륙재에서 예수작법을 설행한 것을 보면 수륙재는 재 범위 속에서 언제든 신축적 운용이 가능했다. 『산중일기』에 나타나는 기신재나 칠칠재, 수륙재가 구체적으로 어떤 의식문을 바탕으로 한 것인지는 단언할 수 없지만, 적어도 「영혼식」 의식과 수륙재에 기반하고 있으며 규모에 따른 것이라는 점은 분명해 보인다.

『수월도량공화불사』의 18세기 판본으로는 규장각과 동국대에 소장된 상월새봉霜月璽封, 1687-1767의 서문이 있는 1721년 화엄사 간행 판본이 있다. 각각 17세기와 18세기에 간행된 위 두 종류의 판본들은 대찰에서 『수월도량공화불사』

---

144 6월은 음력기준으로 29일까지 있었다.

를 간행한 대표적인 사례이다.

이외에 해인사 복각본(1664)이나 『불설예수시왕생칠경佛說預修十王生七經』(규장각 소장 古1730-68A)에 합본되어 있는 화엄사 판본(1721) 등도 있으며 위의 발문이나 서문이 없어 간행시기를 알 수 없는 본문만 있는 판본들도 다수 전한다. 특히, 위의 『불설예수시왕생칠경』의 경우에는 이 시기에도 여전히 수륙재의 핵심 의식 구성인 낮재와 밤재, 혹은 그 중간에 예수작법을 올리는 체제가 유지되고 있었음을 살펴볼 수 있는 자료이다. 『수월도량공화불사』를 통한 재의 이해가 예수작법의 범주에도 미치고 있는 것이다.

수월도량불사는 이후 19세기 말에 이르러 새로운 전환을 맞이한다. 이때에는 명목상으로 상당수의 재齋를 비롯해 각종 불사가 수월도량공화불사라는 '명칭'으로 기록될 정도로 시기적으로 크게 유행하였음에도 이에 비례해 판본의 간행이나 관련 내용은 놀라울 정도로 미미했다. 이 시기는 『수월도량공화불사』와 의례의 관련성보다는 보우 이후에 새로운 중흥기를 맞이한 불교계가 『수월도량공화불사』에 '재문齋文'으로 나타나는 '작법절차', 즉 영산작법을 이해한 방식으로 수월도량공화불사를 수용했다고 보는 것이 적절해 보인다.

8. 『오종범음집』(1661) 「총림대찰사명일영혼시식지규」의 의례 분석

어산인 반운당伴雲堂 지선智禪, 16세기 말-17세기 중반의 『오종범음집』(1661, 무주 호국사 간행)은 17세기의 관련 의식집 가운데 가장 주목되는 의식집이다. 비록 의식집으로서 갖춰야 할 극항極行의 형식이 없고 게송과 협주夾註의 분리도 정확하지 않지만, 협주를 보면 설행 재의식과 공간, 동선에 대한 인식이 분명하고 당대의 재의식에 대한 핵심적인 내용이 기록되어 있기 때문이다.

이 의식집에 부록으로 수록된 「총림대찰사명일영혼시식지규叢林大刹四名日迎魂施食之規」의 협주에는 16세기 말 수륙재와 불교민속 연구에 중요한 자료들이 언급되어 있어 주목된다. 다만, 의식의 순서가 설단채비設壇差備에 이어 크게 '보청普請-영혼식迎魂式-시식단배치규식-봉향례奉香禮-착어着語-유치由致-청사請詞-안좌安坐-다게茶偈'로 끝나 있어서 시식과 관련된 이후의 의식들이 모두 생략되어 있다. 그 이유는 당시 유포되었던 고본古本을 참조해 설행하는 것이 가능했고 별도의 협주를 필요로 하지 않았을 수 있지만, 당시 시식의 일반화로 인해 특별한 의식의 차이를 느끼는 부분이 없어 생략했을 가능성이 있다.

먼저 이 의식문의 중요한 특징 가운데 하나로, 그동안 구체적으로 다뤄지지 않았던 '불교 사명일' 의식에 대해 살펴보자.

여기에는 네 가지 명절에 해당하는 게송과 협주가 수록되어 있다.

설 正[145]朝着語

일년 삼백 육십일
묵은 날과 새날이 바뀐 새벽을 감사하네.
하루하루 뜬눈으로 섣달그믐 보낸
사람들마다 음식차려 가신께 올리네.
一年三百六十日 新舊正當代謝晨
日日看看除夜畢 人人設食薦家神

단오 瑞午

금일 아침의 단오는 천중절
만고에 애절한 초나라의 신
사람들마다 정성껏 진수를 차려
신원하지 못한 충혼께 제사하네.
今朝端午天中節 萬古哀怜楚國神
人人虔設珍羞味 爲祀忠魂鬱未伸

해마다 칠월 우란회는
바로 목련이 부모를 구제한 날이라네.
누군들 부모 없는 이 있으랴.
정갈한 음식 차려 가친께 제사올리네.
年年七月盂蘭會 是乃目連救母恩
箇箇人誰無父母 虔陳淨饌祭家親

---

145 원문은 'エ'이다.

추석[가온] 加午

중추 보름에는 어떤 제사 올리는가.
오나라의 충신 자서를 위한 날이네.
곳곳에서 선열의 맛을 베풀어 주어
혼들을 먹게 해 배고픔을 면케 하네.
中秋卽望是何祀 吳國忠臣爲子胥
處處因修禪悅味 令魂受飡免飢虛

불제자가 부모를 위해 보은의 예를 한 것은 목련에서부터이고, 칠월 망일에 부모 위해 우란회를 설행한 것이 최초이다. 여기서 "年年" 운운 하는 것은 '착어'인데, 지금처럼 '동령게'로 하는 것도 가하다.
釋子爲父母報恩之禮自目連 七月之望爲母作盂蘭會爲始也 此年年之言是着語也
如今以動鈴偈用之可也

지선이 위에서 밝히고 있는 불교의 사명일은 '설', '단오', '추석', 그리고 '백중(우란분재)'이다. 모두 제사와 관련된 것이며 조상천도재로 크게 성행했던 칠월 '백중'의 비중을 가늠할 수 있다. '백중'은 불교의 대표적인 명절이라 제목이 생략되어 있으나 별도의 협주가 있다. 그런데 이 협주를 보면, 설 게송뿐만 아니라 다른 게송들도 영가들을 맞아 들려주는 짧은 소참법문小參法問인 '착어着語'로 보고 있는 것을 알 수 있다.

위의 협주 아래로 이어서 "以此振鈴伸召請"과 "慈光照處蓮花出"으로 시작하는 2수首의 또 다른 게송을 '동령게動鈴偈'[146]로 하고 있는 점이 눈에 띈다.

---

146 以此振鈴伸召請 冥途鬼界普聞知 願承三寶力加持 今日今時來赴會」慈光照處蓮花出 惠眼觀時地獄空 又況大悲神呪力 衆生成佛刹那中」

위 '백중'의 본 게송인 착어를 이 '동령게'로도 쓸 수 있다고 한 것은 그만큼 요령을 사용하는 게송이 중시되고 있음을 보여준다.

그런데 모본인 『권공제반문』(1574)의 「거찰사사명일시식영혼식」 해당 부분을 비교해 보면, 다른 '착어'는 보이지 않고 다음과 같은 '백중' 게송만이 수록되어 있는데, 지선의 것과 약간 다르다.

해마다 칠월 우란회는
바로 목련이 부모를 구제한 날이라네.
사람들마다 부모 없는 이 없어
털끝이라도 엮어 부모를 구제하네.
年年七月盂蘭會 是乃目連救母恩
人人箇箇無父母 纖毫共結濟於親[147]

또한 이 게송에 이어지는 짧은 협주에는, "이 게송은 '동령게'의 예로 쓸 수 없으니 '동령게' 후에 이를 하라. 此偈動鈴例不可 動鈴偈后爲之也"고 하여 원칙을 강조하고 있어 지선의 협주에 나타나는 것과 시대적인 차이를 보인다.

여기서 '진령게'와 '동령게'의 차이는 무엇일까?

이와 관련해서는 『제반문諸般文』(제작연대 및 간행처 불명, 考般齋 소장)에 합록된 필사본으로 조선후기의 것인 「사명일영혼四明日迎魂」이 참조가 된다. 이 의식문에도 '백중'만이 있고. 게송이 아닌 소참법문의 '착어'가 있고 이어서 '백종동령게百種動鈴偈' 아래로 1수니 2수가 아닌 3수의 게송[148]이 수록되어 있다. 그

---

147 "섬호공결제어친(纖毫共結濟於親)"은 자신의 머리카락으로 줄을 엮어서 지옥에 빠져있는 부모에게 드리워 구제한다는 의미이다.

148 「年年七月盂蘭會 是乃目連救母恩 介介人誰無父母 請魂空界濟寃親」先亡祖上普聞知 願承三宝力加持 今日今時來赴會 受我供養證菩提」慈光照處蓮花出 慧眼觀時地獄空 又況大悲神呪力 衆生成佛利那中」

런데 이것 바로 앞의 의식으로 〈次振鈴偈〉라고 하여, 일반적으로 의식 초입에 사용하는 "以此振鈴伸召請"으로 시작하는 '진령게'가 있다. '백중'에는 이러한 '진령게'와 별도로 관련 게송에 요령을 사용하는 '동령게'를 집전해 요령 사용의 빈도가 높았던 것이 특징으로 보인다.

지선은 사명일의 이 '착어'에 이어 재가 열리는 연유를 밝히는 '유치', 청사로 증명청證明請인 인로왕보살청引路王菩薩請을 비롯해, "我太祖康獻大王 與諸大君王后妃嬪御 仙駕"를 위한 국혼청國魂請, 승가청僧魂請, 고혼청孤魂請의 '4청請'을 하고 있다. 이들을 청하여 자리에 모신 다음 차를 올리는 '다게'를 끝으로 비록 이후의 나머지 의식문을 생략하고 있지만, 당시 의식 설행의 문제점을 자신의 관점으로써 '다게' 아래에 다음과 같은 협주를 달며 끝맺고 있다.

> 요즘 증명단에 공양 올리는 것에 잘못이 있으니, 어찌하여 증명청의 끝에 증명공덕으로 "受此供養[이 공양을 받으소서]"이라 하지 않는가! 이 (판본) 단의 '4청請'에서는 이를 한다. 곧 "佛身充滿"[149]의 게송을 건너뛰고 "南無十方佛"[150]에서 운운하는 것이 가하다. 나머지 부분은 곧 모두 판본에서와 같이 운운한다. 또한 여러 제방의 산문 법당에서는 정식 의례인 유치·청사를 다 빼고서 단지 "佛身充滿 云云"이라 하여 마치는 경우가 있다.
> 今訂明壇進供誤也 何者請末訂明功德 而不云受此供養矣 此壇四請用之 則越佛身

---

149 가장 이른 시기의 시식문 모본에 해당되는 『증수선교시식의문(增修禪敎施食儀文)』 〈주행탄불백의(主行嘆佛白意)〉에 근거해서 보면, "佛身充滿於法界 普現一切衆生前 隨緣赴感靡不周 而恒處此菩提座"이다. 경전으로는 『화엄경』의 경문이다.

150 『증수선교시식의문』 〈주행탄불백의〉와 『권공제반문』의 「시식의문」에서 마땅히 '삼보의 가피력을 구하여' 성스러운 대중께 귀의하길 밝힌 귀명문인 "南無常住十方佛 南無常住十方法 南無常住十方僧 南無本師釋迦牟尼佛 南無觀世音菩薩 南無冥陽救苦地藏王菩薩 南無起敎阿難陁尊者"이다.

充滿偏[151] 而自南無十方佛云云可也 其餘則皆如本文云云 又諸方山堂 正實礼則由 致請詞之文 盡除而但云 佛身充滿云云畢

그런데 지선은 이 협주에 연이어 다음과 같이 중요한 언급을 하며 이 의식문을 마무리했다.

위 시식의 규범은 곧 진판사眞判事와 정관당의 핵심적인 제도이다.
此施食之規乃 眞判事与靜觀堂牢寔之制

여기서 "진판사眞判事"의 '판사判事'는 선교와 교종에서 종무를 관장하는 직함職銜이다. "진판사"는 어산魚山인 나암당懶庵堂[152] 진일眞一이다. 서산이 81세 되던 해인 1600년에 쓴, 보현사의 〈석가세존사리부도비釋迦世尊舍利浮圖碑〉(1603)[153]의 비문 음기에는 "大禪德秩"에 속해 있다. 그리고 "정관당"은 대선사 정관당靜觀堂 일선一禪, 1533-1608이다. 서산의 수행과 경학의 법제자이다. 문집인『정관집靜觀集』에는 일선이 진일에게 보낸 〈진 선백에게[贈眞禪伯]〉 등의 시가 남아 있어서 두 사람이 당대에 서로 교류했음을 보여준다. 이들은 모두 고승들로 그 지위와 영향력에 대해서는 뒷장에서 다시 다루겠다.

지선의「총림대찰사명일영혼시식지규」는 협주를 통해 당시 설행되던 의식의 정황과 문제점들을 살펴보는 것에 중점을 두고 있다. 아울러 '불교 사명일' 의식이 16세기 말-17세기 중반 정관당 일선과 나암당 진일의 주도에 의해 행해진 것

---

151 여기서 '偏'은 '偈'의 오자이다.
152 보우(普雨)는 당호로 허응(虛應) 또는 나암(懶庵)을 썼는데, 후대 진일의 당호도 나암이다.
153 『청허당집(淸虛堂集)』권3.

임을 밝혔기에 고본古本에 의지해 나머지 부분을 생략한 것으로 보인다. 당시 사명일 의식이 이미 불교계에 자리잡았음을 의미한다.

지선의 이러한 협주는 십여 년 후인 1673년에 창원 화장사華藏寺[154]에서 간행된 또 다른 시식영혼식인 『거찰사명일시식의문巨刹四名日施食儀文』에서 확인이 된다. 이 의식집의 구성은 크게 「거찰사명일시식의문巨刹四名日施食儀文」과 「승가예의문僧家禮儀文」으로 이뤄져 있다.

개간기를 보자.

> 시식의문은 정관당께서 만드신 제도이고 승가례는 허백자께서 요의를 찬술하신 것으로 감히 한 부로 집성해 둘로 사용하고자 하니 과연 대사의 제도는 무너짐이 없도다.
> 施食儀文 靜觀堂所規制 僧家禮 虛白子所纂要 敢集一部欲使二 師之制不朽

이 화장사 판본의 개간기는 사명일의 시식의문을 정관당 일선이 만든 제도임을 밝혔다. 다만, 부휴의 법손이며 벽암당碧岩堂 각성覺性, 1575-1660의 제자인 나암당 진일은 대체되어 있어 눈길을 끈다. 나암당 진일의 『석문가례초釋門家禮抄』(1660) 대신에 사명당四溟堂 유정惟政, 1544-1610의 문손門孫인 허백당虛白堂 명조明照, 1593-1661의 『승가례의문』을 수록한 것은 편찬자가 허백당 명조와 벽암당 각성의 교류[155]를 감안하더라도 무엇보다도 '부휴계'가 아닌 '청허계' 서산의 직계 문손의 제도와 의식집으로 편찬하고자 한 의도가 엿보인다. 화장사 판본을 지

---

154 "後來 康熙癸丑春三月乙未 昌原靑龍山華藏寺開刊"
155 『朝鮮寺刹史料』(조선총독부, 1911, p.211)의 〈묘향산보현사사적기(妙香山普賢寺事蹟記)〉에 "숭정7년(1634) 갑술년에 또한 화재를 당해 대덕승 '허백당 명조대사'와 '벽암당 각성 선사'가 다시 중창하니 연수로 일백 사십 육년으로 이것이 다섯 번째 중창이다. 崇禎七年甲戌歲 又當回祿而大德僧虛白堂明照大師碧巖堂覺性禪師改重刱其間年數一百四十六年此是第五刱也"

선의 것과 비교해 보면, 비록 제도 자체는 정관당에 의지했지만 역시 세부적으로는 편찬자의 관점에 의해 산보되어 있다.

17세기 사명일의 시식영혼식은 16세기 말-17세기 초의 고승이었던 정관당 일선의 제도에 의해 실제 설행되고 어산인 진일에 의해 이어지며 대중적으로 퍼져나갔음을 알 수 있다. '불교 사명일'의 시작과 유행을 '청허계'와 '부휴계'가 떠받치고 있었던 것이다.

정관당의 고본으로 특정된 의식문은 현재 알려진 것이 없지만, 그의 문집인 『정관집』에 수록된 〈수륙소水陸疏〉 소문 한 가지를 통해 임란 후의 참상 속에서 설행된 수륙재에 대한 그의 관점을 살펴볼 수 있다.

삼가 생각하니 세상이 쇠해 나라 안의 백성들이 어지러워지고, 나라의 운세가 불행해 바다 밖의 왜적이 침략하고 있습니다. 선비들은 법장에서 많이도 죽어 갔으며, 백성들은 적의 손에 무수히 살육되었습니다. 해마다 역병이 일어나 신음하면서 죽어 가니 시신은 구렁과 골짜기에서 뒹굴고 있습니다. 흉년마저 들어 추위에 얼고 굶어 죽은 혼이 날아다니고, 그 시체가 길에 서로 베고 누웠으니, 살기가 모여 귀신이 되고, 뼈가 쌓여 언덕을 이루었습니다. 죽은 넋은 의지할 곳이 없고, 원통한 혼은 호소할 길이 없습니다. 만약 삼보 자비의 힘이 아니면 외로운 혼을 제도할 기약을 하기 어려우니, 이 때문에 각각 유한한 재산을 버리고 함께 무차의 좋은 만남을 닦는 것입니다. 유가의 큰 가르침을 펴고, 삼가 향기롭고 풍성한 진수를 차렸으며, 세제의 장엄함으로 참된 법공양을 마련했으니 정성이 바른 곳에는 성응이 반드시 통할 것입니다.

恭惟世數有衰 邦內之民作梗 國運不幸 海外之寇來侵士多身死於法場 人夥命亡於賊手 年興疾疫 辛吟命終 而仆屍塡委於溝壑歲又飢荒 凍餒魂飛 而餓殍相枕於道路 殺氣聚而爲鬼 枯骨堆而成丘 逝魄無依 寃魂莫訴 若非三寶慈悲之力難得孤魂度脫之期 由是各捨有限之珎財 共脩無遮之勝會 敷宣喩伽之大教 恭陳香積之珎羞

以世諦莊嚴 成眞法供養 虔誠所格 聖應必通[156]

위의 글에서 가장 눈에 띄는 문구는 "유가의 큰 가르침을 펴고 敷宣喩伽之大教"이다. '유가瑜伽'는 지관止觀을 닦는 것이다. 수륙재 의식에 대한 정관당의 깊은 인식을 엿볼 수 있는 단편적인 대목이다.

백곡처능白谷處能, 1617-1688의 『대각등계집大覺登階集』에는 일선에 대해 "만년에 서산[청허]의 법석에 참례하여 그 대신 금강경과 능엄경 등의 경전을 강의하였다. 一禪晚參淸虛法席 代講金剛楞嚴等經"고 하였으므로 이들 경전의 성격만으로도 그가 당대의 법사였음을 알 수 있다. 또한 서산의 제자들 중에 의식문의 편찬에 유일하게 이름을 전해서 사명일의 시식의문이 "정관당의 핵심적인 제도"이고 "정관당께서 만드신 제도"라는 언급이 17세기 그의 문중 법손에 의해 직접적으로 언급되기까지 했다. 지금까지 단지 선승으로만 알려져 있고 서산과 사명대사와 달리 임진왜란에 승장으로 완곡히 참여하지 않았던 사실 외에 수륙재와 관련된 보다 구체적이면서 다양한 시각의 연구가 필요함을 보여준다.

이와 관련해, 서산과 일선이 당시 성대한 수륙재를 집전했던 보우와 같은 권승權僧의 길이 열려 있었음에도 이를 가지 않은 점이 눈길을 끈다.

서산의 경우는 1549년 승과에 급제해 봉은사 주지와 선교양종판사에 이르렀으나 1556년 홀연히 직함을 버리고 운수행각하며 수행정진과 교학에 전념했는데, 서산은 그의 별호가 묘향산을 뜻하는 서산일 정도로 활동의 정점기와 말년을 묘향산의 대찰인 보현사 금강굴에 머물렀다. 또한 안변의 대찰인 석왕사와도 수행의 시절 인연이 깊어 1598년에 〈설봉산석왕사기雪峯山釋王寺記〉를 직접 쓰기도 했으며, 이미 20여 년 전에 석왕사에서 간행된 『권공제반문』(1574)의 사명일 의식문인 「거찰사사명일시식영혼식」에는 "위의 작관하는 법은 곧 서산의 가

---

156 배규범(역), 『정관집』, 지식을 만드는 지식, 2011, pp.178-179.

르침으로 증명이 할 바이다. 此上作觀之式 乃西山之敎也訂明之所爲也"라고 하여 서산의 관상법觀想法이 언급되기도 했다. 이 법은 직접적인 가르침을 받지 않았다면 알 수 없는 매우 비의적秘儀的인 것으로 적어도 사명일에 관한한 당시 그의 제자인 일선이 아니고서는 쓸 수 없는 협주로 판단된다. 서산의 법석에 만년 참례해 법제자로 건당하기 전에 이미 그의 가르침을 받았음을 보여준다. 「거찰사사명일시식영혼식」이 수록된 『권공제반문』의 간행으로 보면, 서산의 세납 54세의 일이고, 일선의 세납 41세의 일이다.

다시, 지선의 이 의식문을 중심으로 17세기 수륙재의 중요 의식절차에 대해 구체적으로 살펴보자. 그가 당대의 대표적인 어산 중 한명이었고 협주와 산보를 통해 짧지만 의식의 구체적인 동선까지 기술하고 있으므로 이 시기의 의식을 살펴보는데, 매우 중요한 단서를 제공하고 있다. 먼저 「총림대찰사명일영혼시식지규」의 시작부분에서부터, 앞서 다뤘던 '착어' 이전까지의 의식을 살펴보면 다음과 같다.

유나는 종두로 하여금 주지 앞에 나아가 종치는 것을 여쭙게 하고, 주지는 하나하나 일러주되 먼저 향로전의 종을 치게 한다. (법당) 중정의 한 가운데에는 오여래번을 걸며 정문에는 돗자리를 마련하고 상을 놓아 인로왕보살번을 건다. 보청의普請儀는 평소대로 한다. 법당, 승당, 선당, 종각의 종을 각각 세 번 치고 주지와 대중들은 각각 괘전과 꽃가지 하나를 들고 정문에 모여 기지런히 선다. 종을 높고 낮은 소리로 내렸다 올렸다 하는 점종을 친 후에 명발을 한다. 식견이 밝은 법사가 이르길, "'거불'은 전례대로 '나무 대성인로왕 운운' 으로 하라."고 하였으나 제방의 납자들은 모두 "나무 명양구고지장왕보살 운운"이라 한다. 법주는 요령을 세 번 흔들어 내리며 이르길, "선왕선후열위 선가를 받들어"라고 한다.

維那使鍾頭 進住持前問擊金 則住持一一敎授先打香爐殿金 而庭中掛五如來幡 正門鋪陳安床 掛引路幡 普請如常 擊法堂僧禪堂鍾閣金 各各三搥 住持与大众 各持

掛錢花枝一柄 聚正門齊立 占鍾鳴鈸 有識大哲師云 以擧佛例 南無大聖引路云云
諸方皆云 南無冥阧救苦地藏王ᅟᅟ云云 法主振鈴三下云 奉爲先王先后列位仙駕

금탁 두세 번 치는 소리에
선령의 눈이 활짝 뜨이고
난새가 모는 수레에 힘입어
왕의 깃발들 물밀 듯 하네.
金鐸兩三聲
仙灵眼豁開
鸞馭加持力
龍旋是衆出

문밖으로 나가 '창혼'을 하며 요령을 흔든다.
"각각 복위 선망부모열명 영가께옵서는 간절한 청을 받아 이미 이 도량에 강림하였사오니, 합장하고 마음을 다해 부처님께 예를 올리소서."
出門外唱魂振鈴 各各伏爲 先亡父母列名灵駕 旣受虔請 已降道場 合掌全心 衆禮金聖

판수가 앞서고 기사가 인로왕번을 받들며 주지가 종실위번을 받들고 돌아서면 곧 법주는 요령을 흔들며 이르길, "지단진언. 옴예혜 운운" 하고 어산은 "나무 대성인로왕보살"을 한다. 반 요잡을 하고 백상白象을 친 후에 중정으로 나아가면 음악을 그친다.
判首先引 記事奉引路幡 住持奉宗室位幡 回立則法主振鈴云 持壇眞言唵曳呬云云
魚山 南無大聖引路王菩薩 以半繞匝擊象 進庭中止樂

개문게 開門偈
발을 걷으면 미륵불을 맞이하고
문을 열면 석가모니불을 뵈리니

위없는 분께 아홉 번 절 올리고
법왕의 집에서 즐거이 노니소서.
捲箔逢彌勒 開門見釋迦
三三礼無上 遊戲法王家

정문이 없는 절은 법당의 문을 닫고 먼저 정중게를 한 다음에 개문게를 하거나 혹은 개문게를 하지 않아도 된다. 유나가 문을 세 번 치고 대종이 여덟 번 울리면, 판수가 문을 열고 작법대중들은 들어가 정중게를 한다.
無正門寺 閉法堂門 先庭中偈 後開門偈 或開門偈不爲可也 維那打門三搥 大鍾八搥 判首開門 大衆入庭中偈

일찍이 한걸음도 움직이지 않고
안개구름 사이를 헤치고 나와
곧 아란야 도량에 이르렀으니
법당에 들어 부처님께 예 올리소서.
一步曾不動 來向水雲間
旣到阿練若 入室礼金仙

삼보께 보례한다. 어산은 "보례. 시방상주불법승"을 하고 법주는 "모 영가시여! 삼보께 예를 올리고 다시 옷 속의 보배를 얻었으니 심신을 내려놓고 자신의 신위에 의거해 머무소서."라고 한다.
普礼三寶 魚山 普礼十方常住佛法僧 法主 厶灵旣礼三寶 還得衣珠 放下身心 依位而住

괘전을 걸 때에 법주는 요령을 흔든다.
掛錢時 法主振鈴

모든 부처님의 대원경은
필경 안팎이 따로 없네.

돌아가신 부모 오늘 뵈니
얼굴 가득히 웃음꽃 피네.
諸佛大圓鏡 畢竟無內外
父孃今日會 眉目定相撕

안좌주 安坐呪
옴 마니 군다리 훔 사바하 唵 麽尼 軍茶利 吽 莎訶

시식단의 높이는 석 자를 넘지 않는다. 단 위에 상을 올리고 인로번을 안치한다. 정중앙에는 종실 위패를 안치하며 전물을 올리고 향로를 놓는다. 왼쪽에는 꽃병을, 오른쪽에는 등촉을 놓는다. 왼쪽과 오른쪽 가장자리에는 고혼단을 설치하고 진수를 늘어놓는다. 그리고 나서 혼고와 높고 낮은 소리로 내렸다 올렸다 점종을 일곱 번 치고 법라를 분다. 판수는 금판禁板을 들고 주변을 돌며 이르길, "일제[한 줄로 나란히 하라]"라고 한다. 명발을 한다. 거불은 평소대로 한다. 법주는 향을 받들고 인로번 앞에서 삼배를 한다. 주지는 향을 받들고 종실 위패 앞에서 이배를 한다. 법주는 잠시 관상을 하고 요령을 세 번 흔들어 내린다. 때에 좌우의 노덕스님들이 좌우의 고혼단에 순서대로 향을 받든다.
施食壇高 不過三尺 壇上安床 引路幡 正中安宗室牌 進奠物安爐 左屛花右燈燭 左右过孤魂壇珍羞羅列 而昏鼓點鍾七搥 鳴螺 判首執扱巡回云 一齊 鳴鈸 擧佛如常 法主奉香引路前三拜 住持奉香宗室前二拜 法主觀想良久 振鈴三下 時左右老德 次次奉香 左右孤魂壇

주지가 있는 절이면, "금일 주지 신승臣僧 모는 선왕을 받들어 운운" 한다. 주지가 없는 절은 "금일 합원대중 등 각각복위 선망부모 열명영가 삼대가친 법계 무주고혼 등"이라고 한다. 요령을 한 번 흔들어 내린다.
有住持處則 今日住持臣僧某 奉爲先王云云 無住持寺 今日合院大衆等 各各伏爲 先亡父母 列名灵加 三代家親 兼及法界無主孤魂等 振鈴一下

암자인 곳은 정문의 대령 의식을 하지 않는다. 오직 진수만을 늘어놓고 요령을 흔들며 이르길, "금일 이 법당의 청청한 대중들은 선왕을 받들어 운운"한다.
菴堂則正門對灵禮除之 而唯珍羞羅列 而振鈴云 今日一堂淸衆等 奉爲先王云云

이어서 요령을 한 번 흔들어 내린다.
乃至振鈴一下

삼보님의 가지에 힘입어
도량으로 내려 오셨으니
향기로운 공양을 받아
무생법인을 깨치소서.
承三寶力 來詣道場
受沾香供 證悟無生

각각의 익숙한 착어 한 수 정도가 가하다.
各各所習着語一首可也

정조착어 正朝着語 [하략]

위 지선의 「총림대찰사명일영혼시식지규」는 크게 '보청普請-영혼식迎魂式-시식단배치규식-봉향례奉香禮-착어着語-유치由致-청사請詞-안좌安坐-다게茶偈'의 의식절차를 지니고 있는데, 내용상 '영혼식'과 '시식'의식의 이부二部 구성을 갖췄다.

'영혼식'에서 영가는 맞아들여져 중정에서 삼보께 부례를 마친다. 이어서 영가를 위한 체전體錢이 시식단에 내어걸리며 괘전게掛錢偈를 하고 안좌주安坐呪를 하는 것으로 '영혼식'이 끝난다. 그리고 시식단 배치 규정에 대한 협주가 있으며 '시식'의 봉향례奉香禮가 시작된다. 의식집마다 세부 의식문에 차이가 있어 기점을 단언할 수 없지만 일반적으로 시식단 배치 규정이 나타나는 협주부터 '시식'의 시작이라고 할 수 있다.

이에 따라, 영혼시식이라는 제목에서도 이미 드러나 있듯이, 해당 의식을 증명하는 존격의 명호를 칭해 그 공덕의 위신력을 드러내는 '거불擧佛'도 두 가지이다. '영혼식'에서는 "나무 대성인로왕보살"이나 또는 "나무 명양구고지장왕보살"을 하고, '시식'에서는 "거불은 평소대로 한다[擧佛如常]"고 하였으므로, 〈봉향례〉 등에서 볼 수 있는 아미타삼존의 귀명인 "나무 아미타불 나무 관세음보살 나무 대세지보살"을 한다. 이것은 16세기 말 『권공제반문』(1574) 「거찰사사명일시식영혼식」에서 17세기까지 지켜지고 있다.

18세기 초 동빈東賓이 편찬한 『대찰사명일영혼시식의문大刹四明日迎魂施食儀文』(1710, 해인사 백련암)은 앞서 살펴보았듯이, "上迎魂儀竟 下施食儀"라는 협주를 통해 이부 구성을 뚜렷이 한 것이 특징이며, '영혼식'의 거불은 아미타삼존이다. 이후의 『사명일영혼시식의四明日迎魂施食儀』(1776, 美黃寺, 대성사 소장) 등의 경우처럼 '영혼식'과 '시식' 의식의 이부 구성이 뚜렷하지 않은 예도 나타난다. '영혼식'의 거불이 인로왕보살이 아니라 "나무 아미타불 나무 관세음보살 나무 대세지보살"의 아미타삼존불로 대체되어 의식문의 앞쪽에 나타나는 현상은 대중적 신앙의 수요가 반영된 것이지만, 이로 인해 재의 시작부분에서 '영혼식'의 특성이 약화되고 있음을 보여준다.

지선의 「총림대찰사명일영혼시식지규」에서 나타나는 또 다른 특징 중 하나는 시작부분 협주의 채비差備에서, "중정에 오여래번을 걸고 庭中掛五如來幡"라고 한 내용이다. '거불'이 차지하는 비중만큼 중정中庭의 장엄도 못지않으므로 이것도 자세히 살펴보아야 할 부분이다. 중정에 괘불掛佛을 걸거나 법당의 주존을 향해 보례普禮하는 것에서 알 수 있듯이, 중정은 야외작법의 핵심적인 공간 가운데 하나이다.

이 '오여래번'은 어떤 존격을 드러낸 것일까?

「총림대찰사명일영혼시식지규」는 일부분이긴 하지만 대찰과 작은 사찰에 대해 혼재된 방식으로 기술되어 있어 모호한 부분이 있고, 의식문의 후반부도 생략되어 있어서 의식의 흐름 속에서 '오여래번'을 추정하는 것은 쉽지 않다. 다만, '오여래번'이 의식의 주요 채비로 '인로왕보살번'과 함께 기술되어 있어서 의식절차의 동선 상, 서로 관련이 있음을 알 수 있다. 그리고 이들은 적어도 도량의 공간을 중심으로 한 의식 설행에 있어서 통상 하나의 장소에 같은 형태로 일괄적으로 채비된 것이 아니라는 점을 감안할 필요가 있다. 전자가 중정의 공중에 줄을 쳐서 고정해 걸었던 것에 비해 후자는 정문 시식단의 안상 위에 올리거나 영혼迎魂을 위한 존격의 위의기물威儀器物 등으로 쓰였기 때문이다.

오여래의 존격에 대해 살펴보면, 조선시대 '오여래'는 일반적으로 세 가지 범주에서 인식되고 있다. 첫 번째는, 감로탱 등에서 하단 시식施食의 칠여래나 '오여래'의 존격에 속해 있는 것이 있고, 두 번째는 괘불掛佛과 같은 대형 탱화에 나타나는 '오여래'가 있으며, 세 번째는 방위불方位佛인 '오방불五方佛로, 주로 번幡'의 형태로 나타난다.

먼저, 첫 번째 하단시식의 '칠여래'는 '오여래'인 다보여래多寶如來, 묘색신여래妙色身如來, 광박신여래廣博身如來, 이포외여래離怖畏如來, 감로왕여래甘露王如來에 보승여래寶勝如來와 아미타여래阿彌陁如來의 두 존격이 부가된 것이다.
예를 들어, 후대의 〈화계사華溪寺 소상 6폭 병풍〉(19세기)에는 왼쪽에서부터 '인로왕보살'을 시작으로 도상으로 명호 분별이 어려운 '오여래' 도상이 각각 한 폭씩 그려져 있는데, 이들이 같이 있다고 하더라도 이 병풍은 임시적인 설단에 감로탱을 대체해 쓰이는 것이므로 '오여래'는 시식의 '오여래'이다. 19세기 감로탱의 일반적인 도상에 근거해 간략히 이들 존격만을 표현한 것이다. 여기서 '오여래'는 수인手印과 지물持物의 특징이 거의 없으며, 입상立像이다. 인로왕보살과 시식의 오여래는 직접적인 의식절차의 상관관계가 없다.

두 번째로, 중정에 거는 것으로 널리 알려진 괘불의 도상에도 오불회五佛會로 알려진 '오여래'가 있다. 괘불의 '오여래'에 대해 살펴보면, 〈안성 칠장사七長寺 괘불〉(1628) 등에서 볼 수 있듯이, '불보살의 성스런 대중들[聖衆]' 가운데 삼신불三身佛; 法身毘盧遮那佛, 報身盧舍那佛, 化身釋迦牟尼佛과 삼세불三世佛; 釋迦牟尼佛, 藥師佛, 阿彌陀佛이 결합된 독특한 존격이다. 이들 존격의 결합점에 석가모니불이 있으므로 영산회상 신앙의 또 다른 확대이다. 수인이나 지물의 특징이 뚜렷하며 협시보살도 특정되어 있다. 또한 입상이 아니라 좌상坐像이다.

세 번째의 '오방불'은 방위불이다. '오방불五方佛[동-약사불藥師佛, 남-보승불寶勝佛, 서-아미타불阿彌陀佛, 북-부동존불不動尊佛, 중-비로자나불毘盧遮那佛]'은 '다섯 방위의 세계'에 상주하는 주불이다. 여기서 '방위'는 각 여래의 세계와 불국토에 이르는 지향점이기도 하다.[157]

---

[157] 『찬요』나 『촬요』, 『운수단』 등에서처럼 '사자단-오로단-삼단(三壇)'의 기본적인 의식규칙이 나열된 경우에는 오로단의 오방오제(五方五帝)가 그 역할을 한다. 오방오제의 봉청문은 다음과 같다. "동방의 태호(太皞) 임금을 보필하는 구망(句芒)님을 일심으로 받들어 청하옵니다. 남방의 염제(炎帝) 임금을 보필하는 축융(祝融)님을 일심으로 받들어 청하옵니다. 서방의 소호(少皞) 임금을 보필하는 욕수(蓐收)님을 일심으로 받들어 청하옵니다. 북방의 전욱(顓頊) 임금을 보필하는 현명(玄冥)님을 일심으로 받들어 청하옵니다. 중방의 황제(黃帝) 임금을 보필하는 이렴(黎簾)님을 일심으로 받들어 청하옵니다. 一心奉請 東方句芒輔弼大皞之君 一心奉請 南方祝融輔弼炎帝之君 一心奉請 西方蓐收輔弼少皞之君 一心奉請 北方玄冥輔弼顓頊之君 一心奉請 中方黎簾輔弼黃帝之君". 그 규모가 방대하면서 '각 단(壇) 설행 중심의 종합 의식집'인 『자기산보문』의 경우에는 오로단의 설단에 더욱 신경을 썼다. 팔도도총섭 성능의 주관으로 간행된 『자기산보문』(1724, 해인사 간행, 해인사 강원도서관 소장)에 설단채비(設壇差備) 지침서로 합본된 「자기문절차조열(仔夔文節次條列)」에는 이러한 사정이 잘 드러나 있다. "대중들이 다 모이는 '중회일(衆會日)'에는 점심[齋食] 전에 오로단 작법을 하고 이어서 성제명군으로부터 일체의 고혼에까지 이른다. 삼일밤낮으로 청하여 맞이하는 설행은 곧 그 사이에 겨를이 없어 오로단과 고혼들을 청하여 맞이하는 것을 미리 거행하는 것이다. 衆會齋前 五路壇作法次 自聖帝明君 至一切孤魂 迎請三晝夜設辦 則其間無暇故 五路壇孤魂迎請 預爲擧行也

앞서 괘불의 오여래는 대형 번 안에 '존격의 큰모임[會]'이 현현되어 있지만, 이 오방불은 각각 다섯 가지 종류의 번幡으로 이뤄져 있으며 그 각각에도, 번두幡頭·번신幡身·번수幡手·번족幡足이라는 번의 세부적인 구성에 한 존격의 불신과 가피력이 깃들어 있어 다르다.

현존하는 가장 이른 시기의 괘불인 〈죽림사竹林寺 괘불〉(1622)의 화기에 나타나는 "竹林寺庭中掛佛世尊幀"의 내용과 비교해 보면, "庭中"을 중심으로 죽림사 괘불은 "掛佛世尊幀"이고「총림대찰사명일영혼시식지규」의 의식에서는 "掛五如來幡"으로 '오여래'의 다섯 가지 번이 걸린다. 이 괘불의 등장 시기는 지선의 본격적인 활동기에 해당되어 흥미롭다. 지선이 동일 의식집의「영산작법靈山作法」에서 밝힌 '괘불'에 대한 관점은 또 다른 협주에 잘 드러나 있다.

> 혹 괘불탱으로 영산작법을 할 때에는 곧 먼저 사보살·팔금강께 고하여 괘불탱을 위호한 후에 작법을 시작하는 것이 가하다. 지금은 산골짜기 외진 데서나 영산작법을 할 때에 미륵탱을 거는데, 이들은 『법화경』「서품」의 미륵, 문수의 문답을 살피지 않은 것이다. 지금의 속리산 법주사와 금산사와 같은 양 대찰의 미륵전에서 영산작법을 하던가?
> 或掛佛幀 灵山會作法 則先告四菩薩八金剛 圍護掛佛幀後 作法爲始可也 今幽僻處固執者 灵山作法處 掛彌勒幀者 此人不察法華序品彌勒文殊問答之處 今俗離山法住寺與金山寺兩大刹彌勒殿 設灵山作法否

결론적으로 말하면, 지선의 동일 이시집 내의 또 나른 의식문에서 "庭中"의

[중략]", "본문에 이르기를, '만약 (하늘) 오로의 길을 열지 못하면 온갖 혼령들이 운집하기 어려울까 두려운 까닭에 먼저 다섯 방위 오제의 군왕들을 청하고, 그에 이어서 고혼들을 청해 맞이한다.'고 하였다. 本文云 若不開於五路 恐難集於萬靈 以此先請五方五帝之君 其次迎請孤魂也 [중략]". 이처럼 '방위'는 그 의식문의 성격에 따라 존격의 차이가 있지만 실질적으로 매우 중요하게 생각되었다. 다섯 방위의 세계나 그 공간의 길을 열지 않으면 소청 대상자들의 참여도 없기 때문이다.

의식으로 설행되는 〈영산작법〉의 '괘불'과 〈사명일영혼시식〉의 '오여래번'은 성격상으로도 형태상으로도 구별되어 있다.

앞서 지선이 협주에서 밝힌, '오여래번'은 방위불인 '오방불번'이다. 한편으로, 이 '오방불번'은 도량의 공간을 중심으로 한 의식 설행뿐만 아니라 '신원적新圓寂 영가'에게 길을 안내하는 '인로왕보살번'과 함께 각 여래의 세계와 불국토에 이르는 지향점으로 함께 사용되는 경우가 많아 조선시대 승려의 다비 의식문[茶毗文節次]인 〈신체 발인 위의威儀〉에도 나타난다. 이것은 오늘날까지도 승가에서 쓰인다.

'오방불'은 방위불의 특성으로 인해 도상에서 수인과 지물의 특징이 거의 나타나지 않는데, 여기에 더해 위격이 특정되어 있지 않은 경우도 보인다. 『신간산보범음집新刊刪補梵音集』(1713, 묘향산 普賢寺 간행, 동국대도서관 소장)의 「중례작법절차中禮作法節次」〈삼단을 각각 전송하여 보내는 규식[又三壇各餞送之規]〉을 보면, 상위회향上位回向 중 "三身幡及五如來幡佛牌"라고 하여 삼신번과 오방불번인 오여래번, 그리고 불패가 상단에 속해 있는 것이 이에 해당된다.

이에 비해 『천지명양수륙재의범음산보집』(1723) 권상 「봉송의奉送儀」의 〈삼단의 화촉과 위패를 줄지어 세우는 규식[次三壇花燭及位牌列立規]〉에는 다음과 같이 원래대로 하단에 신번神幡인 '인로왕보살번'과 '오여래번'이 함께 속한 경우이다.

> 소대 앞에 이르러 먼저 신번神幡과 오여래와 삼도패三塗牌, 하단의 화개花盖 순으로 태운다. 이어 삼장패三藏牌, 주망珠網과 꽃을 태운다. 이어서 상단의 불패佛牌와 삼신번三身幡과 화개를 태운다. 그 나오는 순서에 의지해 차례대로 태운다.
> 至燒臺前 先燒神幡及五如來與三塗牌下壇花盖 次燒三藏牌及珠網與花 次燒上壇佛牌及三身幡與花盖 一依其出去之序燒之

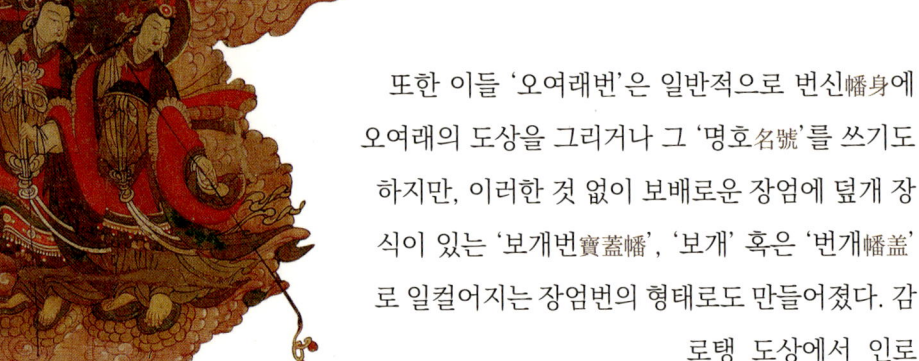

〈경북대 소장 감로탱〉(17세기, 삼베에 채색, 81.6×88.9㎝)의 인로왕보살

또한 이들 '오여래번'은 일반적으로 번신幡身에 오여래의 도상을 그리거나 그 '명호名號'를 쓰기도 하지만, 이러한 것 없이 보배로운 장엄에 덮개 장식이 있는 '보개번寶蓋幡', '보개' 혹은 '번개幡盖'로 일컬어지는 장엄번의 형태로도 만들어졌다. 감로탱 도상에서 인로왕보살이 들고 있는 장엄번은 그의 존격이 지닌 증명공덕을 상징하는 '보개번'이다.^{사진}

『신간산보범음집』(1713)의 「중례작법절차」〈봉송의奉送儀〉에서는 "五如來幡盖"라고 해서 '오여래번'을 '오여래번개'라는 명칭으로 드러냈는데, 감로탱 도상에는 이것의 반영으로 보이는 번들이 있어서 살펴볼 필요가 있다.

조선후기 감로탱의 일부 설단設壇 장면에는, 단의 양쪽으로 대를 세워 건 줄에 '보개번'이 걸려 있는 것을 볼 수 있다. 비교적 이른 예의 것으로, 〈구 우학문화재단 소장 감로탱〉(1681)^{사진} 도상을 보면 줄에 다섯 개의 '보개번'이 걸려 있어 "五如來幡盖"로 볼 수 있는 여지가 발생한다.

그러나 실상은 숫자에 큰 의미를 부여할 수 없는 것이 감로탱에는 일곱 개의 '보개번'이 걸린 것도 상당수이기 때문이다. 이 경우에는 특별히 어떤 존격을 드러내기보다 순수한 장엄번의 성격이 강하다.

일제강점기의 〈금강산 유점사 법당 내부 사진〉^{사진}에서 볼 수 있는, 불단 양쪽 측면에 상설로 걸린 대형 '보개번'도 장엄번이다. 참고로, 1688년에 제작된 "金寶臺"의 묵서명이 있는 밀양 표충사의 '보개번'은 법당 내에 걸었던 대형 장엄번으로 번의 직물은 사라지고 개盖만 유물로 남아 있다.

288 | 조선시대 수륙재와 감로탱

위_〈구 우학문화재단 소장 감로탱〉(1681, 비단에 채색, 200.0×210.0㎝)의 부분
아래_일제강점기 유점사 능인보전(국립중앙박물관 소장 건판 16574) 출처_국립중앙박물관

〈안성 청룡사 감로탱〉(1692, 삼베에 채색, 204.0×236.5㎝)의 부분

이외에도 조선시대 수륙재에는 법당 내부의 장엄번 외에도 바람에 가볍게 잘 나부낄 수 있도록 무거운 덮개 장식이 없는 '풍번風幡'의 명칭으로 불리는 번이 있었음을 주목할 필요가 있다. 연담당蓮潭堂 유일有一, 1720-1799은 『석전유해釋典類解』〈보찰寶刹〉에 대한 해설에서, "보찰은 깃발이다. 옛날에 많은 절들이 깃발을 세웠다. 寶刹幢也 古寺多立幢"고 하여 '풍번'이 당번幢幡의 표식 기능으로도 접근할 수 있어 참조가 된다. '풍번'은 서산의 수륙재 소문인 〈명적암경찬소明寂庵慶讚疏〉(『청허당집淸虛堂集』 권6)에, "송소리 북소리가 산중에 울리고, '풍번'이 구름 밖으로 나부끼니 鍾皷鳴兮山之中 風幡動兮雲之外"라는 글을 비롯해, 화악지탁華嶽知濯, 1750-1839의 〈북한산 중흥사의 단월을 위한 수륙재를 설행하며 올리는 별도의 글[漢北重興寺檀越設齋上別文]〉(『삼봉집三峯集』)에서 "교법을 널리 드러내고 용상龍象을 회합케 하니 '풍번'이 나부끼고 '보개번'이 휘날리며 弘顯教法 召會龍象 風幡散迴 寶蓋飛揚"라고 한 것 등이 이에 해당된다.

〈쌍계사 감로탱〉(1728, 비단에 채색, 225.0×282.5㎝)의 거불의 오방불과 시식의 칠여래

〈안성 청룡사 감로탱〉(1692)은 이러한 관점에서 자세히 보면, 단 위에 걸린 총 7개의 번 가운데 4개가 '풍번'이고 양쪽과 가운데에 걸린 3개가 개蓋가 있는 '보개번'이다.^{사진}

감로탱 도상에 '풍번'이나 '보개번'이라는 다양한 장엄번이 나타남에도 오여래번 즉, 오방불번으로 볼 수 있는 것은 나타나지 않지만, 감로탱에 오방불이 아예 표현되지 않은 것은 아니다. 〈쌍계사雙磎寺 감로탱(1728)^{사진}에는 마치 '시방불十方佛'처럼 현현한 존상이 나타나 있으나 오여래의 존상이여서 '시방불'로 보기에는 법수가 소략하다. 이들 도상은 수인과 지물의 특징이 거의 나타나지 않으며, 주변에 협시해 있는 보살들의 경우도 인로왕보살들을 제외하면 존명을 특정하기가 어렵다. 무엇보다도 '거불擧佛' 도상에 기본적으로 하단 '시식'의 오여래나 칠여래가 의식 절차상 올 수 없고, 게다가 현존하는 감로탱 도상으로 보면, 16세기와 19세기 초까지 대부분 '시식'의 여래로 칠여래 도상이 등장하고 오여래

도상이 등장하는 것은 19세기 말 이후라는 점이다. 또한 삼신불三身佛과 삼세불三世佛이 결합된 오여래의 경우도, 대개 좌상에 수인과 지물뿐만 아니라 협시보살도 특정되어 있다는 점에서 관련성을 찾을 수 없다.

앞서 지선이 밝힌 협주의 내용을 토대로 살펴보면, '오여래번'으로 대표되는 '세계와 방위의 주존들'의 번을 법당이 있는 중정에 걸어서 영가들이 법의 연회가 펼쳐지는 중정에 나아가게 하는 방향성을 드러낸 것은 '거불'의

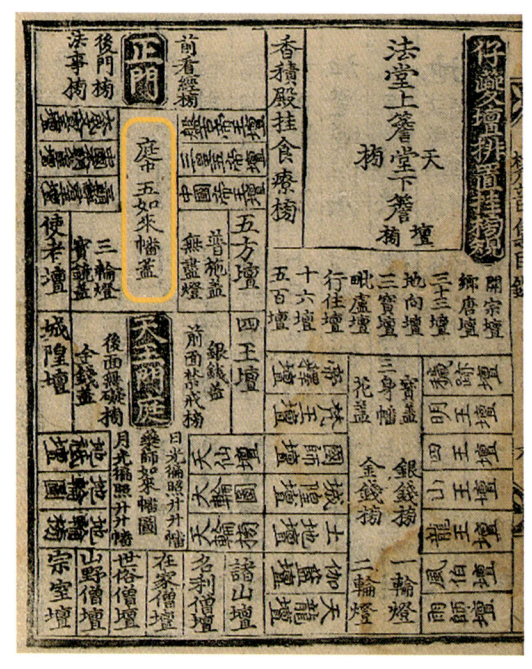

『천지명양수륙재의범음산보집』〈자기단배치괘방규〉
(1723, 중흥사 개간, 동국대 소장)

대상으로 무리가 없다. 〈쌍계사 감로탱〉의 하단 '거불' 존격을 '오방불'로 보면, 의식의 시작에서부터 이를 '거불'의 존격으로 현현시키고 도상으로 묘사한 예가 된다. 또한 이 도상을 일자나 한 줄로 방위를 표현할 때에 사용하는 오랜 방식인 "동-남-서-북-중"의 동쪽 기준 배치법에 따라 '오방불'의 방위와 존격을 표기하면 "동[藥師佛]-남[寶勝佛]-서[阿彌陀佛]-북[不動尊佛]-중[毘盧遮那]"이 되어 마지막 중앙의 방위에 해당하는 비로자나불 존격이 줄 위쪽으로 돌아 올라가 있는 것을 알 수 있다. 이것은 여러 의미가 있지만, 오늘날 대웅전 어간에 오방색의 천인 청황목靑黃木을 위의 배치법에 따라 거는 전통과도 관련이 있다.

『천지명양수륙재의범음산보집』(1723, 중흥사 개간, 동국대 소장)의 〈자기단

배치괘방규仔夔壇排置挂榜規〉사진 즉, 자기문으로 설단하고 번을 걸고 방문을 붙이는 규식에서는, 비록 법당이 아닌 정문 앞의 중정이지만, "庭中五如來幡蓋"라 하여 『자기문』으로 설행되는 대재에서 방위불인 오방불번개[158]를 걸었던 것은 〈쌍계사 감로탱〉 도상의 존격들과 관련해 참고가 된다.

다시 지선의 「총림대찰사명일영혼시식지규」를 중심으로 '사명일' 의식을 살펴보면, 눈에 띄는 흥미로운 점은 정문에서의 의식 설행과 관련해 새로운 관점이 제시되어 있다는 점이다. 제목은 총림대찰 의식이지만, 대찰 외에 여력이 미치지 못하는 작은 절의 재의식에 대해서도 협주를 통해 대안을 제시하고 있기 때문이다. 작은 절의 경우는 이러한 격식을 갖춘 정문이 없거나 법당 안에 '판도방'을 둔 '인법당'만으로 이뤄져 있다든지 또는 동참인원의 부족 등 여러 변수가 있을 수 있는데, 이것은 설행 현장의 공간이 그만큼 다양하다는 것을 보여준다. 해탈문 혹은 불이문의 정문이 없으면 법당의 문을 닫고[閉法堂門] 법당의 '정문'으로 대신하라고 한 예가 그것이다. 이에 따라 의식절차의 순서도 '개문게' 다음에 '정중게'를 하는 것이 아니라 '정중게'를 한 다음 '개문게'를 하게 되어 바뀌게 된다.[159]

이 항목은 후대의 『천지명양수륙재의범음산보집』의 1709년 도림사道林寺 판본인 「총림사명일영혼시식절차叢林四明日迎魂施食節次」에서 대찰의 기준 대로 '개문게'와 '정중게'의 순서대로 적용되고 있으나, 1723년 중흥사 판본에 이

---

158 위의 표에서 중정 동쪽의 '오방단(五方壇)'은 서쪽의 사자단(使者壇)과 마주보는 단으로 '오로단(五路壇)'이다.

159 지선의 이러한 협주는, 십여 년 전인 1651년에 묘향산[香山]에서 간행된 『제반문』(국립중앙도서관 소장)의 대령의식 협주와 비교된다. 즉, "만약 정문 안쪽에서 하거나 혹 문에 대령을 할 수 있는 장소가 없으면 개문게를 할 때에 단문으로써 문을 열고 닫아야 하니 곧 정중게를 앞쪽에 위치하게 하고 개문게를 뒤쪽에 위치하게 하되 개문게를 빼거나 할 수 있다. 若於正門內 或於門無處對靈 則開門偈時 以壇門開閉 然則庭中偈居前 開門偈居後 或開門偈闕之可也"라고 하였는데, 여기서의 '단문(壇門)'을 '법당의 문[法堂門]'으로 바꾸는 등 실제 설행에 맞게 산보한 것으로 보인다.

르러서는 본문의 게송 순서가 '정중게'와 '개문게'로 바뀌어 있는 것이 눈에 띈다. 중흥사 판본이 당시 수륙재의 정비와 중흥 차원에서 진행되었던 만큼 팔도의 작은 사찰에까지 통용되는 사명일 의식의 정비와 확산을 염두에 두었기 때문으로 보인다. 이러한 맥락에서 16세기의 『권공제반문』(1574)에 수록된 가장 이른 시기의 「거찰사사명일시식영혼식」도 먼저 대찰의 입장에서 제시된 하나의 모본적인 지침서이다.

즉, '개문게'는 몽산덕이의 「영혼식」의 특징적인 게송 중 하나로, 후대의 의식집들은 이 게송에 문門과 관련된 통과의례의 설행을 더욱 발전시켜 매우 극적인 순간으로 만들었지만, 작은 사찰이나 암자의 경우는 긴 동선에 따른 여러 작법을 생략할 수밖에 없었으므로 '개문게'의 '문'은 '정문'이 아니라 작은 절 법당의 문으로 대체되고 경우에 따라 법당 내부에서 의식이 이뤄지고 있다. 법당의 문을 미리 닫고 여는 것은 또 다른 형식의 '보례'를 위한 것이다.

지선의 「총림대찰사명일영혼시식지규」는 앞서 살펴본 대로 "총림대찰"의 제목에도 불구하고 의식절차의 초기에 협주로 미리 밝혀서, "암자인 곳은 정문의 대령 의식을 하지 않는다. 오직 진수만을 늘어놓고 요령을 흔들며 이르길, '금일 이 법당의 청정한 대중들은 선왕을 받들어 운운' 한다. 菴堂則正門對灵禮除之 而唯珍羞羅列 而振鈴云 今日一堂淸衆等 奉爲先王云云"고 하여 법당 안에서 하는 의식을 전제로 하고 있다. 이것은 이후 『천지명양수륙재의범음산보집』(1723)의 사명일 의식문에도 "암자인 경우는 곧 '금일 이 법당의 청정한 대중들은[하략]' 庵堂則今日一堂淸衆等"이라는 협주로 다시 나타나고 있다.

그런데 의식절차에 따라서는 대찰의 정문 밖에서 하는 것인지 암자의 법당에서 하는 것인지 설명을 하지 않아 구분이 명확하지 않는 경우도 있다.

1723년 중흥사 판본의 「총림사명일영혼시식절차」에서는, "정중게-개문게-보례삼보普禮三寶-수위안좌受位安座-괘전게掛錢偈-안좌게-안좌진언"을 한 후에 제사음식인 전물奠物음식을 올리는 자세한 규정이 다음과 같이 협주로 추가되어 있는데, 이전 판본인 1709년 도림사 판본에는 없는 협주이다.

> 전물을 올릴 때에 갖가지 풍류風流를 울리며 일시에 다 같이 하는데, 소리 나지 않게 조용히 발걸음을 걸어서 단상에 이르러 진수를 늘어놓고 나면 음악을 그친다. 이어 '다게'를 한다.
> 進奠物時 各色風流 一時俱作 無聲運步 至壇上珎羞羅列 而後止樂 次茶偈

위의 글 중 "갖가지 풍류風流를 울리며"에서, '풍류'는 방중악房中樂으로 불리던 것으로 소규모 악기로 편성해서 연주하는 음악[160]이다. 방중악이라는 말과 달리 불교의례에서는 야외에서도 자주 썼다. 그런데 여기서 음악 소리가 울려퍼지는 가운데 "소리 나지 않게 조용히 발걸음을 걸어서 無聲運步"라고 한 것은, 야외가 아닌 전각 안에서 마룻바닥 소리가 나지 않게 조용히 걸으라는 것이다. 음악 소리가 크게 울리는 상황인 중정에서 소리 나지 않게 조용히 발걸음을 걸으라는 것은 앞뒤가 맞지 않다. 공간에 대한 구체적인 협주의 내용은 없지만 전각 안을 배경으로 한 것임을 알 수 있다. 이것은 '시식영혼식' 의식으로 보면, 수위안좌-괘전게-안좌게-안좌진언을 거쳐 전물음식을 올린 것으로 야외에서 설행되다가 본격적으로 시식 의식이 전각 안에서 행해졌음을 보여준다. 지선의 「총림대찰사

---

160 옛날 선비들은 사랑방에서 으레 거문고나 사죽(絲竹, 거문고와 피리)에 맞추어 시조나 가곡을 불렀으므로 줄풍류(絲風流)라고도 했다. 줄풍류는 두 가지의 편성이 있는데 하나는 거문고·가야금·양금 등 순수한 현악기만으로의 편성이고, 다른 하나는 현악기를 주로 하고 여기에 세피리·대금·단소·해금 등 약음(弱音)의 관악기가 추가되는 편성이다. 이때 관악기는 대피리인 향피리를 쓰지 않고 세피리를 쓰며 대금도 평취(平吹)나 역취(力吹)가 아닌 저취(低吹)로 하여 그 음량을 작고 약하게 한다. 서유구(徐有榘)의 『임원십육지(林園十六志)』 중 「유예지(遊藝志)」에 방중악보(房中樂譜)가 있다. 이것은 거문고·당금(唐琴 또는 徽琴)·양금(洋琴)·생황(笙簧) 등의 악보로 「중대엽(中大葉)」과 「삭대엽(數大葉)」의 여러 가지 곡조와 「영산회상(靈山會相)」과 「보허사(步虛詞)」 등의 곡을 수록하고 있다.[출처: 한국민족문화대백과사전_방중악(房中樂)]

명일영혼시식지규」의 암자 법당에서는 의식절차에 앞서 "오직 진수만을 늘어놓고 唯珍羞羅列"라고 했으므로 중흥사 판본의 경우는 이보다는 규모가 있는 사찰을 대상으로 한 것으로 보인다.

여기서 한 가지 살펴보아야 할 것은 16세기의 왕실 영가천도 의식문과의 관련성이다. 앞서 살펴본, 1568년의 광흥사 판본인 『자기산보문仔夔刪補文』제10권에는 〈종실위청좌의문宗室位請坐儀文〉이 수록되어 있는데, 봉청문을 시작으로 목욕게주沐浴偈呪로 이어지는 관욕灌浴의식을 마친 다음 지단진언指壇眞言-영인迎引-예불禮佛을 마치고 전물 올리는 부분에는 아래의 짧은 협주가 붙어 있다.

> 미리 계첩[161]을 준비해 이곳에 이르러 올린다. 소리 나지 않게 부처께 배례하되 삼배를 하고 각각 물러나 본 자리로 돌아온다. 그리고 나서 전물과 다탕 세 잔을 올리며 풍류를 울린다.
> 預備戒牒到此進上 無聲拜佛三拜各各退歸本位[162] 隨後 奠物茶湯三獻風流動樂

위의 협주에서 눈에 띄는 부분은 "소리 나지 않게 부처께 배례하는 것. 無聲拜佛"이다. 전각 내에서 하는 왕실 영가천도 의식인만큼 소리나지 않게 '배례拜禮'하는 영역의 규범이 관습적으로 정해져 이후에 영향을 미친 것이다.

---

161 이것은 후대의 『천지명양수륙재의범음산보집』 권중(1723, 중흥사) 〈다비문(茶毘文)〉 '무상게서규(無常偈書規)'에 나타나는, "무릇 무상계는 열반으로 들어가는 요긴한 문이요, 고해의 바다를 건너는 자비의 배이다. 夫無常戒者 入涅槃之要門 越苦海之慈航"고 하여 선가(仙駕) 혹은 영가에게 주는 '무상게(無常偈)' 계첩(戒牒)이 아니다. 시기나 판본으로도, 3권 『자기문』인 『염구천지명양수륙의문(焰口天地冥陽水陸儀文)』 권하(1533, 송광사 복각본, 원각사 소장) 부록에 첨록된 〈수설천지명양수륙도량소첩(修設天地冥陽水陸道場所牒)〉의 "尸羅戒牒五"를 비롯해 "尸羅三歸五戒牒"과 같은 시라(尸羅: 持戒)와 관련된 계첩을 말한다.

162 1568년 광흥사 판본과 동일 계열 판본들은 "無聲拜佛三拜各各退歸"本位隨後"라고 하였으나 중간본(重刊本)인 통도사 판본(1649)은 "無聲拜佛三拜各各退歸本位" 隨後"로 끊어 읽었는데, 본 글에서는 통도사 판본을 따랐다.

조선시대 일반적인 범주의 시식영혼식 의식에서 영혼식에 이어 '보례삼보普禮三寶'를 하고 '시식'을 전각 내에서 하는지 아니면 야외에서 하는지를 비롯해 세부적으로 크고 작은 의식절차의 차이는 시대마다 의식집 판본들마다 '의식절차의 성격과 동선動線'의 관점에서 보면 다소 불분명한 경우가 있지만, 크게는 야외와 전각 내의 두 가지로 접근할 수 있다.

16세기 『권공제반문』(1574, 석왕사) 「거찰사사명일시식영혼식」은 〈시식단배치규식〉에 나타나는 것처럼, 영혼식을 포함해 시식까지 야외에서 특징적으로 설행하는 경우이다. 전각 내에서 하는 영혼식의 경우를 보면, 이미 여말선초 득통기화得通己和, 1376-1433의 『함허당득통화상어록涵虛堂得通和尙語錄』〈영혼식에서 영가를 안좌시키고 한 법어 迎魂獻座下語〉중 '영실靈室을 부채로 가리키며 한 법문[而扇子指靈室云]'에서, 영혼迎魂하여 위패를 전각 내에 안치하고 '법문'이 행해졌다. 이때에는 시식까지 동일 공간 내에 이뤄졌음을 의미한다. 또한 지선의 「총림대찰사명일영혼시식지규」경우에, 야외의 영혼식 의식에 대해서 협주를 통해 암자인 경우, 법당 내에서 하는 것이 가능함을 밝혔는데, 이와 관련해 이 의식문에서 '시식' 부분을 생략한 것은 당시에 이미 사명일에도 법당 안에서 상당부분 의식이 이뤄졌기 때문일 수 있다. '개문게'와 '정중게'로 이어지는 게송에서 '정중게'에 '입실入室'이라는 단어가 있는 것은 위패를 법당의 영실靈室에 들여 안좌安坐시키는 오랜 전통적 관습을 잘 보여준다.

해인사 운수승가례雲水僧家禮에 의해 편찬된 『운수단작법雲水壇作法』(1664, 해인사성보박물관 소장)의 「영혼식迎魂式」에는 전대의 『운수단雲水壇』 판본들의 부록에 나타나는 「영혼식」과 달리 다양한 협주들을 추가해 놓았는데, 〈안좌진언安座眞言〉 아래의 협주에 "대성인로왕보살의 번을 법당 탁자 (위)에 건다. 大聖幡掛於法堂卓子"라고 했다. 인로왕보살번과 위패는 같이 움직이므로 당시 해인사는 영혼식에서 법당 안에 위패를 모셨음을 알 수 있다.

이와 관련해 또 다른 의식문인 『제반문諸般文』(1694, 金山寺, 동국대도서관 소장)도 참조가 된다. 금산사를 중심으로 한 대표적인 의식집으로 명현대덕名現大德과 대선사大禪師뿐만 아니라 전현직의 호남총섭湖南總攝 등이 대거 동참하여 개간한 판본이다. 여기에는 『권공제반문』(1574, 석왕사, 국립중앙도서관 소장)의 「거찰사사명일시식영혼식」이 제목을 포함해 거의 그대로 수록되어 있으며, 『권공제반문』에 수록되어 있지 않은 의식문인 「영혼식迎魂式 附」이 부록임에도 이 의식집의 맨 앞쪽에 첨부되어 있고, 영산작법절차로 알려져 있는 「거령산작법절차舉灵山作法節次」가 수록되어 있다. 「거령산작법절차」는 「거찰사사명일시식영혼식」에서 지단진언指壇眞言과 개문게開門偈 사이의 협주에 있는 "次魚山以舉灵山例 唱大聖引路王菩薩 繞匝至正門"에 나타나는 짓소리 '거령산擧灵山'이 아니라 여기서는 '영산灵山을 거량擧量하는 작법절차'에 대한 의식문이다.

「영혼식 附」과 「거령산작법절차」는 의식절차의 세부적인 동선까지 고려하여 자세히 설명되어 있지 않지만 단편적이나마 주목할 만한 협주가 있다. 먼저 이 「영혼식 附」의 마지막 부분은 대령과 시식 관련 짧은 협주가 있는데, 이후의 의식은 생략되어 있다.

> 대령 시에 작법대중들은 문밖으로 나간다. 때에 법당, 승당, 선당 등의 종을 각각 세 번을 법식대로 친다. 이어서 종각의 운판을 세 번 치며 이어서 대종을 일곱 번 쳐 내린 후에 대령을 하여 마친다. 때에 문 안으로 들어가 있다가, 앞에서 개문게를 하고 유나가 문을 세 번 두드려 내리면 문을 연다. 중정으로 들어갈 때에 대종 여덟 번을 친다. 이어 중정에서 보례하고 (위패를) 영단에 들이는 것이 가하다.
> 大靈之時 大衆出門外 時法堂僧堂禪堂等 金各各三追式打之 次鐘閣雲板三搥 次大鐘七下后對靈畢 時引入門前開門偈 維那扣門三下后開門 入庭中時大鍾八追 次庭中普礼入灵壇可也云

위의 협주에는 시식단이 아닌 "영단"이라는 용어가 보인다. 의식절차의 동선으로 보면 "중정보례" 후의 본격적인 '시식' 절차와 관련된 것이다. 이 "영단"은 시식단과 어떤 의미의 차이가 있는 것일까. 시식단은 하단下壇의 야외 의식단을 뜻하는 통칭 용어로 주로 쓰이고 있는 것에 비해 "영단"은 법당이나 전각 내의 영가 단을 지칭하는 것에 쓰이고 있다. 이때에 야외 의식과 실내 의식을 절충한 것을 비롯해 의식에 따라 불분명한 것도 있어서 의식문 판본마다 자세히 살펴볼 일이지만, 동참재자同參齋者들의 입장에서 가장 중요하다고 할 수 있는 위패를 안치하는 기점을 통해 이들 용어의 차이가 드러난다. 대규모의 야외의식이라 하더라도 위패만을 법당이나 전각 안으로 들이는 것은 운집한 대중들의 숫자나 사찰의 규모에도 불구하고 동참재자들의 입장에서는 가장 여법한 것으로 인식되었기 때문이다.

"영단"의 성격에 대해서는 이 「영혼식 附」 다음의 의식문인 「거령산작법절차」의 협주가 참조가 된다. 「거령산작법절차」에는 영산작법 의식의 본격적인 시작인 '할향喝香'을 하기 전에 〈공양문供養文〉 아래에 다음과 같은 협주가 있다.

> 크고 작은 작법을 하는 당일에 대중들은 아침 죽을 먹은 후 여러 곳에 흩어져 있게 되니, 곧 처음에는 보랑을 세 번 치고 이어서 대종을 다섯 번 친다. 수륙재이면 곧 대령 시에 대중들은 문밖으로 나간다. 때에 법당 소종을 세 번 치고 이어서 승당 소종을 세 번 치며, 이어서 선당의 소종을 세 번 치고 이어서 종각의 운판을 세 번 치며, 이어서 대종을 일곱 번 쳐 내린 후에 대령을 마친다. 때에 문 안으로 들어가 있다가, 법주가 앞에서 개문게를 하고[163] 이어서 유나가 문을 세 번 두드려 내리면 문을 연다. 중정으로 들어갈 때에 대종 여덟 번을 친다. 이어서 중정에서 보례하고 (위패를) 영실靈室에 들이고 나면 대중들 모두는 작법처에 운집해 있다. 때에 종각의 운판을 세 번 치고 승당의 소종을 세

---

[163] 앞서 살펴본, 이 판본의 「영혼식」에서는 '時引入門前開門偈'라고 하여 '入'자가 들어 있는데, 「영혼식」에 이어 수록된 「거령산작법절차」의 〈공양문〉에서는 위의 본문에서처럼 '入'자가 빠져 있고 '法主'가 들어있다. 해당 내용들은 자세한 설명 외에 큰 차이는 없어 보인다.

번 치며 선당의 소종을 세 번 치고 법당의 소종을 세 번 치며 이어서 전종을 일 곱 번 쳐 내린 후에 바라를 치는 것을 시작으로 작법은 평소대로 한다.

大小作法當日 朝粥後 大衆散在諸處 則初始報廊三搥 次大鐘五搥 齋水陸則大靈時大衆出門外 時法堂小鐘三搥 次僧堂小鐘三搥 次禪堂小鐘三搥 次鐘閣雲板三搥 次大鐘七下後對靈畢 時引門前法主開門偈 次維那扣門三下後開門 引入庭中時大鐘八搥 次庭中普禮入靈室後 大衆都會作法處 時鐘閣雲板三搥 僧堂小鐘三搥 禪堂小鐘三搥 法堂小鐘三搥 次轉鐘七下後 始向鳴鈸如常作法

위의 의식은 현행 영산재 의식의 전거로 경기도 삭령 용복사에서 간행된 『영산대회작법절차靈山大會作法節次』(1634)보다 간행은 늦지만 17세기 말 수륙재의 낮재로서 영산작법의 위치를 잘 보여준다는 점에서 주목된다. 「거령산작법절차」에서, "수륙재이면 곧 대령 시에 대중들은 문밖으로 나간다."라는 글에 의해 의식절차의 순서에 따라 부록인 「영혼식 附」이 어떻게 의식집의 맨 앞쪽인 「거령산작법절차」 앞쪽에 위치하게 되었는지에 대한 실마리를 제공해 준다. 『제반문』(1694)의 「영혼식 附」은 별도의 의식임에도 대재로 수륙재의 영산작법을 할 때에는 대령의식과의 합설이 가능하도록 편집된 것이다.

그런데 이 「거령산작법절차」에서도 "중정에서 보례하고 (위패를) 영실靈室에 들이고 나면 대중들 모두는 작법처에 운집해 있다."라는 글을 통해 작법대중들이 작법을 하는 작법처와 작법처가 아닌 두 개의 공간이 있고 작법처가 아닌 법당 안의 하단에 위패가 모셔지는 것을 알 수 있다. 「거령산작법절차」 자체가 영산회상을 중심으로 하기 때문이다.

이 "영실"이 "영단"임을 보여주는 예가 있다. 감로탱에 영단이 실내에 묘사된 예는 매우 드물다. 흑백사진으로 남아 있는 〈함남 고원 양천사 감로탱〉(18세기, 국립중앙박물관 소장 유리건판 15349)사진은 회화적 표현의 한계가 있지만, "극락보전極樂寶殿"의 전각 내부를 들여다보듯 부감법으로 일부가 묘사되어 있다. 화면 정면의 시식전물施食奠物이 올려진 단으로 인해 내부가 거의 가려져 있지만

〈함남 고원 양천사 감로탱〉(18세기, 국립중앙박물관 소장 건판15349) 출처_국립중앙박물관

극락보전의 중앙과 좌우면의 세 칸은 모두 면장面帳이 쳐져 있으며 닷집 감실龕室이 보인다. 양쪽 어느 쪽이 '영실', '영단'의 운칸雲間인지는 구별되어 있지 않다. 이 감로탱은 위패를 들인 법당 내 의식의 비중이 반영된 것이다.

법당이나 전각 내 의식의 중요성에 기반한 이러한 의식절차들은 실내 설단設壇의 확산에도 영향을 미쳤을 것이다. 17세기 지선의 「총림대찰사명일영혼시식지규」를 비롯해 『산중일기山中日記』에서 볼 수 있듯이, 당시 산속 암자에까지 수륙재가 설행되고 기층민에까지 '불교 제사'가 확대되는 등 확대일로에 있었던 재 수요를 통해 전대의 사정을 짐작할 수 있다.

이 시기의 이러한 경향에 따라 『수월도량공화불사』(1642)의 부록에 〈사명일시식시국혼통용청〉과 〈수륙재시추루단청우사명일시식통청〉 등이 있는 것도 영산작법과 사명일 수륙재의 합설에 대한 통불교적 이해를 반영하고 있는 증거로 볼 수 있다.

9. '왕실 기신재'와 불교 사명일의 중요 작법동선, 그리고 감로탱의 봉안

위 지선의 「총림대찰사명일영혼시식지규」에서 '오방불번'을 거는 것이 중정中庭이라면, '인로왕보살번'이 영가들을 이끌어 그 중정에 이르게 하는 첫 관문은 바로 사찰의 정문正門[164]이다. 이 '문'은 대찰의 '영혼식'에서 '개문게開門偈'가 행해지는 '문'으로 영혼식 의식절차의 극적 순간이기도 하다. 결국, 법당이 있는 중정으로 '인로왕보살번'과 '오방불번'의 지향점이 드러나기에, 이들이 의식절차로 서로 밀접히 연결되지 않을 수 없는 이유이기도 하다. 동선에서도 중정과 맞은편의 축으로 정문이 놓일 수밖에 없다.

대찰의 경우는 일반적으로 가장 바깥의 일주문一柱門, 혹은 沙門에서 중간의 사천왕문四天王門, 그리고 중정과 맞닿아 있는 정문인 해탈문解脫門, 혹은 不二門으로 이어진다. 이 정문에도 법당 앞의 중정처럼 중정이 있어서 작법의 중요 공간이 된다. 앞서 살펴본, 『천지명양수륙재의범음산보집』(1723, 중흥사 개간, 동국대 소장)의 〈자기단배치괘방규仔夔壇排置挂榜規〉에서 정문의 중정 앞에 오여래번 개가 걸린 예가 그것이다. 정문의 또 다른 중시는 그 상징성도 있지만 '개문게'의

---

164 불교건축사적 측면에서 '정문' 자체에 대한 연구로 홍병화, 김성우의 「조선시대 사찰 正門의 機能과 型式에 관한 연구」, 『대한건축학회 학술발표대회 논문집』 27(2007, pp.561-564)이 있다. 정문을 해탈문으로 보았다.

게송 내용에서 볼 수 있듯이, 극적인 의식을 통해 문이 열리고 이어서 법당 앞의 중정에서 성현을 참례하는 '보례普禮'를 할 수 있기 때문이다. '중정'과 '보례'는 영혼식에서 다음 단계의 중요 작법으로 법의 연회에 대한 본격적인 참여를 의미한다. 『조선왕조실록』에는 이러한 영혼식에 기반한 왕실 기신재 기록들이 단편적으로 나타나는데, 주 내용은 왕의 위패를 법당 안이 아닌 중정에서 '보례'하게 하는 것을 불경스럽게 여겨 그 분노를 표출한 것이다.

그런데 이들 단편적인 기록에서 살펴볼 수 있는 의식절차들이 모두 일치하는 것은 아니다. 왕실 기신재의 설행을 위한 사찰 지정 과정에서 혹은 사찰마다 재 설행의 다른 조건들에 의해 의식에서 차이가 나는 경우가 있기 때문이다.

조선 건국 초기 왕실 기신재의 이러한 의식절차는 중정을 중심으로 한 작법 동선보다는 법당과 그 맞은편의 전각을 통해 전각 안에서 주로 행해진 것으로 보인다. 왕실에서는 여건에 맞다면 법당 안에서의 '보례'와 그 이후의 하단 '시식'을 왕실을 위한 별도 전각 안에서 설행하는 것이 가장 여법할 수 있기 때문이다.

권근權近, 1352-1409이 조선왕실 기신재 설행을 위해 태조의 명을 받들어 진관사 수륙사水陸社 건립을 기록한 「진관사수륙사조성기津寬寺水陸社造成記」[165]에서 이를 대표적으로 살펴볼 수 있다. 건국 초기의 왕실 기신재에 대한 성격과 지향점, 그리고 이에 기반한 건축물의 구조가 잘 드러나 있다.

> [상략] 고찰에 수륙도량을 건립하고 해마다 조종의 명복을 추선함으로써 또한 뭇 중생들도 이롭게 하고자 하니, 너희들은 가서 이를 살펴라.[하략]
> 欲於古刹 爲建水陸道場 歲設以追祖宗冥福 且利群生 爾往相之

---

165 『양촌집(陽村集)』 제12권 기류(記類).

진관사 수륙사지(2012. 9. 촬영)

[중략] 삼단을 모두 세 칸의 전각으로 세우고, 중단과 하단의 두 단 좌우에는 각각 세 칸의 욕실을 두었으며, 하단 좌우에는 별도로 조종의 영실 각각 여덟 칸을 설치했다. 문과 회랑, 창고, 주방까지 갖추어지지 않음이 없이 쉰아홉 칸에 이르렀으며 사치하지도 누추하지도 않아 규범에 맞았다.[하략]
三壇爲屋皆三間 中下二壇左右又各有浴室三間 下壇左右 別置祖宗靈室各八間 門廊廚庫 莫不備設 凡五十有九間 不侈不陋

이 진관사 수륙사는 1397년에 태조가 진관사에 수차례 거둥해 터를 잡고 건립한 총 쉰아홉 칸에 이르는 건축물이다. 현재 진관사에는 수륙사로 추정되는 유구의 초석^{사진}이 남아 있지만, 발굴이 수륙사로 추정되는 전체 사역을 중심으로 완료된 것이 아니어서 이를 바탕으로 정남향의 상단 외에 중단과 하단 전각의 위치를 단정하기는 어렵다. 또한 일반적으로 수륙재 의식문에 나타나는 향向과의 관련성도 더 많은 자료를 바탕으로 할 때 가능해 보인다.

삼단은 각각 세 칸의 건축물[三壇爲屋皆三間]인데, 중단과 하단의 두 단 좌우에 각각 둔 세 칸의 욕실은 이후의 왕실 기신재에서도 중요시 한 것 가운데 하나인 위패를 씻기 위한 것[灌浴]으로, 이 욕실의 특성 상, 큰 공간을 차지하지 않기에 측면 세 칸의 내부나 욕실을 덧달아 낸 형태로 두었을 가능성도 있어 분명하지 않다. 이와 관련해 후대의 기록에서 전각 내에 세수洗水를 들인 예도 참고가 된다.

보우가 쓴 중종의 기신재 영혼식인 〈중종인종양대왕급선왕선후영혼식中宗仁宗兩大王及先王先后迎魂式〉에서 "영당靈堂의 좌우 협문이 열리고 세수가 들어가며 이어 정문正門이 열리고 상이 계속 들어가는데, 여러 종류의 진수 약간이다. 開靈堂左右陜門進洗水 次開正門 次開正門擧床繼列種種若干珎羞"라고 한 것이 그것이다.

이 욕실과 관련해서는, 후대에 별도로 관욕소灌浴所 전각을 지은 예들도 보인다. 송광사는 태조에 이은 정종定宗, 재위 1398-1400 대인 1399년에 수륙사로 지정되었던 사찰로, 현존하는 관욕소는 조선후기의 하단 관욕 전각이다. 자세한 기록이 남아 있지 않음에도 조선시대 수륙사 관욕 전각의 또 다른 면모를 일부 살펴볼 수 있어 흥미롭다.[166] 규장각 소장의 〈조계산曹溪山 송광사松廣寺〉(1886) 도상에는, 돌담으로 둥글게 쌓은 대 위의 작은 향목香木 옆에 '구슬을 씻는다'는 남성을 뜻하는 척주당滌珠堂과 '달을 씻는다'는 여성을 뜻하는 세월각洗月閣이 세

---

[166] 『조계산(曹溪山) 송광사지(松廣寺誌)』(송광사, 『曹溪山 松廣寺誌』(개정판), 2001)에 수록된 일제강점기의 기록인, 〈해방전(解放前) 건물명칭(建物名稱) 일람(一覽)〉에는 이들 전각에 대해 "大齋時靈魂灌浴室"(p.73)이라고 설명하고 있어서, 수륙재나 재궁(齋宮)인 원당(願堂)의 큰 재에 영가의 관욕을 위한 전각이었음을 밝히고 있다. 또한 이 사지의 〈제종보고물(諸種寶古物)〉에는 일제 강점기의 성보 목록이 수록되어 있는데, "영혼 관욕 시에 소용되는 난경대 부속물 靈魂灌浴時用卵鏡臺一附屬也"(p.283)이라는 설명이 있는 '놋쇠[鍮] 난경대(卵鏡臺)' 일점이 있다. 하단 관욕 기물이다. 이것은 서울 청룡사 등이 소장하고 있는 난경[근대 유물]이 나무 소재인 것과 차이가 있어 눈길을 끈다.

워져 있는데, 현재 일주문 안쪽 한쪽에 위치해 있으며 각각 한 칸의 건물이다.

진관사 수륙사 하단 전각에서 좌우에는 욕실이 있고 정면에는 조종 영실 각각 여덟 칸이 있다. 이 칸은 건물 기둥 사이의 칸을 의미하는 것이 아니라 전각 벽면에 "별도로" 구획된 칸이다. 그런데 여기서 특이한 것은 이때의 조종 영실의 한쪽 여덟 칸은 실제 왕위에 오른 왕들이 아니라 '태조에 의해 추존된 자신의 조상인 선대 왕들[祖宗]'의 기신재를 설행하기 위한 것이라는 점이다. 태조가 수륙사를 건립하기 2년 전인 1395년에 유교식 왕실 제사를 위해 종묘를 건립하며 당시 정전에 부묘하였던 그의 4대조인 목조穆祖 李安社, 익조翼祖 李行里, 도조度祖 李椿, 환조桓祖 李子春와 그 비妃인 8위의 선가양위仙駕兩位를 위한 것이다. 다른 여덟 칸은 이 기준에 맞춰 이후 자신을 포함한 4대 선가양위를 위한 칸으로 미리 설치한 것으로 판단된다.

그러면 당시 왕실의 영혼을 불러 맞이하는 '영혼식'은 사찰에서 어떻게 설행되었을까?

'영혼식'의 적용 의식은 비정기적인 사십구재와 정기적인 기신재, 그리고 규모가 있는 재일 때에 수륙재의 명칭으로 설행이 가능하다. 조선 건국 초기의 진관사 수륙사는 의식문이 아닌 삼단 건축물을 바탕으로 의식을 추정한 것이어서 별도로 어떤 '영혼식'이 설행되었는지 알려진 것은 없지만, 왕실의 불교상례가 크게 바뀌지 않는 것을 감안하면, 왕조 교체 이전의 고려말 왕실 수륙재에서 중요 단서 하나를 찾아볼 수 있다.

공민왕恭愍王의 왕사인 보제존자普濟尊者 나옹懶翁은 노국대장공주魯國大長公主인 승의공주承懿公主 선가仙駕의 수륙재를 집전했는데, 기신재가 아닌 사십구재에서부터 국행수륙재가 설행되었다. 당시 나옹이 설한 법문이 『보제존자어록普濟尊者語錄』에 수록된 〈국행수륙재기시육도보설國行水陸齋起始六道普說〉과 〈빈당대령소참殯堂對靈小叅〉이다. 1365년의 『고려사』 권89(列傳卷第二.〈后妃〉)

에 나타나는 당시 노국대장공주 사십구재의 설행 기록이다.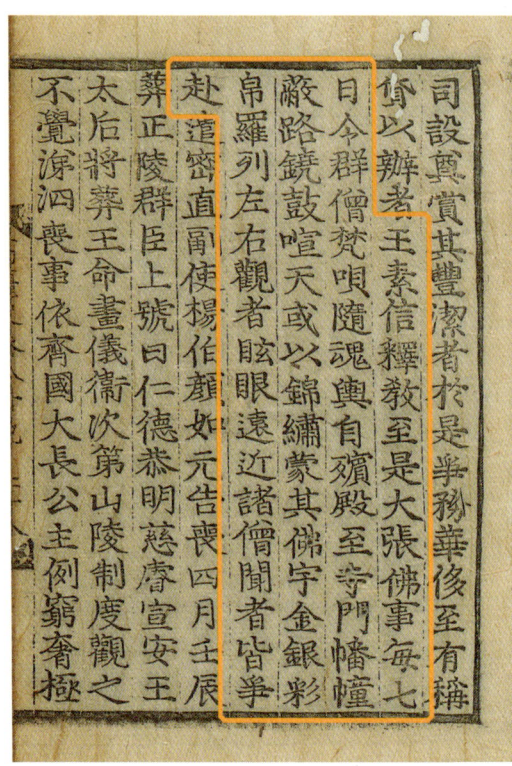

『고려사』 권89(列傳卷第二. 〈后妃〉)

[상략] 왕은 평소 부처의 가르침을 신봉하였기에 이에 이르러 크게 불사를 일으켰다. 매 7일마다 뭇 승려들로 하여금 범패를 하며 혼여를 따르게 하여, '빈전'에서 '절문'에 이르기까지 깃발로 길이 뒤덮였고 징소리와 북소리가 하늘을 뒤흔들었으며, 때로 수놓은 비단이 법당을 뒤덮고 금은비단이 좌우로 펼쳐져서 보는 이 모두 눈을 현란케 하니 원근의 승려들이 이 소문을 듣고 다 몰려들었다.[하략]

王素信釋教 至大張佛事是 每七日 令群僧梵唄 隨魂輿 自殯殿至寺門 幡幢蔽路 鐃鼓喧天 或以錦繡 蒙其佛宇 金銀彩帛 羅列左右 觀者眩眼 遠近諸僧 聞者皆爭赴

위의 내용 중 "매 7일마다 뭇 승려들로 하여금 범패를 하며 혼여를 따르게 하여, '빈전'에서 '절문'에 이르기까지"를 보면, 특이한 점이 있다. 관棺의 존재가 상정되어 있는 왕궁의 '빈전'에서 혼여魂輿에 공주의 영혼을 모시고 '절문'까지

가는 것은 절에서 나가 '절문' 앞에서 '영혼식'으로 혼을 맞이하는 기존의 의식절차와는 다른 경로이지만, 여전히 '영혼식'의 '절문'을 매개로 하고 이를 통해 중정의 법당과 의식이 연계된다는 점에서 개별적인 상황에 따른 '영혼식'에 해당된다. 문예와 불교 교리에 매우 밝았던 공민왕이 노국대장공주의 사십구재를 왕궁과 절의 두 공간을 잇는 성대한 규모의 '영혼식' 수륙재로 설행하게 함으로써 이뤄진 것이다. 공민왕은 그녀의 명복을 위해 1367년 혼전魂殿 대향大享에서 연주한 〈휘의공주혼전대향악장徽懿公主魂殿大享樂章〉을 직접 짓기도 했다.

노국대장공주의 사십구재는 고려 말 왕실 천도재에서 「영혼문迎魂文」의 예를 드러낸 매우 중요한 사례일 뿐만 아니라 "수놓은 비단이 법당을 뒤덮고 금은 비단이 좌우로 펼쳐져서"라고 할 정도로 '보례'로 대변되는 법당이 지닌 상징성과 중요성이 의식의 중심이라는 사실을 새삼 상기시켜준다는 점에서 이후의 조선전기 왕실 기신재에 끼친 영향을 간과할 수 없을 것이다.

그런데 왕실 기신재의 의식과 관련해 조선 건국 초기의 기록인 「진관사수륙사조성기」 이후로 유의미한 자료는 현존하는 것으로 보면 거의 백년 만에 나타난다. 학조學祖가 교정번역校訂飜譯한 『진언권공眞言勸供』(1496)의 「삼단시식문三壇施食文」은 왕실 기신재의 삼단시식 의식이 방위를 중심으로 구체적으로 잘 드러나 있다. 삼보三寶는 북쪽 벽[北壁]에, 제천諸天은 동쪽 벽[東壁]에 "안즈시리라", 하위下位는 "南남壁벽에大대王왕王왕后후내仙션駕가- 안즈시고 법계망혼法界亡魂[하략]"이라고 하여 왕실 위패를 남쪽 벽에 앉히고 있다.

이것은 조선후기에 집록集錄된 『천지명양수륙재의범음산보집』 권상(1723)의 『지반문志磐文』〈지반 3주야 17단 배설도志磐三晝夜十七壇排設圖〉와 동일맥락에서 살펴볼 수 있다. 삼단을 포함해 12개의 단壇을 동서남북의 방위에 따라 "북쪽에는 상단上壇을, 남쪽에는 하단下壇을, 동쪽에는 중단中壇"을 세우고 있기 때문이다.

현실적으로 법당 내에서 법당 정문의 개방으로 인해 하위가 '남쪽'이 아닌 '남쪽 벽'에 위치하기는 어렵기에 또 다른 독립된 전각의 남쪽 벽에서 북쪽을 향해 마주하며 안좌安座하는 것을 뜻한다. 그리고 하단의 왕실 선가는 남쪽 전각에 위치하고, 이때에 이 전각에도 정문이 있으므로 전각의 안쪽에 왕실의 위패가 놓이게 됨은 말할 것이 없다.

『진언권공』이 간행된 이듬 해인 연산군 3년의 기신재에서는 전각 설행의 유무가 드러나 있지 않지만 '보례'와 관련된 동선들은 비교적 자세하다. 향실香室에 입직한 관리가 '선왕의 기신재의궤'를 보고[見其有先王忌晨齋儀軌], 그 소문은 쓰지 않은 채 기신재의 폐단에 대해 상소한 내용을 보면 다음과 같다.

[상략] 먼저 부처에 공양하고 승려에게 반승을 베푼 다음, 선왕의 신위가 써 있는 위판을 '법당 문밖의 뜰아래[寺門外庭之下]'에서 예를 갖추게 하고 위판을 목욕시킨 후 부처에게 배례하는 동작을 짓게 하니 그 욕됨이 심하옵니다.[하략]
先供佛次飯僧 於是書先王神位於版 屈致於寺門外庭之下 沐浴其版 使之爲拜佛之狀 其辱甚矣[167]

향실 관리가 "先王忌晨齋儀軌"를 보고 인용한 이 짧은 내용으로는 앞서의 「진관사수륙사조성기」나 「삼단시식문三壇施食文」에 나타나는 전각의 존재 유무에 대한 것까지 자세히 내용이 연결되지 않지만, 재의 규모가 크지 않은 것은 분명해 보인다. 목욕재계沐浴齋戒하고 성현을 참례하는 방식으로 중정中庭에서의 의

---

167 『연산군일기』 28권, 연산 3년(1497) 10월 24일자. "寺門外庭之下"의 원문번역은 "절문의 바깥뜰 아래"로 되어 있어 의식 동선에 모호함이 있다. 원문에 다시 "先王庭浴之辱"이라는 글이 있기에 여기서 사문(寺門)의 사(寺)는 법당으로 보아야 한다. 해당 의식절차는 법당과 중정의 연결선상에서 행해졌기 때문이다. 『고려사』에 나타나는 노국대장공주 사십구재의 "寺門"은 또 다른 문맥의 것이다.

식절차가 강조되어 있는 점은 "先王忌晨齋儀軌"가 '영혼식迎魂式'의 의식문임을 보여준다. 그리고 이 기신재가 앞서와 같은 삼단 전각에서는 최소한 설행되지 않았을 가능성이 크기에 현실적으로 왕실 기신재를 설행하는 여러 사찰들의 여건도 감안할 필요가 있는데, 이러한 경우에서도 여전히 법당 중심은 '보례'를 통해 상징적으로 표출되고 있어 눈에 띈다.

이후 11년 후에 설행된 중종 3년(1508)의 왕실 기신재에서, "왕의 위판으로써 뜰아래에서 부처에게 예를 하고 且以位板於庭下禮佛"[168]라는 짧은 언급도 동일한 맥락의 것이다.

종종 10년(1515)의 왕실 기신재에서는 이 중정에서의 '보례'에 대한 비난이 집중되어 있다.

> 바야흐로 부처를 공양할 때에는 선왕과 선후의 신주를 먼저 욕실에 들여 목욕을 시킨 뒤에 뜰에 꿇어앉아 절하게 하니, 생사가 다름이 없거늘 어찌 임금에게 이런 굴욕을 줄 수가 있단 말입니까?
> 方其供佛之時 以先王先后神主 先入於浴室 沐浴然後 跪拜於庭 生死無異 豈以人君 而屈辱至此乎[169]

그 다음 해인 중종 11년(1516)의 기록 역시 같은 내용의 것이지만, 중정이나 전각도 아닌 승당 내에서의 영혼식과 '보례'에 대한 비난이다.

> 기신의 때에 판자로 신주를 만들고서는 흰 평상을 설치해 이를 흰 교의 위에 올려놓고 사방을 다 지전으로 둘러놓습니다. 그리고는 승려들이 이를 죽 에워싸서 징과 북을 요란하게 치며 신주를 맞아들이는데, '불상은 법당'에 있고 '신주는 아래채'에 있게 되니 이것은 더욱 상서롭지 못합니다. 대왕을 승사僧

---

168 『중종실록』 6권, 중종 3년(1508) 5월 28일자.
169 『중종실록』 21권, 중종 10년(1515) 1월 23일자.

숨에서 제사지내는 것도 이미 불가한 일인데 하물며 왕후의 신위이겠습니까?
時 以板爲神主 置之白平床 白椅子之上 四面皆匝以紙帳 群僧圍立 亂擊鉦鼓 迎
入神主 佛像在法堂 神主在下室 此尤不祥 以大王而祭於僧舍 固已不可 況王后神
位乎.[170]

    결국, 1516년에 왕실 기신재는 중종에 의해 혁파가 시도되기에 이른다. 그러나 역설적이게도 중종재위 1506-1544과 인종재위 1544-1545의 흥서 이후에 이들 왕에 대한 기신재가 매우 짧은 기간이나마 다시 설행되었고 이와 관련된 의식문도 남았다는 사실이다.

    16세기 중후반 보우의 『허응집虛應集』(간행시기·간행처 미상, 규장각 소장 古 1709-4)에 수록된 〈중종인종양대왕급선왕선후영혼식中宗仁宗兩大王及先王先后迎魂式〉 등을 통해 왕실 기신재와 영혼식의 연관성을 처음으로 구체적인 의식문을 통해 확인할 수 있는데, 이때의 〈중종인종양대왕급선왕선후영혼식〉을 보면, 「진관사수륙사조성기」처럼 삼단 전각은 아니지만, 법당과 전각을 중심으로 하고, 여기에 영혼식을 바탕으로 편찬자의 관점에 따라 종합적인 의식절차가 세워져 있는 것을 볼 수 있다. 1497년의 "先王忌晨齋儀軌"와는 또 다른 새로운 형식의 의궤가 금강산인으로서 초창기 금강산에서 대규모의 수륙재를 설행했던 보우에 의해 완성된 것이다.

    〈중종인종양대왕급선왕선후영혼식〉은 특히, '보례'에 대한 내용이 매우 다르다. 중정이 아닌 법당 안에서 '보례'를 하고 이후에 하단시식을 위해 그 위패를 이동해 영당靈堂에 안치하고 있다. 그리고 왕실 선가仙駕를 위한 "수라水剌"를 이 영당의 정문으로 들였다. 법당과 영당에 북남 축의 동선이 반영된 것이다.

    그러나 보우가 주관하였음에도 그 성격에 따라 대규모의 재의식으로 설행

---

170 『중종실록』 24권, 중종 11년(1516) 3월 9일자.

된 경우에는 기신재가 포함되더라도 중정에서 '보례'가 행해졌다. 1565년 4월의 회암사 중수 경찬慶讚 수륙재는 문정왕후의 적극적인 후원에 힘입어 그 규모를 쉽게 헤아리기 어려울 정도의 대규모의 것으로 보우의 마지막 불사가 되었다.

당시 『조선왕조실록』의 사관이 비판한 다음의 내용을 보자.

[상략] 또 붉은 비단으로 깃발을 만들고 황금으로 연輦을 장식했으며 (연의) 앞뒤로 북을 치고 피리를 불어 마치 대가大駕가 친히 임어하는 것처럼 꾸몄을 뿐만 아니라 배위拜位를 마련해 마치 임금이 부처에게 배례하게 하는 것처럼 하였으니, 그 흉패兇悖함은 형언할 수가 없었다.[하략]
且紅段爲旗 黃金飾輦 前後鼓吹 設大駕親臨之狀 又設拜位 若使上禮佛然 其爲兇悖 不可狀言[171]

위의 글에 드러난 의식으로 보면, 이 대재의 영혼식 과정에서 '보례'가 '중정'에서 행해진 것은 이론의 여지가 없어 보인다. 그런데 문제는 이후의 왕실 기신재는 대재에 속하는 것이든 개별적인 것이든 간에 왕실 사십구재 등과 달리 완전히 혁파되고 만다는 점이다. 그리고 이로 인해 보우 당대에까지도 병존하던 '보례'의 두 가지 방식 가운데 가장 여법한 조선전기의 법당 내의 '보례'뿐만 아니라 영당 내 '시식'에 대한 한 축의 흔적마저 결국 사라지게 되었다. 감로탱과 관련해서는 무엇보다도 보우에 의해 왕실 기신재에서 봉안되었을 영당의 감로탱도 그의 입적 이후로 대중성이 강화된 새로운 의식의 흐름과 함께 하게 된다.

'왕실 기신재'의 혁파 이후로 새롭게 눈에 띄는 현상 하나가 보인다. '영혼식'의 형식에 여러 크고 작은 시식 의식절차의 합설로 이뤄진 것으로 인지도에서는 '왕실 기신재'에 버금할 만한 또 다른 중요한 '대중적인 영혼식'의 등장이 그것이

---

[171] 『명종실록』 31권, 명종 20년(1565) 4월 5일자.

다. 바로 '사명일'의 명절에 행하는 의식이다.

이 '사명일' 의식에서도 첫 번째로 종실위宗室位로 대표되는 왕실 제사를 포함하고 있는데, 명절의 대중성으로 인해 앞서 살펴본 개별적인 '왕실 기신재'에서 나타나는 엄격함은 보이지 않는다. 또한 이 의식은 그 등장에서부터 대찰을 중심으로 설행된 것임에도 사찰의 설행 여건에 따른 보다 개방적인 형태가 반영되어 있어서 '왕실 기신재'처럼 기본적으로 북남축의 동선을 감안하면서도 새로운 경향의 설단과 의식절차들이 반영되어 있는 것을 볼 수 있다.

거찰에서 설행하는 『권공제반문』(1574, 석왕사)의 「거찰사사명일시식영혼식」은 영혼식과 시식의 의식절차로 현존하는 가장 이른 시기의 사명일 의식문인데, 시기적으로 보우의 입적 이후의 것이다. 서산이 활동하던 시기에 편찬된 이 의식문의 〈시식단배치규식施食壇排置規式〉에는 초기 '사명일' 하단 시식단의 설단규범이 제시되어 있다.

> 정문의 정면 칸에 단을 세우되, 단의 높이는 2-3척(60.6-90.9cm)을 넘지 않아야 한다. 단 위에는 따로 작은 상을 놓고 인로왕보살번을 봉안해 증명단으로 한다. 단의 한가운데에는 종실위를 안치한다. 왼쪽에 꽃병을 오른쪽에 등촉을 놓는다. 단의 왼쪽 가에는 다섯 치(15cm) 미만의 고혼단을, 오른쪽 가에도 다섯 치(15cm) 미만의 무주고혼단을 법답게 배치한다. 각각 향, 꽃, 등촉을 올려놓는다.
> 正門正間設排置而 壇高不迆二三尺也 壇上別置小床安引路王幡 爲訂明壇也 壇正中宗室位排之也 左甁花右灯燭也 左过五寸下孤魂壇 右过五寸下無主魂壇如法也 各各香花灯燭置之也

이 단은 놓인 위치나 높이, 그리고 위에 올린 진설물로 보면 앞서의 '왕실 기신재'와 달리 매우 소략하다. 설단의 규모가 재의 규모를 가늠한다고 볼 때, 이것은 적어도 표면적으로 현존 초기 감로탱 도상에 나타나는 성대한 규모의 설단과 비교될 정도로 규모가 작다. 보우 시기에 대재로 설행된 수륙재와 왕실 영당靈堂이 있는 '왕실 기신재'에서의 영혼식과는 비교하기 어려울 정도이다. 그리고 한 가지 주목할 만한 것은 위의 하단이 각 단으로 세분화되어 있고 진설물의 배치도 초기 감로탱의 것과 다르다는 점에서 감로탱의 도상적 연원은 서산과 그 제자인 일선의 활동기가 아닌 보우 시기의 것으로 보는 것이 자연스럽다.

위의 의식문에서는 시식 장소로 "정문의 정면 칸"에 설단할 것을 규범하고 있다. 여기는 구체적으로 어느 곳을 말하는 것일까?

당시 이 의식은 대찰의 다양한 건축적 구조를 바탕으로 설행되었다. 의식의 제목이 '사명일'이라는 명절을 대상으로 한 것이고, 설단設壇의 내용도 '임시적 가설架設'을 전제로 한 것이므로 해탈문인 정문 밖 정면 칸에 가설되었을 것이다.

그런데 후대에 이것은 대중적인 의식의 설행이 가능한 대찰의 '누각樓閣'에서도 행해졌다. 조선중기 사찰의 누각은 많지 않아서 누각을 중심으로 설행되는 '사명일' 의식은 조선후기에 이르러 본격화되는데, 재의 수요가 크게 늘고 대형화로 인해 각종 천도재 의식에서도 공간이 점차 확장되어 설행되었다.

침굉현변枕肱懸辯, 1616-1684의 『침굉집』 하권 〈상당과 육색장을 위한 축원上堂及六色掌祝願〉의 소임은 이론적으로 영산회에 바탕을 둔 것이지만 재의 측면에서는 수륙재 설행을 다루고 있다. 그중에 선덕禪德 등과 지전持殿 등 두 부류의 소임에 대한 축원을 하면서 한밤중에 누각 위와 아래의 작법 공간에서 재가 설행되는 장면을 매우 흥미롭게 묘사했다.

선덕, 선백, 선화, 선려가 영산의 오백 나한의 명을 받들어, 푸른 연꽃 자리와 자감색 누대 안에서 뭇 별들처럼 줄을 지어 종횡으로 일어나고 앉으며 예불하고 송경함에 하나도 어긋남이 없다. 혹은 묘지를 탐구하고 혹은 신주를 외우며, 정념을 견지하여 부처를 도와 교화를 드날린다. 지전, 기사, 공두, 고두, 종두, 판수, 당좌, 경좌, 사미, 도자가 영산의 유학, 무학, 성문, 연각의 명을 받들어, 위와 아래에서 대낮처럼 환하게 등불을 밝혀 광명의 유리 도량으로 바뀌게 하니 범부와 성인이 환희한다.

禪德禪伯 禪和禪侶 奉命靈山 五百羅漢 靑蓮痤下 紫紺樓中 列如衆星 縱橫起坐 禮佛誦經 一無乖角 或究妙旨 或誦神咒 堅持正念 助佛揚化 持殿記事 工頭皷頭 鍾頭判首 堂佐經佐 沙彌道者 奉命靈山 有學無學 聲聞緣覺 燃燈上下 皎如白日 變作光明 琉璃道 凡聖歡欣[172]

화엄 강백인 영파당影波堂 성규聖奎, 1728-1812가 1797년에 찬한 은해사 사적인 「영천군은해사사적永川郡銀海寺事蹟」에는 누각을 중심으로 행해지는 의식에 대한 설명이 잘 남아 있다.

법당 앞에는 누각이 있어, 재를 설행할 때에 종과 북소리가 다투어 울리고 어산과 범패가 서로 어울리니 또한 '영혼대령迎魂對靈'을 하는 곳이다.
殿前一樓 令齋時 鐘鼓爭響 魚梵相和 亦作迎魂對賓之所也[173]

이것은 위의 작법 방위에 따른 건단법建壇法으로, '북쪽 법당'의 '남쪽에 있는 누각'을 중심으로 하단의 '영혼식迎魂式' 대령의식이 설행되었음을 보여준다. 호은유기好隱有璣, 1707-1785의 『호은집好隱集』(1785, 해인사 간행) 권1의 〈천도소薦悼疏〉는 당시 스승의 천도재를 행하면서 쓴 소문인데, 여기에 "어산의 신비로운 가영歌詠은 높은 누각에서 울려 퍼집니다. 魚山祕歌 高樓而發唱"라는 글은 어산과 시식단의 위치를 보다 정확하게 알려준다.

즉, 단편적이나마 여기서 알 수 있는 것은 누각이 작법처가 되는 경우, 법당

---

172 『침굉집(枕肱集)』下, ABC_이상현(역).
173 「慶北五本山古今記要」, 『韓國近現代佛敎資料全集』65, 민족사, 1996, p.338.

과 북남 축에 있는 누각 위에는 종각처럼 종과 북이 울리고 어산범패의 작법과 도자道者들의 음악이 연주되며, 누각 아래에서는 문을 중심으로 개문게開門偈의 전후 의식절차가 설행되었을 것이라는 점이다. 누각을 중심으로 두 가지 동선이 파악된다.

위의 『침굉집』에서 지전 소임 등이 누각의 "위와 아래에서 대낮처럼 환하게 등불을 밝혀 광명의 유리 도량으로 바뀌게 하니 燃燈上下 皎如白日 變作光明 琉璃道"라고 한 문장도 이러한 설행 장면의 묘사로 보인다.

또한 당시 사찰의 가람규모에 따른 것도 있어서, 『일판집一判集』(간행연대 및 간행처 미상, 동국대도서관 소장)을 비롯해 『작법절차作法節次』(1774, 간행처 미상, 동국대도서관 소장)의 〈영청단배치迎請壇排置〉를 보면, 대령의식인 영혼을 맞이하고 청하는 의식에 대해 '차일'의 준비 유무가 드러나 있다.

> 혹은 누각이나 대문이 있는 전각에 이 단을 설단하면 차일을 반드시 필요로 하지 않으며, 땅에 설단하게 되면 큰 차일을 준비하지 않을 수 없다.[하략]
> 或於樓閣或於門館設此壇 則不必用遮日 倘於露地排置 則不可不備大遮日也

이것은 임시로 가설된 설단에 필요한 차일의 준비 유무를 밝힌 것에 지나지 않지만, 실제 재 설행 현장의 여러 조건들을 염두에 두었음을 잘 보여준다.

그런데 이 시기의 감로탱 조성 기록을 보면, 누각 위, 즉 누각 안에 고정적인 설단을 하고 여기에 감로탱을 새로이 봉안한 예들이 일부 나타난다. 이것은 『권공제반문』(1574, 석왕사)의 「거찰사사명일시식영혼식」 〈시식단배치규식〉 등과 같은 야외 시식단 설단 규식에서 감로탱의 존재에 대해서 언급하고 있는 것이 없는 점과 비교된다.

법당이나 전각이 아닌 누각 안에 봉안된 감로탱들의 경우에는 화기에 그 이력이 자세히 남았다. 〈여천 흥국사興國寺 감로탱〉(1741, 개인소장)은 화기畵記를 보면, "흥국사 봉황루鳳凰樓의 보좌寶座"에 봉안되었던 것을 지리산 칠불사七佛寺로 이안한 것인데, 이때에 '단壇'이라는 용어를 쓰지 않고 "보좌"라고 한 것이 눈에 띈다. 〈봉정사 감로탱〉(1765)의 화기는 "安東鳳停寺甘露王幀 改造奉安于萬歲樓"라고 하여 법당에 봉안한 감로탱을 다시 보수해 만세루萬歲樓에 봉안했음을 알려준다. 또한 『인악집仁嶽集』의 「南地藏寺殿宇塑畵重修記」에는 1788년에 시작해 1790년에 회향한 남지장사 불사 이력 중 탱화에 감로탱 부분이 빠져 있지만, 『朝鮮寺刹史料』上(p.401)의 〈南地藏寺殿宇塑像重修記要領〉에는 "하단탱은 만세루의 정면 칸에 봉안했으며 奉下壇幀于萬歲樓正間"라고 한 기록이 남아 있다. 이들 기록은 조선후기에 하단탱인 감로탱이 누각에도 새롭게 등장한 예이다.

또한 후대의 〈동화사 감로탱〉(1896)은 종각鐘閣에 봉안되기도 했다. 〈통도사 감로탱〉(1900)의 화기는 이러한 계통의 감로탱 성격을 잘 보여준다. 통도사 대웅전은 네 방위 중 남측 면에 금강계단의 현판이 걸려 있으며 대웅전의 또 다른 성격을 지니는데, 감로탱 화기에 "通度寺金剛戒壇新畵成 奉安于本寺萬歲樓"라고 하여 금강계단의 불사로 조성되어 만세루에 봉안되었음을 밝혔다. 화기에서 금강계단을 밝힌 것은 누각 감로탱의 봉안이 부가적인 설명을 필요로 하는 것임을 보여준다.

조선후기에 법당 맞은편의 북남축의 누각이나 정문이 있는 전각에 상설로 감로탱이 봉안된 것은 성대한 재가 거의 상설로 설행되던 재의 유행과 관련된 것으로 영혼을 맞이할 때에 작법대중들이 최소한의 동선으로 맞은편의 법당을 바라보며 '보례'를 행할 수 있을 뿐만 아니라 누각 자체가 이를 중심으로 수많은 대중들을 안팎으로 효과적으로 집중하게 하고 분리시키기 매우 용이했기 때문이다.

그런데 여기에 하나의 금기가 있었다. 감로탱을 봉안할 경우에 의례가 없을 때에는, 인법당人法堂처럼 하나의 거주 공간이었음에도 불구하고 여기에서 숙식宿食하며 머무는 것은 거의 용인되지 않아 최소한 그 직선축의 공간은 난방이 되지 않는 '판도방判道房; 板頭房'[174]처럼 남게 되었다는 점이다. 대웅전의 맞은편을 피해 누각의 양쪽면으로 거주나 여러 가지 목적을 위해 머무는 방房들이 생겨난 것은, 누각의 건축 구조상 정면에 난방 구들을 하기 어렵다는 것을 감안하더라도 의례적 관점에서 보면, 영가가 보례하는 공간에서 발을 뻗고 자는 것이 자연스럽게 금기시되었기 때문이다. 감로탱이 고정적인 단과 함께 상설 봉안됨으로써 촉발된 측면도 있다.

---

174 '판도방'은 현재 통용되는 한자[判道房]에 의해 불교적으로 해석되거나 사전적 의미로 "절에서 고승이 거처하는 큰 방. 또는 그 둘레에 있는 작은 방", "절에서 불도를 닦는 승려가 모여서 공부하는 방, 절에서 가장 크고 넓은 방" 등의 의미로 전해지고 있으나 후대에 와전된 것으로 보인다. 원래는 난방(煖房) 기능이 없는 판자로 된 마룻방인 '판방(板房)'을 일컫는 것이다. 앞서 살펴본 『산중일기(山中日記)』에서 수륙재를 설행한 속리산 서방갑암(西方甲庵)은 정시한 일행이 머물렀던 본속리암(本俗離庵)보다는 큰 암자로 묘사되고 있는데, 큰 법당과 그 좌우로 비좁고 누추한 승당(僧堂)이 있는 곳이다. 1686년 11월 25일 일행 일부가 묵었던 서방갑암의 환하고 아늑한 '판두방(板頭房)'은 법당에 딸린 방이었다. 또한 동년 12월 초3일 본속리암에서 정시한 일행이 겪었던 화재 현장을 보면, "법당 안에서 막 밥을 먹으려고 하는데, 판도방에서 불길이 일어 법당에 붙었다. 크게 놀라 불상과 여러 물건들을 한참동안 밖으로 내놓았다. 堂中方食 自判道房火起一堂 驚擾出佛像及雜物良久"고 한 것에서 판도방이 법당과 연결되어 있었음을 보여준다. 조선시대 작은 암자의 법당들은 이러한 판도방을 갖추고 있었다. 서산의 『청허당집』〈金剛山兜率庵記〉의 도솔암 요사채 건립에 대해 "먼저 요사채 세 칸에 판도방 두 칸을 (덧붙여) 세웠으며 先刱衆寮三間與板頭二間"라고 한 것이 또한 참조가 된다.

10. 〈안성 청룡사 감로탱〉(1692)과 '삼보가피三寶加被'의 도상

이 감로탱^{사진}은 16세기와 17세기, 그리고 18세기 이후로 전개되는 감로탱의 역사에 있어서 17세기 말이라는 전환기적 시기에 조성된 것으로 매우 중요한 특징들을 지니고 있다.

먼저 존격을 중심으로 도상을 살펴보자.
화면의 단壇 앞에는 의식집의 〈수륙연기水陸緣起〉설화와 〈설회인유편說會因由篇〉에도 나타나는 일체 법계의 면연귀왕面燃鬼王이 소청의식을 통해 그 모습을 드러냈는데, 쌍아귀의 도상이다.
단 위로는 대 위에 줄이 쳐져 있고 여기에 풍번風幡과 보개寶蓋가 바람에 펄럭이고 있어 눈길을 끈다. 하늘에는 이미 많은 존격들이 내영하고 있다. 왼쪽에는 고혼을 맞이하는 인로왕보살이, 맞은편 오른쪽에는 고혼의 극적 구제와 관련된 시식의 칠여래七如來가 현현해 있다.
화면의 정중앙에는 이 설행되는 의식의 단을 증명하는 가장 중요한 존격인,

〈안성 청룡사 감로탱〉(1692, 삼베에 채색, 204.0×236.5㎝)

아미타불·관세음보살·대세지보살 삼존의 위신력 있는 법신法身이 이미 현현해 있다. 바로 이 존격들이 단 중심의 의식집 의식절차 앞부분에 나타나는 '거불擧佛'의 대상이다. 그리고 이러한 아미타삼존 위로는 석가모니불과 아난존자가, 그 옆에는 지장보살과 관세음보살의 4존격이 현현했는데, 이것은 원나라 몽산덕이蒙山德異의 『증수선교시식의문增修禪敎施食儀文』〈주행탄불백의主行嘆佛白意〉의 소문疏文에 기원한 것으로 '삼보가피三寶加被'의 도상이다. '삼보가피'란, 구체적으로는 '삼보와 4존격'이라는 7존의 귀명으로 성현과 범부가 통하는 가피를 입기 위함이다. '삼보가피'의 도상은 당시에 설행되던 의식이 반영된 것으로 현존하는 감로탱 가운데 〈안성 청룡사 감로탱〉에서 처음으로 보인다. 이것은 매우 중요한 특징이다.

〈청룡사 감로탱〉의 이해를 위해서는 그동안 다뤄지지 않았던 감로탱의 '거불', 그리고 '삼보가피'의 용어와 도상에 대해 살펴볼 필요가 있다.

일반적으로, 감로탱 도상을 '의식의 순서'대로 도해圖解하는 것은 감로탱을 이해하기에 가장 적절해 보이지만, 동일 초본草本의 공유나 화승들의 재의식에 대한 이해에 따라 영향이 다르게 나타나고, 수륙재 관련 의식집들의 성격에 따라 의식절차에 크고 작은 차이가 있으며, 두 개 이상의 의식으로 합설되는 경우도 있으므로 의식집이나 판본을 특정해서 감로탱 도상을 '의식의 순서'대로 살펴보기란 쉽지 않다. 도상 해석에 여러 의식집들의 의식절차가 포괄적으로 인용될 수밖에 없는 이유이다.

그럼에도 불구하고 감로탱에 나타나는 의식절차의 시작은 '거불'이고 본연의 도상적 위치 또한 전 시기에 걸쳐 거의 변치 않고 지켜지고 있다는 사실은 매우 주목할 만한 것이다.

이 '거불擧佛; 擧念'의 용어에 대해 살펴보자.

'거불'은 "부처님의 명호를 들어 칭하는 것"으로 알려져 있는데,[175] 여기서 더 나아가 '거불'은 수륙재 성격의 특정 편목編目들로 이뤄진 단에서 단 의식의 시작에 행해지는 것이어서 거명擧名 이상의 의미가 있다. '거량찬탄擧揚讚嘆'의 의미다. 『법화경』과 같은 경전經典을 펼쳐 법의 공덕이 드러나게 할 때에는 '거량擧揚'이고, 존격尊格의 명호로 그 존격이 지닌 공덕의 위신력을 드러나게 할 때에는 '거불'이기 때문이다. 또한 여기에 염상念想과 관법觀法을 중시할 때는 '거념擧念'이라 한다. '거불' 대신에 쓰기도 한다.

'거불'은 각 편목의 해당 의식들마다 의식의 공덕을 증명하는 일종의 증명불證明佛이자 그 공덕의 위신력이 있는 귀명歸命: 南無의 대상이기에 '거불'의 대상도 다르다. 예를 들어, 수륙재 삼단三壇 형식의 의식문일 경우, 각 단壇 의식들의 시작에 '거불'이 있고 각 단의 공덕의 성격이 다른 만큼 이를 증명하는 존격도 차이를 보인다. 즉, 상단과 중단, 하단의 '거불'에는 특징이 있다.

또한 의식집마다 하단의 '거불'이 다른 경우가 있는데, 감로탱도 예외는 아니다. 〈약센지 소장 감로탱〉(1589), 〈청룡사 감로탱〉(1692) 등에서처럼 화면 윗쪽의 존격들에 대한 예경을 '거불' 중심으로 하여 아미타삼존 도상을 구성할 것인지 아니면, 〈보석사 감로탱〉(1649)에서처럼 '거불'의 아미타불과 시식의 칠여래 중 아미타불과의 도상 중복을 피하기 위해 칠여래의 아미타불을 중앙에 위치시키고 칠여래의 양쪽에 관음과 세지보살을 두는 방식으로 도상을 중의적으로 구성할 것인지, 〈우학문화재단 소장 감로탱〉(1681)에서처럼 삼세불을 '거불'로 하고 칠여래의 현현을 구성할 것인지, 감로탱마다 도상의 지향점이 다르게 나타나는 점들이 눈에 띈다.

〈청룡사 감로탱〉은 화면으로 보면, '거불' 중심의 도상이며, '거불'은 '아미타삼존'이다. 단의 중앙 바로 위에는 아미타불을 주존으로 하여 관세음보살과 대

---

175 이성운, 『불교의례, 그 몸짓의 철학』, 조계종출판사, 2018, p.125.

세지보살이 군집의 존격들 가운데 중심에 가장 크게 묘사되어 있다. 이 '거불' 바로 위의 인로왕보살과 칠여래 사이로는 지장보살과 관세음보살이 앞서 서 있고 그 뒤로 항마촉지인을 하고 있는 석가모니불과 아난존자가 나란히 대칭적으로 현현해 있다. 결과적으로, 여기서의 관세음보살은 아미타 삼존의 관세음보살과 겹치기까지 한다.

이들 4존격은 어떻게 현현하게 되었을까?

석가모니불과 아난존자의 등장은 수륙재가 수륙연기水陸緣起에서 시작되었다는 연기설화의 표현이지만, 다른 존격들로 인해 새로운 범주에 속하는 것임을 보여준다. 하단시식의 대표적인 의식문이라 할 수 있는 원대 몽산덕이의 『증수선교시식의문』에 개계開啓 형식의 소문疏文인 〈주행탄불백의主行嘆佛白意〉가 있는데, 이것은 '법주가 부처의 공덕을 찬탄하여 밝힘'이라는 뜻이다.

여기에서 이들 4존격을 찾아 볼 수 있다. 일체의 고혼과 외로운 영혼 등을 초청해 칠칠곡七七斛의 음식으로 온갖 기갈飢渴을 없애고자 하지만, 두렵게도 성현과 범부가 통하기 어려워 이때에 삼보의 가피를 구할 것을 밝히고 있다. 가피를 입기 위한 귀명의 존격은 시방 삼보의 귀명에 이어서 석가모니불, 관세음보살, 지장보살, 아난존자의 귀명으로 4존격의 존재가 다음과 같이 드러나고 있다.[176]

> 오늘 이때 사문 모某 등은 자비한 마음을 이끌어 평등한 행을 하고, 본원력과 『대방광불화엄경』의 위신력과 모든 부처님의 가피력으로 이 청정한 법식法食을 일체 법계의 면연귀왕이 거느리는 36부의 한량없이 많고 그지없이 많은 항하사 수와 같은 모든 아귀 대중들에게 널리 보시하고, 나아가 하리제모의 일체 권속들과 바라문 신선 대중들, 아울러 이 세계와 다른 세계에서 전쟁으로 죽은 영가, 물에 빠져 죽거나 불에 타서 죽은 영가, 돌림병으로 떠돌아다니다가 죽은 영가, 굶어 죽거나 얼어 죽은 영가, 목을 매 자진한 영가, 형벌을 받아

---

176 졸고(외14인), 〈청룡사 감로탱〉, 『감로(甘露)』(上), 성보문화재연구원, 2005, pp.43-44 참고.

죽은 영가, 아이 낳다 죽은 영가, 일체 떠도는 외로운 영가, 풀과 나무에 붙어 있는 일체의 귀신들, 지부풍도地府酆都와 크고 작은 철위산鐵圍山과 오무간옥五無間獄, 팔한지옥·팔열지옥과 가볍고 무거운 모든 지옥, 지옥을 맡은 관리와 성황城隍 등의 처소에서 일체 고통을 받는 중생들, 육도 근처에 다다른 일체의 중음신中陰身으로 있는 중생들은 모두 다 저희가 청하는 자리에 하나도 어김없이 오소서. 원컨대, 그대들 한 분 한 분은 각각 마가타국摩伽陁國에서 사용되는 곡斛으로 칠칠곡(49곡)의 음식을 얻어 모든 기갈을 없애소서. 가장 두려운 것은, 범부와 성인은 서로 통하기 어렵다 하니, 마땅히 삼보의 가피력을 구해야 할 것입니다.

시방에 상주하시는 부처님께 귀명하옵니다.
시방에 상주하시는 가르침에 귀명하옵니다.
시방에 상주하시는 스님들께 귀명하옵니다.
본사이신 석가모니 부처님께 귀명하옵니다.
관세음보살님께 귀명하옵니다.
저승과 이승의 고통받는 중생을 구원하시는 지장왕보살님께 귀명하옵니다.
방편의 큰 가르침을 일으키신 아난존자님께 귀명하옵니다.

是日今時 沙門某等 運慈悲心 行平等行 以本願力大方廣佛華嚴經力 諸佛加被之力 以此清淨法食 普施一切法界 面然鬼王 所統領者 三十六部 無量無邊 恒河沙數 諸餓鬼衆 泊訶利帝母 一切眷屬婆羅門仙衆 併此方他界 刀兵殞命 水火焚漂 疾疫流離 飢寒凍餒 繩木自盡 形憲而終 産難而死 一切滯魄孤魂 依草附木一切鬼神 地府酆都 大小鐵圍山 五無間獄 八寒八熱 輕重諸地獄 獄司城隍等處 一切受苦衆生 六道方來 一切中陰衆生 咸赴我請 無一違者 願汝 一一各得 摩伽陁國所用之斛 七七斛食 除諸飢渴 第恐凡聖難通 當求三寶加被
南無常住十方佛 南無常住十方法 南無常住十方僧 南無本師釋迦牟尼佛 南無觀世音菩薩 南無冥陽救苦地藏王菩薩 南無起教阿難陁尊者

위의 소문을 조선시대에 널리 유통된 『천지명양수륙재의찬요天地冥陽水陸齋

儀纂要』〈召請下位篇 第二十二〉나 『수륙무차평등재의촬요水陸無遮平等齋儀撮要』 〈召請下位篇 第十七〉의 '유치由致'에 해당하는 소문과 비교해보면 '삼보가피'의 형식과 내용이 다르다. 그러나 서산대사 휴정休靜, 1520-1604 등의 『운수단가사雲水壇謌詞』(1605, 해인사 간행, 대성사 소장)에서는 〈소청하위召請下位〉에 편입되어 있으며, 『권공제반문勸供諸般文』(1574)의 「시식의문施食儀文」이나 『제반문諸般文』(1694, 금산사)의 「시식의문」에서는 주로 하단의 '유치' 부분에 수록되면서 본격적인 의식문 체제로 자리잡고 있다. 후대인 『천지명양수륙재의범음산보집天地冥陽水陸齋儀梵音删補集』(1723, 중흥사 간행)의 「총림사명일영혼시식절차叢林四明日迎魂施食節次」 소문에도 나타난다.

이것은 사명일의 관점에서 보면, 16세기의 『권공제반문』에 「거찰사사명일시식영혼식巨刹寺四名日施食迎魂式」이 아닌 「시식의문」에 나타나다가 조선후기에는 「총림사명일영혼시식절차」에 수록된 것이어서 눈에 띄게 나타나는 변화이다. 물론 『권공제반문』 시기의 사명일에 「거찰사사명일시식영혼식」과 「시식의문」이 『대찰사명일영혼시식의문』(1710, 해인사 백련암)에서처럼 "상편은 영혼의 식으로 마치고 하편은 시식의식이다. 上迎魂儀竟 下施食儀"라고 한, 이부 구성과 같은 비교적 큰 규모로 설행되었을 가능성을 생각하면 실제 의식설행에서는 합설되었을 수 있다.

같은 맥락에서 보면, 시식의 의식절차에서 '사다라니' 작법과 '칠여래'의 현현에 앞서 '삼보가피'의 중요성에 대한 인식이 여전히 뿌리 깊었던 것이 〈청룡사 감로탱〉에 '삼보가피'의 도상이 등장한 계기로 보인다. 그리고 이것이 17세기 사명일의 유행과 맥을 같이하고 있다는 점에서 의미가 있어 보인다. 또한 이 감로탱의 의례승들 도상 사이에 비로소 뚜렷히 등장하는 사찰 연희자들의 존재도 사명일의 영향과 관련해 주목되는 부분이다.

11. 불교의 연희문화와 연희자, 그리고 감로탱 도상의 반영

보우의 왕실 영혼식迎魂式 설행으로 더욱 본격화된 영혼식은 서산의 활동시기에 대찰에서의 사명일 의식과 만나 새롭게 정비되면서 조선중기 불교사에 있어 발전의 새로운 촉매제가 되었다. 적어도 대중적인 측면에서 사명일 의식에 대한 접근 없이 조선시대 불교의례의 다양한 면모를 파악하기란 어려운 일이다.

이것은 앞서 살펴본, 해인사의 완월당翫月堂 처휘處徽가 『천지명양수륙재의찬요天地冥陽水陸齋儀纂要』(1694, 해인사, 해인사성보박물관 소장)의 발문에서 밝힌 여섯 종류의 수륙문 가운데, "『중례문』과 『결수문』만이 크고 작은 것을 절충해 가장 정밀하니 세상에 널리 행해지고 있다."라고 한, 『중례문』과 『결수문』만으로 조선시대 불교의례를 접근하기란 어렵고, 또한 수륙재를 도상화한 감로탱의 접근에도 동일한 어려움에 직면하게 됨을 의미한다. 이미 이때의 수륙재는 다양한 불교문화와 접목되어 문화 변용의 과정에 있었기 때문이다.

처휘는 발문에서 사명일 의식집에 대해서만은 언급하지 않았는데, 어산이자 대선사인 반운당伴雲堂 지선智禪의 주도로 이미 50여 년 전에 해인사에서 간행한 『수월도량공화불사』(1642, 해인사 중간, 동국대도서관 소장)의 부록에 사명일 의식절차가 수록되어 있는 점을 감안하면 의문이 남는다. 처휘의 사법사嗣法師로 보면¹⁷⁷ 지선은 문중의 사숙이었을 뿐만 아니라 의식문도 같은 해인사에서 간행되었기에 이를 인지 못했을 리가 없다.

처휘는 위의 발문에서, "수륙의식문의 저작은 서역에서 중국에 이른 것으로 예닐곱 가지 정도 입니다."라고 하여 예닐곱 가지의 일곱 번째에 해당하는 것은 밝히지 않으며 여지를 남겼다. 거의 전형화된 다른 의식문들과 달리 이 의식문은 범주화해서 짧게 설명하기 쉽지 않아 불분명하게 언급하고 생략한 것으로 보인다. 이 의식만큼 영혼 천도재의 성격이 강해서 단독이 아닌 여러 의식의 합설이 가능한 것도 드물었기 때문이다.

그리고 무엇보다도 감로탱의 의례승들 도상에서 볼 수 있듯이, 조선시대 명절 제사의 범주에서 '재 형식의 제사'이기도 한 '불교 사명일' 뿐만 아니라 크게는 수륙재의 재 설행 현장에 거사, 사당과 같은 사찰 연희자들이 자연스럽게 등장할 정도로 문화적으로 긴 설명을 필요로 한 점도 중요 이유였을 것이다.

여기서 이들 사찰 연희자는 재의 성격과 관련해 특징적인 것에 속하지만, 재에서 이들의 등장 자체는 역사적으로 매우 오랜 것이다. 전통적으로 이미 고려시대 팔관재八關齋의 유풍이나 궁중 나례와 이에 기반한 세시풍속 등에 의해 영향을 받고 있었다.

국가적으로 보면, 고려시대 최대의 재에 속했던 팔관재는 나라의 복福을 빌기 위해, "부처를 공양하고 신을 즐겁게 하는 모임[供佛樂神之會]"¹⁷⁸으로 성대하게 베풀어졌다. 재의적 성격의 공양[供]과 연희적 성격의 즐거움[樂]이 있는 자리였다. 이 즐거움은 '구나' 즉, '나례'의 온갖 놀이를 의미하는 백희百戲로 연행되었다. 이들 두 가지 성격의 공존은 불교 재의례의 오랜 유풍이라 할 수 있다.

조선왕조는 개국하자마자 이 팔관재를 폐지해 수륙재로 대체했지만, 수륙재

---

177 본문 각주033 참조.
178 『고려사』 권69 「지(志)」23 예11 〈가례잡의(嘉禮雜儀)〉 중동팔관회의(仲冬八關會儀).

가 불교의 대재大齋로 법의 연회[法筵]였던 것을 감안하면 팔관재의 연희적 성격도 완전히 배제하기는 어려웠을 것이다. 더구나 16세기 이후로 세시명절과 결합된 사명일 의식에 이르러서는 팔관재 보다 그 대상이 넓고 연희적 성격 또한 뚜렷해진 것을 볼 수 있다. 그런데 역귀를 몰아내는 축귀逐鬼의 성격인 '나례'를 통해 제재초복除災招福의 현세적 복福을 얻는 즐거움과 비교해 '외로운 죽음을 맞이한 영혼[孤魂]'과 미물까지 초대해 법의 큰 가르침 속에 교화하고 깨달음에 이르게 하는 '수륙재'의 포용적 성격은 서로 대치되는 양면성이 있다.

그러나 그 '나례'조차도 역귀들이 놀이와 흥겨움의 한마당에서 함께 놀다가 물러가는 것이므로, 현행 질서의 바른 순행에 기여한다는 측면에서 언제든 현재성의 한 공간에서 자연스럽게 만날 여지가 있었다. 더욱이 사명일은 '정례화된 명절'로, 이를 통해 이들이 한 공간에서의 연행이 언제든 가능했던 것이다.

당시 '나례'는 섣달그믐에서 설에 이르는 날에 정점으로 행해졌으며,[179] '사명일 속제'의 명절 외에 신고식과 같은 일상의 유희적인 관례慣例에서도 흔히 행해질 정도였다. 사찰에서는 '나례'와 '걸립乞粒: 建立'이 내용상 차이가 나지 않았으며, 또한 사명일에만 한정하지 않고 '불사를 위한 걸립'으로도 행했다. 이러한 제재초복적인 성격은 확장성을 갖기에 충분했는데, 연희라는 대중성에 기반하고 있었기 때문이다. 감로탱 도상에서 '백희百戲'로 상징되는 온갖 놀이 가운데 유행했던 놀이 중심으로 나타나는 것도 크게 보면 왕조시대 '나례'의 유풍을 반영한 것이다.

사찰에서 '불사佛事를 위한 걸립'으로 행해졌던 '나례'의 연희는 어떤 형태로

---

179 섣달그믐의 '나례'는 이미 16세기 민간에도 보편화되어 있었다. 이문건(李文楗, 1495-1567)의 『묵재일기(默齋日記)』를 보면, 1551년 12월 30일자에 "노비들이 새벽에 역귀를 쫓는다고 북과 징을 쳤다. 奴人等曉作逐疾 鼓鼓錚錚"고 하고 있으며, 1555년 12월 30일자에도 역시 "축시(새벽1시-3시)에 어린 노비들이 향인들의 징과 북을 빌려 나례를 했다. 四更僮奴等 借鄕人錚鼓爲儺"는 내용이 있다.

전개되었을까? 조선전기는 사찰 중심으로 이러한 주제에 접근할 수 있는 자료들이 드물고 도상으로는 17세기 말의 현존하는 감로탱에서 보다 뚜렷히 드러나고 있다. 이에 비해 조선후기와 근대까지는 여러 문헌자료들이 남아 있어 연구의 대상이 되고 있다. 그러나 조선전기조차도 그동안 불교적인 측면에서의 접근이 소홀했을 뿐 단편적이나마 그 여지는 있기에 먼저 이에 대해 살펴볼 필요가 있다.

조선전기의 『조선왕조실록』에는 이와 관련해 검토해 보아야 할 흥미로운 기록이 있다. 비록 단편적이나마 공식적인 국가기록물이라는 점에서 충분히 논의되어야 할 부분이다. 『문종실록』의 기록을 보면,[180] 문종이 중국 사신을 위해 베푸는 '나례'에 채붕綵棚을 꾸미는 것을 비롯해 '규식지희規式之戱'와 '소학지희笑謔之戱'와 같은 잡희를 베풀고, 음악을 준비하는 것에 대해 구체적으로 하교하는 내용이 있다. 여기서 예인들이 참여하는 놀이[戱]의 성격을 알 수 있는 '규식지희', 그리고 '소학지희'와 관련된 다음의 문장이 여러 학자들을 중심으로 해석의 문제를 낳고 있다.

(1) 則如廣大西人注叱弄鈴斤頭等 有規式之戱 則依舊爲之
(2) 如水尺僧廣大等 笑謔之戱 則列立備數而已可也

문맥상, 위의 내용은 전체적으로 두 문장에 해당하는데, 각 문장의 주어부에 들어 있는 '광대廣大'와 두 번째 문장의 주어부를 중심으로 여러 해석이 있다. 주요 해석을 들어보면, 김학주는 "(1) 광대와 서인들의 주질, 농령, 재주넘기 같은 것들이다. 법식에 맞는 놀이 같은 것은 예전대로 하게 한다. (2) 수척승과 광대 등의 웃고 농지거리하는 놀이는 곧 늘어놓아 숫자나 채워둘 따름일 정도로 취급하

---

180 『문종실록』 2권, 문종 즉위년(1450) 6월 10일자.

면 될 것이다."[181]고 하여 첫 번째 문장의 주어를 '광대'와 '서인'이라 하여 신분상으로 해석하였고, 두 번째 문장의 주어도 '수척승水尺僧'과 '광대廣大'라고 하여 같은 맥락에서 접근했다. 그동안 가장 쟁점이 되었던 것이 국문학자와 민속학자들에 의한 두 번째 문장이다. 전경욱은, "(1) 광대와 서인의 주질, 농령, 근두 등과 같은 '규식이 있는 놀이'는 예전대로 하고, (2) 수척이나 승광대 등의 '웃고 희학하는 놀이'는 늘여 세워서 수만 채우는 것이 가하다."고 했다. 그는 여러 학자들의 견해를 반영하며 천민집단인 수척과 광대배역인 승광대를 주어로 보아 최종적으로, "수척과 승광대가 행하는 우습고 해학적인 놀이"로 해석했다.[182] 이들 논의에서 두 번째 문장의 주어에 보이는 '승僧'이 첫 번째 문장의 경우와 달리 신분이 아닌 배역으로 해석된 점이 눈에 띈다.

하지만 위의 『문종실록』 내용은 문종이 '나례' 행사를 앞두고 관련 인원을 점검하고 동원을 하교하기 위한 것이라는 점과 두 문장이 이러한 동원 인력을 주어로 하여 역할이 규정된 대구의 문장임을 고려한다면, 다음과 같은 새로운 해석이 가능하다.

(1) 광대廣大와 서인西人의 줄타기[注叱], 공놀이[弄鈴], 땅재주[斤頭] 등과 같이 규칙이 있는 놀이는 이전의 예에 의거하고, (2) 수척水尺과 승려[僧]의 광대놀음[廣大] 등과 같이 농치고 웃고 떠드는 놀이는 줄이나 세워 인원만 채우는 것이 가하다.

여기서 첫 번째 문장의 '광대'는 신분상의 '광대'이다. 두 번째 문장에 보이는

---

181 김학주, 『한·중 두 나라의 가무와 잡희』, 서울대학교출판부, 1994, p.37.
182 전경욱, 『한국의 전통연희』, 학고재, 2004, pp.339-341.

'광대'는 첫 번째 문장의 주어와 달리 신분이 아니라 광대짓을 하는 '광대놀음'으로 이 문장의 주어는 '수척'과 '승려'이다. 즉, '규식지희'는 줄타기, 공놀이, 땅재주 등이고, '소학지희'는 광대놀음이다. 수척과 승려의 광대놀음은 어떤 것이었을까? '나례'의 핵심 구성 가운데 하나가 '벽사辟邪'와 '소학지희'로 상징되는 '가면假面' 연극임을 고려한다면, 놓치고 웃고 떠드는 놀이로 다소 비하된 광대놀음은 '잡희'와 같은 일종의 연극이었을 것이다. 공연자인 '수척'과 '승려'에 의해 가면극이 공식적으로 행해졌고 이들 예인 집단에 승려가 속해 있었음을 보여 준다. 이러한 해석의 관건은 인력 동원과 그 배역의 관점에서 기존의 '승광대僧廣大'를 '승려'와 '광대놀음[廣大, 즉 優戲]'으로 분리하는 것이다.

물론 이 시기에 '승광대' 즉, '중광대'라는 배역 자체가 없었던 것은 아니다. 세간의 회자되는 웃고 떠들 만한 이야기를 수록한 이제신李濟臣, 1536-1584의 『청강선생소총淸江先生笑叢』을 보면, 한 신입 생원生員이 삼대에 걸쳐 광대 별명을 얻자 윤사립이라는 이가 이를 두고 농하기를, "네 할아버지는 중광대, 네 할미는 할미광대, 네 애비는 초란광대, 지금의 너도 바가지 광대가 아니더냐. 爾祖僧廣大 爾祖姒姑廣大 爾父招亂廣大 今汝又爲匏廣大"라고 한 내용이 있다. 본인은 물론 조상의 외모까지 비하하는 것조차 참아내야 했던 혹독한 조선시대 생원 신고식의 전형이다. 이것을 통해 16세기 당시에도 '중광대' 탈을 쓰는 광대 배역이 있었음을 알 수 있지만,[183] 문맥을 배제하고 모든 경우에서까지 '중광대' 탈과 그

---

[183] 『계암일록(溪巖日錄)』(1612년 9월 11일)에서도 성균관의 신입 생원 신고식에 신입들을 중심으로 '나례'가 행해진 기록이 있어서 이를 보면, "반동(泮洞)에 가서 동쪽 반수(泮水)가에 줄을 지어 앉았다. 성균관 관원 두 명이 서재청(西齋廳) 위에 앉아서 새로 급제한 신래(新來)는 문과, 무과를 막론하고 모두 들어오게 하여 얼굴을 검게 칠하고 까치걸음을 하게 하였다. 시간이 지나 또 동재 식당 앞에 들어오게 하고 나희(儺戲)를 하였다."고 했다. 〈규장각한국학연구원, 『일기로 본 조선』, 글항아리, 2013, p.66〉. 이 '나희'의 경우도 '소학지희'에 속하는데, 특히 "신입 생원들이 얼굴을 검게 칠한 것"에서 탈 대용의 임시방편을 보여준다. 비록 선임 관리들이 신입을 '신귀(新鬼)'로 삼아 웃음거리의 호된 신고식을 치르게 한 조선시대 관료주의 문화 속의 '나례'이지만〈『서애집(西厓集)』 별집 제4권에서는 이러한 관원 신고식을 신

배역으로만 한정해서 볼 일은 아니다.

위의 『문종실록』 문장에서 '승광대'가 분리되어 해석되지 못한 이유는, 시기적으로 조선전기의 승려 가운데 이와 관련된 역할을 뒷받침할 만한 자료가 매우 단편적이라는 사실 때문이다. 즉, 여기餘技로 뛰어난 재주가 있었던 재승才僧과 관련된 기록들은 살펴볼 수 있지만, 정기적인 연희의 장에 역할이 필요했던 비교적 재능 있는 승려들을 동원한 기록들은 잘 드러나 있지 않다. 여기에다가 오늘날 조명받는 '중광대'라는 탈과 그 배역 중심의 고정관념이 강했기 때문에 이들의 존재를 확인하기는 쉽지 않다. 위의 문장 자체로 보면, 조선전기의 승려가 '나례'에 동원됐을 것이라는 추정은 가능하지만, 오늘날의 관점으로 보면 믿기 어려운 일이다.

그러면 실제 승려의 동원이 있었을까?
결론적으로 말하면, 전혀 아니었다고 할 수 없다. 오히려 승려의 '나례' 동원 관련기록이 분명하지 않은 배경에는 이들을 언제나 동원 가능한 인력으로 인식하고 있었을 가능성이 있다. 조선시대의 승려들 중에 특히 전문적 기술을 지닌 양공良工들은 각종 공역의궤工役儀軌에 소속사찰과 법명이 실려 있었던 것처럼, 일종의 인적·물적 동원과 관련된 공문서는 가장 효율적인 체계를 갖추고 국가의 공역 제도에 기본적으로 수용되어 있었다.

이에 따라, '나례'의 동원은 새삼스러울 것이 없어 보인다. 일반 승려는 농사를 짓지 않는 유휴인력으로 인식되어[184] 관官이나 군軍의 편제 속에서 언제든 동

귀희(神鬼戱)라고 하는데, 『용재총화(慵齋叢話)』 제1권에도 "신입을 신귀라 한다 新入者呼爲新鬼"는 문구가 있다), '나례' 문화의 보급과 함께 이를 특정의 한정된 범주에서 바라볼 일은 아님을 보여준다. 어떤 종류의 '나례'이든지 간에 탈이나 탈과 같은 분장이 필요했던 것이다.
184 金東旭, 『韓國建築工匠史硏究』, 技文堂, 1993, p.114.

원 가능한 신분의 대상 가운데 하나였기 때문이다.[185] 멀리 『고려사』 권64 지志, 권18 예禮6 군례조軍禮條의 궁중 나례에서 군의 훈련된 편제 속에 역귀를 몰아냈던 일사불란한 행위들이 군대 조직의 또 다른 기능을 잘 보여준다.

조선전기의 승군僧軍들은 성을 쌓는 등의 부역에 동원되었는데, 중기의 자료들 중에는 '소학지희笑謔之戱'에 능한 승군 관련 기록들이 눈에 띈다.

유몽인柳夢寅, 1559-1623의 『어우야담於于野談』을 보면, 선교양종의 시기인 16세기 명종 대에 판사判事 물망에 올랐던 '동윤洞允'이라는 승려에 대한 이야기가 있다. 중국사신이 오게 되어 홍제교弘濟橋를 놓는 승역僧役에 승통僧統이었는데, "문서와 광대놀음에 능했고 또한 교묘하게 새와 짐승의 소리도 잘 냈다. 能文書排又巧作禽獸聲"고 한다. 그가 문서에 능하면서도 광대놀음과 잡기 등에도 능했다는 사실은 당시의 기준으로 매우 이질적이지만 승역으로 동원되었던 승군과 관련되어 있어 그 시사하는 점이 있다.

침굉현변枕肱懸辯, 1616-1684의 『침굉집枕肱集』 하권 〈불가의 세태를 개탄하며 도반에게 스승 찾을 것을 권함[歎風勸友尋師]〉은 승가의 방일함과 나태를 지적하는 글인데, 여기에 특이하게도 17세기 당시 승영僧營이 있는 사찰을 중심으로 승군의 '걸립' 혹은 '나례'에 대한 묘사로 보이는 것이 있어 주목된다.

[상략](이 지경에 이르러) 학문과 덕망이 높은 큰스님이여도 사람들이 호랑이 보듯 곤두박질치며 바람처럼 도망가고, 허연 수염의 노스님도 소가 걷듯 꼭두각시처럼 놀려 놀림감이 되고 만다. 저 도량[186]은 어떠한가. 붉고 붉은 비단 깃

---

185 金東旭, 앞의 책 참조. 조선시대의 장인 승려들은 전 시기에 걸쳐 각종 陵園所, 관청 등의 공사에 동원되었는데, 1396년의 남대문 창건이 大木인 法輪寺 覺希와 승려들에 의해 조성되고, 1647년의 창덕궁 수리에 동원된 일반 화원이 9명인데 비해 화승은 131명에 이른 것 등에서 장인 승려들의 고된 노역을 짐작할 수 있다. 조선후기에는 八道都總攝 제도의 운용으로 승려들이 종무와 僧軍 체계에 더욱 조직적으로 예속화되었다.
186 "其爲場也"의 "場"은 뒤의 "사바세계[沙場]"와 대구를 이루므로 '도량'으로 번역된다.

발들이 바람에 펄럭이며 번쩍이니 마치 사바세계를 방불케 하고, 삼혈총의 총 포소리가 진동하고 삼지창들로 어른거리니 흡사 군대의 행진과 같다. 그 형색은 어떠한가. 절의 어른스님부터 사미승까지 줄지어 치장하니 여자의 눈썹을 그린 꼴이고 돼지털과 쇠털로 만든 갓을 삭발한 머리에 쓰니 단발한 오랑캐 아이 같다. 더구나 초록색 저고리에 붉은 치마를 두르고 북을 둥둥치는 가운데 '매구魅鬼; 埋鬼, 儺禮'에 몰입하고 있는 이도 승려이고, 감투에 보라색 옷을 입고 징을 꽝꽝 쳐대는 이도 화랭이[187]를 본받은 이로 속인이 아니다. 이를 본 자들은 박장대소를 하니, 어느 누가 날이 어두워지는 것을 알 것이며, 주절주절이 주정 대는 말에 하룻밤이 새는지 깨닫겠는가![하략]

至於眉碩德 虎視打斥斗則風趨 霜髭老宿 牛行弄傀儡則輻湊 其爲場也 紅錦旗紅綃幟 翻風耀日 髣髴乎沙場 三穴銃三枝鎗 聲振影濃 依俙於行陣 其爲形也 大圓鏡小圓鏡 粧後背兮 疑女郎之畫眉 猪毛笠牛毛笠 戴削頭兮 乃羌兒之斷髮 加之以帶紅裳衣綠衣 鼕鼕攝鼓 入魅鬼者是緇 着驄帽衣紫衣 錚錚擊鉦 效花郎者非白 其爲觀者 局局然大笑 孰知日之將沉 嘮嘮地醉言 誰覺夜之已曉乎

위의 내용은 침굉이 불가의 세태를 깊이 한탄하며 승영이 있는 사찰의 도량을 배경으로 행해진 '걸립' 혹은 '나례'에서 승려들이 분장을 하고 일종의 마당놀이를 한 모습을 묘사한 것이다. "매구", "화랭이", "주절주절이 주정 대는 말에 하룻밤이 새는지"라는 놀이가 승속을 구분할 수 없을 정도로 속화되었고 승려들 역시 이에 직접 참여했음을 구체적으로 보여준다.

이것은 시기적으로 조선후기에 궁궐 나례의 쇠퇴에도 불구하고 지방 관아에서의 또 다른 설행은 그대로 남아 있었던 사례들[188]에서 알 수 있듯이, 직접적이든 간접적이든 나례는 사라지지 않고 남았으며 불교계도 예외가 아니었던 것이다. 이러한 측면에서 보면, 나례에 기량이 있는 승려의 승역 동원은 이미 자연스

---

187 한자는 화랑(花郞)으로, 여기서는 세습무의 남자악사를 일컬음.
188 손태도, 『한국의 전통극, 그 새로운 연구로의 초대』, 집문당, 2013, pp.143-144 참조.

러운 일이었는지도 모른다.

'나례'의 다양한 역役과 관련해 국가기관에서 사찰의 물품을 차용한 기록에서 또 하나의 단편적인 단서를 찾아볼 수 있다. 규장각 소장의 『나례청등록儺禮廳謄錄』(1627, 필사본, 奎15147)에는 중국사신을 맞이하기 위한 나례 준비 가운데 〈음향기 등의 기물일랑 경기지역 사찰에서 거둬 쓴 후 돌려주는 건 響器等物乙良令京畿寺刹取用後還下事〉이 들어 있고, 경기감사에게 하달된 공문에는 경기도 사찰에 부여된 잡역으로 다음과 같은 자세한 항목이 보인다.

경기감사는 상고할 것. 금번 중국사신이 올 때에 나례에 소용되는 바라와 꽹과리 등의 악기는 이전 등록에 의거해 나눠 정하고 각 관에서 올리는 첩정 뒤에 기록해 보낼 것. 사신이 돌아간 후에는 곧 돌려주도록 공문이 도착한 후에 할 것.
京畿監司爲相考事 今此天使時儺禮所用鈸羅强錚等物 依前謄錄分定各官牒呈後 錄爲去乎 天使過後 卽爲還給爲只爲 到付後

양주 회암사 바라2, 꽹과리2, 장삼·굴립·염주·감투 각1.
楊州檜岩寺鈸羅二强錚二長衫窟笠念珠甘土各一

삭령 용복사 꽹과리2.
朔寧龍福寺强錚二

장단 화장사 바라2 꽹과리2.
長湍華藏寺鈸羅二强錚二

금천 삼악사 바라2
衿川三岳寺鈸羅二

고양 나암사 갑장삼, 승건 각1

高陽羅菴寺甲長衫僧巾各一

　위의 사찰 가운데 양주 회암사, 삭녕 용복사, 장단 화장사는 17세기에도 사세가 있었던 사찰임에도 사찰 재의식에 일반적으로 많이 사용되는 바라와 꽹과리 등이 2개씩 소략히 지정되어 있어 눈길을 끈다. 그리고 오늘날의 과천인 금천 삼악사의 경우처럼 한강을 건너가야 하는 사찰에 바라 2개만을 지정한 것은 중국 사신을 위한 나례가 베풀어지는 도성과의 거리로 볼 때 선정 기준이 적합한지 의문이 든다. 단지 소량의 물품 자체만을 빌리는 용도로 왔다 갔다 하기에는 도성 인근의 다른 사찰이 더 효율적이기에, 이들 악기와 물품과 관련된 사찰의 승려까지 같이 동원된 것으로 보는 것이 자연스럽다.

　또한 이 기록에는 바라와 꽹과리와 같은 일반적인 악기기물뿐만 아니라 당시 승려들의 복장이었던 장삼, 굴립, 염주, 그리고 거사居士들의 감투를 비롯해 갑장삼, 승건도 있어서 승려, 거사를 배역으로 한 물품이 드러나 있다. 그런데 여기의 또 다른 문건으로 〈해당 소용으로 올린 물품 외에 다른 물품일랑 전례에 의거해 평시서와 무녀처에서 거둬 쓴 후 돌려주는 건 該用進排之物外其他所用之物乙良依前例平市署及巫女處取用還下事〉을 비롯해 다음과 같이 활인서에 배치된 무녀巫女와 관련된 물품 문건이 있어서 무녀의 동원도 있었던 것으로 보인다. 이 무녀는 일반적인 배역인 '소학지희'의 '소매少妹' 역과 관련이 있다.

무녀의 장고2 초록저고리2 치마2 [동활인서]
巫女長鼓二草綠赤古里二赤亇二 [東活人署]

동활인서의 무녀는 교대로 동원해 역을 맡긴다.
東道巫女輪回役使

　이들 무녀의 경우도 역을 맡고 물품도 직접 썼으며 끝나고서야 가져갔다.

위 『침굉집』의 승군 관련 내용 중에 "더구나 초록색 저고리에 붉은 치마를 두르고 북을 둥둥치는 가운데 '매구魅鬼; 埋鬼, 儺禮'에 몰입하고 있는 이도 승려이고"라고 한 것을 볼 때 이것이 매우 광범위한 배역이었음을 보여준다.

『나례청등록』의 소용된 물품으로 보면, 갑장삼을 입는 노장스님[老釋], 거사 등과 함께 소매가 등장하는 남녀 역할극으로 '소학지희'가 있었고, 여기에서 승려예인의 존재를 유추해 볼 수 있다. 그러나 앞서 조원경趙元庚은 「仁朝時代의 儺禮膽錄」을 통해 『나례청등록』에서 '소학지희'의 가능성도 배제하면서[189], 『나례청등록』의 '재인才人'에 대해 "才人廣大는 假面舞劇을 하는 사람이 아니며 소리와 재비와 땅재조, 줄타기 등이나 하는 사람들인 것이다."[190]고 했다.

그런데 『나례청등록』에 올라 있는 문서를 보면, 해당 지역에 거주하는 '재인들' 중에 승려의 법명은 찾아 볼 수 없지만, 동활인서의 무녀 동원과 함께 다음과 같이 소학지희를 하는 '희자戲子'에 대한 짧은 언급은 있어 소학지희를 하였을 가능성이 전혀 없는 것은 아니다.

> 소학지희를 하는 자 등은 관문에 명단을 뒤에 기록해 보낼 것. 새로 이름을 올린 자들과 업을 승계한 자들을 모두 사전에 미리 정리해 두었다가 또한 이문이 오면 즉시 신속하게 올려 보내도록 할 것.
> 戲子等乙關後錄爲去乎 新屬及繼業子枝幷以預先整齊爲有如可 更行移卽時急急上送事

앞서의 대중적인 연희의 배역에 만약 이처럼 전문적인 '소학지희'를 하는 이

---

189 趙元庚, 「仁朝時代의 儺禮膽錄」, 『鄕土서울』4, 서울특별시, 1958, pp.189-190.
190 趙元庚, 위의 글, p.202.

가 동원된다고 한다면 바라와 꽹과리 등과 같은 간단한 도구정도는 원근의 사찰에서 빌릴 것이 아니라 평소에 갖추고 있어야 한다. 사찰 간에 일시적인 필요에 의해 이뤄지는 '빌려 감[借去]'과는 또 다른 것이다. 일반적인 일부 물품이 필요해 때마다 한강 너머의 사찰에서까지 빌려서 쓰지는 않았을 것이다.

그럼에도 불구하고 여전히 공적인 문서에서 승려의 '나례' 동원과 관련된 직접적인 기록과 이들 승려의 이름을 찾기란 어렵다. 이것은 한편으로 승군을 통해 언제든 동원 가능한 형태의 체계가 갖춰져 있었을 가능성도 배제하기 어렵다.

여기서 논의를 다시 돌려 사찰의 '소학지희'와 '규식지희'와 관련된 기록을 살펴보자. 전각에 봉안된 감로탱 도상에는 엄숙한 단 주위의 의례승들 사이에서 소임을 맡은 이들의 존재가 조용히 묘사되어 있는 것을 볼 수 있다.

〈청룡사 감로탱〉에는 '소학지희'를 하는 이는 표현되지 않았고, '규식지희'를 하는 거사·사당의 연희자들은 나타나지만, 이후에 살펴볼, 초기 감로탱에 속하는 〈약센지 소장 감로탱〉(1589)을 비롯해 조선후기의 〈쌍계사雙磎寺 감로탱〉(1728) 등에서는 의례승들 사이에 '부채를 든 승려'가 '소학지희'를 하는 승려로 전 시기에 걸쳐 나타나고 있다. 부채로 입이나 얼굴을 가리고 선 채로 전통적인 경전의 독경이나 범패와 관련된 작법을 하는 경우는 없기 때문이다. 이들 '부채를 든 승려'에 대해서는 다음 장에서 자세히 다루겠다.

이처럼, 감로탱 도상에서 승려와 연희자는 직접적이든 간접적이든 서로 무관하지 않으며 승려도 경우에 따라 연희의 일원으로 참여했다. 불교계가 이렇게 연희를 수용하게 된 이유는 무엇일까?

먼저 승가의 입장에서 보면, '불사를 위한 걸립'의 필요에 의한 것이라 볼 수 있다. 연희는 그 자체보다 불사를 위한 걸립처럼 공적인 목표가 우선하였기에 적어도 배척되지 않았으며 용인되는 범주에서 이뤄져 왔다.

조선후기 승려들의 승희를 보고 이덕무李德懋, 1741-1793는 『청장관전서靑莊館

全書』〈관승희觀僧戲〉에서 "승려 십여 명이 깃발을 들고 북을 치며 철마다 마을로 내려와서, 염불을 하며 손발의 춤사위로 사람들을 현혹해 쌀을 구하니 僧徒十數人 持旗擊鼓 時時來邨裡 口誦念佛 足蹈手舞 眩俗索米"라고 했다. 또한 이들 승려의 복장에 대해 "꽃술 달린 굴갓을 쓴 승려들이 속인들을 미혹시키고 花鬚彩笠徒媚俗"라고 하여 승려들도 연희자 행색을 하고 있었음을 보여준다.

이 꽃술 달린 것[花鬚彩]은 후대의 최영년崔永年, 1856-1935이 1921년에 저술한 『해동죽지海東竹枝』「속악유희俗樂遊戲」의 '굿중패' 이야기인 〈고사반告祀盤〉 게송에도 그대로 등장한다.

그리고 여기서의 '굿중패' 설명은 아래의 글에 드러나 있듯이 후대의 것임에도 위 『청장관전서』의 〈관승희〉에서 나타나는 승려의 걸립과는 또 다른 측면의 매우 구체적인 장면이 묘사되어 있어 눈길을 끈다.

> 옛 풍속에 가을 추수가 끝난 다음에는 여러 승려들이 변장하여 긴 장대를 앞세워 징을 울리고 북을 치며 촌마을 집 앞에서 '고사반告祀盤'을 빈다. 흰 쌀과 흰 실을 소반 위에 많이 올려 놓으면 승려들이 범패를 외우면서 복을 빈다. 이것을 '굿중패'라고 한다.[191]

위의 내용 중에 '굿중패'의 '흰 쌀'과 '흰 실'을 올린 '고사반'은 흥미롭게도 시대를 거슬러 올라가 조선후기 감로탱의 외로운 고혼들 중 상모 벙거지를 쓴 초란이의 난장 장면에서 살펴볼 수 있다.

비록 승려의 승희 예는 아니지만, 그 연원이 매우 오랜 것으로 참조가 된다.

---

191 황순구(역), 『俗樂遊戲』, 정음사, 1986, p.51.

〈리움소장 감로탱〉(18세기, 비단에 채색, 265.0×294.0㎝)의 부분

〈리움소장 감로탱〉(18세기)^{사진}에는 투박한 소반 위 양쪽에 두 개의 실타래가 있고 한가운데에는 한 개의 실패에 실이 감겨 있다.

〈용주사 감로탱〉(1790, 비단에 채색, 156.0×313.0㎝, 용주사 소장)의 부분

〈용주사 감로탱〉(1790)의 소반 위에는 흰쌀이 소복이 올려져 있다.^{사진} 고사반 옆의 널브러진 옷은 1인 2역의 또 다른 배역을 위한 옷으로 보인다.

조선시대의 승려들은 여러 명이 짝을 지어 목탁이나 소고, 징 등으로 작은 '걸립'도 행했지만, '나례儺禮'의 연희적 성격과 형식이 보다 선명하게 부각되는 큰 규모의 '걸립'도 행했다. 이 '걸립'은 사중의 대중 동원이 필수이다. 연담당蓮潭堂 유일有一, 1720-1799의 문집에는 '나례'와 '걸립'의 상관관계를 살펴볼 수 있는 중요한 언급이 있다. 그는 조선후기를 대표하는 학승이자 선승으로 청허계인 편양

당鞭羊堂 언기彦機, 1581-1644의 법손이다. 그가 주석한 대둔사는 서산이 그의 유풍을 전할 남방 비보裨補 사찰로 지정한 이래로 당대의 걸출한 대종사大宗師와 경사經師; 講師들을 많이 배출했다. 『대둔사지大芚寺志』(1823) 권1에 대둔사 12종사[大屯之十二宗師]의 제12 대종사로 올라 있다. 문집인 『연담대사임하록蓮潭大師林下錄』은 재齋의 각종 소문疏文, 모연문募緣文, 권선문勸善文 등을 비롯해, 특히 불교 세시민속歲時民俗[192]과 관련된 크고 작은 글과 기록들이 전하고 있어 문헌적 가치가 높다.

〈대둔사청운당상량문大芚寺靑雲堂上樑文〉에는 다음과 같은 중요 언급이 있다.

나례를 쳐서 제방에 걸립하니 샘솟듯이 베가 걷히고
擊儺乞於諸方 泉布充牣

이 때의 또 다른 기록인 『대둔사지大芚寺志』(1823) 권2에도 "건륭신사년(1737) 정초 2일에 청운당이 실화되자 세초에 나례의 연희 소리를 울려 단월들에게 널리 걸립해 중건하였다. 乾隆辛巳正月初二日 靑雲堂失火因 以歲初鳴儺之戲 廣乞壇施 得以重建"라고 하여 이를 역사적 사실로 뒷받침하고 있다. 그의 언급은 당시의 '불사 걸립[乞]'과 세초[歲初]에 행해진 '나례[儺]'의 연희가 밀접히 연관되어 있음을 밝힌 것이어서 매우 주목된다.

그런데 이러한 전통은 대둔사에서 대흥사로 개칭한 19세기 이후에도 이어지고 있었다. 흥미롭게도 『설나규식設儺規式』(『傳, 서산대사진법군고西山大師陳法軍鼓』, 소재 불명)[193]이라는 사찰걸립 문서가 근대까지 존재하고 있었다. 이 문서는

---

192 『연담대사임하록』 제2권의 〈시(詩)〉 '원일(元日)'에는 설날 민속과 관련된 내용이, 제4권의 〈시중(示衆)〉에는 연담대사가 '지절(至節)', '입춘(立春)', '제야(除夜)'에 대중에게 법문한 내용들이 수록되어 있는데, 일반적으로 선사들의 문집에는 잘 나타나지 않는 내용들이다.

193 이 문헌은 현재 소재불명이어서 동국대학교 불교기록문화유산아카이브사업단(편)의 『사지자료집(寺誌資料集) 대흥사 편』1-5(2019)에 수록되어 있지 않다. 대흥사 주지 응송(應松)

전前 주지 응송應松, 1893-1990의 증언에 의하면, 대흥사의 제13 경사이자 『동사열전東師列傳』(1894년 탈고)을 편찬한 범해당梵海堂 각안覺岸, 1820-1896이 구본舊本에 따라 편차編次한 것이라 한다.[194] 사찰 걸립패의 조직과 문화를 '나례'의 측면에서 살펴볼 수 있는 매우 중요한 문서이다. 『설나규식』의 또 다른 이름인 『서산대사진법군고』는 '나례'가 관官이나 군軍의 편제 속에 동원되었듯이, 승군僧軍의 조직으로도 설행되었음을 보여주는 중요 사례이다.

비록 문서에 사용된 용어들을 보면, 〈치진장馳進狀〉에, "貴皇利", "年號 年月日 公員釋"이라고 하여 일제 강점기에 쓰던 용어들이 나타나 서산대사 전칭傳稱이나 각안의 산보刪補로 그대로 보기에는 어렵지만, 〈대둔사청운당상량문〉의 기록에서처럼 1737년 세초에 나례로 걸립한 이후로 구한말에 이르기까지 대흥사에서는 '걸립'과 '나례'가 불가분으로 끊어지지 않고 이어져 왔음을 보여준다.

이 '나례'를 수륙재 하단 소문疏文에서 언급한 고승도 있다. 서산의 법손으로 3세 문인門人이자 대선사인[195] 월저당月渚堂 도안道安, 1638-1715이다. 서산의 주처였던 묘향산 보현사普賢寺를 기반으로 화엄종주華嚴宗主의 지위에 올랐으며, 선종 고승들의 법맥法脈을 기록한 『불조종파지도佛祖宗派之圖』를 1688년 보현사에서 중간重刊하기도 했다.[196]

이 소장하고 있던 것을 해남문화원 원장인 황도훈이 복사하여 두었는데, 원본은 파악이 안 된다고 한다(송기태, 「서남해안지역 걸립 문서에 나타난 지향과 문화적 권위」, 『실천민속학연구』16, 실천민속학회, 2010, pp.337-338). 문서의 소장자인, 담양 용흥사의 응송스님(1893-1990)이 입적한 후에 황도훈의 「設儺規式 原文과 國譯」, 『傳, 西山大師陳法軍鼓-海南傳統民俗發掘報告書』(해남문화원, 1991)를 통해 〈설나규식(設儺規式)〉의 논문이 처음으로 발표되었다.

194 황도훈, 앞의 책, p.6.
195 대둔사의 제3 대종사이기도 하다. 부도가 보현사와 대둔사, 평양에 세워졌다.
196 『불조종파지도』의 발문에는, "〈중간불조종파지도〉는 아라난타사[阿羅難陀寺]의 판본이다. 이 묘향산은 청허대선사께서 항상 머무르셨던 도량이기에 또한 청허에서 암신에 이르기까

그의 문집인 『월저당대사집』〈삼화부천변수륙소三和府川邊水陸疏〉[197]의 하단下壇 소문인 〈하별소下別疏〉에는 수륙재와 나례에 대한 구체적인 문구가 있다.

> 오직 원하옵나니, 법계 일체 고금의 세주世主, 열후列候와 공경公卿, 선석仙釋과 도유道儒, 무당[巫醫]과 구나驅儺를 하는 자, 산악散樂과 주관 악사[伶官] 부류들, 대상인과 선주의 무리들, 타향에서 객사하거나 비명횡사한 존귀하거나 비천한 남녀들, 태생이나 난생이나 습생이나 화생의 생명들, 새와 짐승과 어패류의 생명들, 목구멍은 침과 같이 가늘지만 배는 항아리처럼 부른 아귀들, 지옥도와 중음계의 식識과 영혼이 있는 모든 유정 등, 중휴衆休와 비신飛神과 천상天上과 인간人間들이여! 자신을 스스로 돌이켜 비추어보는 것을 망각하지 마소서!
>
> 惟我法界一切古今世主 列候公卿 仙釋道儒 巫醫驅儺 散樂伶官之輩 商賈舶主之流 他鄉客死 非命夭殤 尊卑男女 胎卵濕化 羽毛鱗介之生 針咽瓮腹之鬼 地獄道中 中陰界內 抱識含靈諸有情等 衆休飛神天上人間 莫忘此廻光返照

위에서 그는 수륙재 하단의 소청召請 대상들을 비슷한 범주로 분류하고 있는데, 특히 "무당[巫醫]과 구나驅儺를 하는 자"를 비롯해 "산악散樂[198]과 주관 악사[伶官] 부류들"이 각각 하나의 범주에서 다뤄지고 있다. 불사와 관련된 나례의 성격이 아닌 하단의 소청 대상의 경우에는 흥미롭게도 구나를 하는 자를 무당과 같은 범주에 붙인 것이다. 그리고 이들 범주를 연이어 언급함으로써 이들의 상호관계

지 일곱 갈래 잎으로 분화되어 내려온 법맥을 적어 수록하였다. 重刊佛祖宗派之圖留板難陀寺也 今者 妙香山是淸虛靜禪師所恒居道場故 又錄載淸虛於及菴信分枝七葉之下"라는 글이 있다.
197 평안도의 마점(馬岾) 냇가에서 수륙재를 베풀 때 올린 소문이다. 병정년[1686-1687]의 기아[丙丁之飢凍]와 무기년[1688-1689]의 전염병[戊己之瘟瘴]으로 인해 재난을 물리치고 민심을 위무하기 위해 수륙재가 설행되었는데, 이 시기에 월저당 도안의 또 다른 수륙재 소문인 〈평양천변수륙소(平壤川邊水陸疏)〉는 경오(庚午, 1690)년 3월 3일(삼월 삼짇날)에 설행되었다.
198 격식을 갖춘 음악인 아악(雅樂)과 대비되며, 잡희(雜戲)가 따르는 음악이다.

를 드러내고 있다. 구나驅儺; 儺禮, 섣달그믐 나례는 축귀逐鬼와 관련된 세시의례이기에 대중적으로 무당의 굿과도 연결되며, 이는 의식의 진행상, 악사가 반드시 따르기 때문이다. 16세기 〈국립박물관소장 감로탱〉(에지마 고도 기증)에는 무당을 비롯해 악사 등의 도상 사진이 이미 나타나고 있는데, 조선후기에 이르러 이들은 하나의 범주로 본격적으로 도상화되고 있다.

〈국립중앙박물관 소장 에지마 고도 기증 감로탱〉(16세기, 삼베에 채색, 화폭_239.0×245.3㎝)의 부분

수륙재의 봉청문에서 이들은 어떻게 나타나고 있을까?

『수륙무차평등재의촬요水陸無遮平等齋儀撮要』(1571, 無爲寺 간행, 진관사 소장)의 부록에 수록된 〈召請下位疏〉의 수설수륙대회소修設水陸大會所 소문疏文에 나타나는 16청請 중 9청을 보면, "법계일체의 큰무당과 신녀, 산악과 주관 악사와 같은 외로운 영혼 등의 대중들을 일심으로 받들어 청하옵니다. 一心奉請 法界一切 師巫神女 散樂伶官 孤魂等衆"라고 하여, "큰무당과 신녀, 산악과 주관 악사"가 나타나고 있는데, 구나 관련 용어는 없다. 『천지명양수륙재의찬요天地冥陽水陸齋儀纂要』(1607, 갑사) 〈召請下位篇 第二十二〉의 봉청문 중에는 "업보가 깊고 무거워 앞으로 받을 과보 역시 가볍지 않은 맹인점쟁이, 지관, 귀신을 불러내어 섬기는 큰무당과 신녀, 신선의 단약을 정제하고 달이는 법을 분명히 알지 못해

헛고생하는 도인, 도사와 여관, 시골 마을이나 성 안에도 머무르지 않고 정처 없이 떠돌며 기이한 말과 행위로 세상시름 풀어주는 악사, 시방법계의 온갖 삿되고 전도된 견해를 믿어 고통 속에서 죽은 영혼과 그 권속들을 일심으로 받들어 청하옵니다. 一心奉請 業因深重 華報非輕 雙盲卜士 賣卦山人 招事鬼神師巫神女 不分釋道鍊藥燒丹 苦行高公道士女冠 不住村城 無家定處 恠語爲行解愁樂士 十方法界 信邪倒見 苦死生靈 幷從眷屬"라고 하여 떠돌며 기이한 말과 행위로 세상시름 풀어주는 악사인 "해수악사解愁樂士"가 등장한다. "해수악사"는 위의 "산악과 주관 악사 부류들"이라는 연희자 성격과 비교적 동일한 외로운 영혼들이지만, 조선 후기 감로탱의 연희 장면에서는 구나에 버금가는 보다 적극적인 연희 역할이 부각되어 있고 "해수악사" 도상과 방제傍題도 그 전형성을 갖추고 있어 주목된다.

수륙재 하단의 소청대상들을 표현한 감로탱 도상의 연희자들은 모두 외로운 영혼들이다. 이에 반해 실제 재의 설행 현장에서 걸립과 나례를 하는 승려와 거사·사당은 적어도 외로운 죽음과는 관련이 없는 대상이다. 이들은 어떤 의례의 순간에서도 과거성 아닌 현재성에 있기 때문이다.

즉, 수륙재 하단에서 연희자에게 한 가지 분명한 사실은 과거성에 있는 존재들이며 비록 이러한 의례행위가 삿된 기운이나 나쁜 귀신을 쫓아내어 복을 불러오는 것이라 하더라도, 여전히 고혼인 연희자가 행하는 범주의 것에 속한다는 점이다. 이에 비해 현재성을 지닌 재의식에서 거사와 사당의 연희는 재의 일부분으로 참여하고 있는 것이다.

〈청룡사 감로탱〉에는 재 설행의 의례 현장에 동참한 연희자인 거사와 사당들이 현존하는 감로탱 중에 처음으로 그 모습을 드러내고 있다. 그런데 이들 연희자들은 실제의 요란하고 흥겨운 연행 장면들 속에 묘사되기 보다는 의례승들 속에서 주변적인 존재만을 먼저 드러냄으로써 이후의 연행이 예고되도록 의도되

〈안성 청룡사 감로탱〉(1692, 삼베에 채색, 204.0×236.5㎝)

어 있다. 일반적으로 알려진 노는 거사와 사당의 모습이 아니다. 엄숙하고 장엄한 법法의 연회가 베풀어지는 재의 현장 한 가운데서 의례승들의 뒷쪽 한편에 자리잡고 있는 5인의 연희자들을 살펴보자.

첫 번째 앞줄의 두 거사는 '죽공놀이' 도구道具를 옆에 놓고 합장한 채 무릎을 꿇고 앉아 있는데, 이러한 모습은 이들이 연희자로서 재의 일원으로 참여하고 있음을 암시하는 것이다. 사진

이 '죽공놀이' 연희자들의 모습은, 조선후기의 〈리움소장 감로탱〉 등을 보면, 화면 아래쪽 외로운 영혼들이 보여주는 '죽공놀이' 기예의 장면과 대비될 정도로 재 설행에 임하는 이들의 모습이 다르다. ^{사진}

〈청룡사 감로탱〉에는 '죽공놀이' 연희자 뒤에 또 다른 주목할 만한 3인의 연희자들의 모습이 있다. 통으로 하는 마술[幻術]인 '통자筒子'¹⁹⁹ 혹은 '석복射覆'²⁰⁰을 한쪽 팔을 잃은 거사가 다른 한 손으로 들고 단壇쪽으로 걸어 나오고 있는데, 이를 두 거사들이 합장한 채 뒤돌아보고 있다. ^{사진} 이 놀이의 연희자 도상은 현존하는 앞선 시기의 다른 감로탱에서 찾아보기 어렵다는 점에서 17세기 말 청룡사의 거사 등에 의해 행해졌을 다양한 연희 중 '규식지희規式之戲'의 내용을 짐작해 볼 수 있어 주목된다.

〈리움소장 감로탱〉(18세기, 비단에 채색, 265.0×294.0㎝)의 부분

---

199 명대의 '통자(筒子)'에 대해, 『제경경물략(帝京景物略)』에서, "책상 위에 세 개의 통만 올려놓고 나머지 물건들은 숨겨놓은 다음 통이 비었음을 보여준다. 그런 다음 숨겨 놓은 것들을 꺼내어 책상을 가득 메우는 것으로, 비둘기가 날기도 하고 원숭이가 뛰기도 한다. 보여주기가 끝나면 다시 감추어서 텅 비게 만든다. 이것은 민첩한 것일 뿐 환술은 아니다."고 했다〈안상복, 『중국의 전통잡기』, 서울대학교출판부, 2006, p.325. 재인용〉

200 엎어 놓은 그릇 안의 물건을 알아맞히는 놀이.

참고로, 명대의 〈헌종원소행락도憲宗元宵行樂圖〉(1485)는 궁정의 정월 대보름에 행해진 나례의 백희百戱 장면을 그린 것인데, 이 중에는 탁자 위에 붉은 보자기를 덮은 통자를 올려 놓고 연희를 하는 자의 모습이 그려져 있어 흥미롭다.^{사진} 이를 단순 비교로 보면, 전자는 수륙재 설행의 의례승들과 함께 등장하는 연희자를, 후자는 궁중의 전문 연희자를 시대의 기록으로 담은 것이다.

〈헌종원소행락도(憲宗元宵行樂圖)〉(1485, 37×624cm, 중국 국가박물관 소장)의 부분

〈청룡사 감로탱〉에는 또 한 가지 흥미로운 도상이 있다. 위에서 밝힌 5인의 연희자들 바로 옆에 있으면서 이들 쪽을 바라보고 있는 '번幡을 든 승려'이다.

이 번은 감로탱에서 연희 도상의 전개에 매개가 되지만, 의례에서도 중요한 지위를 점한다.

'영혼식'에서 영가를 맞으러 나가는 행렬의 앞쪽에 인로왕보살번을 든 승려가 서기 때문이다. 수륙재 의식집에 '신번神幡'[201]과 '입번立幡'으로 나타나는 번

---

[201] 17세기의 『제반문』(1651년, 묘향산[香山], 국립중앙도서관 소장)에는, "판수가 금판을 받들어 법당을 향해 영좌 앞에 서면, 사미 한 사람은 신번을 받들고 금판의 뒤에 선다. 지단진언이 끝나면 범음은 '나무대성인로왕보살'을 거념하고 작법대중들은 보살의 명호를 같이 거념한다. 시주는 곧 위판을 받들어 '신번'의 뒤를 따르고 법주는 요령을 흔들며 위판의 뒤를 따른다. 判首奉禁板面法堂立靈座前 沙彌一人奉神幡 立禁板之後 指壇眞言畢 梵音擧南無大聖引路王菩薩 法衆同念菩薩號 施主卽奉位板隨神幡之後 主法振鈴隨位板之後"고 하고 있다.

은 모두 '인로왕보살번引路王菩薩幡'이다. 감로탱 도상에 나타나는 '인로왕보살번'은 〈구 우학문화재단 소장 감로탱〉(1681)에서 나타나는 것처럼, 하늘에 내영한 인로왕보살이 직접 들고 있는 보개번과 그 아래에 의례승이 들고 있는 번은 거의 비슷해 도상적으로 구분하는 것은 의미가 없다. 『천지명양수륙재의찬요天地冥陽水陸齋儀纂要』 등의 봉청문에서 묘사하는 인로왕보살은 "손에는 보개번을 들고 몸에는 화만을 걸치신 手擎寶盖 身掛花鬘" 장엄한 모습이다.

실제 의식에서 이러한 '인로왕보살번'은 '개문게開門偈'의 게송으로 대표되는 「영혼문迎魂文」을 비롯해 「거찰사사명일시식영혼식巨刹寺四名日施食迎魂式」과 같은 '사명일 영혼식'의 대령對靈 성격의 의식, 그리고 하단의 인로왕보살청 등에 설행되는 의식절차에 사용된다.

의식문에서 '인로왕보살번'은 주로 '신번'의 명칭으로 나타나고 이때에 승려는 '신번'을 들고 나아간다. 그리고 세부적으로는 의식절차의 쓰임에 따라 '입번'도 사용된다. '신번'은 주로 승려가 들고 있는데 비해, '입번'은 '신번'과 달리 의식에서 상床 등에 세워 봉안하기 위한 기능이 강조된 것이다.

이러한 '신번'과 '입번'은 실제 재 설행 현장에서 어떤 형태로 나타났을까?

「불영사시창기佛影寺始創記」 〈조성잡물기용유공화주록造成雜物器用有功化主錄〉(1620)[202]에 올라온 여러 불사기물 시주목록 중에, "夜靑立幡 二十尺"과 "引路王幡 壹領"이라 한 것에서 그 예를 찾아 볼 수 있다. 이 짙은 감청색[夜靑]의 '입번'은 그 길이만 6m에 이른다. 목록에서 눈에 띄는 점은 '신번'인 '인로왕보살번'이나 상단·중단·하단 '탁의卓衣'의 수량 단위가 모두 '~벌'을 의미하는 '領'을 쓰고 있고, '입번'은 길이 단위인 '尺'을 쓰고 있다는 점이다. 여기서의 '입번'은 신번인 '인로왕번'과 달리 6m에 이르는 장엄함과 '감청색'[203]으로 인해 도량을 압

---

202 『佛國寺誌(外)』, 위의 책, p.339.
203 "夜靑立幡二十尺"의 '야청(夜靑)'은 '쪽염색'으로 만드는 '야청빛'을 말하는 것으로 '아청색(鴉靑色)'으로도 쓴다. '검은 빛을 띤 청색' 즉, 사경지(寫經紙)의 색으로도 쓰는 '짙은 감색(紺色)'

도했을 것으로 보인다.

〈청룡사 감로탱〉에서 '번幡을 든 승려'의 번은 '신번'이다. 그런데 이 번을 든 승려에게는 한 가지 눈에 띄는 흥미로운 행동이 나타나 있다. 바로 몸을 돌려 위의 '규식지희規式之戲'의 5인 모두를 쳐다보고 있는 것이다. 실제 영혼식에서 영가를 맞으러 나아가는 행렬 순서의 '신번'은 앞쪽에 위치하게 되고, 의례승 도상이 여러 의식들 장면으로 중층적으로 이뤄진 것을 감안하더라도, 이 감로탱 도상 자체에서 5인의 연희자들과 '신번'을 든 승려가 하나의 범주로 자연스럽게 묶여 있다. 도상만으로는 실제 의식에서 이들의 역할과 관계에 대해 구체적으로 알 수 없지만, 이 '번幡을 든 승려'가 5인의 연희자들을 돌아보는 도상을 통해 재에 의례승만 참여하는 것이 아니라 연희자인 이들 거사도 '신번'의 깃발 아래에 함께 참여하고 있음을 상징적으로 보여준다.

현존하는 감로탱으로 보면, 〈청룡사 감로탱〉보다 십여 년 전에 조성된 〈구 우학문화재단 소장 감로탱〉은 왕실의 상궁尙宮들이 발원한 것으로 여기에도 '신번'을 든 승려가 동일 모티브로 묘사되어 있지만, 〈청룡사 감로탱〉에서처럼 연희자들의 모습은 보이지 않는다. 그러나 승려가 뒤돌아 바라보고 있는 곳에는 여전히 이들 연희자의 존재를 비롯해 한정된 화면공간으로 인해 담아내지 못한 '신번' 아래로 모여든 많은 대중들이 암시되어 있다. 〈청룡사 감로탱〉 이전에 이미 이러한 도상이 형성되어 있었을 가능성을 보여준다.

〈청룡사 감로탱〉 이후의 감로탱에는 다소 불분명하게 묘사되고 있는 것들도 있지만, 여전히 의례승과 연희자 도상이 나타나고 있다. 〈쌍계사 감로탱〉(1728)을 보면, 의례승들 속에 유난히 작게 묘사되어 눈에 띄는 2인의 연희자들이 등장

이다. 또한 이때에 조성된 탁의(卓衣)를 보면, "夜靑木錦卓衣 壹領 木錦中壇卓衣 壹領 布卓衣 壹領"이라고 하여 상단탁의에는 야청색[夜靑]으로 염색한 무명을 쓰고, 중단탁의에는 무명을 쓰고, 하단탁의에는 베를 썼음을 알 수 있다. 따라서 '입번'에 야청색을 썼다는 것은 이 '입번' 자체가 성중(聖衆)의 존격을 드러내는 매우 중요한 번임을 보여준다.

한다. 합죽선合竹扇으로 얼굴을 반쯤 가리고 있는 승려와 한삼汗衫을 한 무동舞童을 '신번'을 든 승려가 몸을 돌려 바라보고 있다. 〈여천 흥국사 감로탱〉(1741, 개인소장)에서는 '신번'을 든 승려가 몸을 돌려 연희자들을 바라보고 있어 의례승과 연희자의 화면 구성이 〈청룡사 감로탱〉과 비슷하지만, 〈청룡사 감로탱〉의 '죽공놀이' 도구를 옆에 놓고 합장한 채 무릎을 꿇고 있는 거사들 대신에 흰 곡갈曲葛을 쓴 사당과 우바이로 대체되어 있고, '통자' 혹은 '석복'을 든 거사와 그를 바라보고 서 있는 거사는 쌍상투를 튼 두 명의 동자로 대체되어 있다. 또한 이들 동자들도 뒤를 돌아봄으로써 연희공간의 시선이 더욱 확장되고 있다. 이처럼 의례승과 연희자 혹은 거사, 무동, 사당, 우바이, 동자들이 하나의 의례 공간을 함께 하고 있고, '신번'을 든 승려 특유의 '몸을 돌려 뒤돌아보기'를 통해 그 도상적 유대관계가 드러나면서 설행공간이 확장되고 있는 것은 매우 흥미로운 점이라 할 수 있다.

후대의 감로탱에서는 더 이상 이러한 은유적 표현의 도상은 나타나지 않는다. 다만, 〈고려대 소장 감로탱〉(18세기 말-19세기 초)에 '수륙대회설재水陸大會設齋' 방제가 있는 의례승들의 바깥 주변 양쪽으로 거사와 사당들이 불제자로서 재에 동참한 모습은 볼 수 있다. 거사는 삼베로 만든 턱이 없는 원추형의 '감투'를 썼고 사당은 올림머리에 댕기가 있다. 모두 합장하고 있다.

감로탱의 의례승들 사이에 나타는 연희자들의 놀이는 '걸립'과 '나례'에 속한다. '걸립'과 '나례'를 '대중문화'의 측면에서 보면, 사찰과 관련된 설행 주체와 목적이 있는 경우 '걸립'은 '나례'가 될 수 있지만, '나례'라고 해서 다 '걸립'이 되는 것은 아니다. 오늘날 행해지고 있는 사찰의 〈삼회향〉의 경우는 사부대중들이 재담과 놀이 등으로 흥을 돋우며 재를 회향하는 것으로 알려져 있는데, 전대의 '걸립'과 '나례'의 범위나 규모로 보면 대체로 제한적이고 축소되어 있다.

감로탱 도상에서 재의 장면에 '걸립'이나 '나례'가 들어간 것은 16세기 중반 이후로 사명일의 명절 의식이 큰 작용을 한 것이다. 도상표현에서 승려와 거사·사당들 간에 연행 시간의 전후 시차를 두거나 굳이 '걸립'과 '나례'로 각각을 분리해서 표현하기도 어렵고 그렇게 할 이유도 없어 보인다. 당시의 일부 승려들도 재의 끝부분인 회향 때뿐만 아니라 재의 설행 일부 과정에 거사·사당들과 함께 재의 일원으로 '걸립'이나 '나례'에 직접 참여했을 수 있다. 물론 재의 설행에서는 의례승이 주가 되는 것은 의심의 여지가 없다.

거사와 사당들의 재장에서의 역할은 오늘날의 재 설행과는 달랐다는 관점에서 이 시기 수륙재 설행의 다양한 면모들을 감안한다면, 재에서 중요 후원자였던 거사와 사당들의 소임과 역할이 증대되면서 위상이 높아진 결과가 반영되었을 가능성에 대해서도 생각해 볼 필요가 있다.

즉, 탱화 화기畵記의 연화질緣化秩만 보더라도 시주하고 공력을 기울인 이들의 이름은 누구나 기록되었듯이 이들의 위상도 빠뜨릴 수 없는 흔적으로 남게 된 것이다.

4부
반운당 지선의 어산魚山 이력으로 보는 조선시대 어산사

반운당 지선은 17세기의 어산이자 선사로 조선시대 어산사의 연구범주에서 보면, 전반기라 할 수 있는 16-18세기 초의 대표적인 인물에 속한다.

『오종범음집』[204]에는 벽암당碧岩堂 각성覺性, 1575-1660이 1652년에 쓴 서문인 〈오종범음집서五種梵音集序〉 외에 1658년 한여름인 6월 보름날 '청계'라는 호를 지닌 유학자가 냉천의 서실에서 쓴[205] 〈선 장로에게[贈禪長老]〉라는 또 다른 서문이 있다. 이것은 그에 대해 몇 가지 사실을 알려준다.

여기서 지선은 "여악산인지선공廬岳山人智禪公"으로 나타난다. 여악산廬岳山은 무주의 덕유산德裕山이다. 청계는 지선이 범음집의 간행에 큰 공력을 기울였음에도 여의치 않았던 저간의 사정을 짐작케 하는 글과 함께 연로함 속에서도 의지를 더욱 굳건히 하고 있는 지선의 노익장에 감탄하고 있다. 지선이 찬술한 의식집은 『오종범음집』만이 알려져 있으나 실제로는 1654년에 간행된 『천지명양수륙재의범음산보집天地冥陽水陸齋儀梵音刪補集』(적천사 소장)에 "순치11년 갑오년. 성주 쌍계사에서 벽암(문인) 산인지선. 順治十一年甲午 碧巖山人智禪在星州雙溪寺[206]"이라는 간기가 있어서 『오종범음집』이 나오기 전까지도 의식집 편찬에 큰 공력을 기울였음을 알 수 있다.

『오종범음집』을 편찬할 당시 지선의 나이는 몇 살이었을까?

---

204 벽암당 각성의 서문은 1652년에 쓰여졌는데, 의식집 간행은 권하(卷下)의 간기로 보면 각성의 입적 해인 1660년(庚子)에 이루어졌다. 부록은 발문의 간기에 의하면 그 다음 해인 1661년(辛丑)에 합본되었다.
205 戊戌林鍾之望 淸溪書于冷泉之鷺齋
206 〈불교기록문화유산 아카이브 ABC(www.kabc.dongguk.edu)]_조선시대 불서인명 DB

청계의 글에 그 단서가 나타나 있다.

[상략] 금일 장로는 구담씨[석가]의 후손이라. 나와는 서로 다른 영역의 사람이지만 나 역시 대단히 여기는 것이, 어찌 장로의 나이가 올해 '팔순'을 넘지 않았으랴만 그 어려움에 직면해서도 (판각의) 뜻을 한결같이 두어 연로하심에도 돈독해진단 말 인가. 비록 구마라집의 경전 번역이나 달마의 전법이라 하더라도 어찌 이보다 더 할 수 있겠는가![하략]
今長老 瞿曇氏流也 與我異趣 而吾且善之者 豈不以長老之年今逾八袠 而其勤若是 可謂其志之有恒而老而彌篤者也 雖羅什之翻經 達摩之傳法 何以加此

위의 글에서 지선은 1658년에 이미 팔순에 이른 것으로 보인다. 벽암당 각성 1575-1660이 77세 되던 해인 1652년에 쓴 〈오종범음집서五種梵音集序〉에서 "내 나이 (곧) 팔순[星甲八旬]"이라 한 것을 보면, 지선이 각성의 문하에 한 때 있었음에도 이들 두 노장이 비슷한 연배였음을 알 수 있다. 『오종범음집』은 지선의 활동기 마지막 시기에 간행된 의식집인 것이다.

이 『오종범음집』은 반운당 지선이 불가에서 범음을 참구한 이력과 함께 의식절차에 대한 가감 없는 비평적 견해가 밝혀져 있어 사료적 가치가 매우 크며 발문 역시 그의 직설적인 성정이 잘 드러나 있다. 발문에서 그는, 화엄종華嚴宗 대사인 임성당任性堂 충언冲彦, 1567-1638의 문하와 임제종臨濟宗 벽암당 각성의 문하에 있었음을 밝히고 있는데, 이 책의 권하卷下의 간기에도 "벽암당과 임성당의 양당 어른스님들 사이를 오가며 노닌 승려 지선 碧岩堂与任性兩堂之間遨遊僧智禪"이라는 다소 개성있는 문구를 넣었다. 발문에는 그가 범음범패를 배우던 시절에 대한 회상이 있어 눈길을 끈다.

[상략] 과거 임성당 시절에는 범음의 법식에 대해 여쭈어 그 참된 법식을 알고자 했다. 제방산문의 이름난 스님들에게도 찾아가 범패 하는 것을 자세히 캐물

었으나 이들이 하는 것이란 맹인이 코끼리 더듬듯 하는 것에 가까운 부류였다.
徃造任性之時 兼問梵音之規 欲識正實之式 推問諸方名現 梵唄之所爲 其爲也 幾近摸象之類

위의 발문은 서산의 제자 중에 임성당이 범음의 법식에 밝은 어산으로 추정되는 새로운 내용이지만, 한편으로는 스승에게 더 배울 것이 없었음을 은연중에 드러내고 있다. 임성당과 앞서 살펴본 정관당이 수륙재 의식문과 깊이 연관되어 있는 점은 정관당 일선-임성당 충언-반운당 지선에게 이르는 16-17세기 범음의 사사 관계를 드러낸 것이라는 점에서 주목되며, 이것은 또한 법맥 계보와도 같다는 점에서 그 시사하는 바가 매우 크다.

지선은 어산 수업과 관련해 많은 스승들을 찾아 참구했으나 스스로 만족하지 못했던 것으로 보인다. 이후 부휴浮休의 법제자인 벽암당 각성의 문하에서 수행한 인연으로 벽암당의 서문을 통해 의식집의 인가를 받자, 『천지명양수륙재의범음산보집』(1654, 星州 雙溪寺 개간, 적천사 소장)과 『오종범음집』에서는 자신을 각성의 문인으로도 표기하고 있는 점이 눈에 띈다.

그런데 지선은 위의 이어지는 발문에서, 정관당의 문인인 한 어산을 만나서는 자신이 정관당의 법손임을 자연스럽게 밝히고 있다. 이것은 17세기까지도 어산이자 고승이었던 이들의 사자상승을 건당建幢의 법맥法脈만으로 접근하기 어려운 점을 잘 보여준다.

예를 들어, 묘향산 보현사와 금강산 유점사·건봉사 등에는 청허와 부휴의 법손들이 함께 거주한 경우가 많았는데, 청허의 법손들은 부휴의 법손들과도 융합하여 파벌을 형성하지 않았고, 직계가 아닌 방계를 함께 법손이라 칭하기도 했던 당시의 분위기[207]가 참조된다. 따라서 지선의 법맥과 어산이력 형성 과정에 이뤄

207　이철헌, 위의 논문, P.228.

진 다양한 교류와 인연관계들도 참조해 고려할 필요가 있다.

한편으로 여기서 한 가지 살펴볼 점은, 지선이 덕유산 산인이었듯이, 위의 고승들과 관련된 '덕유산 관련 수행이력'이다.

정관당 일선은 스승인 서산과의 인연으로 묘향산과 무관하지는 않지만, 덕유산과 인연이 더 깊다. 임훈林薰, 1500-1584의 문집인 『갈천집葛川集』〈등덕유산향적봉기登德裕山香積峰記〉를 보면, 1552년에 그가 덕유산의 향적봉에 오를 때 탁곡암卓谷庵의 일선一禪 스님 등과 동행한 기록이 전한다. 또한 『서역중화해동불조원류西域中華海東佛祖源流』에서 정관당 일선이 입적한 곳이 덕유산이며[往德裕 感微疾 端坐而逝], 그의 법제자인 임성당 충언도 덕유산에 부도가 세워졌음[建塔 于九千洞]을 알 수 있다. 덕유산은 임성당 충언의 수행처이기도 하다.[208] 이들의 부도는 덕유산 백련사白蓮寺에 있다.

덕유산과 관련해 『서역중화해동불조원류』의 또 다른 기록도 그 시사하는 바가 크다. 서산의 스승인 부용당芙蓉堂 영관靈觀이 덕유산에서 '출가'한 것을 비롯해 부용당의 제자인 부휴와 벽암당 각성도 덕유산과 승군僧軍 활동으로 깊은 인연을 맺고 있어 눈길을 끈다. 『오종범음집』이 승군僧軍의 한 근거지로서 사고史庫를 지켰던 적상산성赤裳山城 내 호국사護國寺에서 최종적으로 판각된 것은 결국 이 책의 서문을 써줬던 벽암당 각성의 후의에 힘입는 것으로 보인다. 덕유산은 북쪽으로 이 적상산을 바로 아래에 두고 있다. 지선이 '여악산인[덕유산인]'이었던 것도 물론 영향을 미쳤을 것이다.

건당의 법맥이나 이와 관련된 주석처와는 별도로, 이들을 산문山門으로 보면, 부용당 영관 이래로 청허계와 부휴계의 고승들 상당수가 '덕유산 관련 수행이력'이 두드러지게 나타나고 정관당 일선-임성당 충언-반운당 지선으로 이어지는

---

208 『東師列傳』第二〈松坡大師傳〉"又謁任性大師于九泉千洞 留七年"

법맥도 이와 직·간접적으로 관련 있는 것을 알 수 있다. 그리고 무엇보다도 이러한 법맥이 의식집의 편찬을 비롯해 어산 이력과도 연결된다는 점에서 주목된다.

다시 지선의 발문을 살펴보면, 이 의식집의 편찬에 정관당의 문인인 한 어산 스님과의 조우와 청량산 일행一行대사의 의식문을 얻게 된 것이 결정적인 역할을 한 것으로 밝히고 있다.

[상략] 범패를 진실로 잘 아는 이를 만나지 못하여 헛되이 탄식하길 몇 해이다가 홀연히 산수를 감상하며 떠도는 객을 만났으니, 그 객은 곧 정관당의 문인으로 옥천사玉泉寺 범음의 메아리까지도 능히 익힌 자였다. 나 역시 정관당의 법손法孫이기에 여러 날을 범패에 대해 논하였는데 생각한 바와 들어맞아 큰 환희로움이 있었다. 게다가 청량산 일행 대사가 숭상했던 『자기문』과 『(자기)산보문』의 33단을 얻어 보았는데, 7주야의 의식문이었다. 붓을 들 때쯤에는 지혜로운 이를 찾아가 두루 질문하고 새겨 대중들의 뜻에 부합하길 힘썼다. 다시 벽암당碧岩堂 앞에 나아가 거듭 여쭈어서 결연히 의문을 푼 연후에 붓을 들어 책에 쓰길, '오종범음'이라 하였다.[하략]

不遇純識之人 空嘆者有年矣 忽然逢翫山水飄逸之客 客乃靜觀堂門人 能習玉泉餘響者也 吾亦靜觀堂法孫故 累日吐論 其意溕合 大悅之餘 又得淸涼山行大師之所尙 仔夔本文与刪補三十三壇 分爲七晝夜之文 秉筆之際 还憶遍質智者 務契衆心之詞 又進碧岩堂之前 再問決疑然後 抽毫書之曰 五種梵音云尒

그러면 여기서 청량산의 일행一行에 대해 살펴보자.

월저당 도안1638-1715의 글에 그에 대해 언급한 것이 있다.
도안은 청허계淸虛系의 4대 문파 가운데 가장 번성한 문파를 이루었던 편양당鞭羊堂 언기彦機, 1581-1644의 맏상좌인 풍담당楓潭堂 의심義諶의 법을 계승한 당대의 대선사이다. 선종의 전법과 법맥을 기록한 『불조종파지도佛祖宗派之圖』

(1688)를 편찬하기도 하였으며, 문집인 『월저당대사집』(1717, 묘향산 보현사)에 수록된 수륙재와 관련된 각종 소문疏文들은 그의 교학적 깊이와 당시 수륙재 설행의 성격과 형태를 보여주는 귀중한 연구 자료들이다.[209] 도안은 1703년에, 역시 묘향산 보현사에서 산보 간행된 『신간산보범음집新刊刪補梵音集』(1713, 동국대도서관 소장)[210]의 〈신간산보범음집발제新刊刪補梵音集發題〉 사진를 쓰면서 17세기에 활발히 활동하던 어산魚山들과 이들의 범음에 대해 다음과 같은 중요한 기록과 평을 남겼다.

> 우리 석가모니부처님께서는 사바세계를 크게 진작시키셨으니 범음으로써 가르침의 요체를 삼으셨습니다. 하나의 음이 원음으로 광대한 음으로 왕성하게 끊임없이 이어져 삼세의 일체에 그 근본을 따라 범음을 설하시니 저 무수한 국토나 속진의 어느 곳에도 두루 미치지 않음이 없습니다. 우리 옛 전조의 나라들 중에는 팔도의 어산들이 자신들 멋대로 범음을 해서 음률이 들뜨고 치우쳐 본 사이신 석가모니부처님의 아름다운 여운에 벗어나 있었습니다. 이러하다면 곧 남을 속이지 못하고 자신만을 속이며 "아 훔"을 지르는 격이니, 음의 오르내림과 굴리고 꺾는 것만으로 궁음의 맑은 뿌리라 말할 수 없는 것입니다. 저 어산에 대해 말하자면, 어산의 바른 음은 감추어짐 없이 옥천사에 이르러 크게 미쳤으니, 청량산淸凉山의 일행一行 대사는 곧 묘음으로써 크고 융혼하여 다 갖춰짐이 있었고, 팔공산八公山의 반운伴雲과 속리산俗離山의 응휘應輝는 음의 고취가 빈번하면서도 여운이 있었으며, 정관당靜觀堂의 문인인 지선智禪과 벽암당碧巖堂의 문인인 진일眞一은 음의 호응이 간결하면서도 세밀함이 있었습니다. 이들 어산은 실로 고래의 포효, 학의 울음, 꾀꼬리 소리, 새의 지저귐 같은 것들에 이르러서는 다 이와 같지 않음이 없었습니다.

---

209 〈師父를 遷度하는 晝夜上中疏〉,〈平壤川邊水陸疏 - 庚午 三月三日〉,〈生前十王齋疏〉,〈三和府川邊水陸疏〉,〈祖師懺疏〉,〈夜上疏〉,〈中別疏〉,〈下別疏〉,〈薦法吼師疏〉,〈夜上疏〉 등에서 이를 살펴볼 수 있다.

210 해당 『신간산보범음집』의 목록으로 보면, 상권과 하권 중 상권만이 남았다.

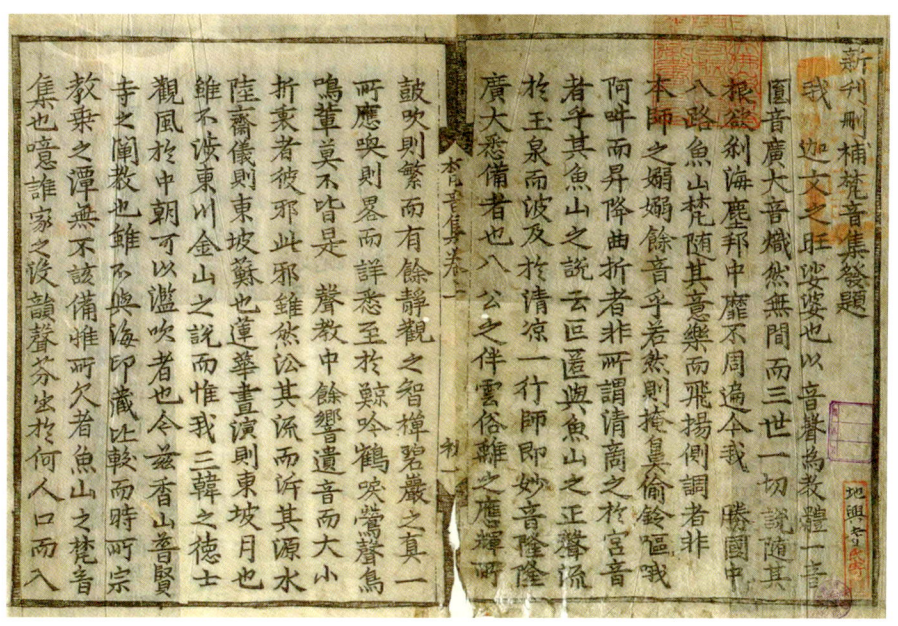

〈신간산보범음집발제〉(『신간산보범음집』, 1713, 동국대도서관 소장)

我 迦文之旺娑婆也 以音聲爲敎體 一音圓音廣大音 熾然無間而 三世一切說隨其根
欲利海塵邦中靡不周遍 今我勝國中 八路魚山梵隨其意樂 而飛揚側調者 非本師之
嫋嫋餘音乎 若然則掩鼻偸鈴[211]嘔哦阿吽而 昇降曲折者 非所胃淸商之於宮音者
乎 其魚山之說云 叵匱與魚山之正聲 流於玉泉而波及 於淸凉一行師 卽妙音隆隆
廣大悉備者也 八公之伴雲俗離之應輝 所皷吹則繁而有餘 靜觀之智禪碧巖之眞一
所應喚則畧而詳 悉至於鯨吟鶴唳鶯聲鳥鳴輩 莫不皆是

 이를 통해 보면, 일행은 『오종범음집』의 발문과 『신간산보범음집』의 〈신간

---

211 원래는 "귀를 막고 방울을 훔치다. 掩耳偸鈴"의 문구이지만, "코를 부여잡고 코맹맹이의 소리를 내다. 掩鼻"는 어산의 뜻으로 하여 '耳'를 '鼻'로 바꾸어 쓴 것이다.

산보범음집발제新刊刪補梵音集發題)에 언급될 정도로 대표적인 어산 가운데 한 명임을 알 수 있다. 그러나 지선의 『오종범음집』에는 일행의 『자기산보문』 등이 거의 반영되어 있지 않은데, 발문에 드러나 있듯 그 내용이 방대하기 때문이다.

조선후기에 간행된 『일판집一判集』(간행연대 및 간행처 미상, 동국대도서관 소장)에는 일행과 지선의 지위를 살펴볼 수 있는 의미 있는 내용이 있다. 그런데 이 책 상권의 〈예수불사절차預修佛事節次〉의 마지막 항목인 '전송법餞送法'과 그 이후의 내용들에는 16세기와 17세기 의식집의 집성과 어산들에 대한 중요한 언급들이 단편적이나마 드러나 있어 먼저 살펴볼 필요가 있다.

> 전송법. 먼저 시식단의 화개를 들고 이어 시식단의 고혼위패를 들며, 고사단의 화개를 들고 화촉을 들며, 조관의 위목을 대에 받쳐들고, 시왕의 하단 화개를 들며 향촉을 들고, 판관의 위패를 대에 받쳐들며, 시왕의 중단 화개를 들고 향촉을 들며, 중단의 위패를 연에 넣어 들고, 시왕의 화개와 연을 드는 순서 역시 이와 같다. 상증명인 삼단의 화개, 향촉, 연을 드는 것도 역시 이와 같다. 드는 순서의 규범은 청허와 사명 양 대사의 구수비결口授秘訣에 의한 것이니 후인들은 또한 의혹을 내지 말라.
> 餞送法 先立施食花盖 次施食孤魂位牌 次庫司花盖 次立灯燭 次曺官位目奉盤 次立十王下壇花盖 次立香燭 次立判官位牌奉般 次立十王中壇花盖 次立香燭 次立中壇位牌奉轝 次立十王花盖奉轝之序亦如是也 上證明三壇花盖香燭奉轝 亦如是 立序之法 出於淸虛四溟兩大師之口訣 後人更勿疑訝也[중략]

위의 '전송법'에서 특이하게도 예수작법의 의식절차가 서산과 사명의 가르침임을 밝힌 것이 눈에 띈다. '전송법'은 정문 밖에서의 봉송으로 끝나고 있는데, 주목되는 것은 이 이후의 편집이 지선의 『오종범음집』 상권 끝부분에서처럼 별도의 새로운 편목을 붙이지 않고 협주 형태로 첨록된 『자기산보문』에 대한 설명이 있다는 점이다. 내용은 『오종범음집』의 기본내용을 바탕으로 약간씩 산보되어 있다.

다음은 『일판집』의 관련 내용이다.

[중략] 청량산 일행 대사의 <5주야의 예>를 이 책에 씀으로써 눈 밝은 이에게 보이노라. 중회일의 전전날, 정축시에 풍백단과 같은 제 단들을 의식문대로 하고 권공은 평상시대로 하되, 중회일의 전날에 설행하는 의식절차는 곧 모두 위와 같이 "운운" 한다. 또한 여러 날의 채비로 힘을 쏟는 대작불사는 곧 법에 따라 하고 점심 전의 작법시에는 화엄의문을 설행한다. 부처님께서는 정각을 이루신 후에 대화엄을 설하셨다. 화엄작법처의 거불은 곧 "나무 화엄교주비로자나불 운운"하거나 "나무 화엄회상불보살 운운" 한다. 이 날 회주는 염향의식을 평소대로 하고 화엄경을 설법한다. 그 나머지 작법의 예는 다 평소대로 하되 점심을 먹은 후나 설선작법 후에 가람단 시식을 하고 이어서 분수작법을 하되 잠시 쉬며 대기한다. 축시에 삼보단작법을 의식문대로 하고 후에 역시 시식을 한다. 이것을 이른 바 '1주야의 예'라고 한다.

清凉山行大師 五晝夜之礼於此書之 以示賢哲者 衆會之前前日 正丑時爲風伯壇諸如文 勸供如常 而衆會之前日所作之礼 則皆如上云云 又累日備辦大作佛事則如法 齋前作法時 設華嚴仪文者 佛成正覚后 說大花嚴之表也 花嚴作法處擧佛則南無花嚴教主毘盧遮那佛云云 乃至 南無花嚴會上佛菩薩云云 其日會主拈香如常云云 花嚴經說法云云 其餘作法之礼 皆如常齋后或說禪作法后或伽藍壇施食云云 次焚修作法而暫時休歇待 丑時三寶壇作法如文云云 后亦施食云云 是謂一晝夜之礼也²¹²

위에서 '1주야의 예'를 자세히 기술한 이후부터 <5주야의 예>까지는 간단히 기술되어 있다. 그리고 같은 방식으로 이를 연이어서 일행대사一行大師의 <7주야의 예>를 기술하고 있다. "三十三祖師(단)"은 이 <7주야의 예>에서 '4주야의

---

212 『오종범음집』의 해당 내용은 다음과 같다. "幸得清凉山行大師五晝夜禮 書之以示哲者 衆會前前日 花嚴作法者 佛成道 現大身 說花嚴之表 擧佛 南無華嚴教主毗盧遮那云云 圓滿報云云 千百億云云 文殊普賢大菩薩 觀音勢至大菩薩 起經南無花嚴會上佛菩薩 次奉請十方三世佛云云 其日會主拈香云云 花嚴說法 其餘作法皆如常 齋後或說禪作法 伽藍壇云云 施食云云 焚燒待丑時三寶壇如本文後 或施食 是謂一晝夜之禮"

예'에 나타난다. 이 『일판집』에서는 〈7주야의 예〉 의식절차가 끝나는 부분에서도 『오종범음집』의 내용이, 반운당 지선의 의식집에서 인용했다는 문장을 제외하고서도 다음과 같이 상당수 인용되고 있다.

> [중략] "이 의례는 일행대사 시절의 것으로, 대찰은 모여든 사람들로 번성했고 나라의 은택이 미쳤기에 사람들은 다 그것을 믿었다. 지금의 사람들에게 이것은 장황한 예로 보일 뿐이어서 반드시 크게 비웃을 것이다." 이것은 단연코 내 마음대로 말한 바가 아니니, 옛 사람으로 널리 아는 이들의 말과 글을 살펴서 한 것이다. 위의 것은 반운당 지선의 의식집에서 인용한 것이니 의혹을 일으키지 말라.
> 此礼 行大師在時 大利盛衆處 被國力行之故 人皆信之 今人見此張皇礼 必有大笑之²¹³ 端然此非余之臆爰也 乃思察往古博覽人之言書之而耳 右出伴雲堂智禪集勿生疑訪

『오종범음집』과 『일판집』에 나타나는 일행대사 시절의 『자기산보문』 의식의 유행과 관련된 내용은 일행대사가 지선보다 적어도 활동시기가 앞선, 재가 흥왕하던 시기의 16세기 중반 어산임을 보여준다. 일행의 어산 활동 시기와 17세기 중반까지라는 지선의 후반 활동 시기는 대찰에서도 재의 규모가 분명히 대별되는 것이어서 『자기산보문』은 『오종범음집』에 편목조차 제대로 수록되어 있지 않고 각주 형태로 첨록된 이유일 것이다. 이러한 『자기산보문』 의식의 설행은 앞서 살펴본 대로 1704년 성능에 의해 통도사 세존석종 불사로 꺼졌던 불씨가 다시 점화되고 1724년 해인사의 『자기산보문』 간행으로 이어지고 있다.

『일판집』에서 눈을 끄는 것은 예수작법의 의식절차를 구수비결口授秘訣한 이로 서산과 사명 대사를 적시해 선사들의 권위에 가탁하고 있는 점이다. 이에 이

---

213 『오종범음집』의 해당 내용은 다음과 같다. "此䂓 行大師在之時 大利盛衆處 或被國力爲之故人皆信之 如今人見此張皇之禮 則必發大笑哉"

어 7주야를 설행하는 대형 의식절차인 『자기산보문』의 내용이 수록된 『오종범음집』의 인용을 통해 일행一行과 지선智禪을 전면에 내세운 것은 각각 16세기 중반과 17세기 중반의 활동 시기에 이들이 적어도 당대를 대표하는 의례승이자 어산이라는 사실을 강하게 시사하고 있다.

위의 〈신간산보범음집발제〉에는 또 다른 중요 어산으로 벽암당의 법제자인 진일 어산이 언급되어 있다. 그는 『오종범음집』에도 나타난다. 『오종범음집』 「총림대찰사명일영혼시식지규叢林大刹四名日迎魂施食之規」의 끝에는 앞서 살펴본 대로, "이 시식의 규범은 곧 진판사眞判事와 정관당의 핵심적인 제도이다. **此施食之規乃 眞判事与 靜觀堂牢寔之制**"라는 중요한 언급이 있어서 이 의식은 당시 벽암당의 법제자인 나암당懶庵堂 진일眞一 어산과 정관당이 설행했음을 알 수 있다. 나암진일은 『서역중화해동석씨원류』〈浮休下第一世碧嵒性法嗣〉에 "懶庵眞一"로 나타나는데, 후대의 『조계고승전曹溪高僧傳』(1920, 송광사)에도 "曹溪宗師懶庵眞一碧嵒嗣"라고 하여 종사 반열에 있다.

그런데 지선은 정관당靜觀堂의 문인이지만 문중 우선의 관례대로 표기하지 않았고 또한 승려의 위계로 보더라도 대선사인 정관당 일선이 나암당 진일보다 순서상 뒤에 있는 것은 매우 이례적인 일이다.

이것을 어떻게 보아야 할까? 나암당 진일이 지선과 함께 당대의 어산으로 불교 사명일 의식을 진작했기에 "진판사"를 실질적으로 앞에 두고 전대의 고승인 "정관당"을 불교 사명일 의식의 창안자로서 다음에 두었을 가능성이 높다. 진일 어산의 공로를 높여 지선이 속한 청허계의 정관당 문중이 진일이 속한 부휴계의 벽암문중을 높이기 위한 겸양일 수도 있다. 지선의 이러한 언급은 결론적으로 당시 조선을 대표하던 양대 문중이 이 「총림대찰사명일영혼시식지규」가 모본으로 하고 있는 정관당의 것으로 추정되는 「거찰사사명일시식영혼식」을 바탕으로 사명일 의식을 설행했다는 매우 중요한 사실을 알려준다.

지선에 의해 "진판사"로 언급된 진일 어산은 또한 17세기의 대표적인 의식집 가운데 하나인 승가의 상례 의식집도 편찬했는데, 이것은 그의 스승인 벽암당 각성과 밀접히 연관되어 있다. 의식집과 관련된 것이므로 이를 자세히 살펴보자.

진일 어산이 편찬한 『석문가례초釋門家禮抄』(1660, 동국대도서관 소장)와 스승인 벽암당 각성이 편찬한 『석문상의초釋門喪儀抄』(1657년 處能의 跋文, 1705년 澄光寺 간행, 용흥사 소장)는 『선원청규禪院淸規』, 『오삼집五杉集』, 『석씨요람釋氏要覽』 등의 요의를 뽑아 시대에 맞게 편찬한 승가의 상례에 관한 본격적인 의례서이다.

이들 의례서 등장의 의의는 17세기에 승가의 법맥에 따른 문파와 법통이 형성되는 과정에서 세속의 부계 친족질서를 반영한, 즉 친족의 상을 당했을 때 친소관계에 따라 상복을 입는 기간을 다르게 규정한 '오복제五服制'를 수용함으로써 이후 전법 위주의 사제관계와 법맥 계승을 공고히 하였다는 것[214]이다. 즉, 조선시대 양대 문파의 법통이 정립되고 유교 상례에 영향을 받은 의례서가 간행되면서 세속의 상속권리에 따라 승가에 제향의 의무가 부가되고 결과적으로 당시 승가에 사회·경제적으로 큰 영향을 미쳤다.[215]

---

214 김용태, 「유교사회의 불교의례-17세기 불교 상례집의 五服制 수용을 중심으로」, 『한국문화』 76(서울대 규장각 한국학연구원, 2016), pp.183-187 참조.

215 김용태, 앞의 논문, pp.191-192 참조. "부휴계와 청허계 사명파를 대표하며 불교계를 주도한 이들이 오복제에 의거한 승속의 친소관계망을 반영한 불교상례집을 펴낸 것이다. 이는 사명파와 편양파 조사 편양언기가 「고려나옹법통」, 「임제태고법통」을 제기해 법통이 정립된 것과 마찬가지로 문파중심의 시대를 여는데 큰 역할을 했던 것이다. 이들에 의해 조직질서의 원칙이 정해진 후 토지상속 등 경제적 권리와 제향 등 법제자로서의 의무는 세속사회와 마찬가지로 승단내에서도 지켜졌다. 조선후기 사찰의 토지 중 사제상속 및 제사와 관련된 것으로는 法畓 祭位畓 影畓을 들 수 있다. 이중 법답은 法師가 남겨준 농지로서 같은 문파 사제 간의 상속을 통해 내려온 승려 사유지에 해당하며 문파가 단절되면 사중에 귀속되고 사찰공유의 농지가 되었다. 제위답은 승속을 막론하고 사중에 기부하여 기제를 지내기 위한 전결이었다. 영답은 조사의 영당에서 기제를 지내는데 쓰이는 전답이었다. 이는 경제적 권리에는 제향과 같은 의무가 수반되었음을 보여준다. 한편 사찰주지의 선정은 사자상승과 법류상속을

이들 의식집에는 모두 1636년의 서문이 있다. 특히 거의 동일 내용임에도 『석문상의초』에는 당시 화엄사 방장인 벽암당 각성이, 『석문가례초』는 진일로 되어 있고 의식의 내용에서도 상당 부분 비슷해 논란이 있다.[216] 지선은 『오종범음집』 「다비송종규식茶毘送終規式」에서, "이 의식은 곧 『석문상의』, 『승가례』[217]와 같은 제반 의식문들의 요의를 뽑아 편찬한 것으로 다비문과도 병행해 수록하였다. 此式乃釋門喪儀僧家礼 諸文要妙之言抄集 与茶毘本文幷錄"라고 하여 벽암당 각성의 『석문상의』를 먼저 들고 있다. 각성은 또한 이 『오종범음집』을 서문과 교정을 통해 인가하였기에 당시의 의례집 편찬에 큰 영향을 미치고 있었음을 알 수 있다.

관례로 했는데, 이는 전법과 문파를 기준으로 하였다. 한 사찰에 여러 문파와 계통이 뒤섞여 있는 경우도 있었으며 어느 한 법맥계보가 단절되면 그에 소속된 전지는 사찰에 귀속되었다. 18세기 이후 유력 수행과 학습을 제외하고 승려들의 근거지는 대개 특정지역 및 사찰에 고착되었고 옮길 때도 같은 문파나 계통에 속한 사찰인 경우가 많았다. 무엇보다 승려들이 출생 및 근거지역에서 멀지 않은 사찰에서 출가하여 그 곳을 중심으로 활동하는 사례를 많이 볼수 있다. 이 또한 문파와 속세의 사가에서 토지를 물려받고 상속하는 관행과 무관치 않은 것이다. 하나의 사례를 더 들면, 1764년에 조성된 대둔사 괘불도의 畵記에는 시주질이 수록되어 있다. 여기에는 승려인 朗玉體岑이 은사와 조사는 물론 부모 조부모 증조부모 동생부부의 靈駕를 위해 시주하여 괘불을 조성했음을 밝히고 있다. 속가의 3대조와 동생 문파의 스승과 조사 2대조를 함께 추모하는 불사가 추진된 것은 조선후기 승단에서 상속권리에 따른 제향의 의무가 지켜졌음을 반영하는 사례이다. 또한 그 대상범주가 토지상속과 마찬가지로 승속 모두에 적용되었음을 잘 보여주는데, 스승의 상은 부모에 준하는 3년상이었고 기제를 비롯한 제향도 권리에 비례하여 행해야 했다."

216 『석문상의초』의 발문은, "大明崇禎丙子秋日碧巖長老書于華嚴丈室中"으로, 『석문가례초』의 발문은 "大明崇禎丙子八月中浣懶庵眞一謹序"로 쓰여 있다. 서수정은 이에 대해 "벽암각성의 제자인 나암진일(懶庵眞一)이 편찬했다고 알려진 『석문가례초』의 편자와 간행(順治十七年 庚子(1660)二月日聞慶襄珊瑚奉雁) 배경에 대해서도 좀 더 면밀히 고찰할 필요가 있다."고 했다.(「새로 발견한 벽암각성의 『선원도중결의(禪源圖中決疑)』 간행 배경과 그 내용」, 『불교학연구』 제55호(불교학연구회, 2018), pp.7-8 주22).

217 『승가례』는 『승가례의문(僧家禮儀文)』(1694, 담양 옥천사)이다. 권말에, 사명당(四溟堂) 유정(惟政, 1544-1610)의 문손(門孫)인 허백당(虛白堂) 명조(明照, 1593-1661)가 요의를 뽑아 찬했다는 내용인, "허백자찬요(虛白子纂要)"라고만 쓰여 있어서 편찬 정황에 대해 추론할 만한 것이 없으나 부휴계의 『석문상의초』와 『석문가례초』에 이은 청허계의 상례집이라는 측면에서 큰 의의가 있다. 『거찰사명일시식의문(巨刹四名日施食儀文)』(1673, 창원 華藏寺)의 개간기에 따르면 중요 의식집으로 집성되어 합본되어 있다. 『석문상의초』와 비교해 보면, 의식문이 매우 요약되어 있다. 판심제는 "승(僧)"이며, 행자수(行字數)는 8행(行) 15자(字)이다.

그러나 앞에서처럼 벽암당 각성의 제자들이 밝힌 바를 전체적인 맥락에서 받아들이더라도 『석문가례초』의 경우는 여전히 서문과 발문의 편찬자 내용이 맞지 않는 혼란스러운 문제가 남는다. 각성과 진일은 스승과 제자로서 의례에 있어 많은 부분의 공유가 있었겠지만, 의식집의 의식체계로 살펴보면, 『석문가례초』가 『석문상의초』를 산보한 형태로 나타나고 있는 점은 부정하기 어렵다. 『석문가례초』에 발문을 쓴 매곡당梅谷堂 경일敬一도 벽암당 각성의 제자인데, 1659년의 발문에, "마침 우리 대사 벽암화상께서 이미 『오삼집』과 『선원청규』 중에서 중요한 부분을 모아 놓은 것이 있어 그 중에서 간략히 뽑아 책 한 권을 이뤘으니 그 이름을 『석문가례』라 하였다. 適會我大師碧巖和尙 已攝其所謂五杉及禪苑規中 採畧者 勒成一卷 名曰釋門家禮"라고 한 것이 참조가 된다. 이 자체로 보면, 벽암당 각성 자체가 찬자라기보다는 그의 명과 이에 따른 여러 문인들에 의해 『석문가례초』와 『석문상의초』가 집성 산보되었음을 짐작해 볼 수 있다.

『석문가례초』는 『석문상의초』를 더하고 덜어낸 부분이 있으며, 판심제版心題가 없고, 행자수行字數가 8행行 16자字로 많지 않아 보기 편하게 편집되어 있으며, 권두卷頭에 정리된 도표 형식의 첨록이 있는 등 실제 의례 현장의 필요에 맞춰진 특징을 보여주고 있다. 또한 벽암당 각성이 입적한 날(1660년 1월 12일) 바로 한 해 전에 경일에 의해 쓰여진 1659년의 발문이 있고, 문경에 사는 배산호가 받들어 베껴 쓴[聞慶裵珊瑚奉雁] 또 다른 발문은 벽암당 각성의 상례가 끝난 다음 달인 1660년 2월로 되어 있다. 이로써 판단해 보면, 『석문가례초』는 벽암당 각성 생전에 그의 상례를 위해 준비되고 인가되었을 가능성을 생각해 볼 수 있다. 벽암당 각성이 화엄사에서 입적하였고 진일이 어산魚山이자 그의 법제자인 점을 고려한다면, 『석문가례초』가 『석문상의초』보다 의례절차의 현장성이 강조될 수밖에 없었을 것이며, 결국 『석문가례초』의 서문도 벽암당의 상례를 기점으로 이름만 진일로 바뀌진 것으로 보인다.

『석문가례초』 자체는 벽암당 각성의 상례를 위해 보다 준비된 현장 위주의 실질적인 상례서였던 것이다.

17세기에 활동했던 어산들인 안동 청량산清凉山의 일행一行, 팔공산八公山의 반운伴雲, 속리산俗離山의 응휘應輝, 덕유산[廬岳山]의 지선智禪, 산문이 정확히 드러나 있지 않은 진일眞一에 대한 『신간산보범음집』〈신간산보범음집발제新刊刪補梵音集發題〉의 기록은 중요 어산들의 범패 성운聲韻의 특징을 남겼다는 점에서 흥미로운 기록이며, 또한 이들 가운데 지선이 『오종범음집』에서 일행, 진일 등의 어산 궤적을 남겨 놓았다는 점에서 조선시대 어산사의 한 축을 보완해 주고 있다.

그런데 정작 이들은 18세기 초를 대표하는 어산인 지환智還이 편찬한, 『천지명양수륙재의범음산보집天地冥陽水陸齋儀梵音删補集』(1723, 중흥사)〈신입제산종사청新入諸山宗師請〉의 어산 조에는 이들 상당이 입적했을 때임에도 청청에 올라 있지 않아 시기적으로 다른 흐름을 보여준다. 또한 여기에 청請하여 축원祝願하는 형태로 등장하는 조선시대 주요 어산들은 후대에 정림사定林寺 어산 대휘大輝에 의해 간행된 『범음종보梵音宗譜』(1748)에서 역시 지환이 편찬한 『어산집魚山集』(1700, 범어사)〈어산대덕질魚山大德秩〉의 어산과 함께 상당부분 나타나서[218] 1703년에 도안이 쓴 〈신간산보범음집발제〉의 어산기록을 무색케 하고 있다. 그리고 여기에서도 또 하나의 의문이 있는데, 대휘가 『범음종보』에서 지환의 어산 계보[219]를 참고로 했음에도 정작 한 시기를 대표했던 어산 지환의 이름을

---

218 〈어산대덕질〉의 어산으로 연청(衍淸), 상환(尙還), 처인(處印)이 기록되어 있는데, 이 가운데 연청과 상환의 예로 살펴보면, 『천지명양수륙재의범음산보집』〈신입제산종사청〉에는, "웅대한 음성으로 명성을 드러내신 연청(演淸)어산, 제방산문에 명성을 드러내신 상환(尙還) 어산[名現雄音 演淸魚山 名現諸山 尙還魚山]"으로 나타나며, 『범음종보』에서는 "第五世 演淸 第六世 尙還"으로 나타난다.

219 〈신입제산종사청〉에서는 조사범패를 이은 국융(國融)을 시작으로, 응준(應俊), 혜운(惠雲), 천휘(天輝), 석주(石柱), 연청(演淸), 상환(尙還), 설호(雪湖), 죽근(竹根), 승관(勝寬), 증계(證戒) 어산, 유이(唯頤), 해운(海雲), 계옥(戒玉), 능택(能擇)어산이 나타나며, 『범음종보』에서는 제1

올리지 않았다는 점이다. 18세기에 이르러 직능職能으로서의 어산 측면까지 더해져 나타난 현상으로, 문중을 중시하거나 어산의 기록과 계보 형성에 어떤 기준이 있었다기보다는 산문山門이나 지역 등에 따른 영향이 반영된 것으로 보인다.

이에 비해 서산의 법맥을 이은 도안의 경우는, 서산의 주석처이자 입적 후에 원당이 세워진 서산西山 묘향산 산문의 보현사에서 당대의 종풍을 드날리고 있었기에 이러한 위치에서 어산이 종합적으로 기술된 것으로 보인다. 묘향산은 서산이 묘향산을 자신의 호로 할 정도로 인연이 깊어[220] 불교계의 상징성이 강한 산문이다. 이와 관련해 〈신간산보범음집발제〉의 앞부분 어산관련 내용에 이어 뒷부분의 내용을 살펴보자.

> 오늘날 묘향산 보현사가 교문教門을 선양함은 비록 해인사의 대장경에 비할 정도는 아니어도 때에 종지로 받들 만한 교학의 깊이 있는 것들이 갖추어지지 않음이 없어서입니다. 오직 빠진 것은 어산의 범음집입니다. 아! 불가의 가르침이 흩어져 사라지면 누구의 입을 통해 사람들에게 법문의 가르침을 밝히겠습니까! 이에 그 간략한 의례에서부터 광대한 참문에 이르기까지 크고 작은 음곡의 맑고 탁함을 살펴 하나하나 모아 집성하게 되었습니다. 비록 이것이 능가국의 소리만은 못하더라도 음률의 규칙과 나아가고 들어가는 규범이 팔방으로 막힘이 없이 통하니 목판에 새겨 범음으로써 부처님 가르침의 입문으로 삼고자 합니다.
>
> 今茲香山普賢寺之闡教也 雖不與海印藏比較 而時所宗 教乘之潭 無不該備 惟所欠者 魚山之梵音集也 噫唯家之沒音聲芬 出於何人口 而人於法門之聲明也邪 觀其自略禮 而至於廣懺多小韻曲清濁者 一一聚集 雖不是頻伽國音 而音律之軌道 進退之規 八通八達 故登於可材 以音聲教之入門

세(世) 국융, 제2세 응준, 제3세 혜운, 제4세 천휘, 제5세 연청, 제6세 상환, 제7세 설호, 제8세 운계당(雲溪堂) 법민(法敏), 제9세 혜감(慧鑑)이 나타난다.

220 조선중기 4대 문장가였던 좌의정 이정귀(李廷龜, 1564-1635)가 쓴, 〈회양표훈사백화암청허당휴정대사비문(淮陽表訓寺白華庵清虛堂休靜大師碑文)〉 "以多在香山故又號西山"

이 글은 보현사에 해인사 대장경 수준의 많은 경전이 소장되어 있을 정도로 법보사찰의 위상이 있었음을 보여준다. 월저당 도안의 손상좌인 허정당虛靜堂 법종法宗, 1670-1733의 문집인 『허정집虛靜集』〈속향산록續香山錄〉에는 보현사 대장전大藏殿의 경전들에 대해 말하길, "그 경판들을 둘러보면, 산처럼 첩첩이 쌓여 들보에까지 닿아 있다. 玩其經板 疊如山積而充樑"고 하고 있다.

위의 발문은 이러한 보현사의 높은 위상을 바탕으로 "부처님 가르침[聲敎]"을 범음梵音을 통해 그 입문으로 삼고자 하는 교학적 시각을 뚜렷이 드러낸 것이다. 의식집에는 편찬자가 나타나 있지 않지만 월저당 도안이 쓴 발문의 내용에서 그가 주도했을 가능성을 보여준다.

또한 당시 어산들의 활동에 대해서는, 앞부분에서 밝힌 것처럼, 청량산淸凉山의 일행一行이나 팔공산八公山의 반운伴雲과 속리산俗離山의 응휘應輝에 비해 정관당靜觀堂의 문인인 지선智禪과 벽암당碧巖堂의 문인인 진일眞一에 대해 더 자세히 언급하고 있는데, 도안 자신이 청허계로서 청허계와 부휴계라는 조선시대 양대 계파의 두 어산들에 대해 기술한 것이라는 점에서 중요한 의미를 갖는다. 여기에 이들 두 어산은 단순한 어산이 아닌 의식집의 산보·편찬자였던 점도 고려할 필요가 있다. 선종의 전법과 법맥을 기록한 『불조종파지도』(1688)의 편찬이 도안에 의해 이루어진 것으로 볼 때 문중 계보의 중시와 함께 "법문의 밝은 음성"인 어산의 권위 역시 매우 중시한 것이다.

정관당의 문인이자 덕유산 산인인 지선은 앞서 살펴본 대로 17세기의 해인사 의식집 간행불사에 뚜렷한 족적을 남겼는데, 18세기에 이르러 1740년 석남사石南寺에서 지선의 『오종범음집』을 표방하며 새롭게 산보한 『천지명양수륙재의오종범음집天地冥陽水陸齋儀五種梵音集』이 중간되면서 다시 주목을 받게 된다.[221]

---

221 범어사(梵魚寺) 소장의 표제 『범음오종합부(梵音五種合部)』는 이 판본과 동일 판본의 것으로 낙장본이다.

18세기 초 어산들의 약진은 이 연화질에도 나타나 '대어산질大魚山秩'과 '대어산인권질大魚山引勸秩'에 많은 어산들의 이름이 올라 있고, 〈각사부조질各寺扶助秩〉에는 해인사를 포함해 10개 사찰이 부조하였다. 또한 당대의 선사들이 쓴 총 5개의 서문도 수록되어 있다. 이를 살펴보자.

첫 번째 서문은 청허계의 환성지안(喚醒志安, 1664-1729)의 제자인 당시 선교양종겸도대주관禪敎兩宗兼都大主管 설송당雪松堂 연초演初, 1676-1750가 썼는데, "오종집은 반운당 지선이 편찬한 것으로 곧 (범패의) 곡조다. 五種集乃伴雲堂智禪所編卽節奏者也"라고 하여 어산으로서 그의 권위를 밝혔으며, 사형인 연초에 이어 두 번째 서문을 쓴, 해인사 국일암[國一室]의 호암당虎巖堂 체정體淨, 1687-1748은 "오늘날 묘징대사는 범음으로 걸출한 분이다. 부처님의 가르침이 떨쳐지지 못함을 못내 한탄하여 오종집을 산보하였으니 今妙澄大師梵音之傑然者也 恨聲敎之不振 改活五種集"라고 하여 이 간행불사의 화주化主인 묘징妙澄이 어산魚山으로서 산보의 주관자임을 또한 밝혔다. '총림수륙재叢林水陸齋' 의식 정비에 큰 원을 세운 어산 묘징은 마지막 다섯 번째 서문을 썼는데, 그는 여기서 반운당 지선에 대해, "반운장로는 그 스승인 정관대선²²²과 벽암장로를 좇아 한 글자씩 받아 적으며 범음의 가르침을 집성해 한 질로 만들었으니 진실로 범음의 출발점이자 계몽의 핵심이라 높이 찬할 만하다. 伴雲長老劃循其先師靜觀大選碧巖長老 如寔之敎集而成帙 卽眞擧梵之發靭啓蒙之樞訓也"고 하여 그를 청허계와 부휴계의 범음을 집대성한 이로 찬하였다.

화엄대종장華嚴大宗匠인 회암당晦菴堂 정혜定慧, 1685-1741가 쓴 세 번째 서문에는 두 명의 어산이 등장하는데, 짧지만 의미 있는 언급이 있다. 반운당 지선과

---

222 여기서의 대선은 승과(僧科)의 급제자로 유가의 대과에 해당한다.

지환에 대해 "반운이 지환공에게 부촉하여 伴雲屬智環公"라는 내용이 있는데, 이것은 단순히 반운당 지선에서 지환으로 이어지는 범음의 계보를 밝힌 것이 아니다. 지환의 스승은 엄연히 있다.

『천지명양수륙재의범음산보집』(1723, 중흥사)에 석실명안石室明眼, 1646-1710이 쓴 〈범음집산보서梵音集刪補序〉에는 "오늘날 그 범패의 도를 이은 이가 바로 안국사의 증계이다. 지환상인을 얻어 그 묘한 법을 전하였으니, 지환이야말로 쪽빛보다 더 푸르다고 할 수 있다. 當今之時 能繼其道者 安國寺證戒 其人也 得智還上人 而傳其妙 還靑於藍者"고 하여 지환의 스승이 안국사의 어산인 증계임을 이미 밝혔기 때문이다. 이것은 후대에도 계승되어 증곡치익曾谷致益, 1862-1942의 『증곡집曾谷集』(1934, 경남 부산 금정산 大願寺 간행) 〈어산청 유상록 서문 魚山廳留上錄序〉이라는 매우 짧은 글에 "진감국사 옥천 범음의 유음은 증계·지환 등 여러 고승대덕스님들에게 그 묘한 음이 전해졌다. 眞鑑國師 玉泉遺響 其餘證戒智還等 諸碩德之傳其妙音者"고 하여 이들 두 어산을 대표적으로 언급하고 있다.

즉, 다시 말하면, 지리산 옥천사(쌍계사)의 범음은 『천지명양수륙재의범음산보집』 〈선문조사예참禪門祖師禮懺〉의 진감국사 예참[至心歸命禮 智異山祖師梵音傳通眞鑑國師]에도 나타나 있듯이, 지리산 산문을 중심으로 활동한 조사祖師 진감국사 이후로, 후대의 어산인 증계와 지환이 이를 이어 받은 것으로 본 것이다.

앞서 〈신입제산종사청新入諸山宗師請〉에는 증계에 대해 "법음法音으로 하늘을 뒤흔들었다[掀天法音]"는 찬이 있으며, 지환이 편찬을 주도한 『천지명양수륙재의범음산보집』(1709, 곡성 도림사) 연화질에서는 5명의 노어산老魚山 교정敎正 중 첫 번째에 위치해 있어 그 지위를 짐작할 수 있다. 여기서 안국사는 지리산(방장산) 안국사이다. 필사본인 『경상도함양군지리산등귀사사적慶尙道咸陽郡智異山登龜寺事蹟』[1716, 등귀사 간행, 해인사성보박물관 소장] 〈기축년(1709). 안국사가 화재로 무너져(1708) 등귀사 터로 이건불사 했을 때의 대중들 소임 목록 己丑年安國災沒登龜寺移健時人列目〉에 "玄堂化主 嘉善大夫證戒"라고 하여 가선대부 증계가 나타난다. 계환도 무용당 수연秀演, 1651-1719이 『천지명양수륙재의범음산보집』(1723, 중흥사)에 쓴 서문인 〈신간범음집산보서新刊梵音集刪補序〉에 "지금의 지환상인은 방장산의 후예[今也智還上人 方丈之徒]"라고 하여 지리산의 어산임이 드러나 있다.

그러면 이런 계보에도 불구하고 정혜가 지환의 스승인 증계를 언급하지 않고 "반운이 지환공에게 부촉하였다."라는 말은 어떻게 나오게 된 것일까.
지선은 『오종범음집』 외에 그의 또 다른 의식집인 『천지명양수륙재의범음산보집天地冥陽水陸齋儀梵音刪補集』(1654, 星州 雙溪寺)을 간행했고, 증계 역시 『천지명양수륙재의범음산보집』(1709, 도림사)의 교정에 참여하였으나 『천지명양수륙재의범음산보집』(1723, 중흥사)까지 편찬을 주도한 것은 제자인 지환이다. 지선에서 지환으로 이어지는 이러한 동일 명칭의 의식집 간행은 수륙재 의식집의 다양한 명칭을 고려해 볼 때 그 자체로 특징적인 것으로 명목상으로도 지선-증계-지환으로 이어지는 어산 계보를 대변해 주는 것이지만, 최종적으로는 지환에 의해 이뤄졌으므로 정혜가 그 실질적인 의의를 밝힌 것으로 보인다. 그리고 무엇보다도 지선이 법맥으로 보면, 서산의 3세 법손이기 때문에 당대의 대선사가 노어산인 지환에게 그 상징적 권위를 부여했다는 것에 또한 의의가 있다.

이것은 한편으로 18세기부터 가속화되기 시작하는 범음 기량에 근거한 직능職能으로서의 어산 활동과 적극적인 계보 형성과는 다른 관점의 것이다. 즉, 전대에 활동했던 어산들은 선사로서 양대 문중 중심으로 의식집을 산보하는 경향이 나타나지만, 18세기 초·중반에 이르러서는 '대어산질大魚山秩' 등과 같은 항목에서 볼 수 있듯이 재齋의 대중화와 어산들의 활동도 활발해지면서 전대와 다른 특정 지역이나 사찰에 기반한 새로운 경향이 나타난다. 본격적으로 어산 계보의 필요성이 대두되기 시작한 것이다.

하지만 기량 위주의 사사관계였던 만큼 건당建幢하는 법맥法脈과 달리 어산 계보는 비교적 유연하고 신축적으로 운용되었다. 어산 대휘가 찬한 『범음종보』 (1748)는 조선후기의 대표적인 어산계보집으로 널리 알려져 있지만, 역시 당대에 명성을 얻은 어산과 특정 지역 사찰을 중심으로 계보가 형성된 예이다. 『범음종보』에, "입규立規"와 같은 기본적인 내부 규율이 있는 것을 보면, 일종의 어산계魚山契나 어산청魚山廳의 형성을 염두에 두고 계보가 만들어져 이 시기 어산들의 조직화된 움직임[223]을 살펴볼 수 있다.

---

223 『범음종보』는 이능화(李能和)가 1918년에 신문관에서 간행한 『조선불교통사(朝鮮佛敎通史)』 (下) 〈금마인아선범패성(金馬人雅善梵唄聲)〉에도 그 내용이 수록되어 있는데, 용암당(龍巖堂) 증숙(增肅)이 쓴 〈범음족파서(梵音族派序)〉와 연담당(蓮潭堂) 유일(有一)이 쓴 〈범음종보중서(梵音宗譜重序)〉, 〈입규(立規)〉, 〈제자질(弟子秩)〉이 그것이다. 『범음종보』의 편찬자인 대휘는 제9세인 혜감(慧鑑)의 많은 제자들 가운데 한 명이다. 혜감은 17세기 말에 활발히 활동했던 어산으로 그 소속사찰은 알려지지 않았지만, 혜감의 법제자로 징광사(澄光寺)의 순영(狗暎)과 제자 2명이 있고 또 다른 어산제자가 징광사에 2명이 있었던 것으로 보면, 징광사와 인연이 깊었을 것으로 보인다. 당시 징광사는 불서 간행이 매우 활발했던 사찰 가운데 하나로서 벽암당 각성이 편찬한 『석문상의초(釋門喪儀抄)』(1657)도 여기에서 간행되었으며, 침굉당(枕肱堂) 현변(懸辯, 1616-1684)에 의해 범패가 진작되고 있었고(징광사 방장실 상량문인, 『백암집(栢庵集)』의 〈징광사수진실상량문(澄光寺垂眞室上樑文)〉), 화엄 대강백인 백암(栢庵) 성총(性聰, 1631-1700)에 의해 1685년부터 징광사에서 기념비적인 불서(佛書) 간행이 이뤄지고 있었다. 18세기 이후로는 그 사세가 기울어가고 있었던 것으로 보이는데, 연담당 유일의 『연담대사임하록(蓮潭大師林下錄)』〈중간화엄경서(重刊華嚴經序)〉를 보면, 비록 『범음종보』가 간행되고 25년 후의 일이기는 하지만, 성총의 판각불사에 의해 이루어진 징광사의 화엄경판이 1770년의 누각 화재로 소실되자 이때에 영각사(靈覺寺)라는 사찰에서 중각해 그곳에 장경각을 세웠기 때문이다. 이처럼, 전대와 같지 않은 징광사의 사세로 말미암아 『범음종보』의 간행은 혜감의 법제자가 있고 불서 간행과 범패가 크게 진작되었던 징광사가 아니라 정림사(定林寺)의 대휘 주도로 보림사(寶林寺)에서 간행된 것으로 보인다. 이 때의 보림사는 연담당 유일의 인연 사찰이 되면서 『범음종보』의 인가에도 영향을 미치게 된다. 그는 1739년 보림사 용암당 증숙에게서 『기신론(起信論)』과 『금강경(金剛經)』을 배운 이후로 31세가 되는 1750년에는 보림사 부도암에서 강론하였으며, 말년인 1799년에는 보림사 삼성암에서 입적하기 때문이다. 또한 『범음종보』의 간행 소임을 맡았던 이가 연담당 유일의 출가사찰인 법천사(法泉寺)의 치한(致翰)이었는데, 그가 대휘의 어산제자였던 점도 실제로 영향을 미쳤을 것으로 보인다. 그리고 무엇보다도 보림사에는 대휘의 어산제자만 10명이 있을 정도로 그 영향력이 매우 컸기에 『범음종보』의 편집과 간행이 대휘 위주로 가능했을 것이다. 『범음종보』

『천지명양수륙재의오종범음집』의 서문을 쓴 호암당 체정의 제자인 연담당蓮潭堂 유일有一은 이 『범음종보』의 서문을 썼는데, 스승인 호암당 시기에 전해 내려오는 해인사 판각불사 관련 사항은 전혀 반영되어 있지 않다. 당시의 집필 상황에 맞게 글을 쓴 것으로 보인다.

그러나 그 역시 이 계보의 편찬자인 10세世 대휘의 스승인 9세 혜감을 거슬러 올라가 혜감의 스승인 8세 운계당雲溪堂 법민法敏을 서산의 법맥을 계승한 후예로 언급하면서, "생각해보건대, 반드시 이를 본 사람들은 의혹을 가져 말하길, '어산이 어찌 서산의 후예이겠는가? 서산 역시 어산을 업으로 하였겠는가?'라는 의혹이 없지 않을 것이다. 想必觀者致疑曰 魚山何以爲西山後裔也 西山亦業魚山耶 此疑無非"라고 한 것을 보면, 어산의 권위를 위해 청허계 문중과 연결하려는 시도는 어산 활동의 전환기에도 여전히 존재했던 하나의 경향이라 볼 수 있다.

다시 말하면, 이것은 불교중흥기에 보우가 수륙재 의식의 기반을 닦고 의식문을 정비한 이래로, 서산과 그 문중 선사들을 중심으로 16-17세기에서부터 여전히 이어져 온 영향의 반영으로 보아야 할 것이다.

그리고 18세기초 어산 활동의 일대 전환기에서도 반운당 지선을 중심으로 어산으로서 그의 지위가 환기되고 있는 점은 그가 17세기 중반 청허계의 대표적 어산이었기 때문이기도 하지만, 당시 양대 문중의 두터운 후원이 미친 영향도 간과하기 어렵다.

의 〈입규(立規)〉에 수록되어 있는, 어산으로서의 품성과 자질을 강조한 네 가지 규율 가운데 첫 번째는, "스승의 종지를 섬기고 공경을 다해야 한다. 奉事宗師 極已敬者"와 같은 기본적인 내규이지만 이 이후로 보림사에 실제로 어산계나 어산청이 형성되었을 가능성을 보여준다.

5부
감로탱 도상의 수륙재 의례승과 연희대중

1. 주요 대중소임의 의례승들

감로탱 도상에 나타나는 의례승들은 분명 '재 설행의 대중소임'을 맡은 이들이지만, 주요 소임이나 특징적인 소임 외에는 회화적 표현의 한계로 인해 이를 특정하기란 쉽지 않다. 따라서 여기서는 당시의 문헌기록들에 나타나는 소임을 중심으로 이에 대한 이해를 좀 더 확장시키고자 한다.

월저당月渚堂 도안道安, 1638-1715의 『월저당대사집月渚堂大師集』 상권(1717, 묘향산 普賢寺 간행, 동국대도서관 소장) 〈묵은해가 새해로 나뉘는 섣달그믐 밤의 덕담축원[分歲德談祝願]〉은 사찰의 대중들과 미물에까지 이르는 축원을 통해 재 소임의 근거와 역할을 잘 드러내고 있다.

축원은 '본사本寺'와 '사암통용寺庵通用'으로 나뉜다.

여기서의 '본사'는 월저당 도안의 주석처였던 보현사의 경우가 먼저 해당될 것이다. '본사'에는 주지화상住持和尙, 지전법사知殿法師, 상방기실上方記室, 수승장무首僧掌務, 각방요주各房寮主, 화주선사化主禪師에 대한 덕담과 축원이 있다. '사암통용'에는 사찰에 따라 융통성 있게 적용할 수 있는 각종 대중소임의 축원뿐만 아니라 잠시 인연 거처를 두고 있는 이들과 일년 내내 사람들을 위해 고생하는 소와 말에 대한 축원도 있다. 조실법사祖室法師, 중실대사中室大師, 동당선덕東堂禪德, 서당선덕西堂禪德, 무심도인無心道人, 극락사문極樂沙門, 경론학자經論學者, 이행도제二行徒弟, 유나판사維那判事, 지전상인知殿上人, 분수도사焚修導師, 종두상인鐘頭上人, 청소사문請召沙門, 간당사미看堂沙彌, 집사근시執事近侍, 과두조화果頭造化, 조병병두造餠餠頭, 반두운증飯頭雲蒸, 다두비구茶頭比丘, 갱두선화羹頭禪和, 숙두비구[熟頭苾蒭], 연야생근連夜生根, 배비도인排備道人, 노장사장老長師長, 불식문인拂拭門人, 수관화상水觀和尚, 노주방광露柱放光, 화초화승花草化僧, 운주기실運籌記室, 결판판사決判判事, 호령도감號令都監, 평균전좌平均典座, 도대별좌都大別座, 자학동몽字學童蒙, 진색산인陳色山人까지는 사람에 대한 축원이고 마왕우왕馬王牛王은 미물에 대한 축원이다.

수륙재에서 주요 대중 소임들은 어떤 것이 있었을까?

수륙재는 최대 칠일밤낮[七日七夜]으로 베풀어지는 어두운 세상[冥], 밝은 세상[陽]의 큰 도량이자 성대한 법의 연회[法筵]이다. 사중寺中에서는 이때에 재의 원만한 회향을 위해 많은 공력을 기울일 수밖에 없다.

옛날이나 지금이나 수륙재와 같은 큰 재가 열리는 날에는 일종의 지휘본부 격인 유나소維那所에 재의 설행에 실제적으로 동참하는 대중들의 법명과 해당 소임을 긴 한지에 적어 현판처럼 올려다 볼 수 있게 용상방龍象榜과 육색방六色榜을 건다. 큰 재에 많은 사람들이 몰리고 인적·물적 쓰임이 막대한 만큼 각 소임에 대한 엄격한 책임과 그에 따른 공덕을 높이고 재의 원만한 회향을 기원하는 것은 온 사중이 공력을 기울여야만 하는 일이다.

오늘날에도 소임에 대한 공표는 대개 고승대덕, 법주法主, 어산魚山 등으로 소임이 짜여진 〈용상방〉사진을 비롯해 각종 공양물과 기물 등을 만들고 관리하며 음료와 음식을 만드는 것까지 포함한 연행 실무진으로 짜여진 〈육색방〉사진의 체제로 나타난다. 엄밀히 말하면, 의례승은 이 〈용상방〉에 속한다. 〈용상방〉의 형식은 전통적으로 계승되어 온 것으로, 시대를 거슬러 올라가면 〈상당上堂〉에 해당되고, 아울러 〈육색방〉은 〈육색장六色掌〉에 해당된다.

조선시대의 이들 소임 중에는 지금은 사용되지 않는 용어들이 있는데, 당시에도 시대와 지역, 선사들의 관점에 따른 경향이 반영되었기 때문이다. 동일 의식집에 집성集成된 의식문들의 소임에서조차 약간씩 다른 것 역시 그 현장성을 보여준다.

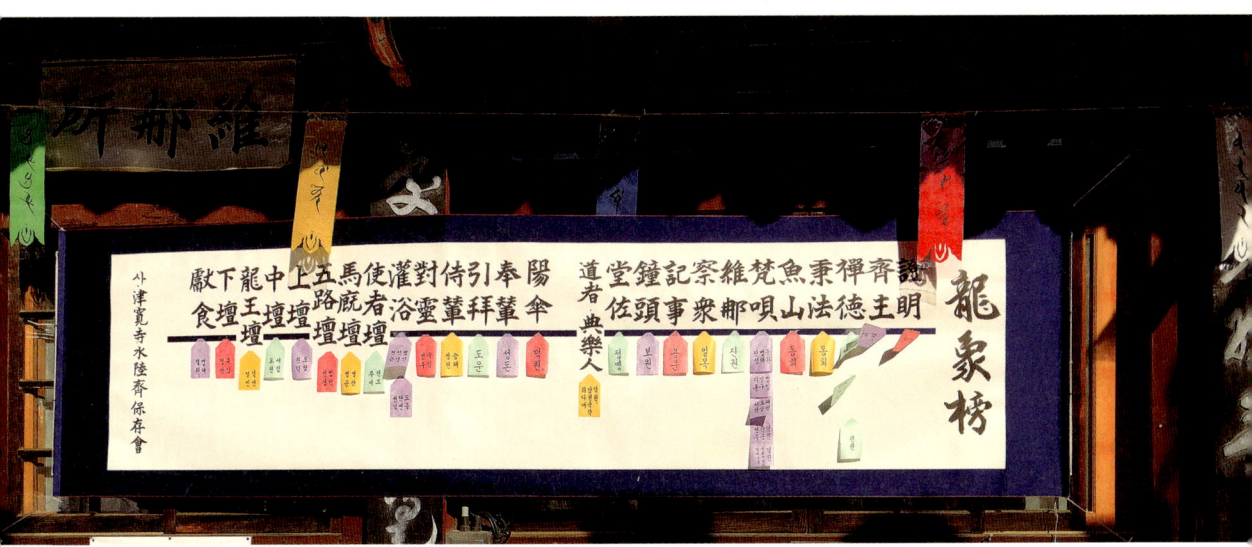

위_진관사 국행수륙재 용상방(2019), 아래_진관사 국행수륙재 육색방(2019)

여기서 한 가지 살펴볼 점은 이러한 소임들이 대재인 수륙재를 기반으로 하고 있는 점이다. 예를 들어 침굉현변枕肱懸辯, 1616-1684의 『침굉집』 하권〈상당과 육색장을 위한 축원上堂及六色掌祝願〉을 보면, 영산회의 관점에서 소임에 대한 축원을 일관되게 하고 있으나 맨 끝에 "금일 재를 올리는 비구 今日齋者比丘"를 축원할 때에는 흥미롭게도 이 재에 대해 "푸른 산 흰 구름가에 깃든 청정한 도량에 나아가 무차평등의 법의 연회를 경건히 설행하여 肆就靑山白雲之畔 淸淨道場 虔設無遮 平等法筵"라고 하여 수륙재임을 밝히고 있다. 조선후기까지도 '영산재靈山齋'라는 명칭이 없었듯이 재의 소임에 대해 논할 때에 수륙재를 떠나 생각할 수 없는 이유이기도 하다.

수륙재의 소임에 대해서는 조선후기의 대표적인 의식집인 『천지명양수륙재의범음산보집天地冥陽水陸齋儀梵音刪補集』(1723)에 수록된 〈상당축원上堂祝願〉이 비교적 간결한 편이다. 소임의 순서는, 설주대사說主大師인 회주會主[224], 격식을 벗어난 도인[出格道人]인 증명證明, 병법秉法[225], 선덕禪德[226], 어산魚山, 범음梵音, 유나維那[227], 찰중察衆[228], 기사記事[229], 종두鐘頭[230], 사미沙彌[231], 당좌堂

---

224 『천지명양수륙재의범음산보집』〈배운채비규(陪運差備規)〉에 따르면, 여기서의 '회주' 소임은 '방장(方丈)'에 해당된다.
225 『천지명양수륙재의범음산보집』 내의 여러 크고 작은 의식문들에서는, '병법' 외에 '법주' 소임도 나타나는데, 여러 의식문들이 하나의 체계에 집성된 것이므로 각 의식문 자체의 관점에서 들여다 보아야 할 사항이다. 〈설재의(設齋儀)〉에는 '유나' 소임을 맡은 이가 아침 저녁으로 재 의식과 관련해 법을 묻고 구해야 할 대상으로 표현되어 있다.
226 산문의 용상대덕(龍象大德) 스님들이다.
227 재의 연행실무 진행을 맡은 수장이며 대중을 지휘한다.
228 말 그대로 대중을 살피고 규찰하는 소임이다. '유나'의 지시를 받는다.
229 재의 설행과 관련된 제반의 일을 기록한다. 평상시 사중의 회계 관련 일 그리고 공문서인 문첩(文牒)이나 각종 기록자료를 담당하는 서기(書記)와 같은 종류의 소임이다.
230 사물(四物) 가운데 주로 종을 치며, 또한 재의 진행을 원활하게 돕는다.
231 비구계를 받기 이전의 승려이다. 대개 '어린 사미승[沙彌少年]'인 경우가 많다.

佐²³², 도자道者²³³ 순이다. 이 〈상당축원〉에 이어 〈육색장축원六色掌祝願〉²³⁴이 이어진다.

위의 〈상당〉에서 의례승은 엄밀히 말하면, 모두가 해당된다.

의례에 대한 깊고 낮은 인식과 이해의 정도는 있더라도 기본적으로 각 의례 절차의 흐름을 알지 못하면 소임의 역할을 잘 해낼 수 없기 때문이다. 그리고 소규모의 재에서는 동참인원이 적어 각 소임을 세분화하기 어려운 경우가 많았다. 특히, 하단 작관과 시식을 의식진행 소임의 '종두'에게 맡겨버리는 경우가 종종 있어서 비판의 대상이 되곤 했던 것²³⁵이 이를 잘 보여준다.

그러면 의례승 가운데 가장 중요한 소임에 속하고 법문과 재의 주재자 지위를 지닌 '법주'는 어떤 권위를 지녔을까?

조선시대에는 일반적으로 '회주'를 설주, 법사의 '영산회주'로 보았는데, 침굉도 영산회중의 관점에서 영산회주를 병법 즉, 법주로 보았다. 이것은 불교의 오랜 전통에 근거한 것이다. 예를 들면, 『진언권공』(1496) 「작법절차作法節次」에서는 영산작법 중심이므로 법을 설하는 '법사法師'가 나타나며, 『오종범음집』(1661)에서는 의례승의 위치를, "설주의 왼쪽에 중수가 위치하고 설주의 오른쪽

---

232 '보청당좌(普請堂佐)'라고 하여 총림과 산문, 각 방의 승려를 널리 청하여 맞이하는 일을 하기도 하고, 의식의 진행과 관련해 대중들을 대상으로 일종의 사회자 역할을 하기도 한다.

233 악기를 다루는 소임이다. 〈상당축원〉의 '도자'에 대한 축원은 다음과 같다. "부처님께 올리는 음악 온 하늘에 크게 울리고, 수륙 중생들의 마음은 환희로움에 뛸 듯이 기뻐하네. 바라, 법라, 법고, 소종, 대종을 잘 다루는 도자 모 비구 佛前音樂 振動諸天 水陸衆心 歡喜踊躍 鈸螺法鼓 小鐘大鐘 善手道者 某人比丘". 왕실에서 재에 전악서(典樂署)의 악인을 파견한 경우, 전악인(典樂人)이라 불렸다.

234 〈육색장축원〉의 육색장 소임으로 반두(飯頭), 조과(造菓), 조병(造餅), 다각(茶角), 숙두(熟頭), 채로(菜露), 공기(工器), 반색(盤色), 시색(匙色), 정통(淨桶), 지배(地排), 지전(持殿), 내배비(內排備), 외배비(外排備), 서사(書寫), 대도감(大都監), 별좌(別座), 각방노주(各房老主)가 보인다.

235 『운수단(雲水壇)』(1664, 해인사) 부록의 〈삼단작관변공(三壇作觀變供)〉과 『천지명양수륙재의범음산보집』에도 동일 내용이 수록되어 있다.

에는 증명과 병법이 이어서 위치하는 것이 맞다. 說主左過 安衆首 右證明 次秉法 可也"라고 하여 '법사'인 '설주'가 가장 높은 소임으로 나타난다.『권공제반문勸 供諸般文』(1574)「거찰사사명일시식영혼식巨刹寺四名日施食迎魂式」의 봉향례奉 香禮에는 종실위宗室位에 향을 사르는 이로 '법주法主'가 나타나기도 한다.

이 소임과 관련해 한 가지 살펴보아야 할 것이 있다.

재 의식절차의 성격을 드러내는 각종 '소문疏文'들을 누가 쓰는가 하는 점이다. 침굉의 『침굉집』하권〈상당과 육색장을 위한 축원上堂及六色掌祝願〉에서는 문장에 밝은 '서기書記' 소임이 각종 소문을 쓰는 것으로 되어 있는데, 후대의 일반적인 재의 경우에 속하는 것으로 보인다. 실제 남아 전하는 대부분의 소문 내용은 고승들의 문집에서나 볼 수 있어서 '법사', '설주', '법주'로 불리는 이들의 역할을 배제하기 어렵다. 가장 많은 소문을 필요로 하며 이것이 중요한 특징 가운데 하나인 수륙재의 경우, 각각의 편목編目의 내용에 맞게 작성하고 그 자체로 교학과 수행력의 깊이를 드러내는 것은 쉽지 않은 일이기 때문이다.

소문을 넣는 기물인 '소통疏桶; 疏臺'^{사진}을 화려한 색과 조각으로 장엄하는 것은 재장齋場에서 그 권위를 드러내기 위함이다. 원래 이 '소통'은 왕실의 기신재忌辰齋와도 관련이 있다. 수륙 기신재를 설행하는 주체인 왕은 자신

〈소통〉(1790년대, 용주사 효행박물관 소장)
소통 정면에는 삼밀종자진언(三密種子眞言; oṁ āḥ hūṁ)이, 양쪽 측면에는 정법계진언(淨法界眞言; oṁ raṁ) 범자가 조각되어 있다.

의 선조인 조종祖宗을 위해 직접 소문을 내렸고, 사찰에서는 이를 '소통'에 넣어 전물奠物들과 함께 진설하였다. 중종 3년(1508)의 왕실 기신재 관련 내용에, "왕의 위판을 가지고 뜰아래에서 전각을 향해 보례普禮하고, 어휘御諱로 쓴 소문疏文을 불전 앞에 진설하니 且以位板於庭下禮佛 書御諱疏文 設於佛前"[236]라는 내용이 참고가 된다.

'소통'과 관련해서 보면, 수륙재 소문은 초기에 왕이나 '법사', '설주', '법주'로 불리는 이들과 관련된 것으로 당시 이들이 재에서 차지하는 위상을 짐작할 수 있다.

'증명' 소임은 앞서의 글에서 이미 '법사'와 '증사'의 특수한 관계로 살펴보았기에 여기서는 생략한다.

'병법'의 소임은 오늘날의 경우로 보면, '법주'의 소임과 같거나 중복되기도 하며, 어산의 수장으로 일컬어지는 어장魚丈과 동일시되기도 하는 것이 참조가 된다. 의례승 소임 가운데 대중적으로 크게 주목받은 것은 어산 혹은 범음梵音·범패梵唄로 불리는 소임이다. 이들 소임에서부터는 주요 의례승 가운데 본격적인 직능職能 집단에 해당되기 때문이다. 그런데 이러한 직능집단을 이뤘음에도 『천지명양수륙재의범음산보집』 집성 이전의 17세기 집성본인 『오종범음집五種梵音集』(1661) 발문에서 지선智禪이 범음과 범패를 구분하지 않고 썼던 것처럼, 오늘날까지도 이들 용어는 뚜렷이 구분되지 않는 경우가 많다. 현행 의식에서 이를 소임별로 분류할 때는 경우에 따라 '범음' 소임은 짓소리를 맡고, '범패' 소임은 홑소리를 맡는 것으로 알려져 있으나, 일반적으로 '범패'라는 용어의 선호로 인해 이들 간의 분류와 구분이 명확하지 않은 실정이다.

---

236 『중종실록』 6권, 중종 3년(1508) 5월 28일자.

18세기의 『천지명양수륙재의범음산보집』(1723) 〈상당축원〉에 나타나는 '범음' 축원의 내용에서 이들 소임에 대한 보다 구체적인 분류의 근거를 살펴볼 수 있어 흥미롭다. '중번中番·말번末番'의 세부 등위로 분류된 소임을 맡은 비구가 각각 '범음·범패'이고, '범음' 앞의 '어산'은 '상번上番'의 소임을 맡았음을 알 수 있다.237 '상번', '중번', '말번'의 '삼번三番'은 조선시대 당시의 수륙재 어산방魚山榜의 소임 분류에 해당된다.

　다시 이 의식집의 〈차삼단화촉급위패열립규次三壇花燭及位牌列立規〉를 보면, '상번'에는 '상번주上番主'가 있고, '중번'에는 '중번주中番主'가 있으며, '말번'에는 '말번주末番主'가 있어서 각각 아래로 상수上首를 두었다. 〈마구단권공馬厩壇勸供〉을 보면, "'상번주'가 여러 번주番主들을 거느리고 次上番主 率諸番主"라는 내용이 있어서 '상번'의 '상번주' 즉, 어산을 중심으로 한 위계가 있었음을 알 수 있다. 『천지명양수륙재의범음산보집』에 수록된 의식문들에서, '상번'은 주로 '할향喝香'이나 '개계開啓' 등을 맡는 것을 볼 수 있다. '할향'은 특히 의례를 시작하면서 처음으로 법의 도량에 향을 올리는 게송이기에 '초할향初喝香'이라 하여 지금도 매우 중시되는 게송이다. 〈설선작법절차說禪作法節次〉에는 '삼번' 중 '상번'과 '중번'을 위주로 의식이 순서대로 번갈아 행해지고 있다.

　현행 봉원사 영산재에서, "상번上番은 할향喝香을 담당하고, 중번中番: 魚丈은 짓소리의 총 책임자로 소리의 장단長短등을 지휘하며 말번末番은 흔히 '바라지'라 칭하며, 법주法主의 보조 역할을 담당한다."238고 하고 있는데, '중번'이 어장을 맡는 것은 위의 『천지명양수륙재의범음산보집』〈상당축원〉에서 어산이 '상번'을

237　'어산'의 축원은, "온 나라에 명성을 떨치신 대덕 어산 모 비구 一國名現 大德魚山 某人比丘"로 끝나고, '범음'의 축원은 범음(梵音)·범패(梵唄)로 시작해, "온 나라와 산문에 장차 이름을 떨친 중번과 말번의 모 비구 一國諸山 名現將來 中番末番 某人比丘"로 끝나고 있어서, 범음·범패가 각각 '중번(中番)'과 '말번(末番)'의 소임 순으로 맡았음을 알 수 있다.

238　심상현, 『영산재』, 국립문화재연구소, P.205.

맡았던 시절과는 다른 점이어서 눈길을 끈다. 소임 자체로 보면, 시문詩文 중심의 조선시대 사대부 문화의 영향으로, 의례 현장에서 법주나 어산의 연장자가 주요 게송이나 소문을 맡음으로써 지위를 상징적으로 대변하던 시대가 저문 탓이다.

또한 어산과 관련된 직·간접적인 소임으로 한 가지 살펴보아야 할 점이 있다. 전각 내의 점안의례 등과 같은 불사회향 의식에서 어산의 소임이 잘 드러나 있지 않은 18세기 이전 시기의 경우에 증명과 지전 중에 누가 이를 담당했을까 하는 문제이다.

지전의 소임은 조선후기의 선사들이 남긴 기록으로 보면 크게 주목받는 소임은 아니었던 것으로 보인다. 『침굉집』 하권〈上堂及六色掌祝願〉에서는 축원 대상에 "지전持殿, 기사記事, 공두工頭, 고두皷頭, 종두鍾頭, 판수判首, 당좌堂佐, 경좌經佐, 사미沙彌, 도자道者"가 하나로 묶여 범주화되어 있어서 개별적인 축원은 없다. 또한 『천지명양수륙재의범음산보집』에서는 〈상당축원〉이 아닌 〈육색장축원六色掌祝願〉으로 분류되어 있으며 그 소임은 전각을 중심으로 하루의 일과인 기도와 수행에 대한 것으로[239] 나타나 있다. 야단작법의 대재일 경우, 전각 소임이 상대적으로 비중이 약하게 되기 때문으로 보인다.

예를 들어, 청도 〈적천사磧川寺 괘불〉(1695)은 "掛佛引勸兼水陸化主"와 "落成水陸齋大施主秩"이라는 화기의 내용을 통해 괘불 낙성식이 경찬 성격의 수륙재 의식으로 설행되었음을 알 수 있는데, 이 때의 소임 순서는 증명, 지전, 화승 등의 순서이다. 전각 내의 의식을 담당하던 지전이 '어산'의 소임을 일부 맡을 수도 있지만, 괘불 낙성식이 야외 의식임을 고려한다면, 낙성식 의식의 핵심적인 부분을 집전했을 '증명'이 '어산'의 역할도 했을 것이라는 합리적 추정이 가능하다.

18세기에 이르러 의례승의 중요 축으로서 어산 소임의 등장과 분화, 그리고

---

239 初更開寢 起寢五更 釋金焚修 晝夜分明 十二時中 耿耿燈燭 焚香禮拜 常住持殿 某人比丘

위상 강화는 이 시기 어산의 흥기興起와도 맥을 같이 하는 것이다. 어산 계보의 집성 움직임도 이에 속한다. 『천지명양수륙재의범음산보집』을 어산의 측면에서 살펴보면, 이 수륙재 의식집은 당시 지리산 안국사의 노어산인 지환智還이 승군의 총본부인 삼각산 중흥사 측의 요청에 의해 자신이 1709년에 편찬을 주도했던 곡성 도림사道林寺 판본을 다시 산보해 간행한 것이다. 여기의 〈신입제산종사청新入諸山宗師請〉에는 당대를 풍미했던 어산들의 법명과 짧은 찬讚이 수록되어 있다. 『범음종보梵音宗譜』(1748, 장흥 寶林寺)는 보림사 어산 대휘大輝가 이 때에 누락된 어산을 중심으로 어산 계보집系譜集을 집성한 것이다.

그러나 이 시기는 어떤 면에서 실상은 대중화의 폭만큼 일반 어산들도 그 입지를 굳힌 것은 아닌 것으로 보인다. 대흥사의 고승인 범해梵海, 1820-1896가 편술한 『동사열전東師列傳』을 보면, 1754년의 화엄강회華嚴講會의 기록인 『대회록大會錄』에 선암사 법회에 모인 대중들이 "종사, 학인, 어산, 동자"라고 하여 '어산'이 별도로 분류되어 있는 것을 볼 수 있다. 강회라는 법회의 성격 때문인지 학인들보다 순서상 뒤에 위치하고 있다. 이것은 '어산'이라는 용어 자체가 지녔던 전대의 권위와 지위에 비해 어느 정도 거리가 있는 것이다.

2. 금판禁板을 든 승려와 개문게開門偈

감로탱 도상의 의례승이 들고 있는 기물器物 중에는 평범하지만 눈에 띄는 것이 있다. 형태와 재질상으로 보면 긴 나무판인 '목판'인데, 조선시대에는 '금판'으로 불렸다.

이 금판을 든 승려 도상은 〈영취산 흥국사興國寺 감로탱〉(1723, 리움소장), 〈경남 고성 운흥사雲興寺 감로탱〉(1730, 쌍계사성보박물관 소장), 〈선암사仙巖寺 서부도전西浮屠殿 감로탱〉(1736), 〈표충사表忠寺 감로탱〉(1738), 〈원광대박물관 소장 감로탱〉(1750), 〈영원사鴒願寺 감로탱〉(1759, 월정사성보박물관 소장), 〈곡성 태안사 봉서암鳳瑞庵 감로탱〉(1759, 리움소장), 〈신흥사新興寺 감로탱〉(1768, 리움 소장), 〈백천사白泉寺 운대암雲臺庵 감로탱〉(1801, 망월사 소장), 그리고 〈수락산 흥국사 감로탱〉(1868, 프랑스 기메미술관 소장)을 비롯해 19세기 말 감로탱에도 나타나는 등 비교적 전 시기에 걸쳐 있다.

이 중에 〈신흥사 감로탱〉 도상의 금판은 벽에 걸 수 있는 고리가 있고 〈백천사 운대암 감로탱〉은 금판이 한 개가 아니라 두 개다. 금판의 모양으로 보면, 전각의 기둥에 걸려 있는 주련柱聯과 비슷한데, 이보다는 작고 가늘다. 〈백천사 운대암 감로탱〉에서처럼 글자도 장식성도 없는 긴 나무판 자체인 경우도 있으나 대개는 글자가 있어서 둥근 원圓 안에 한 글자씩 넣었으며 바탕을 채색하였다. 도상에 글자가 없고 원만 있는 경우는 그 일반적인 형식과 비교해 보면, 회화상 생략된 것이다.

이러한 금판 도상은 실제 의식용 기물로도 남아 있다. 포항 보경사寶鏡寺와 밀양 표충사表忠寺, 통도사 등 여러 사찰에 전하고 있는 금판은 대략 2m 이내의 긴 목판 모양으로 폭이 좁고 대부분 둥근 원 안에 글자를 넣었으며 화려한 채색과 조각으로 장식성을 강조한 것이 특징이다. 평상시에는 전각 내의 기둥에 걸어서 보관하므로 '거는 패'라는 의미에서 괘패掛牌라고도 불리는데,[240] 관련 문헌에 나타나는 용어는 아닌 것으로 보인다.

기존 연구에서는 이 기물의 성격과 쓰임에 대해 사찰에서의 구전口傳이나 일종의 경구警句로 파악하고 현행 봉원사 영산재 식당작법食堂作法과의 비교연구를 통해 이를 수행용 죽비竹篦·금판禁板·도량 옹호패·반승용飯僧用 의식패의 네 종류로 분류하거나[241] 불교의식 전반에 걸쳐 포괄적으로 접근하기도 했다.[242]

영산재 사찰인 봉원사의 대웅전과 대방에 걸려있는 것은 현재 '장군죽비將軍竹篦'라 불리는 것으로, 가로 11㎝, 세로 180㎝, 두께2㎝ 정도의 좁고 기다란 널쪽이다.[243] 장엄채색은 없고 경구經句만 있으며 근대에 제작된 것이다. 봉원사 영산재에서 '식당작법'에 사용되는 '금판'으로 불리는 것 역시 비슷한 형태이지만,

---

[240] 근래인 2015년 불교중앙박물관의 『붉고 푸른 장엄의 세계_불전장엄』 전시와 전시도록에서는 "괘패"로 설명되었다.

[241] 허상호, 「불교의례의 佛具와 그 用法」, 『통도사 금강계단과 도량장엄 의식구』, 통도사성보박물관, 2009, pp.177-179. '수행용 죽비'의 예로는 감로탱의 목판에 나타나는, "守口攝意身莫犯 如是行者能得度"라는 문구와 해당 논문의 주)74에서 "양산 내원사 노전의 노스님의 구술에 의하면, 일제시대에 대나무 죽비가 들오기 전에 사용했던 것으로 스님들의 행실이나 지켜야할 자세를 글귀로 써서 죽비에 새긴 것이라고 한다. 보통 장군죽비라고 부르며, 좌측은 상단권공 때 우측은 중단권공 때 사용한다고 한다. 또 법당을 출입할 때 어칸 기둥에 걸려 있는 죽비를 세 번 쳐서 몸가짐을 정화한 후 예불을 시작하였다고 한다."고 하여 이를 바탕으로 논하였다. '금판'과 '반승용 의식패'의 예로는 감로탱의 목조패와 현행 봉원사 식당작법을 비교대상으로 하였다. '도량 옹호패'의 예로는 목조패에 나타나는, "唵中天子勅 兮塞外將軍令"을, "서울은 천자의 조칙, 변방은 장군의 령을 표시함으로써 도량의 안정과 수호를 나타낸 일종의 옹호패로 사용되어"라고 하여 도량 옹호를 위한 것으로 분류하였다.

[242] 심상현, 「將軍竹篦에 關한 硏究」, 『한국불교학』 제70집, 2014, pp.413-441.

[243] 심상현, 앞의 글, p.417.

장엄채색도 글자도 없다.

심상현은 사찰의 일용의식인 '저녁예불'이나 '간당작법看堂作法'에서는 물론 한국불교의 의식을 대표하는 영산재의 주요 구성요소인 '시련절차'와 '하단관욕' 그리고 '식당작법' 등에서 장군죽비의 쓰임새를 볼 수 있다고 하였다.[244] 그런데 이러한 분류에서 한 가지 빠진 중요한 요소는 장엄채색의 유무이다. 의식용 기물의 장엄채색 유무와 불교의식의 성격은 밀접히 관련되어 있기 때문이다.

금판은 형태만으로 보면, 근원을 15세기의 죽비에서도 찾아볼 수 있다.

15세기 말 김일손金馹孫의 「두류기행록頭流紀行錄」(1489)[245]의 내용이다. 범패승들의 사찰로 유명한 지리산 금대암金臺庵의 수행승들은 정진에 흐트러짐이 보이면 민첩한 이가 다가가 '긴 나무판[木長板]'으로 두들겨서 경계한다고 했는데, 부딪혔을 때 아무래도 반동反動이 있어야 하므로 나무 판이 가늘고 길었을 것이다. 『월저당대사집』 〈묵은해가 새해로 나뉘는 섣달그믐 밤의 덕담축원[分歲德談祝願]〉의 '사암통용'에서 졸음을 쫓는 간당看堂 사미沙彌에 대해 "백십 낭간琅玕의 죽비竹篦로 등짝을 두드려"라고 한 것도 참조가 된다.[246] 여기서의 "낭간"은 대나무[247]로, 백십 낭간의 죽비는 죽비 이상의 죽비이다.

이후 백파긍선白坡亘璇, 1767-1852의 『선문수경禪文手鏡』 〈看當十統說〉에서 "將軍竹篦一聲"으로 간당에서 장군죽비가 쓰이고 있는데, 구체적인 형태는 알 수 없지만, '간당작법'에서의 죽비로 긴 목판이 사용되었음을 보여준다. 이들 문헌에서는 긴 목판에 대한 묘사 외에 특별히 명문과 장식에 대한 언급이 없다. 그러나

---

244 심상현, 앞의 글, p.420.

245 『탁영집(濯纓集)』 권5.

246 背觸竹篦 百十琅玕 助發眞機 驅除睡魔 看堂沙彌某人保體 精無雜糅 進不退轉

247 낭간은 주옥같은 바위를 상징하지만, 같은 『월저당집』의 글 중에 〈우정난죽(雨庭亂竹)〉에, "빗속에 쭉쭉 뻗어 오른 대나무 숲이여![猗猗雨裏挺琅玕]"라는 싯구에서 볼 수 있듯이 대나무의 의미로도 쓰인다.

선수행의 성격상, 화려한 장엄이 특별히 사용되었을 것이라고 보기는 어렵다.

감로탱에 등장하는 금판 도상을 비롯해 현존하는 고식古式의 금판 대부분에 장엄채색이 되어 있는 것은 도량을 안팎으로 결계結界하고 소所를 세우며 단壇을 건립하는 수륙재의 설행 공간 의식과 깊이 연관되어 있다.

화려한 장엄 기물의 가장 극적인 쓰임은, 수륙재 의식인 영혼식迎魂式 중 '문門' 앞에서 행하는 의식에서 드러난다. 영가들이 비로소 법의 연회가 베풀어지는 도량의 중정으로 들어가는 첫 관문이기 때문이다. 이 의식과 관련된 집약적인 게송이 '개문게開門偈'이다.

조선시대 의식문 판본들에 나타나는 '개문게'의 게송은 한 가지의 관용구 형태로 거의 변화 없이 정착되어 다음과 같이 쓰이고 있다.

발을 걷으면 미륵불을 맞이하고　捲箔逢彌勒
문을 열면 석가모니불을 뵈리니　開門見釋迦
위없는 분께 아홉 번 절 올리고　三三禮無上
법왕의 집에서 즐거이 노니소서.　遊戲法王家

16세기 초의 『청문』(1529) 「대령소참對靈小參」에는 '개문게' 게송이 들어가기 전의 시작 부분에 특이하게도 다음과 같은 글이 부가되어 있어 주목된다.

모 영가시여!
질풍처럼 철봉을 한번 휘둘러, 천만 호의 문을 두드려 여니
某灵 一揮鉄捧如風疾 萬戶千門盡擊開

"一揮鉄捧"으로 시작하는 글은 송대 곽암廓庵의 〈심우도尋牛圖〉에 나타나는 게송의 일부로,[248] 선禪적인 예지로 가득 차 있다. '개문게' 도입부분의 문門과 이

---

248 송대 곽암(廓庵)의 심우도(尋牛圖) 중 마지막 열 번째인 〈입전수수(入廛垂手)〉에서 석고희이(石

문을 두드려 여는 철봉은 실제 의식에서 어떻게 구현되었을까? 『청문』(1529) 이후의 전개 양상으로 보면, 문은 중정과 맞닿아 있는 정문인 해탈문解脫門, 혹은 不二門이고, 철봉은 목판木板인 금판禁板에 해당된다.

조선시대 금판은 크게 두 가지 중요한 의식절차에 쓰이고 있다.

현존하는 수륙재 의식집 판본들 중 위의행렬의 의식절차를 가장 자세하고 특징적으로 기술하고 있는 『신간산보범음집新刊刪補梵音集』(1713, 묘향산 보현사, 동국대 소장)에서 도감都監과 판수判首가 지닌 기물에 대해 살펴보자.

첫 번째를 보면, 「중례작법절차中禮作法節次」〈상위上位〉 25장張에, "판수는 금판禁板을 받들어 대열을 앞장서 이끌고[判首奉禁板先導]"라거나, 〈삼단각전송지규三壇各餞送之規〉 41장에, "좌左 도감은 주장자를 들어 잡인을 금하고, 좌左 판수는 금판을 들며[左都監拈拄杖禁雜人 左判首執板]"라거나, "대도감은 주장자를 들어 잡인을 금하고[大都監拈拄杖禁雜人]"라고 하여, 도감이 주장자로써 금잡인禁雜人을 하고, 판수가 금판인 목판을 들고 있는데, 이때의 주장자와 금판은 막대기와 목판으로 위의행렬에서의 쓰임에 크게 차이나지 않는다.

판수가 금판을 받들어 대열을 앞장서 이끌거나 참여 대중들이 위계에 따라 위의를 갖춰 열을 가지런히 해야 할 필요가 있을 때, 이때의 금판은 삿된 것을 금하거나 질서 유지와 같은 기능 위주의 쓰임이다. 따라서 오늘날 일반적으로 사용되는 용어 가운데 하나인 '도량옹호패'도 재를 설행할 때에 신중神衆의 '擁護聖衆'을 연상시키므로 위격상 적합한 용어로는 보이지 않는다.

두 번째를 보면, 판수의 금판은 문밖에서 영가를 맞이해 도량 안으로 들어가는 의식에서 비로소 극적으로 쓰인다. 위의 〈하위下位〉 32장의 하단 시련위의侍

鼓希夷)화상이 화답한 게송의 일부이다.

輦威儀와 관련된 행렬에서는 의식을 총괄하는 도감보다 의식 진행의 실질적인 역할을 하는 판수가 더 주목을 끈다.

> 이어서 판수가 곧 금판으로 문을 세 번 두드리면, 기사는 그 세 번째 소리에 맞춰서 양쪽 문짝을 활짝 열어젖힌다.
> 次判首卽以禁板三扣其門 記事應第三聲洞開兩扉

정문 앞에서 영가를 맞이해 문 안으로 들이는 이러한 의식을 자세히 다루고 있는 것은 또 다른 묘향산[香山] 판본으로 1651년에 간행된 합철본인 『제반문』(국립중앙도서관 소장)이다. 앞부분이 결락되어 있고 『신간산보범음집』(1713, 묘향산 보현사)과 편제도 다르지만, 보다 앞선 시기의 것이다. 본문 중 '대령對靈' 의식의 협주에 다음과 같이 위의행렬이 있는데, 『신간산보범음집』에서 부기사副記事가 기사記事로 간략히 생략되는 등 여러 부분이 산보되었다.

> 판수가 금판을 받들어 법당을 향해 영좌 앞에 서면, 사미 한 사람은 신번[인로왕보살번]을 받들고 금판의 뒤에 서고 '지단진언'을 마친다. 범음은 "나무대성인로왕보살"을 거념[거불]하고 작법대중들은 보살의 명호를 같이 거념한다. 시주는 곧 위판을 받들어 신번의 뒤를 따르고 법주는 요령을 흔들며 위판의 뒤를 따른다. 경당좌는 책상[경상]을 받들고 법주를 뒤따른다. 이때에 부기사는 미리 문 안으로 들어가 문을 닫고 서 있는다. 법주는 위판이 있는 곳으로 나아가 서서 요령을 한 번 흔들어 내리고 개문게를 거념하여 마친다. 판수가 곧 금판으로 문을 세 번 두드리면, 부기사는 그 세 번째 소리에 맞춰서 양쪽 문짝을 활짝 열어젖힌다. 이때에 종두는 대종을 전후로 응하여 12번을 친다.
> 判首奉禁板 面法堂立靈座前 沙彌一人奉神幡 立禁板之後 指壇眞言畢 梵音擧南無大聖引路王菩薩 法衆同念菩薩號 施主卽奉位板 隨神幡之後 主法振鈴隨位板之後 經堂佐奉冊床 陪主法而行 於是副記事預入門 內閉其門立 主法進立位板之立振鈴一下 乃擧開門偈 偈畢 判首卽以禁板三扣其門 副記事應第三聲洞開兩扉 於是鐘頭擊大鐘前後應幷十二槌

〈영취산 흥국사 감로탱〉(1723, 비단에 채색, 152.7×140.4㎝, 리움 소장)의 부분

이러한 금판의식은 조선후기의 감로탱 도상과 연계되어 있는데, 도상으로 의식을 표현하기 어려움에도 불구하고 흥미로운 단서를 남긴 경우도 보인다. 〈영취산 흥국사 감로탱〉(1723, 리움 소장)에서 판수가 지닌 금판은 감로탱에 나타나는 초기 도상에 해당된다. 금판의 한쪽 끝에는, 옆에서 법고를 치고 있는 승려가 쥔 북채처럼, 특이하게도 '봉'과 '술'이 달려 있어서 당시 금판의 쓰임을 사실적으로 잘 보여준다.^{사진} 현존하는 실제 유물들에서는 찾아보기 어렵다.

그런데 정문 문 앞에서 '개문게'를 할 때의 금판은 '금禁'자에 금한다는 뜻도 있지만 '궁궐'을 의미하는 뜻도 있듯이, 법의 연회가 펼쳐지는 법궁法宮으로 나아가기 위한 기물이나 청정한 대도량의 건립建立을 상징한다. 정문 앞에서 이 하나의 금판으로 '문을 세 번 두드리는 의식'을 통해 영가들이 비로소 깨달음의 도량으로 들어가는 첫 관문을 통과하게 되는 것이다. 참여대중들과 함께 하는 극적인 대중의례의 매개인 금판이 장엄채색의 장식성을 띠고, 경전의 문구나 다라니,

공안公案 영역의 것을 드러낸 것은, 이것이 무엇보다도 법의 연회에 사용되는 의식용 기물이었기 때문이다.

감로탱 도상으로 전하는 금판과 현재 유물로 남아 있는 금판에는 명문이 있는데, 이에 대한 구체적인 명문 연구는 이뤄지지 않았다.

먼저 감로탱에 나타나는 두 종류의 명문을 중심으로 그 내용을 분석해 보면, "수구섭의신막범비여시행자능득도세 守口攝意身莫犯非如是行者能得度世"는 기본적인 계율을 지키는 이야기 중심의 대중성을 지닌 것이고, "환중천자칙새외장군령 寰中天子勅塞外將軍令"은 공안公案에 속하면서도 의식절차의 쓰임에 따라 위의와도 연관되어 있다.

守口攝意 身莫犯非 如是行者 能得度世

감로탱의 금판 도상이나 현존하는 금판 유물에는 회화상의 표현이나 박락 등으로 인해 위의 게송 일부가 다음과 같이 드러나 있다.

〈표충사表忠寺 감로탱〉(1738) 금판: "(守口攝意身莫犯非如是行者)能得度(世)" ^{사진}

〈영원사鴒願寺 감로탱〉(1759) 금판: "(守口攝意身莫犯非)如是(行者能得度世)"

〈수락산 흥국사興國寺 감로탱〉(1868) 금판: "(守口攝意身莫犯非)如是行者能得度(世)"

표충사 영각影閣에는 동일한 게송의 금판 2개가 현존하는데, "守口攝意身莫

〈표충사 감로탱〉(1738, 비단에 채색, 155.0×181.0㎝)의 부분

犯(非)如是行者能得度(世)"이다. 패의 길이 때문인지 비非자와 세世자를 생략했다.

위의 게송은 의식구에 있는 명문임에도 무거운 주제의 내용이 아니라 경전의 대중적인 이야기에 출전을 두고 있는데, 그 기원에 대해서는 잘 알려져 있지 않다.

어떤 이야기일까?

비유적인 깨우침의 이야기인 『법구비유경法句譬喻經』(K1020)의 〈술천품述千品〉 등에는 '반특般特'을 주인공으로 한 흥미로운 이야기들이 있다. 여기서는 금판과 관련되는 내용의 이야기를 중심으로 간단히 살펴보겠다.

〈술천품〉의 주요 내용이다.

코살라국의 '반특'이라는 장로비구는 매우 우둔해서 오백 아라한에게 삼 년 동안 배웠으나 게송 하나를 깨우치지 못했다. 이런 그를 불쌍히 여긴 부처님이 그에게 다음과 같은 게송 하나를 주셨다.

守口攝意　말하고 생각함에 신중하고
身莫犯非　행동에 있어 어긋나지 말라.
如是行者　이와 같이 행하는 수행자는
能得度世　능히 큰 깨달음을 얻으리라.

수행과 신행에 있어 가장 기본인 신구의 身口意를 지키는 것을 핵심으로 하는 게송이다. '반특'은 너무나 기뻐하며 이 게송을 받아 지녀 용맹정진 했고, 결국 마음이 확연하게 열려 아라한의 지위를 얻게 되었다. 나중에 이를 믿지 못해 골탕 먹이려던 비구니들도 반특에 크게 감화되었지만, 그가 실제 깨쳤다는 사실은 널리 알려지지 못했다. 그러던 어느 날, 부처님과 승려 대중들이 코살라국의 파사닉왕의 공양을 받기 위해 궁전으로 들어가게 되었다. 이때 부처님은 문득 당신의 발우를 '반특'에게 들게 하셨는데, 하필 '문지기[門士]'가 사문 일행들 중 바보사문 '반특'을 알아보고는 그를 문門 안으로 들여보내지 않으며 말했다.

"그대는 사문으로서 한 구의 게송도 알지 못하면서 왜 공양을 받으려 하는가?"

결국, 반특만 문밖에 홀로 남겨지고 이후 궁전 안에서 공양이 시작되자 부처님은 발우가 없어 공양을 받지 못하게 되었다. 다급해진 반특이 신통력으로 팔을 길게 늘려 궁전 안으로 부처님의 발우를 받들어 올렸다. 신이가 일어난 것이다. 곧 왕과 대중들은 부처님의 발우를 들고 있는 그 긴 팔이 바보사문 반특의 팔임을 알고는 부처님께 반특이 어떠한 인연으로 도를 얻게 되었는지 여쭈었다. 그러자 부처님은 천 개의 문장이나 천 개의 말을 외우더라도 진리의 말 한 구절을 깨우쳐 실천하는 것만 못함을 반특에게 준 게송으로 밝히셨다.

"守口攝意 身莫犯非 如是行者 能得度世"라는 이 게송 하나로 깨우친 바보사문 반특 이야기는 그가 코살라국 국왕의 '반승'에 참석하지 못하고 부처님께 발우를 올리면서 보인 신통력과 부처님의 설법이라는 매우 흥미롭고 극적인 구성으로 이뤄져 있다.

가장 기본적인 실천만으로 어떤 바보라도 신통이 열릴 수 있음을 보여주는 깨우침의 이야기가 국왕의 '반승'을 배경으로 하고 있는 점은 눈에 띄는 부분이다. 인도에서 이 '반승'은 일반적으로 수륙재를 의미하기 때문이다.

원래 수륙재는, 인도에서 왕이나 왕자가 5년마다 베푼 대재회인 '반차우슬般遮于瑟; 般闍于瑟, pancavarsika'에 기원하는 것으로, 『아비담비바사론阿毘曇毘婆沙論』 14권 등과 같은 많은 문헌에 나타난다.

이 중에 『화엄경탐현기華嚴經探玄記』 8권(K1513)의 내용이 가장 명료하다.

대시회大施會를 여는 것이란, 무차회無遮會를 여는 것으로 온갖 것을 모두 베푼다는 것이다. 이른 바 물품에 제한을 두지 않고, 때를 제한하지 않으며, 대중을 가리지 않고, 먼저도 없고 나중도 없이 평등하게 일체의 중생들에게 보시하기 때문이다. [중략] 이 큰 모임을 여는 것을 범어로는 '반차우슬般遮于瑟'이라 하는데, '무차대회無遮大會'라 한다.

設大施會者是無遮會 種種皆施 謂不限物 不局時 不遮衆 無前無後等施一切 [中略] 處設大會等梵名 般遮于瑟 此云無遮大會也

조선시대에도 그 형태와 규모는 다르지만, 재마다 승려들에게 거의 '반승'이 베풀어졌고 위의 경전 이야기는 대중들에게 매우 적합한 주제였을 것이다. '반승'은 조선시대 전 시기에 걸쳐 간행된 일상과 재의 발우공양 의식문인「승가일용식시묵언작법僧家日用食時默言作法」에 따라 대부분 전각 내에서 이뤄졌기에, 오늘날의 봉원사 영산재와 같은 '야외의 식당작법食堂作法'과 일괄적으로 한 가지로 접근하는 것은 무리가 있다. 이미 '식당작법'이라는 용어 자체가 '실내'인 '식당'에서의 작법을 의미하기 때문이다. 따라서 금판이 '실내'에서의 '반승' 의식에서는 실제 사용되지 않았을 것으로 판단된다. 그리고 근래에까지 사용한 봉원사 식당작법 금판에 감로탱의 금판 도상이나 현존하는 금판 유물과 달리 아무런 채색이나 장식, 문구가 없었던 점도 감안할 필요가 있다.

'반특' 이야기에는 눈에 띄는 중요한 반전의 기제가 있다. '반승'이 '문門'을 경계로 일어난다는 점이다. 반특이 "문 밖에 있게 되었고[時般特卽住門外]", 이로 인해 어쩔 수 없이 '부처님의 발우를 문 안으로 들이는 신통력'을 쓰게 된 것이다. 위의 게송은 문 앞에서 행해지는 수륙재 금판 의식의 성격을 가장 잘 보여준다. 즉, '개문게開門偈'에서 이 금판으로 도량의 정문을 세 번 두드려서 문을 열 때에 이 게송만큼 적절한 게송은 없어 보이기 때문이다.

결론적으로 말하면, 이것은 의식절차에 따른 '금판'의 성격과 기능 가운데 가장 두드러진 것으로 대중들에게 기본적인 계율의 준수를 강조하고 극적 반전의 측면에서 '개문게' 의식에 매우 효과적으로 활용된 것이다.

寰中天子勅 塞外將軍令

"寰中天子勅 塞外將軍令" 이 2구句는 『벽암록碧巖錄』 제73칙則에 나타나는 마조도일馬祖道一, 709-788의 〈마조사구백비馬祖四句百非〉 등에도 공안公案의 일부로 나타나고 있다.

마조대사께서 말씀하셨다.
"지장의 머리는 희고, 회해의 머리는 검다."
《천하에선 천자의 칙명이요, 변방에선 장수의 명령이다.》
馬師云, 藏頭白海頭黑《寰中天子勅, 塞外將軍令》

『고애만록枯崖漫錄』은 남송 말기의 임제종 선승들의 화두 수행을 기록한 것이다. 위의 2구 게송은 철편윤소鐵鞭允韶선사 이야기에 나온다. 선사가 오문吳門 승천사承天寺에 주석하면서 '개에게 불성이 없다'고 설했을 때, 아는 이가 매우 적었다. 마침 원元 쌍삼雙杉스님이 그 법회에 참석해 다음과 같은 게송을 지어 인가를 받았다고 한다.

狗子無佛性　개에게 불성이 없다는 것은
一正一切正　하나도 일체도 바른 것이니
寰中天子勅　천하에선 천자의 칙명이요
塞外將軍令　변방에선 장수의 명령이다.

우리나라 선종의 지침서라 할 수 있는 『선문염송禪門拈頌』은 고려의 승려 혜심慧諶, 1178-1234이 1226년에 불경이나 선문 조사의 어록에서 옛 화두를 뽑고 이에 대해 여러 선사들이 평한 것을 모아 편집한 것인데, 권제5에서도 볼 수 있다. 조선시대에는 서산이나 그 제자인 순명경헌順命敬軒, 1542-1632과 같은 선승들을 중심으로 게송에 이 2구에 대한 깊은 이해가 나타나 있다.

전체의 게송으로 보면 화두이고, 이 2구의 게송으로 보면 법의 연회에 동참한 작법대중들의 위의를 세우기에 적합해 보이나 게송의 처음부터 '천하'와 '변방'이 지닌 대별성으로 인해 '게문게'에서의 쓰임도 가능해 보인다.

〈운흥사雲興寺 감로탱〉(1730)의 금판 도상에는 "塞外將軍令"이라는 명문이 일부 드러나 있으며, 통도사를 비롯해 청도 대비사大悲寺사진, 경주 기림사祇林寺 등과 같은 여러 사찰의 금판 유물들이 남아 있다.

금판의 문구로 위의 "守口攝意 身莫犯非 如是行者 能得度世"와 "寰中天子勅 塞外將軍令" 외에도 또 다른 문구들이 금판에 남아 있어 그 성격을 파악하는데 참고가 된다. 다만, 감로탱 도상이 아닌, 현존하는 유물에서 이를 살펴볼 수 있다.

〈청도 대비사(大悲寺) 금판〉(높이 184cm)의 앞면과 뒷면 ⓒ이정훈

통도사 금판 유물에 쓰인 문구이다.

知不知識不知識　아는가 모르는가! 분별하는가 분별하지 못하는가!
上堂中堂及雜堂　상당 중당과 잡당이라네.

직지사 금판 유물에 쓰인 문구이다.

知不知識不識　아는가 모르는가! 분별하는가 분별하지 못하는가!
上堂中堂已上客　상당 중당은 이미 (당상에) 올랐으며 나머진 객(당).

일반적으로 조선시대 승가에서는 상당과 대별적인 것으로 하당이라는 이 두 가지를 썼는데, 여기에는 여러 가지 용례로 인한 단어의 습합이 있다. 재齋에서 대웅전과 같은 주전각을 중심으로 전각의 안과 밖을 말할 때에는 당상堂上과 당하堂下를 썼다. 『연산군일기』 11권, 연산 1년(1495) 12월 17일자를 보면, "재를 지낼 때에 불공양과 승공양을 당상에서 먼저 하고 영혼을 불러 맞이하는 것[迎魂]은 이어서 당하에서 행하니 設齋之時 供佛飯僧 旣先於堂上 唱靈迎魂 次行於堂下"라고 하여 '당상'은 법당 안에서, '당하'는 법당 밖의 계단 밑 중정에서 행하는 것을 일컬었다. 이때의 '당상'과 '당하'는 위계를 드러내는 것으로 상당과 하당의 맥락과 같다.

또한 위의 유물 금판에서처럼 "上堂中堂及雜堂"이나 "上堂中堂已上客"이라고 하여 상당과 중당, 그리고 하당의 세 가지를 쓰는 경우는 대찰이나 대재에 참석한 승가대중들에 해당되는 경우이다. 『천지명양수륙재의범음산보집』(1739, 곡성 도림사道林寺)의 〈용상방목龍像榜目〉에 올라 있는 소임 가운데 당좌堂佐 소임이 "金堂佐, 經堂佐, 末堂佐,"의 세 가지로 분류되어 있는 것을 볼 수 있다. 즉, 이를 대입해 보면, 상당은 "金堂佐"로, 중당은 "經堂佐"로, 잡당이나 객승은 "末堂佐"에 해당된다. 『작법귀감作法龜鑑』(1827) 하권 〈용상방龍象牓〉에서 이 "末堂佐"는 "客堂佐"로 표기되어 있다.

『천지명양수륙재의범음산보집』(1723)의 〈상당축원〉에 나타나는 당좌 소임에 대해 살펴보면, "총림의 대중을 청하거나 제방산문에 청하지 않은 이가 있는지 각 방과 여러 곳을 오가며 세 번 청하네. 법연에 맞이하여 들게 하고 가고 나아감을 편안케 하네. 보청의 普請儀를 맡은 당좌 아무개 비구여! 叢林請眾 諸山不請 各房諸處 徃來三請 迎入法席 去就安詳 普請堂佐 某人比丘"라고 한 것이 참고가 된다.

조선전기의 왕실 기신재 관련 기록인, 『연산군일기』 28권, 연산 3년(1497) 10월 24일자를 보면, "그들이 말하는 상당과 중당의 보시라는 것은 바로 승려들의 무릎담요나 덧버선을 말하는 것입니다. 其曰上中堂布施者 乃裹僧膝小裙也 裹僧足細襪也"라고 하여 왕실에서 반승과는 별도로 재를 설행하는 본사의 대중인 상당과 중당에게만 보시하고, 외부 하당에는 보시를 하고 있지 않다. 후대의 감로탱인 〈수국사守國寺 감로탱〉(1832) 사진과 〈양주 청련사 감로탱〉(1880) 사진 등에는 하당에 해당하는 송낙을 쓴 일부 객승이 재장 어산단의 한쪽에 앉아 웅크린 채 졸고 있는 것을 볼 수 있다. 특히, 〈양주 청련사 감로탱〉에 나타나는 객승의 승복은 여러 군데 기운 흔적이 뚜렷이 잘 묘사되어 있다.

상당과 중당, 그리고 잡당이나 객당의 단어가 자리하는 이러한 문구들 역시 전체적으로 위계의 범주에서 벗어나 있지 않으며, 현존하는 '금판' 유물에서도 그대로 적용되어 있음을 볼 수 있다.

그러면 여기서 감로탱과 현존 유물 대부분에 나타나는 조선시대 '금판'의 특징인 화려한 장엄에 대해 살펴보자. 이러한 회화적 장식성은 어디에 기원을 둔 것일까?

왼쪽_〈수국사 감로탱〉(1832, 비단에 채색, 192.0×194.2㎝, 기메미술관 소장)의 객승
오른쪽_〈양주 청련사 감로탱〉(1880, 비단에 채색, 134.0×225.5㎝)의 객승

    감로탱 도상이나 실제 현존하는 금판의 문구들로 보면, 바보비구 '반특' 이야기와 같은 구어체적인 수사修辭가 두드러지게 나타날 수 있는 것이나 기본적 계율의 준수와 위계를 통해 위의를 세우는 것은 재 현장에서 대중들을 위해 통속적인 방식의 이야기 형식으로 풀거나 설명을 통해 서로 이해의 공유가 가능하지만, 공안公案의 영역에 있는 것들은 한계가 있다.

    그런데 이에도 불구하고 후자의 경우에도 전자와 마찬가지로 '둥근 원' 안에 글자를 한 글자씩 새겨서 강한 장식성을 드러내고 있다. 이것은 재 자체를 설판재자인 재가신자 중심이 아니라 사부대중 모두를 대상으로 한 것이라는 시각에서 보면 대중적 측면은 여전히 유효하고, 장식성도 전례가 될 만한 것이 있다.

    명대와 청대의 회화들에 나타나는 '나례'의 잡희를 묘사한 장면은 불교적 성격과는 무관하고 그 형태도 금판보다 취급과 이동이 편리한 '번당幡幢'이 대부분이지만, 대중적인 '방문榜文'의 기능에는 비슷한 점이 있다. 이때의 '번당'

을 보면, 금판처럼 '둥근 원'이 있고 이 안에 해당 잡희의 명목이나 관련 내용을 알리는 문구가 있으며 색채도 매우 강렬하다. 대표적인 것으로, 명대의 〈헌종원소행락도憲宗元宵行樂圖〉(1485)에는 궁중 나례의 백희百戱에 등장하는 장식성이 강한 '번당'이 도상으로 잘 표현되어 있다. ^{사진} 이 '번당'은 명대 주국정朱國楨, 1557-1632이 조선 사신으로 왔을 때의 기록인 『용당소품湧幢小品』 권30에서도 살펴볼 수 있다. 이들을 맞아 당시 평양 근교에서는 나례의 백희가 베풀어졌는데, 이때에 "만국의 백성들이 환희하며 다투어 뛸 듯이 춤추네. 萬國同歡爭蹈舞"라는 등의 문구가 쓰인 '번당'이 네 개가 있었다고 한다.[249]

〈헌종원소행락도〉(1485, 37×624cm, 중국 국가박물관 소장)의 부분

조선시대 대중들이 운집하는 현장에서는 그 현장의 성격에 맞게 일종의 '방문'으로써 '금판'이나 '번당' 등을 통해 해당 내용을 효과적으로 전달하려는 시도가 있었음을 보여준다.

---

249 "[中略]幡幢四 上書曰 萬國同歡爭蹈舞 兩儀相對自生成 天下太平垂拱裏 海東無事鑿耕中[下略]". 朱國楨, 明淸筆記叢刊 『湧幢小品』(下), 北京:中華書局, 1959, p.707.

〈선암사 서부도전 감로탱〉(1736,
167.5×242.0cm)의 책을 든 승려

3. 책冊을 든 승려

어산은 의례승들 중에서 앞쪽에 위치한다.

악기가 아닌 목소리를 사용하기 때문이기도 하지만, 그 성격상 경전이나 의식집을 펼쳐 놓는 경상經床 주변의 의례승들 사이에 자리잡는 것이 자연스럽다. 〈운흥사雲興寺 감로탱〉(1730)과 〈선암사仙巖寺 서부도전西浮屠殿 감로탱〉(1736) 사진에 나타나는 의례승 앞줄의 '책冊을 든 승려' 도상도 같은 맥락에서 위치한 것이다. 그런데 이보다 앞 시기의 〈구 우학문화재단 소장 감로탱〉(1681) 사진 p.410과 〈경북대박물관 소장 감로탱〉(17세기)을 보면, 이들 '책을 든 승려' 도상은 앞쪽이 아니라 법라와 바라, 경쇠를 치고 있는 승려들보다 뒷줄 끝에 위치하고 있다.

〈구 우학문화재단 소장 감로탱〉(1681, 비단에 채색, 200.0×210.0㎝)의 부분

여기서 〈경북대박물관 소장 감로탱〉(17세기)^{사진}의 도상을 살펴보자.

재장에서 승려가 책을 들고 있다. 그런데 책을 들고 있는 것 자체만으로 그 비중이나 연행의 특성상 당연히 앞 줄에 서야 하는데, 큰 소리의 울림을 특징으로 하는 법라와 바라, 경쇠를 치는 승려들보다도 더 뒷줄 끝에 위치하고 있다. 그리고 무엇보다도 이것이 경전이나 의식집일 경우에라도 서양식 책 읽기처럼 서서 손에 들고 읽는 방식은 오늘날에도 허용되지 않는 생소한 영역의 것이다. 범음을 전통적인 방식으로 배운 어산들의 경우에는 여법하게 이를 경상 위에 놓아야 하고 게다가 의식집의 중요 범음梵音 내용을 기본적으로 외워 습득하고 있다는 점에서 이 책이 경전이나 의식집이 아닐 가능성을 높여준다.

그러면 이 책은 어떤 성격의 것일까?

〈경북대박물관 소장 감로탱〉(17세기, 삼베에 채색, 81.6×88.9㎝)

권상신權尙愼, 1759-1825의 『서어유고西漁遺稿』〈정릉유록貞陵遊錄〉은 정릉의 윤삼월 꽃구경에 대한 기록으로 그가 동소문東小門을 나서 신흥사新興寺로 가는 길에 우연히 보게 된 걸립승[化主僧]에 대해 다음과 같이 밝히고 있다.

길에서 한 명의 비구를 보았는데, 절의 불기 만드는 것을 모연하기 위해 송락을 쓰고 목탁을 치며 범어로 염불하니 지나가는 신자들이 던져준 엽전이 종이[紙] 위에 가득했다.

行見一比丘 募造佛器 松絡木鐸口
誦梵語 以諸檀越過去人 擲錢滿紙

〈단원풍속화첩_걸립〉(지본담채, 27×22.7.0㎝, 국립중앙박물관 소장)

당시의 풍속화에도 이러한 장면들이 묘사되어 있다. 김홍도가 '단원풍속화첩'에 당시 승려들의 '걸립'을 주제로 그린 그림에는 송낙과 고깔을 쓴 두 명의 승려가 목탁과 소고小鼓를 치며 허리 굽혀 예를 표하고 있고, 삼단 첩으로 펼쳐진 큰 종이 위에는 엽전들이 줄을 맞춰 가지런히 놓여 있다.^{사진} 그 앞에는 복을 바라는 행상하는 여인 두 명이 서있다. 앞서 권상신이 보았던 엽전이 올려져 있던 종이는 이 큰 종이였을 것이다.

또 다른 18세기의 필자미상 풍속화(지본담채, 33.5×27.0㎝, 국립중앙박물관 소장)를 보면, 소나무 아래의 길목에 오불관五佛冠 형태로 종이를 접어 고깔을 쓴 노승이 장삼에 가사를 수垂하고 요령을 흔들고 있고, 그 한쪽에는 망태를 쓰고 염주를 목에 건 더벅머리 거사가 큰 종이 앞에서 요란한 몸짓으로 소금小金을 두드리고 있다. 승려와 거사가 한 자리에서 걸립하고 있는 것으로, 〈안성 청룡사 감로탱〉(1692) 도상에서 연희자가 의례승들과 함께 있는 것처럼, 더 이상 낯선 장면이 아니다.

그런데 여기서 눈에 띄는 것은 오늘날에는 찾아보기 힘든, 하나같이 커다랗게 표현된 종이들이다. 승려와 거사가 있는 풍속화에서 보이는 종이를 보면, 광곽匡郭에 계선界線이 쳐져 있고 소제목인 묵광墨匡에 해당하는 부분이 다소 묽은 적색과 연두색으로 칠해져 있는데, 아래위로 불규칙하게 위치해 있다. 실제로는 다양한 시주 항목을 나타내기 위해 각 색으로 염색한 종이를 정성껏 오려서 권선문 위에 붙인 것으로 보인다.

이것이 더욱 구체적으로 드러나 있는 것이 송낙과 고깔을 쓴 두 명의 승려가 있는 위의 풍속화이다. 종이는 앞의 것과 비슷하면서도 중요한 특징 하나가 있다. 바로 'ㅅ'자 형태가 겹겹이 묘사된 표식이 있다는 점이다. 종이를 두 층으로 한 다음 앞 장에서 표식을 눈처럼 오리고 숫자대로 이를 접어서 표시하는 '서산書算'과 같은 것인데, 다만 회화상으로 보면 먹으로 표시한 것처럼 보인다. 비록 길에서 걷는 시주금이지만, 시주자를 위한 최소한의 격식과 시주금 관리의 예를 잘 보여준다.

이러한 측면에서 『매년칠월삼십일지장보살탄일불공서원력모연문每年七月三十日地藏菩薩誕日佛供誓願力募緣文』(표충사, 1871)은 흥미로운 모연문 자료다. 지장보살 탄신일인 7월 30일에 재의 설행과 영가천도를 위해 설판재자設辦齋者를 모연한 책으로, 당시 팔도의 사찰 승려들을 비롯한 사부대중이 동참했다. 앞의 풍속화에서처럼, 오고 가다 길에서 모연해 자세한 인적 사항을 알 수 없는 시주

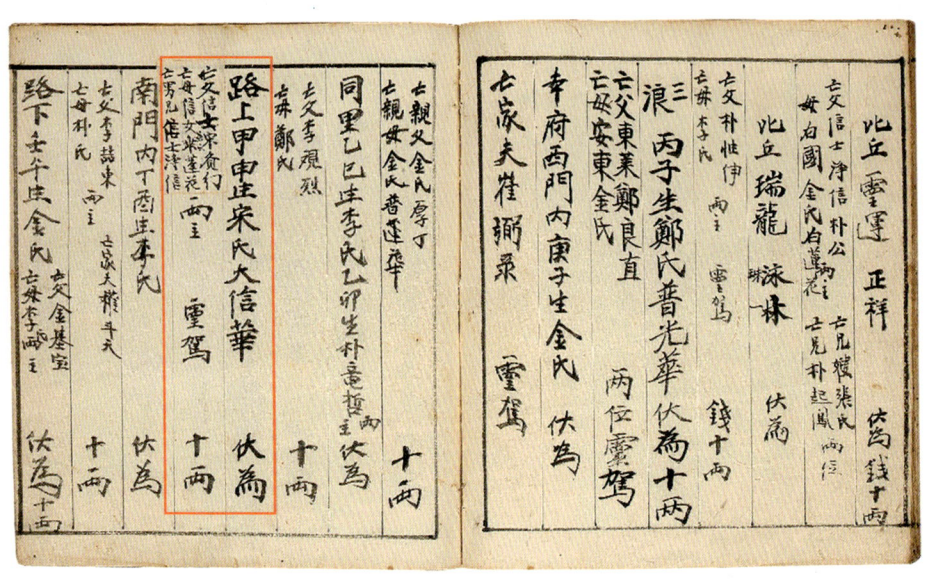

『매년칠월삼십일지장보살탄일불공서원력모연문』(표충사, 1871)

자들은, 예를 들면, "路上甲申生宋氏大信華 伏爲~兩主 靈駕 十兩"이라고 하여 노상路上이나 노하路下 등으로 표시한 것이 눈에 띈다. ^{사진}

한편으로, 이들 풍속화에 나타나는 엽전이 올려진 종이가 어떤 것인지 잘 드러나 있는 것이 조수삼趙秀三, 1762-1849의 『추재기이秋齋紀異』〈姜攫施〉이다. 여기에는 강석기姜錫祺라는 난봉꾼 파락호破落戶가 승려의 시줏돈을 빼앗은 이야기가 실려 있다. "일찍이 불사를 모연하는 승려의 '권선문' 위에 어느 정도 돈이 쌓여 있는 것을 보고 嘗見募緣僧勸善文 積錢寸許"라는 문장에서 엽전이 쌓여 있는 종이가 권선문勸善文임을 알려 준다.

모연문募緣文과 권선문은 그 성격상 차이가 없다. 현전하는 여러 권선·모연문과 비교해 볼 때, 이들 풍속화에 묘사된 것만을 보더라도 장식적 요소가 강하고 종이의 크기도 눈에 띄게 커서 18세기 당시에 이미 다양한 형태250가 있었음을 알 수 있다. 즉, '걸립'을 통해 복을 구하는 여러 시주자들의 이목을 끌고 이들이 직접 여기에 엽전을 던져[擲] 희사喜捨하게 함으로써 큰 종이로 된 권선문의 수요가 있었던 것이다.

위의 두 풍속화를 비롯해, 감로탱 도상에 나타나는 것도 시주자들의 이름과 시주 물목物目이 적힌 권선·모연문 책이나 절첩본折帖本들일 것임은 분명하다. 최종적으로 여기에 기록된 내용들은 재 불사의 회향일回向日에 의례승들이 행하는 시주자들을 위한 '축원祝願'이나 영가천도 부분에서 정식으로 다시 드러난다. 이것은 오늘날의 각종 재에서도 여전히 빠지지 않는 오랜 전통적인 형식의 것이다. 다만, 위의 17·18세기 감로탱의 도상과 달리 서서 하지 않고 앉아서 축원을 하고, 화려한 정장의 책이나 절첩본의 큰 종이 형식보다는 서책 형식의 것이나 소문疏文 형태의 종이에 마지막으로 옮겨 적어 읽는 것이 다를 뿐이다.

그런데 조선시대에는 시주에 꼭 금전만이 해당된 것은 아니었다. 큰 불사에는 많은 이들의 공력이 따르므로 이에 소용되는 식재료인 쌀을 비롯해 메주, 된장, 소금 등과 같은 식재료도 주요 시주품목에 들었다. 큰 불사인 괘불 조성과 관련된 화기畵記의 시주질施主秩을 보면, 말장末醬과 소금의 시주가 빈번히 등장한다. 식재료 권선문으로는 응운당應雲堂 공여空如, 1794~?의 『응운공여대사유망록應雲空如大師遺忘錄』〈염장권선문鹽醬勸善文〉251과 〈불량권선문佛粮勸善文〉 등

---

250 프랑스 기메미술관 소장의 〈김홍도 풍속화〉에도 '걸립' 장면이 있는데, 승려의 모습은 없지만 소고를 치는 망태 쓴 거사들 아래로 큰 권선문이 펼쳐져 있고 구경값인 엽전을 부채로 거두는 사당들의 모습이 보인다. 이들 엽전도 역시 권선문 위에 올려져 있다.

251 부처님께서 말씀하시길, 금세에 사람의 몸을 얻어 단정한 모습을 갖추고 이르는 곳마다 타인이 모두 좋아하고 만사가 뜻대로 성취되는 것은, 전생에 소금과 장을 보시하여 복을 받은 것이라 하였습니다. 엎드려 바라건대 군자들께서는 이 글을 보시고 티끌 재물을 아끼지 마시고 무루의 수승한 인연을 맺으시길 천만 번 우러러 바라옵니다. 佛言 今世得人身具足端正相好 而到處人皆悅之 萬事如意成就 前世施鹽醬得福者 伏望僉君子 覽此文 莫惜塵財 結無漏勝緣 萬千企仰 [ABC_이대형(역)]

〈신륵사 감로탱〉(1900, 비단에 채색, 208.0×236.3㎝)의 부분
각 사찰에서 온 승려들이 당사소 한쪽에서 시주하는 장면

이 전한다.

또한 시주는 신도들 대상의 '걸립'만으로 이뤄지진 않았다. 19세기말의 감로탱 도상에서도 '상호부조'를 위해 각 사찰에서 온 승려들이 시주하는 장면이 묘사되어 있다. 〈신륵사 감로탱〉(1900)에서 재가 열린 날 야외에 차려진 당사소堂司所; 維那所 천막의 안쪽을 자세히 살펴보자. 한 노승이 앉아 있고 그를 따라온 시자가 품속에서 시주금을 꺼내는 듯한 모습이 묘사되어 있다. ^{사진} 앞에는 시주책에 내역을 적고 있는 승려가 있는데, 경상 위에 인장함印章函이 있는 것으로

보아 당해 사찰의 주지임을 알 수 있다. 19세기 말의 서울·경기지역 감로탱화에 나타나는 일련의 비슷한 초본 도상들에 속하지만, 〈신륵사 감로탱〉에서는 여기에 더해 시주책 양쪽 펼쳐진 면의 시주질施主秩에 두 사찰이 낸 시주금 내역이 보인다. "華溪寺 一貫 奉元寺 五貫" 이다. 이때에 새절로 불린 봉원사를 비롯해 화계사는 큰 재가 많이 열리기로 유명한 곳이었다. 이 시주금을 당시의 화폐 단위로 살펴보면, 1관貫은 '흔 쾌'이며 돈 꿰미로 한 냥兩에²⁵² 해당된다. 화계사는 한 냥을, 봉원사는 다섯 냥을 시주한 것이다.²⁵³

〈신륵사 감로탱〉(1900)의 부분

여기서 중요한 것은 도상에 나타나는 기록의 정확성 여부보다 이러한 시주

---

252 박혜숙의 「18-19세기 문헌에 보이는 화폐단위 번역의 문제」, 『민족문학사연구』 38(민족문학사연구소, 2008, pp.227-229)에서는 관(貫)을 노끈으로 묶은 동전 한 꿰미로 보았으며, 우리나라에서는 『광재물보』나 『목민심서』의 경우처럼 중국의 용례에 따라 '1관=10냥'으로 표기한 문헌도 있었지만, 보통은 '1관=1냥'이 더 일반적으로 통용되었다고 보았다.

253 당시 재를 여는 사찰에서 일반적으로 통용되던 시주금의 규모는, 회명(晦明) 선사의 문집인 『晦明文集』(여래, 1991, p.320)에서도 살펴볼 수 있다. 회명선사가 1894년 동학사(東鶴寺)의 학인으로 있을 때에 43명의 대중과 함께 정산(定山) 정혜사(定慧寺)에 가서 예수재를 주관하게 되었는데, 이때에 주관자 소임의 시주금으로 다섯 냥을 나머지 대중들은 세 냥 여덟 전을 받았다고 한 것이 참조가 된다. 또한 선사가 1886년 건봉사(乾鳳寺)에 전답을 시주한 것도 참조가 되는데(p.310), 당시 상답(上畓) 한 마지기의 값이 마흔 다섯 냥이었다고 한다. 민간에서의 1냥은 『하재일기(荷齋日記)』의 1899년 1월 4일자 일기에, "장작 2바리를 2냥 2전에 사들였다."[한국고전종합DB]고 하였으므로 겨울 화목 장작 한 바리가 한 냥이 조금 넘었음을 알 수 있다. 또한 1884년 한 비단가게의 장부기록인 〈면주전(綿紬廛) 염수가초책(染受價草冊)〉(일본 경도대학 가와이문고 소장. 고려대학교 해외한국학자료센터 http://kostma.korea.ac.kr/)을 보면, 옛날부터 수요에 비해 만드는 공정이 까다로웠던 쪽빛 명주 한 필의 염색 비용이 한 냥 두 전[藍水紬二疋六尺五寸 每疋入染價錢一兩二錢式]이어서 비교 대상이 된다.

자의 공덕이 재의식에서 당연히 큰 소리로 축원되었음은 의심의 여지가 없다는 사실이다.

〈선암사 서부도암 감로탱〉에서는 권선·모연문을 들고 시주자들을 축원하고 있는 승려가 두 명이다. 그만큼 권선이 잘된 것을 표현한 것일 수 있고, 절 외부와 내부의 불연대중들의 모연을 상징적으로 표현한 것으로도 볼 수 있다.

즉, 감로탱 도상에 나타나는 책이나 종이의 종류로는, 법주와 어산 앞에 놓인 경상 위의 경전·의식집류를 비롯해 승려 대중들이 손으로 들고 축원해 주는 권선·시주책이나 절첩본과 같은 모연문류 등을 들 수 있다.

4. 부채를 든 승려

〈영원사 감로탱〉(1759, 비단에 채색, 138.0×165.0㎝ 월정사 소장)의 부채를 든 승려

'부채를 든 승려'는 〈약센지 소장 감로탱〉(1589) 등과 같은 초기 감로탱 도상에서부터 등장한다. 역시 위의 '책을 든 승려'처럼 재의 방문榜文에 그 소임이 특

정되어 있지 않다. 이들이 모두 나타나는 도상은 조선후기의 〈영원사鴒願寺 감로탱〉(1759, 월정사 소장)사진 p.419과 〈신흥사新興寺 감로탱〉(1768, 리움 소장)이지만, 책과 부채만큼 그 성격에 차이가 있어 보인다.

'부채를 든 승려' 도상은 조선시대 수륙재의 설행 현장에서 활동했던 연희승의 존재를 뚜렷하게 드러내어 주는 하나의 단서이다. 앞서 살펴본 대로 나례나 걸립에 의해 승려들 중에 연희적 기량을 지닌 층이 두터웠을 것으로 판단되지만, 이처럼 구체적인 그림으로 남아 있는 경우는 드물기 때문이다.

후대의 기록 중에 19세기 초 송만재宋晩載, 1788-1851가 지은 〈관우희觀優戲〉의 한시漢詩 50수首 중 제45수는 과거급제자들을 위한 삼일유가三日遊街의 연희 항목인데, 여기에도 연희승의 존재에 대해 추론해 볼 근거가 있다. 현재 관련 전공자들에 의해 여러 번역이 이뤄졌는데,[254] 특히 2구句의 내용에 불분명한 점이 많다. 이를 연세대 소장본을 바탕으로 번역하면 다음과 같다.

소년등과자를 위한 연희자 뽑는 자리	金榜少年選絶技
기예의 쟁쟁함이 소문난 재승들 같네.	呈才競似聞齋僧
편을 갈라 무리지어 마당에 등장하며	分曹逐隊登場地
별의별 재주로 각자의 기량을 겨루네.	別別調爭試一能

2구에서 "기예의 쟁쟁함이 소문난 재승들 같네. 呈才競似聞齋僧"라고 한 '재승齋僧'은 민간에서 주로 재의 화주化主나 재의 설행과 관련된 각종 소임을 맡은 승려를 뜻했다. 여기에서 '소문난 재승'이라 한 것은 당시 '야단법석野壇法席'과 같은 재의 설행 현장에 나례나 걸립의 형태로 뛰어난 연희적 기량을 지닌 승려들

---

254 가장 최근의 연구인, 김석배 外 4인의 『조선후기 연희의 실상』(보고사, 2019, p.138)에 실린 제45수의 해석은 "급제한 젊은이가 재주꾼 뽑으려 하니」 각자 나서며 다투니 재들은 중 같네.」 무리 나누고 대열 따라 무대에 올라서」 각각 어울리거나 겨루며 재주를 펼치네.」"이다.

이 존재했음을 보여준다.

감로탱의 재 설행 장면에서는 예시豫示의 형태로 소극적으로 표현되어 있지만, 당시의 사명일 명절 등에 설행되는 수륙재 현장에서 송만재가 보았을 이들 연희승들의 연희는 다른 전문 연희자들과도 비견될 정도로 매우 인상 깊었던 것이었음이 분명하다.

감로탱의 의례승들 사이에 '부채를 든 승려'를 보면, 서서 부채로 입이나 얼굴을 가리고 있어 전통적인 경전의 독경이나 범패와 관련된 작법을 하는 소임의 승려는 아니다. 이들은 '소학지희笑謔之戲'를 하는 승려이다.

'부채를 든 승려' 도상은 현존하는 감로탱으로 보면, 조선전기인 16세기 말의 감로탱인 〈약센지 소장 감로탱〉(1589) 도상에서 나타난 이래로 공백기를 거쳐 조선후기에 다시 나타나기 시작한다. 앞서 살펴본 것처럼, 의례의 이질적 문화요소인 연희적 성격을 재단을 중심으로 분명히 드러냈다는 점에서 양 시대를 이어주는 하나의 중요한 연결고리 위치에 있는 것으로 보인다.

이들 '부채를 든 승려' 도상을 주요 감로탱을 중심으로 살펴보자.

〈약센지 소장 감로탱〉(1589, 삼베에 채색, 158.0×169.0㎝)의 '부채를 든 승려' 도상

초기 감로탱인 〈약센지 소장 감로탱〉(1589) 도상은 조선 중기 의례승 구성을 전반적으로 살펴볼 수 있을 만큼 비교적 묘사가 자세하다. 도상을 보면, 법주로 보이는 의례승은 이미 단壇 앞으로 나아가 발우를 들고 아귀들의 왕인 면연귀왕面燃鬼王과 그 권속들을 위해 하단시식下壇施食의 사다라니를 행하고 있다. 단 왼쪽에는 의례승들이 있고 그 가장 뒤쪽 편에 '부채를 든 승려'가 둥근 부채로 얼굴을 살짝 가리고 서있는 것이 보인다.^{사진}

이러한 도상은 많지 않지만, 동 시기의 〈국립중앙

박물관 소장 감로탱〉(16세기, 에지마 고도 기증)뿐만 아니라 조선후기에도 나타나는 등 전 시기에 걸쳐 있다. 조선후기의 〈함남 고원 양천사 감로탱〉(유리건판 15349, 18세기, 국립중앙박물관 소장)의 경우는 크고 둥근 부채를 든 승려가 이전과 달리 의례승들 앞줄 쪽으로 나와 있으며, 〈안국암安國庵 감로탱〉(1726, 法印寺 소장) 등에서는 둥근 부채가 아니라 당시 편리해 많이 쓰던 접는 부채를 들고 있어 다양한 현장의 모습이 반영되어 있다.

'부채를 든 승려'는 단순히 무더위를 쫓기 위해 의례승들 사이에 있는 것이 아니라 재와 관련된 소임이라면 그 자체로 이질적인 것임에는 틀림없다. 오늘날의 현행 수륙재나 영산재 의식에서 부채를 사용하는 의례승이 없는 점을 감안하면 분명 낯선 요소다. 이 부채의 용도와 승려에 대해 집중하는 이유이다.

조선시대 연희의 공간에서 여희자가 사용하는 부채는 여러 가지 기이한 소리나 동물의 소리를 낼 때나 혹은 사설이나 재담을 할 때 필요한 일반적인 보조 도구였다. 청중들을 한 곳에 집중시키고 장면의 극적 전환과 변화를 위해 사용되었다. 그러면 이때에 승려들은 부채를 어떻게 사용했을까?

첫 번째는 '구기口技'이다.

앞서 살펴본, 『어우야담於于野談』에서 명종대의 '동윤'이라는 직첩職帖 높은 승려가 "새와 짐승의 소리도 잘 냈다."고 하는, 입술로 다양한 소리를 내는 '구기'를 들 수 있다. 이와 관련해 월저당 도안1638-1715이 『신간산보범음집』의 〈신간산보범음집발제〉에서 팔도 어산의 범음에 대해 각각 평하고 나서, "이들 어산은 실로 고래의 포효, 학의 울음, 꾀꼬리 소리, 새의 지저귐 같은 것들에 이르러서는 다 이와 같지 않음이 없었습니다. 悉至於鯨吟鶴唳鶯聲鳥鳴輩 莫不皆是"라고 한 것을 보면, '동윤'과 같은 '구기' 능력을 지녔던 이도 어산으로 활동하였을 가능성이 있다.

또 다른 '구기' 관련 기록은 이철환李嚞煥, 1722-1779이 가야산 일대를 유람하고 남긴 글인 『상산삼매象山三昧』(규장각 소장) 중 1753년 12월 4일 일락사日落寺에서 본 '승려들의 연희[闍黎演戲]'에 자세히 드러나 있다. 아울러 그는 1754년 1월 12일에 정수암淨修庵에서 놀랍게도 '꼭두각시 놀음[傀儡劇戲]'을 보고 이에 대한 견문적 지식을 드러냈지만 당시의 구체적인 연희 정황을 묘사하지는 않았다. 하지만 이 기행문은 가야산 일대의 사찰이나 암자에까지 '구기'와 '꼭두각시 놀음' 등과 같은 다양한 연희를 할 수 있는 승려들이 있었음을 보여주는 기록 자료여서 매우 흥미롭다.

두 번째는 '불교가사'이다.

위의 '구기'는 짧은 기예 그 이상은 아닌데 비해 '불교가사'는 대중들이 호응할 만한 음으로 홍법의 내용을 담고 있어 불교적 색채가 강하다. 오늘날의 용례로 보면, 재에서 어산이 의식을 진행하는 중간이나 끝에 대중들의 심기일전을 위해 부른다. 각안覺岸의 『동사열전東師列傳』(1894년 탈고)에는, "옛날 의상義湘대사는 '서방가西方歌'를 지었고, 도선道詵국사는 '산수가山水歌'를, 나옹懶翁화상은 '서양가西養歌'를, 청허淸虛대사는 '회심곡回心曲'을, 박자재朴自在는 '유산록遊山錄'과 '만고가萬古歌'를, 임형산林荊山은 '선유가船遊歌'를, 김매소金梅巢는 '유산록'을, 영암靈岩스님은 '토굴가土窟歌'를, 구계九階스님은 '유산곡遊山曲'을, 포의蒲衣스님은 '금강록金剛錄'을 지었다."고 하여 많은 관련 기록을 전하고 있다.

조선시대에 '불교가사'를 읊는 승려가 부채를 사용했다는 구체적인 기록은 확인할 길이 없지만, 재장에서는 여전히 청중들의 환기를 위해 필요했을 것이다. '불교가사'와 부채 사용 여부는 당시의 시대상황과 관련해 일반적인 추론이 가능한 부분이다. 여기서는 다양한 가능성을 위해 범위를 더 확대해 살펴보겠다. '불교가사'보다 연행 시간이 더 길고 극적 요소가 있으면서도 충실한 이야기 구조를 지닌 또 다른 기제가 있기 때문이다.

세 번째는 바로 '불교 속강俗講' 혹은 '강창講唱'이다.

경전 등의 내용을 대중들에게 이야기 형식으로 알기 쉽게 들려주는 오랜 불교문학의 전통이다. 이에 대해 역사적으로 짧게 살펴보자.

현존하는 가장 이른 시기의 고승전이자 후대 고승전 저술의 전범이 되었던 양梁 혜교慧皎의 『고승전高僧傳』(K1074)은 이러한 본격적인 논의의 출발점에 있다. 특히, 권13은 불교예술과 문학의 대중화에 힘쓴 고승들의 전기를 다루고 있어 그 중심에 있다. 혜교는 범패의 기원에 대해 밝히면서 수륙재와 어산, 그리고 범패를 만든 이로 조조의 아들인 위魏나라 진사왕陳思王 조식曹植을 최초로 언급하고 있다.[255]

혜교는 범패를 듣는 것에 다섯 가지 이로운 공덕이 있어서, "몸이 지치지 않고, 기억한 것을 잊지 않으며, 마음이 나태해지지 않으며, 음성의 무너짐이 없고, 모든 천신天神들의 환희 속에 있게 된다. 如亦聽其唄利有五 身體不疲 不忘所憶 心不懈倦 音聲不壞 諸天歡喜"고 하였다. 이런 다양한 공덕의 덕목은 당시에 범패의 대중화가 이미 시작되었음을 보여준다.

그리고 여기서 한 가지 주목되는 것은, 그가 당시 고승들 생전의 덕업德業을 기존의 여덟 가지 편목에서 열 가지 편목으로 분류해[256] 전기를 기술하면서, 경전을 노래하듯 읊조리는 전독轉讀을 포함해, 소리와 운율의 오묘함으로 부처의 공덕을 노래하고 찬탄하는 범패梵唄의 '경사經師' 편목과 경전의 내용을 대중교화의 목적으로 새롭게 재구성하여 호소력 있는 음율로 전달하는 '창도唱導' 편목을

---

255 "범패는 위나라 진사왕 조식에서 비롯되었다. 깊이 성률(聲律)을 사랑해 경전의 음에 뜻을 두어 '수륙재[般遮于瑟]'의 상서러운 음에 통하였고 다시 어산에서 신비한 음에 감응하였다. 이에 『태자서응본기경(太子瑞應本起經)』을 음으로 깎고 다듬어 배우는 이의 으뜸이 되었다. 소리로 전하는 것이 3천여 가지이고 음운의 변조[契]도 마흔 두 가지이다. 始有魏陳思王曹植 深愛聲律 屬意經音 卽通般遮之瑞響 又感漁山之神製 於是刪治瑞應本起 以爲學者之宗 傳聲則三千有餘 在契則四十有二"

256 당시 가장 중요한 역경(譯經) 편목을 비롯해, 의해(義解), 신이(神異), 습선(習禪), 명률(明律), 유신(遺身), 송경(誦經), 흥복(興福), 그리고 경사(經師), 창도(唱導) 순이다.

새롭게 추가해 그 대중화를 반영했다는 점이다.

> 예전의 초창기 고승들의 전기는 본래 팔과八科로 이뤄져 있었으나, 경사經師와 창도唱導의 두 편목이 점차 필요하게 되었다. 비록 도에서는 말단에 속하는 것이지만 속인들을 일깨우는데 가히 높이 살 만한 것이어서 이 두 편목을 붙여 십과十科의 전기를 채웠다.257

'경사'가 경전의 내용이 음운과 결부된 것이라면, '창도'는 경전의 이야기를 풀어내는 구술과 접목된 것이다. 그는 특히 '창도'에 대해 다음과 같이 논했다.

> 무릇 창도에서 귀중하게 여기는 것이 네 가지가 있다. 즉, 음성과 말솜씨와 재능과 박식함이다. 좋은 음성이 아니면 대중을 일깨울 수 없고, 좋은 말솜씨가 아니면 적시에 맞춰서 말할 수 없으며, 재능이 없으면 쓸 만한 말이 없게 되고, 박식하지 않으면 말에 근거가 없게 된다.258

이들 '경사'와 '창도' 편목은 이후에 『속고승전續高僧傳』과 『송고승전宋高僧傳』에 이르러 '잡과성덕雜科聲德'이라는 편목으로 바뀐다. '경사' 가운데 특히 범패는 수륙재를 비롯한 각종 재 의식에 올려지며 시대와 지역 등에 따른 특성을 보이고 있으나 수많은 음운의 변조가 사라진 것 외에는,259 불교의 범주 내에서 큰 성격 변화 없이 이어졌다.

---

257 『고승전』 권13(K1074). 昔草創高僧 本以八科成傳 却尋經導二伎 雖于道爲末 而悟俗可崇 故加此二條 足成十數
258 『고승전』 권13(K1074). 夫唱導所貴 其事四焉 謂聲辯才博 非聲則無以警衆 非辯則無以適時 非才則言無可採 非博則語無依據
259 혜고의 『고승전』이 범패에 42계(契: 음운의 변조)가 전하고 있음을 밝혔는데, 후대의 『불조통기(佛祖統紀)』는 6계(契)로 상당히 줄어들었다.

그런데 '창도'는 그 대중성으로 인해 크게 유행하면서 가장 창조적인 변화를 겪었다. '창도'는 당대에 이르러 '속강俗講'으로 발전하게 된다. 이른바, 속강이란, 통속적인 방식으로 불교의 이치와 각종 불경 이야기를 강연하는 것이다. 강연할 때, 흔히 노래를 동반하여 강설하며, 생동감있게 그려내듯 드러내 보여, 예술성이 아주 높았고, 각계 각층 사람들로부터 애호받게 되었다. 이러한 속강의 화본話本은 '소설小說'의 전신이라고 할 수 있는 '변문變文'으로 직접 발전하게 된다.260 당대에 불교의 영향으로 '변문'이 생겨난 이래로 송대에 와서는 속강이 극도로 발달하였다. 근래에 와서 이들 '속강'은 창唱하는 운문과 강講하는 산문이 엇섞이어 이루어진 것이라는 뜻에서 '강창講唱'이라 부르며 강창문학은 중국 문학사에서 거의 독립된 장르를 형성하기에 이르렀다.261 즉, 노래와 이야기 체계로 된 이 구성은 각 시대마다 이름과 형식을 달리하며 발선했고 소재도 기존의 불교적 내용에 한정되지 않고 각종 설화와 민담, 소설 등의 다양한 형태로 민간에 유행했던 것이다.

여기서 '강창'은 책을 읽어주는 '설서說書'의 '설창說唱'으로도 불렸는데, 당시의 회화에서 일종의 대본 책을 암송해 들려주는 모습으로도 흔하게 표현되었다. 송대 장택단張澤端이 그린 유명한 〈청명상하도淸明上河圖〉에는 번잡한 저자거리에서 '설서'를 하는 '설서인'이 묘사되어 있으며, 명대 장굉張宏의 〈잡기유희도雜技遊戲圖〉 '노상설서路上說書'에는 접이식 차양 아래에서 '부채'를 펼친 채 이야기를 풀어내고 있는 '설서인'과 군중들 앞으로 한 귀인이 늦을 새라 허둥지둥 뛰어오고 있는 모습이 그려져 있다.

우리나라에서는 고려시대 '불교 속강俗講'의 예로 대표적으로 언급되는 것이

---

260 賴永海(박영록 옮김), 『中國佛敎文化論』, 동국대학교출판부, 2006, pp.503-505 참조.
261 김학주, 앞의 책, p.301.

있다. 중국어 학습교재인 『박통사언해朴通事諺解』(1677)의 〈이 불법은 가장 존귀한 것. 這佛法最尊最貴〉은 이 시대 판본을 바탕으로 한 것으로, 중국 경수사慶壽寺의 고려승이 7월 15일 우란분재盂蘭盆齋에서 『구모경救母經』을 읽은 장면을 해당 예로 보고 있다. 그런데 원문 중에 유나단주[那壇主]·강주講主로서 목련존자의 『구모경』을 "說[니ᄅᆞ니]" 하였다고 하였고, 고려승 스스로가 "解說戒法"이라 하였으므로 경전 자체를 강독講讀한 것이다. 당시 통속적인 우란분재가 널리 성행했다고 하더라도 이 예는 관련이 없어 보인다.

이후 조선시대에도 불교문헌사에서 속강 성격의 목련존자와 관련된 판본들에 대한 연구 등은 있지만,[262] 실제의 구체적인 연행사실을 확인할 수 있는 대본 자료나 관련기록은 드문 실정이다. 그러나 앞서 살펴본 것처럼 수륙재와 우란분재의 성행과 그 연관관계로 볼 때에 재 현장에서 목련경의 '속강'은 불가능해 보이지 않는다.

전체적으로, 감로탱에 나타나는 '부채를 든 승려' 도상에 대한 이해는 비교자료의 희귀함과 구체적인 설명의 부재에도 불구하고 재 의식 현장의 의례승들과 같이 하고 있다는 점에서 '구기', '불교가사'와 같은 여러 가능성과 함께 여전히 해석의 여지는 열려 있다고 할 수 있다.

---

262 史在東(編), 『盂蘭盆齋와 目連傳承의 文化史』, 中央人文社, 2000.

5. 거사와 사당, 무동

수륙재와 같은 큰 재의 법연法筵에는 수많은 불보살 성중이 현현하며 그 공덕의 위신력이 일체의 유주·무주고혼을 비롯해 사람과 미물에까지 기쁘게 미치고, 게다가 이러한 법의 연회에 모인 많은 사람들을 위한 별도의 연희도 따랐다. 감로탱 도상에는 재가 설행되는 단을 중심으로 이러한 연희가 암시적으로 묘사되어 있다. 사찰의 사부대중[263]인 우바이·우바새에 속하면서도 비승비속非僧非俗으로 또 다른 형태의 연희집단을 형성하고 있었던 일명 거사·사당으로 불린 이들이 바로 이 연희의 주요 담당자들이었다.

이들의 등장은 조선전기의 왕실발원 재에서도 볼 수 있는데, 『세종실록』 122권(세종 30년, 1448)에 나타나는 왕실의 내불당內佛堂 건립을 기념하는 5일 동안의 경찬회 기록이다. 여기서 건립 경찬회는 수륙재의 설행을 의미한다.

> [중략] 또한 외부의 승려와 사장들은 불당 밖 건천에서 공양하게 했는데, 매일 공양한 것이 칠, 팔백인 아래로 떨어진 적이 없으며 소비한 쌀은 2천 5백 70여 석이었다.[하략]
> 又供外僧及社長於佛堂外乾川 一日所供 不下七八百人 所費米二千五百七十餘石

위의 사장社長은 사당舍堂으로도 불리며, 넓게는 우바이·우바새에 포함된다. 이들이 외부 승려와 함께 공양의 대상에 들어간 것은, 사장이 왕실 경찬회의 연

---
263 비구·비구니·우바이[淸信男]·우바새[淸信女]이다.

희를 위한 소임으로 5일 동안 '소학지희笑謔之戱'와 '규식지희規式之戱'의 기량을 펼쳤기 때문이다.

조선전기의 이러한 예에서 볼 수 있듯이, 이들은 왕실이든 사찰이든 규모가 있는 재에 따르기 마련인 연희 문화의 구조 속에서 그 활동 영역을 드러내어 왔다. 그동안 이들에 대한 연구는 특정 사례를 중심으로 이루어진 것도 있지만, 주로 연희자이자 사찰의 주변인으로 접근한 것이 대부분이었다. 이 과정에서 이들에 대한 사회적인 편견과 지난한 삶으로 인해 일탈한 무뢰배들 속에 포함되거나 불사의 조력자와 같은 단순한 외부적 시선에 그친 것도 사실이다. 그러나 오랜 연희 문화 속에 이들이 실제 어떤 신앙생활을 했는지 이들이 근거지로 삼았던 불교의 입장에서 한 번쯤 단편적이나마 살펴볼 필요가 있다.

조선시대 거사와 사당이 사찰과 연계된 대표적인 예는 안성 청룡사이다.
앞서 살펴본 것처럼, 17세기 말 〈청룡사 감로탱〉(1692)의 의례승들 사이에서도 이들의 존재를 확인할 수 있을 뿐만 아니라 19세기 말에서 근세까지 서울·경기권역에서 가장 유명한 남사당패의 근거지로 알려진 곳이기 때문이다. 안성은 조선시대 서울의 관문에 이르는 교통의 요지였고 청룡사가 있는 청룡리 불당골은 불가佛家에 반연攀緣해서 비승비속의 삶을 살아갔던 이들의 거점이었을 뿐만 아니라 이곳 출신인 '바우덕이'의 활동무대이기도 했다.
앞서 살펴본 것처럼, 〈청룡사 감로탱〉 사진 p.321의 의례승들 사이에 나타나는 거사와 사당의 도상은 17세기 말 사찰 연희의 성격과 존재를 회화를 통해 가장 극적으로 드러내고 있는 데다가 당시 감로탱이 기반하고 있던 '불교 사명일 의식'과 '시식 의식'이라는 수륙재 의식 설행과도 관련된 것이어서 주목된다.
조선시대 '사명일속제四名日俗祭'로 불리던 명절은 각종 재난과 여역厲疫이 치성할 때를 제외하고는 지금도 그렇지만 곳곳에 명절 분위기를 진작시키는 놀이가 있었고 이를 즐겼다. 여기에 더해 세시歲時나 명절에 해당할 정도로 사람들이 많이 모이는 때에도 이러한 분위기가 진작되는 면이 있었다. 앞서, 정조가 불교의 초파일을 명절로 칭하며, "오늘은 명절일名節日이다. 저잣거리에서 백성이 모여 놀고 마시는 것은 이상한 일이 아니니, 오늘 밤에는 삼법사三法司에서 나가 금하지 말게 하라."라고 한 것을 보면, 어느 시대에도 초파일에는 명절 분위기로 도성이 떠들썩했음을 알 수 있다.

이 감로탱의 조성시기는 초파일이 있는 4월이다. 이 달은 '사명일속제'와 관련이 없지만, 시기적으로 양의 기운이 가장 강하다는 진사월辰巳月; 3월, 4월이어서 위의 초파일을 명절로 인용한 예에서처럼 매우 양명한 때였음은 분명하다. 명절 분위기는 이 날에 재를 올리는 사찰들의 경우도 예외는 아니었을 것이다. 다만, 사찰에서 하는 나례나 걸립, 〈삼회향〉 등은 용어에서시처럼 목석성이 더 뚜렷했다고 할 수 있다. 즉, 연희演戲를 하는 당위성이 있어야 했고 이에 참여하는 자들과 그 놀이도 재의 설행 목적을 벗어나거나 해치지 않아야 했다.

〈청룡사 감로탱〉에서는 의식을 설행하는 엄숙한 의례승 도상 주변으로 주목할 만한 변화가 보인다. 재齋의 현장에 이전의 기년명紀年銘이 있는 감로탱 도상에서 잘 드러나지 않던 연희자들이 재의 일원으로 동참하고 있는 것이 보다 뚜렷히 표현되고 있기 때문이다. 그리고 이것은 오늘날의 현행 재의례에서 대부분 연희를 배제한 것과 의례승과 그 주변에 요구되는 엄숙함과도 다른 측면의 것이다. 이 감로탱의 화면을 보면, 연희자들은 재의 일원으로 화면의 중간쪽에서도 나타나고, 영가천도의 대상으로 화면 아래쪽에서도 나타난다. 전자가 재의 일원으로 참여하고 있는 장면이라면 후자는 소청의 대상자인 영가로 그가 속한 신분에서 '생전의 삶'이자 '죽음의 형태'로 표현되어 있다. 현재의 관련 연구는 다음 장에서 다룰, 후자의 도상 분석에 집중되어 있다.[264] 다만, 이 글에서 다루려 하는 전

---

264 후자의 도상에 대한 연구로는 민속학의 시각에서 다루어진, 전경욱의 「감로탱에 묘사된 전통

자의 도상은 의례승들 속에 주변인으로 등장하고 있을 뿐이다.

후자의 장면은 두 군데에서 보인다. 화면 왼쪽에는 비파를 뜯고 춤추고 땅재주 놀고 피리 불고 장구 치는 6인의 예인이 표현되어 있고, 오른쪽에는 걸립乞粒; 建立하는 사찰 걸립패의 선두로 염주를 들고 창唱하는 거사居士, 꽹과리와 소고를 치는 거사들에 뒤이어 합장하며 뒤따르는 3인의 사당舍堂 도상이 흥겨운 판을 벌이고 있다.

그런데 전자는 같은 부류의 거사와 사당의 연희 장면임에도 도상적으로 매우 경건한 점이 특징이다. 이들 일부가 '재의 연희자'일 뿐만 아니라 '재의 동참재자同參齋者'임을 연희에 사용되는 기물器物을 옆에 잠시 내려놓은 채 무릎을 꿇고 두 손으로 합장한 모습으로 표현했기 때문이다. 조선시대 불사의 연화질緣化秩에 사당과 거사와 같은 불교 연희자들이 시주자로 상당수 동참하고 있지만, 어떻게 이들은 이러한 모습으로 이 감로탱 도상에 등장하게 된 것일까?

이들이 사찰과 연계된 활동들에 대해서는 주로 20세기 초와 지방의 사찰 및 인근 지역을 중심으로 연구되고 있다. 그러나 일부의 자료이기는 하지만, 17세기와 18세기에도 한양을 근거지로 이들이 도성 턱 밑에서 이미 활동 기반을 가지고 있었다는 점은 활동 무대의 확산을 의미하는 것이어서 의미하는 바가 크다. 연희의 일정한 수요가 없이는 일정 수의 집단을 경제적으로 유지하기 어렵기 때문이다. 당시 한양이 일반적인 관점에서 이들의 불모지가 아니라 한양을 중심으로 어느 정도 '신행활동'을 하며 '경제력'을 지녔기에 가까운 안성지역 〈청룡사 감로탱〉의 연희자 도상에서도 이러한 직접적인 변화가 나타났다는 추정이 가능하다. 이것은 17세기 감로탱 도상에 나타나는 의례승들 사이에 위치한 거사와 사당의 존재에 대해서도 보다 분명한 시선을 제공한다.

연희와 유랑예인집단」, 『공연문화연구』 20(한국공연문화학회, 2010) 등 많은 논문이 있다.

18세기 말에는 도성 밖의 왕십리 사찰에도 거사와 사당들이 큰 세력을 형성하고 있었다.

『지장보살본원경언히』(1765, 규장각 소장 古1730-87)는 간기에 "乾隆三十年 乙酉閏二月日 京圻道 京城外從南山無學臺下藥師殿開板"이라고 하여 지금의 왕십리 무학봉無學峰 아래의 약사전에서 개판되었던 경전이다. 이 무학봉에는 근래까지 봉원사奉元寺처럼 재齋로 유명했던 안정사安定寺, 安靜寺, 靑蓮寺[265]가 있던 곳이다.

이 경전을 사지寺誌의 기록과 비교해 보면 당시 안정사의 주불전인 약사전에 봉안되었음을 알 수 있다.[266]

『지장보살본원경언히』는 당시의 부녀자나 사회의 기층민 누구라도 읽어 이해할 수 있는 해석 언해본이다. 권수제卷首題 밑에 "월린쳔강지곡졔이십일 셕보샹졔이십일"이라고 표기해 『월인천강지곡』과 『석보상절』에 수록된 『지장경』 출처를 밝혀 놓았다. 불사 동참자들은 '시주질施主秩'과 '연화질緣化秩'의 순서로 올라 있고 연화질에도 시주자들이 있는 등 전형적인 사중寺中의 기록 체계에 얽매이지 않은 비교적 자유로운 형태를 보여준다. 여기에는 수십 명의 많은 동참자들이 경건하게 "위부모[爲父母]"의 형식으로 부모의 극락왕생을 발원하거나 공덕 축원을 위해 이름을 올렸는데, 본사 승려로 당호를 지닌 산중석덕山中碩德 세 명

---

265 현재 태고종 사찰로 사명은 청련사이다. 2010년 왕십리 재개발로 인해 경기도 양주시 장흥면으로 이건하였다.

266 안정사의 사지는 1943년 안진호의 원고인 『봉은본말사지(奉恩本末寺誌)』 이후로, 이철교에 의해 『《서울 및 近郊 寺刹誌》 제3편 三角山의 사찰』, 『多寶』 통권12호(대한불교진흥원, 1994)에 다시 수록되었다. 〈제2편 京山의 사찰. 제8장 靑蓮寺誌〉(pp.53-59)의 '편년'에는 위의 『지장보살본원경언해히』의 간기와 거의 같은 간기가 언급되어 있는데(乾隆三十年乙酉閏二月 京畿道無學太下藥師殿 開板), 사지에서는 다만 "地藏經板을 새겨 藥師殿에 소장하다."라고만 하여 경명을 구체적으로 밝히지 않았다. 이 경전은 안진호가 사지자료를 조사할 당시에도 남아 있지 않았다. '법보'의 소장 목록에 1798년 간행된 벽송암 지장경 판본을 이안했다는 기록이 남아 있다.

과 일부 승려를 제외하고는 상당수가 거사와 사당, 처사 등이어서 불사의 주도세력이 분명히 드러나 있다. 도화주都化主와 부화주副化主도 모두 거사[居士]이다. 적어도 조선후기까지 불사관련 동참자들 사이에서 사찰의 승려가 주도권을 갖지 않은 매우 드문 예에 속한다.

앞 '시주질'의 시작 부분을 풀어 보면, "샤당법명김진익냥듀〈舍堂 법정 김진익 兩主〉, 위부모박셩휘〈爲父母 박셩휘〉, 츌신비 츠만냥듀〈출신出身: 과거에 급제하고도 출사하지 못한 이 배채만 兩主〉, 거뵈267냥쥬보체니긔피〈거북이 兩主保體는 급급히〉, 幼學[유생] 成錫琮, 샤당임오싱환슈망부최면빅시냥듀박귀인나시냥듀〈舍堂 壬午生 환수. 亡父 최면·백씨 兩主, 박귀인·나씨 兩主〉…"이다. 이 중 "거뵈냥쥬보체니긔피"에는, 흥미롭게도 '거북이'로 불린 부부 동참자를 놀리면서 인간적인 해학미까지 자유롭게 드러내고 있다.

위의 시주질과 연화질의 기록은 사찰 주도의 불사관련 기록에서 보기 힘들 정도로 이들의 시각과 관점에서 집단적으로 기록되었고 깊은 신앙심이 반영되어 있다. 이 시기의 사장, 사당 혹은 우바이·우바새로서 연희적 기량을 지녔던 이들은 주로 사하촌寺下村 일대뿐만 아니라 사찰에서도 거주하고 있었는데, 신행생활 역시 재가자로서 엄격했다.

이와 관련해 허정당虛靜 법종法宗, 1670-1733 선사의 『허정집虛靜集』(묘향산 普賢寺, 1732)〈속향산록續香山錄〉은 조선후기 묘향산에 거처를 두고 종교적 삶을 영위했던 이들의 구체적 생활상이 드러나 있어 흥미롭다.

곧장 내산동內山洞 입구에 들어갔다. 좌우의 길옆 바위에 깊고 으슥한 구멍이 있었으니, 사장굴舍長窟이었다. 옛날에 남녀 두 사장舍長이 떨어져 살며 일을

---

267 '거뵈'는 구(龜)의 훈차(訓借)임.

주관했던 곳이라 한다. 외사자항外獅子項으로 들어가 견성암見性庵을 보았다.
우바새·우바이들이 기거하는 당이라 장막을 쳐 분리한 곳이 역시 많았다.[268]

위의 글에서 묘향산 외사자항의 '견성암'이 어떤 이유에서인지는 모르겠으나 승려들이 거처하는 암자가 아니라 우바이·우바새들이 거처하는 곳이라고 한 점이 눈에 띈다. 또한 사장을 비롯해 우바이·우바새들이 동일 권역에서 거주하면서도 남녀의 거처를 따로 하는 등 비교적 엄격히 지계持戒의 생활을 하고 있었던 점도 거사와 사당에 대한 세간의 부정적인 시각과는 차이가 있는 부분이다. 조선시대 사찰의 각종 불사 시주기록에 이들이 빈번히 등장하는 것은 이러한 종교적 삶을 바탕으로 하고 있었기 때문에 가능했을 것이다. 비록 짧은 기록이지만, 이들의 생활로 보면, 재장에 서기 위해 연희적 기량을 끊임없이 연마한 것은 생업의 한 수단이었으면서도 궁극적으로는 불사를 위한 방편이었는지도 모른다.

안성 〈청룡사 감로탱〉이 도상을 통해 거사와 사당들을 '재의 연희자'와 '재의 동참재자'로 표현했다면, 『지장보살본원경언히』의 '시주질'은 한양의 왕십리 안정사를 거점으로 활동했던 이들의 불사기록을 통해 이러한 도상의 등장 배경을 자연스럽게 설명해 준다.

한양의 왕십리 안정사처럼 집단이 아닌 개인으로 한양 도성 안에 거주하며 불사에 힘쓴 사당도 있었다. 17세기 말-18세기 초에 '명월明月'이라 불린 한 사당의 경우가 이에 해당된다. 일반적으로 사당들이 지방을 중심으로 세력을 형성하고 있었는데 비해 그는 한양의 도성 안에 살았다. 묘정妙淨이라는 법명을 썼고 지방의 많은 불사에 참여했다.[269] 〈용문사龍門寺 천불탱千佛幀〉(1709) 화기의 시

---

268 『허정집』 虛靜集卷之下[ABC_성재헌(역)] 直入內山洞口 左右路傍巖穴窈窕者 曰舍長窟 古者男女兩舍長 分居做工處也 入外獅子項 見見性庵 波塞夷所居堂而分幕處者亦多

269 〈봉정사(鳳停寺) 괘불(掛佛)〉(1710) 화기의 시주질에 "大施主 明月舍堂妙淨 單身"으로 나타나며, 〈용문사(龍門寺) 팔상탱(八相幀)〉(1709) 화기의 시주질에 "京居平生發願 千佛八相幀 大

주질施主秩을 보면, "경기 도성 내 종묘 앞 연삼계 거주. 평생발원 천불탱·팔상탱 바탕 시주공양. 일산·향냥·채색 홍사·등불·양초 시주 겸 대시주자 명월사당 묘정 단신. 京畿都城內 宗廟前連三契居住 平生發願千佛八相幀波蕩供養 布施陽傘 香囊 各綵色紅絲 引灯燭兼大施主 明月舍堂妙淨 單身"이라고 하여 매우 신심이 깊은 대시주자로 올라있다.

한양의 도성 밖을 중심으로 사찰의 승려와 거사가 재의 설행과 관련해 공력으로 깊이 연계되어 있었던 사례도 흥미롭다. 사찰이 지역에 기반한 거사들의 연희와 경제력의 외호를 받았기 때문이다. 『선조실록』의 1606년 6월 1일자에 나타나는 한양의 수륙재가 대표적이다. 여기에는 임진왜란 직후 전란의 복구기에 한양 사람들에게 절경으로 이름 높았던 창의문彰義門·藏義門 밖의 탕춘대蕩春臺 냇가를 배경으로 승려와 거사들에 의해 설행된 성대한 수륙재 정황이 잘 드러나 있다.

> [중략] 신들이 듣건대, 탕춘대 부근에서 수륙회를 크게 열어 도성의 남녀들이 성 밖으로 밀려가 그 수를 알 수 없을 지경이었다고 합니다. 경복궁 큰길도 발 디딜 틈이 없이 가득 차 서인들이 보기에도 심히 경악스러운 광경이었습니다. 대략 지난 해에 거사로 불리는 무리들이 사현의 길을 보수하는 것을 마친 이후에 이어서 수륙회를 열었다는데, 그 장소 근처에 소림굴小琳窟이 있어, 초막草幕을 근래에 새로 지었다고 합니다.[하략]
> 臣等聞 蕩春臺近處 大設水陸會 都城男女奔波 緣城爬越 不知其數 景福宮大路 塡塞盈滿 庶人觀者 亦甚驚愕 大槪上年間 居士稱名之類 修治沙峴道路 畢事之後仍

施主 舍堂妙淨 單身"으로 나타난다. 또한 도선사에 소장된 진관사 불상의 복장 발원문에서도 시주자로 동참한 것이 확인이 된다.

爲此會 而會場近處有小琳窟 新造草幕云"[270]

 이때에 관리들에 의해 압수된 기물들은 "황옥교, 납교의, 기선 등의 기물 黃屋轎鑞交椅旗扇等物"[271]로 다음날 기록인 6월 2일자에 확인이 된다. 중국 황제가 탄다는 황옥교와 같은 화려한 가마를 비롯해 납을 주조해 만든 교의, 각종 번幡과 위의威儀 기물 등이다. 대찰에서나 볼 수 있는 갖춰진 기물들이다. 당시 초막 형태로 지어진 소림굴의 사세로 볼 때 소림굴에서 주최하였어도 이러한 거사들의 적극적인 참여가 없었다면 어려운 일이었을 것이다. 도로를 수리할 정도의 많은 수의 거사들에 힘입었음을 보여준다.

 그런데 위의 기록에서 눈에 띄는 점은 수륙재 설행과 소림굴 승려들보다는 중국 사신들이 오가며 머물렀던 사현 북쪽 기슭에 위치한 홍제원弘濟院의 인근 도로를 수리한 거사들과 관련된 일이다. 이들은 당시 사현의 도로를 수리하면서 희생된 동료들의 극락왕생을 위해 수륙재를 베푼 것이지만 사현에서 하지 않고 탕춘대에서 설행했다. 어떤 이유가 있었을까? 이에 대해서는 여러 기록들을 종합해 살펴볼 필요가 있다.

 먼저 수륙재의 설행 무대였던 창의문 밖 탕춘대 일대의 입지에 주목할 필요가 있다. 도성과 매우 가까우면서도 빼어난 절경에 시냇물은 맑고 깨끗해 산천대천의 기운에 힘입을 수 있었다. 19세기 초에 제작된 지도인 《좌해여지左海輿誌》(채색 필사본, 일본 경도대학 가와이문고 소장)의 〈연융대도鍊戎臺圖〉 **사진**를 보면, 산골짜기 시냇물 윗쪽에는 여제厲祭를 지내는 북단北壇인 여단厲壇이 있고 건너편의 윗쪽과 아랫쪽 시냇물 줄기를 따라 종이 만드는 조지서造紙署가 두 군

---

270 『선조실록』 200권, 선조 39년(1606) 6월 1일자.
271 『선조실록』 200권, 선조 39년(1606) 6월 2일자.

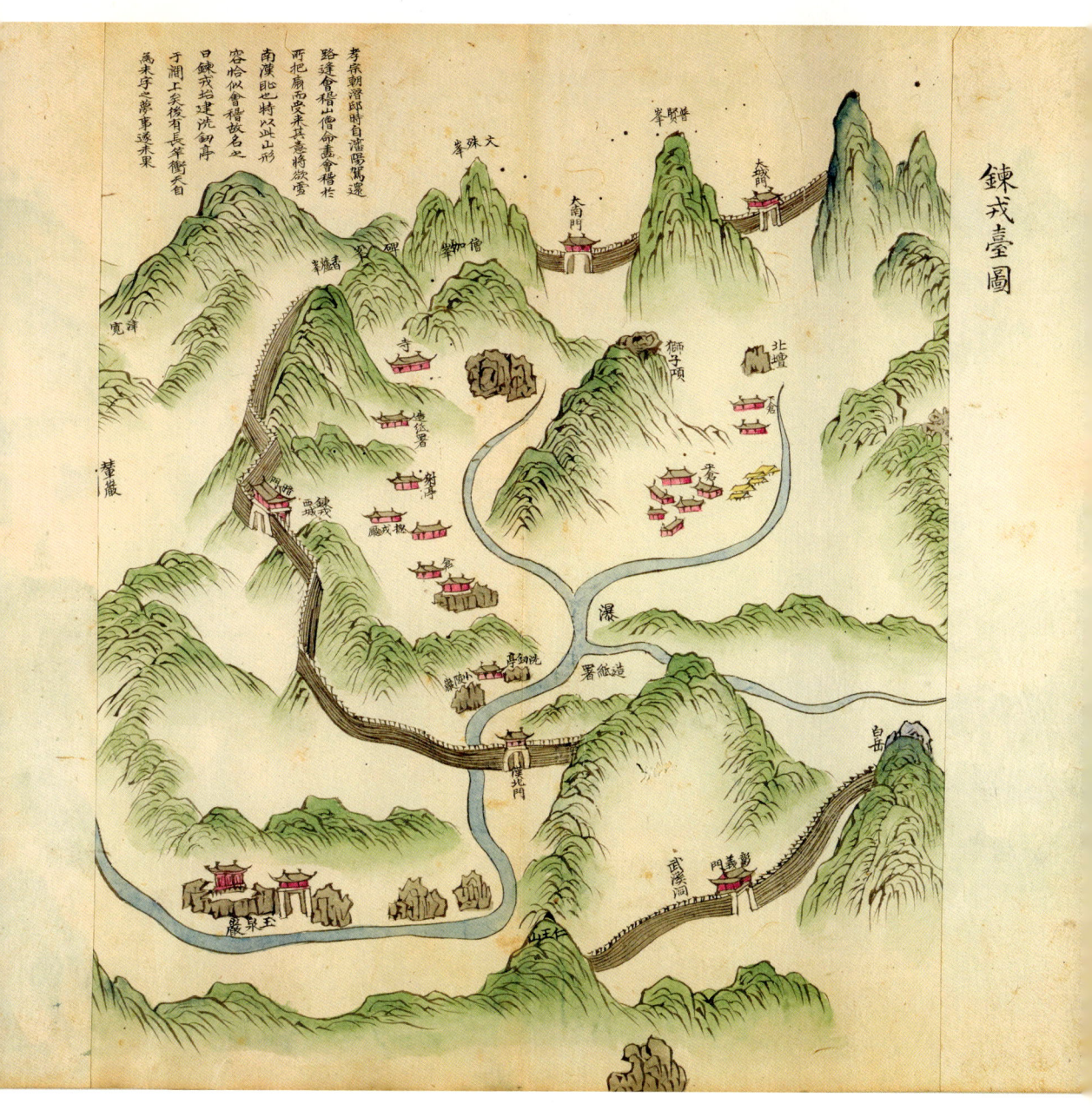

《좌해여지》의 〈연융대도〉(19세기 초, 채색 필사본, 일본 경도대학 가와이문고 소장)

데 표현되어 있다. 가장 적합한 곳에 입지를 갖춘 것이다.

그리고 여기에는 이뿐만 아니라 깨끗한 물과 풍부한 수량을 필요로 하는 두부, 메주와 같은 일종의 콩 관련 식품제조업이 특화되어 있었다. 1606년 창의문 밖 소림굴 수륙재 이후의 관련 기록들에서 유의미한 것을 살펴보면, 허균許筠, 1569-1618이 1611년에 쓴 『성소부부고惺所覆瓿藁』 제26권 설부說部5 〈도문대작屠門大嚼〉에는 "두부. 창의문(장의문) 밖의 사람들이 잘 만드는데, 그 부드러움은 형언할 수 없을 정도이다. 豆腐 藏義門外人善造 軟滑不可名狀"라고 하여 이 일대를 기반으로 살아가는 이들의 두부 제조 기술이 매우 뛰어났음을 보여준다.

이 창의문 밖으로 이어지는 도성 북쪽의 승려들에 대한 조포造泡 공역工役 동원 기록도 보인다. 『승정원일기承政院日記』의 인조 3년(1625) 4월 9일자에 중국 사신이 올 때에 경산의 승려[京山之僧]로 하여금 양식을 지급해 두부를 만들게 하자는 건의가 그것이다.

이 시기에 중국 사신들을 위한 나례儺禮 설행 기록인 『나례청등록儺禮廳謄錄』(1627, 필사본, 규장각 소장, 奎15147)의 연희종목 중에는, 흥미롭게도 한양에 성행하는 가게[前; 廛]들을 17종의 구조물 모형으로 만들어 채색한 다음 지고 나와서 노는 '소학지희笑謔之戲'가 있었다. 신발가게의 경우는 이 대형 구조물을 들기 위해 군인 24명이 동원되었다[鞋前擔持軍二十四名]. 등록에는 전대에 설행한 가게들 목록인 〈폐전질廢前秩〉[272]도 수록되어 있는데, '두부전[豆泡前]'이라는 두부 가게도 보인다. 〈폐전질〉에 등장하는 가게들과 당시 이들이 위치했던 곳을 살펴보면,[273] 이 '두부전'은 허균이 당시에 밝힌 창의문 밖의 두부 가게였을 것이다.

---

272 廢前秩. 菜蔬前 木桶前 栱床前 靑水前 僧鞋前 甘土前 槨前 磨造前 沙閑里前 柴木前 炭前 杷子前 糆前 京營庫前 松峴前 生芧前 生麻前 豆泡前 餠前 白糖前 竹前 醬前 瓮器前 盤前

273 위의 〈폐전질〉에 등장하는 가게의 위치를 일부 살펴보면, 신발가게인 승혜전(僧鞋前)은 탑골치에 있었으며, 승려들이 절을 세우고 관을 짜서 팔던 곽전(槨前)은 귀후소(歸厚所)가 있는 용산 강가에 있었고, 사한리전(沙閑里前)은 동소문 밖 사한이(沙閑伊)에 있었으며, 갈퀴를 파는 가게인 파자전(杷子前)은 종로에서 창덕궁으로 들어가는 어귀에 있었다. 이 시기 상공업

또한 창의문 밖 탕춘대 일대는 두부 만드는 곳뿐만 아니라 콩을 쑤어 메주를 만드는 훈조막燻造幕도 있었다. 메주는 조선시대 장醬 음식문화의 핵심을 이루는 것으로 재화와 공물貢勿로도 활발히 거래되었다. 당시의 대형불사인 괘불掛佛의 시주질施主秩에도 자주 나타나는 것이 말장末醬, 즉 메주 시주이다.

영조 대에는 군영軍營인 총융청摠戎廳이 탕춘대로 이전하고 탕춘대도 이에 맞춰 연융대鍊戎臺로 이름이 바뀌었다. 군영이 들어서면서 이 일대의 장의 수요도 더욱 많아졌을 것으로 보인다.[274] 1760년 영조가 연융대의 백성을 직접 불러 고치기 어려운 폐단을 물으니, 백성이 말하길, "세력가의 드센 종복들이 (공납) 메주 가격을 제대로 쳐주지 아니하고 중간에 (수수료 명목의) 뇌물을 강제로 받습니다."[275]고 한 내용에서, 이 백성들이 훈조계熏造契를 조직해 탕춘대, 즉 연융대 훈조막燻造幕에서 군영뿐만 아니라 궁과 관청 등에 공납하는 메주를 만들었음을 알 수 있다. 또한 1768년에는 이 연융대 훈조막에서 성북동 백성의 훈조막 설치를 돕기 위해 숙련자가 파견된 기록[276]도 보인다. 그리고 후대이기는 하지만, 구한말 사진 중에는 '소림굴' 바로 아래에도 훈조막의 표식이 세워져 있어 이 일대가 여전히 콩으로 만드는 식품에 매우 특화된 곳이었음을 보여준다.

조선후기 비변사備邊司에서 1753년에 작성한 『공폐工弊』의 제6책 〈훈조계인燻造契人〉을 보면, 훈조계의 계원들이 가장 공력이 많이 드는 '길을 닦고 다리·선창을 만들고 고치는 등의 역'을 200명이 24년 동안 연이어서 하고 있는 것[277]에

의 특성상, 통상적으로 알려진 가게들에 있어서는 거의 장소변화가 없던 것으로 보인다.

274 안용근의 「조선조의 공문서 및 왕실자료에 나타난 장류」, 『한국식품영양학회지』 Vol.25. No.2, 2012)를 보면, 시대와 매해 담그는 양과 비축분이 자세하지는 않지만, 총융청 군영의 비축 장(醬)이 973섬(175.14㎘)이고, 남한산성의 군영에서는 각 창고의 장항아리가 690개이고 해마다 장을 15섬(2.7㎘)씩 담근다고 한 것이 참고가 된다.

275 『영조실록』 96권, 영조 36년(1760) 8월 22일자. 召見鍊戎臺民人 問弊瘼 民人 以勢家悍奴 不給燻造價 勒捧情債

276 〈성북동포백훈조계완문절목(城北洞曝白燻造契完文節目)〉, 서울역사박물관 소장.

277 조영준·최주희(역해), 『공폐(工弊) 조선후기 공물 제도 운영의 병폐』, 아카넷, 2019. p.602.

서 알 수 있듯이, 앞선 시기인 1606년 '소림굴'과 거사들에 의해 설행된 수륙재는 이러한 배경 속에 이곳 탕춘대를 거점으로 일종의 상인조합을 형성한 거사들의 직접적인 후원으로 이뤄졌을 가능성이 높다. 일반적으로, 거사들이라고 하면 사당 연희패 활동만이 연상되지만, 실제로는 여러 경제적 활동과도 연관되어 있었을 것이다. 즉, 한양의 도성 밖 길로 이어지는 주요 길목을 중심으로 경제활동을 하는 거사와 사당들에 의해 여러 거점 사찰들이 생겨나고 연희활동도 연계되었을 가능성이 있다는 점에서 별도의 조명이 필요해 보인다.

다시 감로탱을 살펴보면, 의례승들 사이에는 어린 아이도 있다. 그러나 이 아이들은 단순히 재를 구경하는 동네 아이가 아니다. 재의 연행에 소임을 맡은 무동이다.

1797년 은해사 중수불사重修佛事 기록이 있는 「영천군은해사사적永川郡銀海寺事蹟」에는 "절의 승려들이 노소를 가리지 않고" 흥겨운 걸립을 행한 기록이 남아 있다.

> 성상즉위 22년이 되는 이 해에 산인 경옥, 석린과 전임 해운, 유화, 승수 등이 주위의 승려들을 모았고 또한 절의 승려들이 노소를 가리지 않고 광대를 하고 목간을 타는 유희를 하며 경내에서 걸립을 하였다.
> 嘉慶二年卽我聖上卽位之二十二年也 是年山人璟玉碩麟前任海雲有和勝修等分募 左右 且一寺老少作優倡竿木之戱 亦分乞境內[278]

절의 걸립에 특별히 노소를 가리지 않은 것은 걸립에 다양한 역할이 필요했기 때문이다. 이것은 1882년 17세의 사미승沙彌僧으로 건봉사乾鳳寺 극락암極樂庵의 중수불사를 위한 걸립에 동참하였던 회명晦明선사의 기록이 참조가 된다.

---

278 「慶北五本山古今記要」, 『韓國近現代佛敎資料全集』 65, 민족사, 1996, p.337.

金鼓所를 설치하여 남쪽과 북쪽의 지방으로 각지로 乞粒(사물을 잡히며 무동이 춤을 추어 절을 불사하겠다는 취지로 만든 가극단을 말함)할 것을 주선하였는데, 나는 어리기에 童子使人의 역을 맡아 한 차례만 책임져 달라는 요청을 맡고는 흔쾌히 승낙하여 스님들 사십삼 명이 한 단체를 구성하여 약 삼 주간 연습을 한 뒤에 이 해 시월 삼일에 출발하여 겨울 한 철을 逢場作戱하면서 열심히 하였다.279

그는 1877년 12세의 나이에 이미 "恩師인 寶河和尙을 魚長으로 모시고 常住권공, 靈山作法, 豫修齋의(에) 中禮까지 배워 마치었다."280고 하였으므로 어산魚山의 기량까지 지녔으면서 사찰 걸립에 춤을 추는 무동의 역할도 했던 것이다. 이러한 사찰 걸립 기록과 감로탱에 나타나는 무동의 존재는 사찰 불사의 범주를 벗어나지 않았다는 점에서 그 성격과 목적은 큰 차이가 없어 보인다.

감로탱에서 무동은 어떤 모습으로 표현되었을까?
무동은 위에서처럼 동진출가한 이가 맡는 경우도 보이는데, 감로탱에서는 대개 평범한 아이들의 모습으로 나타난다. 〈안국암安國庵 감로탱〉(1726, 법인사法印寺 소장)에서는 의례승들이 모여 있는 끝자락에, 두 명의 아이가 머리를 양쪽으로 길게 늘어뜨린 모습으로 두 손을 합장한 채로 서있다. 이들은 〈경남 고성 운흥사雲興寺 감로탱〉(1730, 쌍계사성보박물관 소장), 〈선암사仙巖寺 서부도전西浮屠殿 감로탱〉(1736), 〈여천 흥국사興國寺 감로탱〉(1741, 개인소장), 〈곡성 태안사 봉서암鳳瑞庵 감로탱〉(1759, 리움소장)에서 동일 계열의 도상으로 나타나고 있다. 당시 아이들이 남녀 모두 한 갈래로 땋아 내린 댕기머리를 한 것으로 보면, 성별의 구분은 크게 의미가 없어 보인다.

---

279 『晦明文集』, pp.295-296.
280 위의 책, p.293.

〈쌍계사 감로탱〉(1728, 비단에 채색, 225.0×282.5㎝)의 부분

특히, 〈쌍계사雙磎寺 감로탱〉(1728)에서 재단의 의례승들 사이에 나타나는 무동의 차림새는 보기 드물 정도로 화려하다. 무동은 동자처럼 쌍상투의 머리를 하고 청대의 왕비나 궁인宮人들이 즐겨 입던 운견雲肩으로 희의戱衣 궁장宮裝에 나올 법한 옷을 입고 있으며, 붉은 옷에 소맷부리에는 춤사위를 위한 긴 한삼汗

衫이 연결되어 있다. 무동 바로 옆에는 접는 부채인 합죽선合竹扇으로 얼굴을 살짝 가리고 있는 동진의 '부채를 들고 있는 승려'가 있다. 이들 두 사람은 의례승들 사이에 매우 눈에 띄게 작게 그려져 있다.^{사진} 아마도 무동과 동진승려였기 때문이기도 하겠지만 재설행을 강조하고 내부적으로 연희 역할의 일천함을 보여주기 위한 또 다른 시선처리로 보인다.

6부
감로탱 도상의 하단 소청召請 대상들

1. 16청請·25청請·4청請

이 글에서는 수륙재의 하단 소청대상들 가운데 16청·25청·4청의 세 가지를 살펴보겠다. 여기서 '청請' 즉, 봉청문奉請文의 숫자는 여러 의식문에 나타나는 통칭의 것이다. 16청을 보면, 고혼들의 앞에는 인로왕보살引路王菩薩의 인도引導가 반드시 있어야 하므로 실제 고혼 15청에 인로왕보살청이 붙으면서 16청으로 나타난다. 이러한 형태는 25청도 해당이 된다. 4청의 경우도 보다 정형화된 시식 의식문에서 하나의 관용구로 나타나는데, 역시 동일하다.

제1청인 인로왕보살청을 『천지명양수륙재의찬요』(1515, 운문사 간행) 〈소청하위편召請下位篇 제22第二十二〉에서 보면 다음과 같다.

> 귀의하옵고, 손에는 보개번을 들고 몸에는 화만을 걸치셨으며 청혼을 극락세계로 인도하기 위해 '벽련대' 쪽으로 혼을 이끄시는 대성 인로왕보살마하살을 일심으로 받들어 청하옵니다. 오직 원하옵나니, 자비심으로 유정들을 불쌍히 여기셔서 이 도량에 강림하여 주소서.
> 南無一心奉請 手擎寶盖 身掛花鬘 導淸魂於極樂界中 引亡靈向碧蓮臺畔 大聖引路王菩薩摩訶薩 惟願慈悲憐愍有情降臨道場

인로왕보살청의 제1청을 시작으로 제2청부터는 망혼들이 속한 신분이나 죽음의 형태로 불린다. 세상 어디에도 제사 지내줄 이가 없는 무주고혼無主孤魂이기 때문이다. 여기서 죽음의 형태로 불리는 하나의 '청' 속에도 하나의 죽음만이 들어 있는 것은 아니다. 하나의 '청' 내에 한 가지 이상의 여러 죽음의 형태들이 있거나 중복되고 나열된 것이 있어 죽음의 형태 구분이 무의미해 보이는 경우들도 보인다. '청' 자체가 대상과 죽음을 엄밀하게 구분하기보다 주로 큰 범주에서 죽음의 형태를 중심으로 수집, 집성됐기 때문이다. 대상도 넓어 심지어 구제를 기다리는 지옥중생들도 이러한 청에 속해 있다.

그리고 이러한 '청'은 의식집에서 '개계開啓' 형식의 소문疏文에서 나타나는 것인지, 소청召請 항목의 봉청문奉請文에서 나타나는 것인지에 따라 '청'의 성격과 종류에 차이가 있다.

하단소청과 관련해서는 원나라 몽산덕이蒙山德異, 1232-?가 편찬한 『증수선교시식의문增修禪教施食儀文』을 주의깊게 살펴보아야 한다. 『청문請文』(1529, 동국대도서관 소장)에도 이 『증수선교시식의문』이 수록되어 있는데, 〈주행탄불백의主行嘆佛白意〉는 개계 형식의 소문으로 '삼보가피三寶加被'를 밝힌 것이다. 여기에서 '청'에 대해 살펴보자.

> 오늘 이때 사문 모某 등은 자비한 마음을 이끌어 평능한 행을 하고, 본원력과 『대방광불화엄경』의 위신력과 모든 부처님의 가피력으로 이 청정한 법식法食을 일체 법계의 면연귀왕이 거느리는 36부의 한량없고 그지없는 항하사 수와 같은 모든 아귀 대중들에게 널리 보시하고, 나아가 하리제모의 일체 권속들과 바라문 신선 대중들, 아울러 이 세계와 다른 세계에서 전쟁으로 죽은 영가, 물에 빠져 죽거나 불에 타서 죽은 영가, 돌림병으로 떠돌아다니다가 죽은 영가, 굶어 죽거나 얼어 죽은 영가, 목을 매 자진한 영가, 형벌을 받아 죽은 영가, 아이 낳다 죽은 영가, 일체 떠도는 외로운 영가, 풀과 나무에 붙어 있는 일체의 귀신들, 지부풍도地府酆都와 크고 작은 철위산鐵圍山과 오무간옥五無間獄, 팔한지옥·팔열지옥과 가볍고 무거운 모든 지옥, 지옥을 맡은 관리와 성황城隍 등의 처소에서 일체 고통을 받는 중생들, 육도 근처에 다다른 일체의 중음신中陰身으로 있는 중생들은 모두 다 저희가 청하는 자리에 하나도 어김없이 오소서. 원컨대, 그대들 한 분 한 분은 각각 마가타국摩伽陁國에서 사용되는 곡斛으로 칠칠곡(49곡)의 음식을 얻어 모든 기갈을 없애소서. 가장 두려운 것은, 범부와 성인은 서로 통하기 어렵다 하니, 마땅히 삼보의 가피력을 구해야 할 것입니다.

시방에 상주하시는 부처님께 귀명하옵니다.
시방에 상주하시는 가르침에 귀명하옵니다.
시방에 상주하시는 스님들께 귀명하옵니다.
본사이신 석가모니 부처님께 귀명하옵니다.
관세음보살님께 귀명하옵니다.
저승과 이승의 고통받는 중생을 구원하시는 지장왕보살님께 귀명하옵니다.
방편의 큰 가르침을 일으키신 아난존자님께 귀명하옵니다.

是日今時 沙門某等 運慈悲心 行平等行 以本願力大方廣佛華嚴經力 諸佛加被之力 以此淸淨法食 普施一切法界 面然鬼王 所統領者 三十六部 無量無邊 恒河沙數 諸餓鬼衆 洎訶利帝母 一切眷屬婆羅門仙衆 倂此方他界 刀兵殞命 水火焚漂 疾疫流離 飢寒凍餒 繩木自盡 形憲而終 産難而死 一切滯魄孤魂 依草附木一切鬼神 地府酆都 大小鐵圍山 五無間獄 八寒八熱 輕重諸地獄 獄司城隍等處 一切受苦衆生 六道方來 一切中陰衆生 咸赴我請 無一違者 願汝 一一各得 摩伽陁國所用之斛 七七斛食 除諸飢渴 第恐凡聖難通 當求三寶加被

南無常住十方佛 南無常住十方法 南無常住十方僧 南無本師釋迦牟尼佛 南無觀世音菩薩 南無冥陽救苦地藏王菩薩 南無起教阿難陁尊者

조선시대에 이 소문이 수록된 판본들에 대해서는 앞서 살폈다. 『권공제반문勸供諸般文』(1574)의 「시식의문施食儀文」에서는 하단의 '유치'에 해당하는 부분에 거의 동일 내용이 수록되어 있는데, 이 시기에 이 '청'이 본격적인 의식문 체제로 자리 잡고 있음을 보여주는 예가 나타난다. 위의 내용 중 신이함은 있어도 깨달음이 없어 윤회하는 "나아가 하리제모의 일체 권속들과 바라문 신선 대중들[洎訶利帝母一切眷屬婆羅門仙衆]" 다음에 "(여기에) 영가의 이름을 올린다[靈入]."라는 문장이 보입되어 있어서 설판재자設辦齋者의 영가를 위한 문서양식이 갖춰진 것을 볼 수 있다. 이 소문은 실제 의식현장에서 이미 사용되고 있었던 것이다.

원래 『증수선교시식의문』의 '청'은 몽산덕이가 소문에서 고혼들이 불보살의 가피력을 입기 위한 귀명歸命을 밝히는 과정에서 드러낸 것으로 비록 "일심봉청"

으로 시작하는 봉청문의 관용구가 아닌 소문疏文 속의 고혼 15청이지만, 이 15청의 앞쪽에서 "별청別請"을 통해 인로왕보살이 봉청되고 있으므로 내용상으로는 16청에 해당된다. 이 소문을 수용한 『권공제반문』의 「시식의문」에 인로왕보살청이 없는 것은, 이 「시식의문」에 바로 앞서 관례적으로 행해졌던 동일 의식집에 수록된 「거찰사사명일시식영혼식巨刹寺四名日施食迎魂式」에 "대성 인로왕보살"이 거불擧佛로 나타나고 창唱의 대상이 되고 있기 때문이다.

그런데 하단의 소청대상인 16청은 법수 자체로 보면, 국가 사전祀典 제도에 편입된 '여제厲祭'의 대상과도 구성이 같은 점이 있어서 흥미롭다. 조선전기의 천도재薦度齋 성격의 수륙재는 제사 지내주는 이 없는 무사귀신無祀鬼神의 '여제'와 비슷한 범주에서 자주 논의되어, 태종이 상왕으로 있던 세종 2년에는 천도제薦度祭 성격의 경우에 수륙재로 합설281 되기도 했다.

'여제'는 1908년에 공식적으로 폐지될 때까지 중앙과 지방에서 정기적·비정기적인 제례를 통해 설행되고 관리되었는데, 사찰의 문헌에 '여제'의 제물물목祭物物目과 행례식行禮式 등의 기록282으로 남아 있는 것을 보면 당시에 지역 사찰과도 때론 연계되고 이에 조력도 했던 것으로 보인다.

'여제'의 대상은 국가 사전 제도에 편입되었음에도 경우에 따라 그 연원을 알 수 없고 해독하기 어려운 미지의 부분들도 상당해서 다양한 측면에서 해석될 여지가 있었다. 일종의 한을 품은 자의 죽음과 귀신의 등장에 대해 정확히 범주화할 수 없는 여지가 있었던 것이다.

---

281 "수륙재는 여제와 비슷하니, 추천(追薦)일 때는 수륙재로 합설하라. 水陸齋近於厲祭, 追薦合設水陸". 『세종실록』 9권, 세종 2년(1420) 8월 22일자.

282 선조 때 장성의 백암산(白巖山) 사자봉 정상에서 행해진 '여제' 관련 기록들로 "我朝宣廟朝三十六年壬寅正月二十三日此道癘氣熾行 民多暴死故 方伯轉聞于 朝別遣近臣祭之于本山獅子峯上[하략]" 등이 전한다. 『朝鮮寺刹史料』 상권(조선총독부, 1911, pp.181-186)

'여제'의 '여'는 두려움의 대상이고, 여역厲疫으로 대변되는 돌림병과 재난의 대명사였다. 최초의 한문소설인 김시습金時習의 『금오신화金鰲新話』〈남염부주지南炎浮州志〉에는 당시의 사람들이 많은 귀鬼들 가운데 '여'를 어떤 존재로 인식하고 있었는지 보여주는 하나의 사례가 있다.

> [중략] 산에 사는 요물을 소魈라 하고, 물에 사는 괴물을 역魊이라 하며, 계곡에 사는 괴물은 용망상龍罔象이라 하고, 산에 사는 괴물은 기망량夔魍魎이라 합니다. 만물을 해치는 요물은 여厲라 하고, 만물을 괴롭히는 요물은 마魔라 하며, 만물에 붙어사는 요물은 요妖라 하고, 만물을 유혹하는 요물은 매魅라 합니다. 이들이 모두 귀鬼들입니다.[하략][283]

이들 중 '여'는 매우 악독한 존재로 그만큼이나 비극적인 죽음을 맞이한 자들이다. 따라서 '여제'의 설행 목적은 일종의 합동 위령제와 같은 제사를 통해 비극적 죽음을 해원하고자 했던 종교적 성격과 민심위무의 성격이 강했다.

인조반정으로 그 아들과 함께 처형된 권신 유몽인柳夢寅, 1559-1623의 『어우야담於于野談』에는 정선군수旌善郡守 정원경鄭元卿이 한양 북단北壇의 '여제' 판관判官으로 참여했을 때 겪은 이야기를 중심으로, 피상적이기는 하지만, 당시의 '여제' 전물과 수륙재의 사다라니 공양물에 대해 비교한 내용이 있어 눈길을 끈다.

> 정선군수 정원경이 판관으로 있을 때, 북쪽 교외 제사에 참여하여 들에 친 장막 속에서 잤다. 꿈에 보니 귀신불[鬼火]이 산을 에워싸고 떠들썩하게 부르며 늘어서 있는데, 그 수가 몇 천만인지 알 수 없었다. 놀라 깨어나니, 봉상시奉常寺의 하인이 이미 제사지낼 준비를 다하고 잠을 깨우고 있었다. 아! 우리나라에는 주인없는 혼백의 수가 억이 넘으나 제수에 쓰이는 비용은 밥 열 그릇과

---

283 이재호(역주), 『金鰲新話』, 과학사, 1980, p.89.

술 열 병과 돼지다리 두어 개에 불과하니, 귀신이 어찌 고르게 먹을 수 있겠는가? 그리고 이름 없는 자는 또 쫓겨나 들이지 않으니, 저승에 의당 굶는 귀신이 많을 것이다. 슬프다! 옛날에 내가 산사山寺에 있을 때 승려가 두어 사발의 밥으로 제사를 받지 못하는 귀신에게 제향하고 징의 자루를 거꾸로 하여 공중에 글씨를 쓰는 것을 보았다. 이상히 여겨 물었더니, 대답했다. "불교의 법에는 범어梵語로 된 '옴唵'자를 밥그릇을 향하여 쓰면, 한 그릇이 백 그릇이 되고, 백 그릇이 천 그릇이 되고, 천 그릇이 만 그릇이 됩니다." 아! 북쪽 교외 제단의 밥그릇에는 누가 징의 자루를 거꾸로 하여 글씨를 쓸 것인가?284 **사진**

위의 내용은 국가 사전 제사였던 '여제'와 불교 '수륙재'에 대한 이해가 당시 사람들의 신앙의 관점에서 잘 드러나 있다.

'여제'의 의례를 살펴보자.

『국조오례의國朝五禮儀』에 의하면 '여제'는 명칭과 달리 주신主神이 '성황신城隍神'이다. 여

〈리움 소장 감로탱〉(18세기, 비단에 채색, 265.0×294.0㎝) 의 '시식' 도상

---

284 박명희 外(역), 『어우야담』1, 전통문화연구회, 2001, p.240. 이 번역본은 주에서 만종재본의 원문인 '饒柄'에 대해 '鐃柄'의 잘못이라 하였으며 악기의 뭉툭한 자루인 '징의 자루'로 번역했다. 여기서 '징의 자루'는 통칭하여 징을 치는 '징채'를 말하는 것이다. 〈리움소장 감로탱〉(18세기)에는 마치 이를 묘사한 것으로 보이는 기물 도상이 있다. 수륙재 하단의 사다라니 작법에 사용되는 기물은 보다 효과적인 쇄수(灑水)를 위해 도입된 것으로, 형태와 기능에 따라, 재 현장에서 쉽게 구할 수 있는 '징채'처럼 막대기에 물을 흩뿌릴 수 있는 술이 달린 것이거나 아니면 버드나무 잎을 꺾어서 아랫부분을 묶은 다음 이 잎들을 흔들어 사용하기도 하는데, 〈용주사 감로탱〉(1790) 등에서는 '징채'가 마치 '붓'처럼 도식적으로 표현되기도 했다. 그러나 『촬요』에서는 실제로 이러한 기물들이 쓰이지 않는다. 물그릇과 그 물조차도 관상에 의해 구현된 것이다. 손의 십지(十指) 수인을 통해 마치 물을 튕기는 듯한 작법만이 있다.

귀로 일컬어지는 무사귀신無祀鬼神의 신위는 성황신의 위판을 올린 단 아래에 좌우로 마주보게 한다. 여역을 발생시킨 사특한 기운은 '무사귀신'으로, 이를 조절하고 소멸시킬 수 있는 힘은 '성황신'으로 구체화된다. 성황신에 대한 기고祈告의 축문은 여제가 있기 3일 전에 성황단에서 들이고 무사귀신에 대한 제문은 여제 당일날 여단에서 읽혀진다.285 『국조오례의』를 보면, 북교北郊인 창의문 밖에 있는 '여제단厲祭壇'에는 단 아래로 이들의 신위는 '이름'이 없으므로 아래와 같이 단지 죽음의 형태로 표현되었다.

> 전쟁으로 죽은 자, 홍수·화재·도적에 의해 죽은 자, 재물을 빼앗으려는 자에게 핍박 받아 죽은 자, 아내나 첩을 강탈한 자에게 죽은 자, 형벌을 받아 억울하게 죽은 자, 천재지변이나 돌림병에 의해 죽은 자는 왼쪽에 위치한다. 맹수나 독충에게 물려 죽은 자, 동사하거나 아사한 자, 전투 중 죽은 자, 위급한 일을 당해 스스로 목을 매어 죽은 자, 담이나 집에 압사한 자, 난산難産으로 죽은 자, 벼락맞아 죽은 자, 높은 곳에서 떨어져 죽은 자, 후손 없이 죽은 자는 오른쪽에 위치한다.
> 遭兵刃死者 遇水火盜賊死者 被人取財物逼死者 被人强奪妻妾死者 遭刑禍負屈死者 因天災疾疫死者 在左 爲猛獸毒蟲所害死者 凍餒死者 戰鬪死者 因危急自縊死者 被墻屋壓死者 産難死者 震死者 墜死者 殁而無後者 在右286

후대 송시열宋時烈의 문집인 『송자대전宋子大全』에 나타나는 이에 대한 문답을 보면, 여제의 '무사귀신'이 왼쪽에 6위位가, 오른쪽에 9위의 신위로 총15위가 배치되는 것에 대해 그는 좌우를 나눈 이 숫자에 대해 이유를 알지 못한다고

---

285 이욱, 「17세紀 厲祭의 對象에 관한 硏究」, 『역사민속학』 제9호, 한국역사민속학회, 1999, p.325.
286 『국조오례통편(國朝五禮通編)』國朝五禮通編序例 卷之二 吉禮 壇廟圖說.

하였다.[287]

조선시대에 가장 널리 판각된 수륙재 의식집에서 '청'은 어떻게 나타날까?

강진 무위사無爲寺 판본의 『천지명양수륙재의찬요天地冥陽水陸齋儀纂要』(이하 『찬요』)와 『수륙무차평등재의촬요水陸無遮平等齋儀撮要』(이하 『촬요』)는 1571년 동시에 간행한 판본이므로 이 판본을 중심으로 '청'의 법수와 관련해 서로 비교해 보자. 『찬요』〈소청하위편 제22〉와 동일 편목에 속하는 편은 『촬요』의 〈소청하위편召請下位篇 제17第十七〉이다.

먼저 『촬요』를 살펴보면, 소문疏文은 『찬요』의 것에 비해 관련내용이 매우 간략하다.

> 무릇 '고혼'에 대해 경전에서 설한 내용을 살펴보면, "운명殞命이 같지 않으니 자세하게 분류하면 그 형태가 천 가지로 다르고, 간략하게 말하면 횡재橫災로 아홉 가지가 있다."고 합니다. 요절하거나 억울한 죽음과 같은 것을 어찌 말로 다 할 수 있겠습니까?
> 夫孤魂者 按經所說 殞命不同 細分則異狀千般 略言則橫災九種 如斯夭枉 詎可名言

그런데 이 『촬요』의 끝 부록에 수록된 〈소청하위소〉의 수설수륙대회소修設水陸大會所 소문에는 소청의 대상이 고혼 16청請[288]으로 나타나는 것을 볼 수 있다. 이 법수는 그 자체로 보면, '여제'의 '성황신'과 여귀의 15위를 포함한 총 16

---

287 『宋子大全』卷一百一. 書
288 法界一切 古今世主 文武官僚 靈魂等衆, 列國諸侯 忠義將帥 孤魂等衆, 守疆護界 官僚兵卒 孤魂等衆, 朝野差除 內外赴任 孤魂等衆, 從軍將帥 持節使臣 孤魂等衆, 山間林下 圖仙學道 孤魂等衆, 遊方僧尼 道士女冠 孤魂等衆, 道儒二流 佩籙赴擧 孤魂等衆, 師巫神女 散樂伶官 孤魂等衆, 經營求利 客死他鄕 孤魂等衆, 非命惡死 無怙無依 孤魂等衆, 尊卑男女 萬類群分 孤魂等衆, 胎卵濕化 羽毛鱗介 傍生道衆, 針咽巨口 大腹臭毛 餓鬼道衆, 根本近邊 及與孤獨 地獄道衆, 六道傍來 杳杳冥冥 中陰界衆. 앞에 모두 一心奉請이 붙는다.

위와 비슷한 것이어서 흥미롭다. '여제'와 수륙재가 어느 시점에서 서로 영향을 받은 것 가운데 하나로 보인다.

'여제'가 '무사귀신'을 대상으로 한 것에 비해, 천도재 성격의 수륙재는 '무사귀신'에 해당하는 무주고혼들 뿐만 아니라 유주고혼, 하물며 생명있는 미물微物들에 이르기까지 외로운 죽음을 맞은 이들을 대상으로 하고 있다.

고혼들은 '여제'에서 볼 수 있는 것처럼 죽음의 형태로 단순히 표현되지만, 각각 "一心奉請"으로 시작되는 '청請'의 의식절차를 통해 법의 연회에 초청된다. 감로탱의 방제와 도상은 생사를 윤회하는 신선 대중 등을 포함해 왕조시대인 만큼 왕가를 우선시하고 일상이나 전쟁, 전염병 등에서 맞닥뜨리는 이들의 다양한 죽음의 형태를 중심으로 표현한 것이다. '청'의 대상자들은 실제 의례에서 그 죽음의 형태가 '무주고혼'인지 '유주고혼'인지에 따라 각각 두 개의 범주화가 된 위패로 올라가고, 왕조시대인만큼 이와 별도로 종실단宗室壇을 안치하는 예가 많다. 수륙재는 제사 지내주는 이의 유무나 대상에 대한 보다 뚜렷한 분류보다는 이러한 죽음자체에 대한 종교적 구제救濟에 방점이 놓여 있다. 따라서 여기에는 죽음의 형태뿐만 아니라 생전에 명명백백한 악업으로 인해 지옥고를 겪으며 지옥문이 열리길 기다리는 악업중생들에 대한 구제도 자연스럽게 포함되었다.

『찬요』〈소청하위편 제22〉에는『촬요』와 달리 고혼들의 소청 대상이 총 25 청請으로 나타난다. 이중 22개의 청과 그 뒤에 3청이 추가된 형태이다.[289] 원래 이 3청은 상위소청·중위소청·하위소청의 봉청문 끝부분에서 혹시 빠진 부분이 있을 수 있으므로 종합적으로 다시 한 번 청해주는[補闕] 청들로 모두 "一心奉請塵塵刹刹四大部洲十方三世…"를 관용구로 한다.『찬요』를 포함해『지반문志

---

[289] 윤은희,『甘露王圖 圖像의 形成문제와 16, 17세기 甘露王圖 硏究』, 동국대석사논문, 2003, p.21.

磐文』인 『법계성범수륙승회수재의궤法界聖凡水陸勝會修齋儀軌』(1470, 발행처 미상, 해인사성보박물관 소장) 〈소청하위편〉도 역시 이러한 25청의 동일한 내용과 구성을 띄고 있다. 이 가운데 22청에서도 제1청은 인로왕보살청으로 시작한다.

그러나 3권 『자기문仔夔文』인 『염구천지명양수륙의문焰口天地冥陽水陸儀文』 권하(1533, 송광사 복각본, 원각사 소장) 〈소청무주고혼편召請無主孤魂篇 제74第七十四〉의 경우는 이러한 관용구적인 3청이 나타나지 않은 22청이다. 제1청도 인로왕보살이 아닌 면연귀왕으로 나타나 위의 의식집들과 성격은 같지만 세부 내용과 구성에서 차이를 보인다. 면연귀왕의 제1청은 그가 〈수륙연기水陸緣起〉 설화에 기반해 존격이 비증悲增보살로 봉청되었기 때문이다. 이에 따라 『천지명양수륙재의범음산보집』(1723) 권중 〈총림사명일영혼시식절차叢林四明日迎魂施食節次〉 '유치由致'의 소문疏文에는 공덕을 증명하기 위한 귀명 봉청문으로 이 두 존격이 올라 있기도 하다.

『찬요』의 '청'을 '여제'와 비교해 보면, 일반적으로 '여제'는 '성황신'이 총 15위의 여귀를 관장하여 총 16위를 제사의 대상으로 하는 것에 비해, 여기에서는 고혼들의 인도자인 인로왕보살의 첫 번째 청을 시작으로, 인로왕보살이 24청의 대상들을 구제의 길로 인도하므로 총 25청이 소청의 대상이 됨을 알 수 있다. 그런데 『찬요』에 나타나는 25청이 어떻게 집성되었는지는 본문에서 25청을 하기 바로 앞서 소문에서 밝히고 있어 중요 참고자료가 된다.

> 그러므로 『약사경藥師經』에서는 여덟, 아홉 가지의 뜻하지 않은 재난(으로 인한 죽음)을 설했고, 『대비경大悲經』에서는 열다섯 종류의 악사惡死를 드러냈습니다. 이러한 여러 이름과 형태에 대해서, 부처님께서 널리 말씀하신 것처럼, 죄업이 다하지 않으면 피하기 어렵고 자비로운 구제가 아니라면 벗어나기 어려운 것입니다.
> 故藥師經說八九種之橫災 大悲經標十五類之惡死 多般名狀是 佛所宣 匪業盡以難

逃 非慈濟而莫脫

여기서 "여덟, 아홉 가지의 뜻하지 않은 재난(으로 인한 죽음) 八九種之橫災"과 "열다섯 종류의 악사 十五類之惡死"는 죽음의 "여러 이름과 형태"에 속한 것이다. 즉, 여덟, 아홉 가지 죽음과 열다섯 종류의 죽음을 합하면 총 23, 24개로 25청의 인로왕보살을 포함하지 않은 24청의 숫자와 같다. 서산의 법손인 월저당 도안 1638-1715의 『월저당대사집』〈평양천변수륙소平壤川邊水陸疏〉를 보면, "八九種之夭亡 十五類之惡死"라는 문구가 있어서 그도 『찬요』의 25청을 이러한 법수로 인식하고 있었음을 알 수 있다. 『찬요』의 '청'이 인로왕보살청이 포함된 형태에서 25청이라는 집성으로 구성되어 있고, 또한 25청으로 불린다는 점은 흥미롭다.

이로써 보면, 『찬요』에 나타나는 25청의 법수는 『약사경』과 『대비경』 같은 두 경전의 내용에 나타나는 각 죽음의 종류를 합해 이뤄진 것임을 추정해 볼 수 있다. 그런데 25청의 뒷부분인 3청은 각각 시방삼세인도등중十方三世人道等衆, 시방삼세고혼등중十方三世孤魂等衆, 시방삼세삼도등중十方三世三塗等衆을 위한 범주화된 청이므로 결론적으로 앞의 청들과 형식은 약간 달라서 다른 체제의 청을 가져와 합한 것임을 보여준다. 3청 중 시작하는 1청의 중간부분에 협주를 넣어, "이 부분에서 망자의 이름을 보입한다. 爲亡入此"라고 한 다음에 "재의 시주님과 도량의 모든 대중들 修齋施主合道場人"이라는 본문으로 연결되고 있는 점도 다른 부분이다. 25청은 실제 청의 형식으로 보면, 인로왕보살의 제1청, 윤회하는 천인 등과 고혼들을 위한 제2청-22청, 크게 범주화된 제23청-25청으로 세분화해서 볼 수 있다.

하지만 이것은 '청'의 세부 분류와 다양한 집성 과정에서 나타난 결과이므로, 위의 소문에서 나타나는 두 경전에서 밝힌 법수와 그 합을 이루는 법수가 순서상 먼저일 수밖에 없다. 동일 맥락에서 '여제'의 왼쪽 6위位, 오른쪽 9위의 신위 구분도 이러한 각기 다른 중요 문헌자료의 출처에 기반해 15위가 되고, 주신인 '성황신'까지 종합되어 16위로 되었을 가능성을 생각해 볼 수 있다.

이어서 4청에 대해 살펴보자.
16청이나 25청은 의식집 자체에서 거의 단순 집성 형태였기에 법수로 엄밀히 집계되어 하나의 범주로 사용되지는 않았으며 관련 협주에서도 나타나지 않았다. 그런데 4청의 경우는 시식 의식문에서 하나의 관용구로 사용되었는데, 이것은 16청이나 25청과 같은 신분이나 죽음의 형태가 아니라 실제 의식에서 '위목位目'으로 4청을 썼기 때문이다. 『권공제반문』「거찰사사명일시식영혼식」에서는 인로왕보살청引路王菩薩請을 제외한 국혼청國魂請, 승혼청僧魂請, 고혼청孤魂請의 3청에 대해 "三請皆孤魂請"이라고 하여 고혼청임을 협주에서 밝히고 있다. 반운당伴雲堂 지선智禪의 『오종범음집』(1661, 무주 호국사) 「총림대찰사명일영혼시식지규叢林大刹四名日迎魂施食之規」와 『사명일상주권공四名日常住勸供』(1691, 고성 와룡산 운흥사, 考般齋 소장)의 「거찰사명일영혼시식규식巨刹四名日迎魂施食規式」 등의 협주에서도 4청을 말하고 있다.

조선시대의 감로탱이 대부분 『찬요』나 『촬요』에 나타나는 16청이나 25청을 회화적 범주 내에서 적절히 표현했는데, 뒤에서 살펴볼 〈고려대 소장 감로탱〉(18세기 말-19세기 초)의 경우에는 특이하게도, 주단을 큰 탁자인 대탁으로 설단하고 그 앞에 4청의 작은 별단을 법식에 따라 도상으로 표현했다.

2. 유주고혼有主孤魂과 무주고혼無主孤魂

재 설행의 은택은 재를 설행하기 위해 힘쓴 설판재자設辦齋者들의 시주 공덕에 의해 유주·무주고혼들뿐만 아니라 미물이나 아귀 등에게까지 널리 미친다. 의식집의 소청 대상자는 크게 보면 제사를 받는 유주고혼과 제사를 받지 못한 무주고혼으로 분류된다.

유주고혼의 경우에는 설판재자들이 당연히 고인의 이름으로 재를 지내기에 위패가 있다. 보우의 서른 세 가지의 영혼식 의식문 및 청문請文 중 〈중종인종양대왕급선왕선후영혼식中宗仁宗兩大王及先王先后迎魂式〉 등과 같은 왕실 신위를 제외하고 일반 백성들이 신분과 계층의 분류에 따라 실제 적용해 쓸 수 있는 의식문이 등장한 것도 이러한 범주의 것이다. 무주고혼의 경우에는 그야말로 신분이나 죽음의 형태로만 존재하는 이름이 잊혀진 외로운 영혼들에 속하기 때문에 위패가 없는 것이 특징이라 할 수 있다. '명名: 이름'과 '색色: 형체'이 없는 존재이다.

감로탱은 차후에 천도재의 대중화가 이뤄질 때에도 개별 위패가 도상으로 표현된 예는 없지만, 재단 앞에 소복을 입은 상주喪主를 도상으로 표현함으로써 그 흔적을 남겼다. 실제 의식에서는 위패와 소문疏文을 통해 유주고혼의 추천追薦 대상자를 올렸을 것이다. 다만, 감로탱에 이 소문을 반영한 예는 있어서 〈홍익대박물관 소장 감로탱〉(18세기 말)의 '금일 밤에 청하옵는 모씨 영가시여! 今宵召請某氏之靈' 사진라고 하여 정형화된 방

〈홍익대박물관 소장 감로탱〉(18세기 말, 비단에 채색, 145.0×218.2㎝)의 부분

제의 도상이 나타나 참고가 된다.

　이러한 대중적인 천도재는 정례화된 '불교 사명일四名日'을 비롯해 사회와 국가적인 설행 필요에 의해 이뤄졌는데, 여기서 놀라운 것은 무주고혼에 대한 조선시대 불교의 범주화된 인식이다. 개별적인 왕실 기신재 설행이 아니라면 무주고혼에 일반적으로 '세상의 주인[世主]'으로 지칭되는 국왕의 경우도 때론 그 죽음의 운명에 따라 예외가 아니라는 점이다. 이름이 잊혀진 국왕은 단지 신분으로만 남기 때문이다. 위의 16청·25청·4청의 수륙재 의식문의 예에서 볼 수 있듯이, 국왕에서 미물 등에 이르기까지 이들이 모두 하단의 소청 대상들인데, 감로탱에서는 다시 색채의 형상이 있는 고혼과 그림자로 표현된 고혼의 두 가지로 나타난다.

　이 그림자 고혼은 어떤 존재일까? 외로운 고혼들 중에 그 죽음이 해원解寃되지 않아 언제든지 해악을 끼칠 수 있는 존재들이다. 여제厲祭 무사귀신無祀鬼神의 잔영이기도 하다. 감로탱의 무주고혼은 한 가지 죽음의 모습에 담긴 두 가지 측면의 도상을 통해 재 설행의 중요성과 당위성을 강조하고 있다. 16세기 말의 〈쵸덴지 소장 감로탱〉(1591)에서 18세기의 〈국립중앙박물관 소장 감로탱〉(18세기), 〈안국암 감로탱〉(1726) 등에 이르기까지 끊이지 않고 이어지고 있는 것이 그 예이다. 그러나 19세기 말 서울·경기지역에 이르러서는 오히려 이에 대한 관점과 관심이 없어지며 그림자 고혼 도상도 사라지고 만다.

　〈리움소장 감로탱〉(18세기)^{사진}의 도상을 보면, 고혼 등을 중심으로 총 67개의 방제가 붙어 있다. 여기서도 그림자 고혼을 위한 별도의 방제는 없지만, 하나의 방제 아래에 두 가지 면모를 드러냈다. 채색으로 죽음의 모습이 표현된 것은 한을 품지 않은 영가이고 검은 그림자 영가로 표현된 것은 한을 품은 영가이다. 이 감로탱의 방제는 〈여천 흥국사興國寺 감로탱〉(1741)의 것과 일부 유사한 점이 있지만, 화풍과 도상이 다르며 조성시기 역시 앞서 있다.

〈리움 소장 감로탱〉(18세기, 비단에 채색, 265.0×294.0㎝)

天人眷屬(천인권속) | 苦行仙人(고행선인)

천인권속天人眷屬 - 천인권속의 죽음 사진
고행선인苦行仙人 - 고행선인의 죽음 사진
비구등比丘等 - 비구 등의 죽음
비구니比丘尼 - 비구니의 죽음

帝王(제왕)

제왕帝王 - 제왕의 죽음 사진

후비后妃 - 후비의 죽음

노년무호老年無護 - 노년에 돌봐주는 이 없는 죽음

부재결명負財欠命 - 빚으로 명을 재촉한 죽음

野火(야화) | 山嵐瘴氣(산람장기)

야화野火 - 들불에 죽음 ^{사진}

산람장기山嵐瘴氣 - 산 아지랑이의 독기에 쏘여 죽음 ^{사진}

유소무의幼小無依 - 의탁할 곳 없는 어린이의 죽음

석뢰石礌 - 돌무더기에 깔려 죽음

가절柯折 - 나뭇가지가 꺾여 죽음

암최岩摧 - 바위가 무너져 죽음

수교獸嚙 - 짐승에 물려 죽음

자액살상自縊殺傷 - 스스로 목을 매 죽음

子母俱喪(자모구상) | 奴犯其主(노범기주) | 主殺其奴(주살기노)

자모구상子母俱喪 – 어미와 아기가 같이 죽음 ^{사진}
노범기주奴犯其主 – 노비가 주인을 범해 죽임 ^{사진}
주살기노主殺其奴 – 주인이 노비를 죽임 ^{사진}
위색상수爲色相輸 – 치정관계의 죽음

 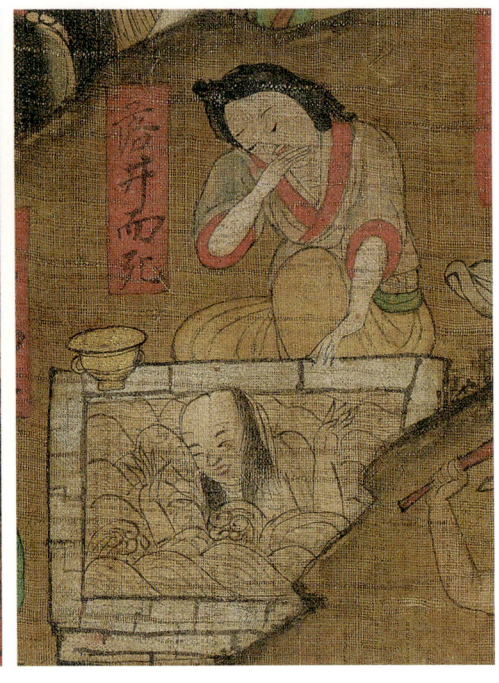

轉賦典吏(전부전리)　　　　　　　落井而死(낙정이사)

전부전리轉賦典吏 - 세금징수 세리의 죽음 **사진**

낙정이사落井而死 - 우물에 빠져 죽음 **사진**

형헌이종刑憲而終 - 형장에서 죽음

주광투호酒狂投壺 - 폭음과 벌주내기 투호로 죽음

장붕墻崩 - 담이 무너져 죽음

옥도屋倒 - 집이 무너져 죽음

해수악사解愁樂士 - 해수악사의 죽음

산수실명山水失命 - 계곡물에 휩쓸려 죽음

충상虫傷 - 독사에 물려 죽음

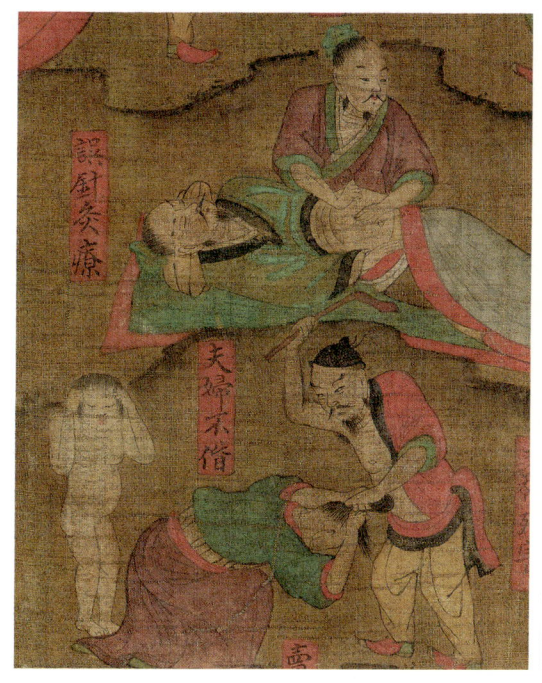 

誤針灸療(오침구료) | 夫婦不偕(부부불해)　　針咽巨口(침인거구) | 寒氷(한빙)

오침구료誤針灸療 - 돌팔이 의원의 오진으로 죽음 사진
부부불해夫婦不偕 - 부부싸움으로 죽음 사진
침인거구針咽巨口 - 목은 침처럼 가늘고 입은 큰 아귀 사진
한빙寒氷 - 한빙지옥 사진
비사수타일체인륜毘舍首陁一切人倫 - 인도의 신분계급 중 백성에 해당하는 바이샤·수드라와 같은 일체 사람들의 죽음
장수將帥 - 장수의 죽음
반로조질半路遭疾 - 도중에 병을 얻어 죽음
자자이망自刺而亡 - 스스로 찔러서 죽음

興生經紀(흥생경기) | 荒年險世奔趍流離(황년험세분진유리)

흥생경기興生經紀 - 흥정을 붙이는 거간꾼의 죽음^{사진}

황년험세분진유리荒年險世[290]奔趍流離 - 흉년기근에 이리저리 떠돌다 죽음^{사진}

암시독약暗施毒藥 - 독살되어 죽음

교봉잔해交棒殘害 - 휘두른 몽둥이에 상해를 입어 죽음

쌍육위기双陸圍棋 - 주사위 놀이와 바둑을 두다가 시비가 생겨 죽음

참두낙지斬頭落地 - 참수형을 당해 죽음

명용창도明用槍刀 - 창검으로써 의로움을 밝힌 죽음

고독영정孤獨怜丁 - 날품팔이 일꾼의 죽음

---

290 『자기산보문』(1724, 해인사 간행, 해인사 강원도서관 소장)에서 봉청문의 해당 문장은 "荒年 儉歲 奔趍流移"이다. 여기서 "儉歲"는 흉년을 뜻한다.

宿冤對敵兩陣相交(숙원대적양진상교)

숙원대적양진상교宿冤對敵兩陣相交 - 원한을 품은 적군과 교전하다가 죽음 ^{사진}
매괘산인賣卦山人 - 지관의 죽음
강하몰상江河沒喪 - 강물에 빠져 익사함
쌍맹복사雙盲卜士 - 맹인 점쟁이 부부의 죽음
거연車碾 - 마차에 깔려 죽음
마답馬踏 - 말에 밟혀 죽음
구적횡재寇賊橫災 - 도적을 만나는 뜻밖의 재난을 당해 죽음
식차마나式叉摩那 - 식차마나(비구니계를 받기 전)의 죽음
우바새優波塞 - 우바새의 죽음

금은대교金銀大橋

力勝相噉(역승상담) | 破地獄門(파지옥문)

사무신녀師巫神女 - 큰무당과 신녀의 죽음 사진
역승상담力勝相噉 - 약육강식의 죽음 사진
파지옥문破地獄門 - 지옥문을 파함
팔만사천제지옥도중八萬四千諸地獄道衆 - 팔만사천 모든 지옥도의 중생들 사진
도병도열刀柄屠裂 - 도병도열지옥
정신釘身 - 정신지옥
폭열爆裂 - 폭열지옥
당회糖炊 - 당회지옥
노탄爐炭 - 노탄지옥
음혈飮血 - 음혈지옥
박피剝皮 - 박피지옥
확탕鑊湯 - 확탕지옥

師巫神女(사무신녀)

3. 거사와 사당

앞서 수륙재 현장의 의례승들 사이에 나타나는 거사와 사당들은 재 의례 현장의 참여가 있었던 만큼 여러 긍정적인 측면들이 보인다. 그런데 감로탱 하단 도상의 외로운 고혼들인 이들은 일정 부분 사찰과도 연계되었겠지만, 대부분 떠돌이 연희자의 운명에 촛점이 맞춰져 있다. 이들 관련 도상에 나타나는 그 고단한 삶의 단편적인 궤적을 당시의 대중적인 판소리 관련 자료들에서 살펴볼 수 있다.

서울의 경판본京板本만으로 전해지고 있는 19세기 〈흥부전〉을 보자. 다음은 경판 25장본 〈흥부전興富傳〉(1860-1880년 추정, 국립중앙도서관본)이다.

> [중략] 슬근슬근 톱질이야 툭 타 노코 보니 만여 명 스당거시 뭉게뭉게 느오며 소고를 치며 다 각각 소리혼다 오동츄야 달 붉은 밤의 님 싱각이 시로왜라 님도 나를 싱각는가 혹 방ᄋ타령 혹 정듀타령 혹 뉴산가 달거리 등타령 혹 츈면곡 권듀가 등 온갖 가스를 부르며 거스놈은 노방퇴 평량즈 길집거스 길룰 인도ᄒ고 번기 소고 번득이고 긴 념불 져른 념불ᄒ며 느오면셔 [하략]291

거사와 사당들이 소고小鼓를 치며 온갖 가사를 부르는 모습과, 패랭이를 쓴

---

291 김진영 외 4인 편저, 『흥부전 전집』 2, 박이정, 2003, pp.30-31.

길잡이 거사의 인도 하에 번개[깃발]와 소고를 번득이며 긴 염불 짧은 염불하며 박에서 나오는 모습이 묘사되어 있다. 거사와 사당들의 악기로 소고가 특정되어 있는 점이 눈에 띈다.

신재효申在孝, 1812-1884본의 〈박타령〉(1870-1873년 추정, 서울대 중앙도서관 가람문고본)이다.

[중략] 슬근슬근 건짐타니 ᄉ당의 법이란게 그즁의 연게 ᄉ당 압셔난 법이엇다 허튼 낭즈 씨무든 옷 박통 박씨 썩 나셔니 놀보가 쌈즉 놀나 이겨 셔시 나오노라고 ᄒ님 몬져 나온다 ᄂ외를 시기기로 금 즙인니 디단ᄒ여 울역군 모도 모라 문 박기로 보니고셔 휘즁이 모질니 홋이불 이불 안팟 돗즈리 문발이며 심지어 공셕까지 담쏙 둘너 막아쩌니 그 뒤에 셔시더리 쐬역쐬역 나오난듸 낭즈도 ᄒ여시며 고방머리 곱쎄 쎄고 쥬ᄉ 슈건 조쥬 슈건 머리도 동여씨며 연두식 져고리의 진 담비씨 물어씨며 싸라오난 짐꾼덜은 곱게 졀은 오즁치의 이불보 요강 망퇴 기름병도 다라지고 쐬역쐬역 나오더니 놀보보고 졀을 ᄒ며 쇼ᄉ 문안이요 쇼ᄉ 문안이요 쇼ᄉ 등은 경기 안셩 청용ᄉ와 영남 화동 목골이며 졀나도로 의논ᄒ면 함열의 셩불암 츙평의 디쥬암 담양 옥쳔 졍읍 동막 함평의 월앙산 여기져기 잇삽다가 글니 흉연 살 슈 업셔 강남으로 갓삽쩌니 [하략]292

신재효본의 〈박흥보가朴興甫歌〉(1918년 謄書)이다.

[중략] 실근 실근 거짐 타니 사당의 法이란 게 그 中에 연계ᄉ당 압셔는 法이엇다 허튼 낭자 씨무든 옷 박통 밧긔 썩 나셔니 놀甫가 짐작 놀니 이게 西施 나오노라 한임 몬져 나온다 內外를 시기기로 禁雜人이 大端ᄒ야 울役軍 모도 모라 門밧으로 보니고셔 揮帳이 모지리니 홋이불 이불 안팟 돗자리 門발이며

---

292 『흥부전 전집』 2, pp.123-124.

甚지에 空石까지 담쑥 둘너 막어더니 그 뒤에 西施덜이 쑤역쑤역 나오나디 낭자도 ᄒᆞ여스며 고방머리 곱게 쎄고 쥬사 手巾 紫紬 手巾 머리도 동여스며 軟桃色 적고리의 진 담부디 물어시며 쯘라오는 김군들은 곱게 절은 오장치에 이불보 溺缸 망틱 기름甁도 다라 지고 쑤역쑤역 나오더니 놀甫 보고 절을 하며 召史 問安이오 問安이오 召史等은 京畿 安城 靑龍寺와 嶺南 河東 목골이며 全羅道로 議論ᄒᆞ면 咸悅에 成佛庵 昌平에 다쥬庵 潭陽 옥텬 井邑 동막 咸平에 월앙山 여긔져긔 잇숩다가 近來 凶年 살 슈 업셔 江南으로 갓숩더니 [하략]293

위의 글에서 '연게사당'은 정광수丁珖秀, 1909~? 창본 〈흥보가〉에 '여사당女寺黨'294으로 나타나 참고가 된다. '연게사당'은 행렬 앞을 이끄는데, 이들은 고방머리에 붉은색 수건과 자주색 수건을 동여매고 연두색 저고리를 입고 있으며 긴 담뱃대를 물고 있다. 짐을 진 이들은 윤이 나게 쩔어 있는 오장치(짚으로 엮어 만든 자루)에 든 이불보, 요강, 망태, 기름병을 달아 지고 있다. 이들이 꾸역꾸역 나와 놀부보고 절을 하며 하는 말이, "소사 문안이오. 소사 문안이오. 소사 등은 경기 안성 청룡사와…" 하며 팔도 사당 가운데 일행의 선두로 안성 청룡사를 들고 있는데, "오장치에 든 이불보, 요강, 망태, 기름병"에서 19세기에 활동했던 사당들의 노정행렬의 고단한 행색이 엿보인다.

여기서 짐을 진 이들은 거사들로 자신을 "召史"라 하고 있는데, "召史"는 '소사'가 음이 아니라 이두吏讀로 "조이"라고 하며 '과부'를 뜻한다. 농을 친 것으로 보인다. 정광수 〈흥보가〉에서는 '소사小士'295로 한문을 쓴 경우도 보인다.

이와 관련해 〈고려대 소장 감로탱〉(18세기 말-19세기 초)의 '외로운 고혼들'

---

293 김진영 외 4인 편저, 『흥부전 전집』 1, 박이정, 2003, pp.51-52.
294 『흥부전 전집』 1, p.181.
295 위의 책과 동일.

도상이 참조가 된다. 비록 사찰의 외호세력이라는 배경은 드러나 있지 않지만, 자신들만의 세계에서 자신들의 판을 벌이는 흥겨운 모습이 잘 드러나 있다. ^{사진} 소고를 든 거사들 앞에서 판을 주도하고 있는 감투 쓴 거사가 최대한 두 팔을 목 뒤로 젖히고 몸은 앞쪽으로 구부려 한쪽 다리를 든 채 절정의 소고 실력을 보여주고 있는데, 이 거사를 방제는 '(자라처럼) 목을 놀리는 거사'라는 의미에서 '항용거사項用居士'라 칭하고 있다. 이를 초록색 저고리에 붉은 치마를 입은 사당이 거사의 춤가락을 소고로 맞받아 주고 있다. 위의 '연계사당'이다.

〈고려대 소장 감로탱〉(18세기 말-19세기 초, 비단에 채색, 260.0×300.0㎝)의 '항용거사' 도상

4. 초란이

조선후기의 박지원朴趾源은 『열하일기熱河日記』(1783)에서, "우리나라에서는 광대놀음에 탈을 쓰는데 이를 초란이라 한다. 我東優戲爲假面 稱俏亂"라고 하였다. 탈을 쓰는 초란俏亂이는 니례에서도 중요한 역할을 했다. 감로탱에 근심을 풀어주는 '해수악사解愁樂士'의 방제傍題에 주로 나타나는 초란이의 난장亂場판 장면들 역시 판소리에 잘 드러나 있다.

신재효본의 〈박타령〉(1870-1873년 추정, 가람문고본)에는, 놀부의 심보에 대해 언급하며, "쵸란이피 탈짐 도젹"[296]이라는 문구가 있어서 초란이패는 역시 '탈'을 썼음을 알 수 있다. 초란이가 '탈'을 썼기에 정광수丁珖秀, 1909-? 창본 〈흥보가〉의 놀부 심보에, "초라니 보면 딴낯 짚고"[297]라고 했던 것이다.
〈박타령〉에는 초란이의 행색에 대해 다음과 같이 풀이되어 있다.

> [중략] 흔편의셔난 고스 쵸란이가 덤벙이난듸 구슐숭모 담벙거지 되게 멘 통중고를 턱 밋틔 다 되게 메고 꽁그락공 꽁꽁 [하략][298]

---

296 『흥부전 전집』 2, p.74.
297 『흥부전 전집』 1, p.136.
298 『흥부전 전집』 2, p.127.

위의 타령은 초란이가 '탈'뿐만 아니라 구슬이 달린 상모 벙거지를 쓰고 통 장고長鼓를 바짝 맨 채 "꽁그락공 쑹쑹" 쳤음을 보여준다.

아래는 초란이의 그 유명한 난장亂場에 방정떠는 모양이다.

[중략] 꽁그락 꽁 헤테 통영칠 도리판의 쌀이나 담어노코 귀가 진 져고리 단가 진 치마 명실명실 가지 쏫반 고스나 ᄒ여 보쇼 꽁그락 쏭쏭 허폐폐 정월 이월 드난 익은 슴월 슴일 막어니고 스월 오월 드는 익은 유월 유도 막어니고 칠월 팔월 드는 익은 구월 구일 막어니고 시월 동지 드는 익은 납월 납일 막어니고 미월 미일 드는 익은 쵸란니 중고로 막어니시 꽁그락 꽁 허페 놀보 보다 ᄒ난 마리 져러ᄒᆫ 되방졍덜 집구셕의 두엇다는 쌀악이도 안 남샛다 돈 꽌식 후이 쥬어 치송을 ᄒ여쑤나 접식군들 보넌 후의 [하략]299

위의 내용은 국한문의 신재효본 〈박흥보가朴興甫歌〉(1918년 謄書)의 국한문 혼용으로 보면 더 분명하게 읽힌다.

[중략] 꽁그락 꽁 허페 統營漆 도리板에 쑬이나 담어 노코 귀가진 적고리 단가진 침아 명실 명젼 가진 쏫반 고스나 ᄒ여보오 꽁그락 쏭쏭 허페페 正月 二月 드는 厄은 三月 三日 막어니고 四月 五月 드는 厄은 六月 流頭 막어니고 七月 八月 드는 厄은 九月 九日 막어니고 十月 冬至 드든 厄은 臘月 臘日 막어니고 每月 每日 드는 厄은 쵸란이 長鼓로 막어니시 꽁그락 꽁 허페 놀甫 보다 ᄒ는 말이 져러ᄒᆫ 되방졍덜 집구셕에 두엇ᄃᆞᆫ 쑬악이도 안 남것다 돈 관식 厚이 쥬어 치송을 ᄒ여쑤나 잡식軍들 보넌 後에 [하략]300

---

299 『흥부전 전집』 2, p.128.
300 『흥부전 전집』 1, pp.51-52.

초란이를 방정맞다고 한, 신재효본 〈박흥보가朴興甫歌〉(1918년 謄書)의 "방정 실언 외초란이"이나 김동욱 소장 37장본 〈흥부전〉(1916년 필사본)의 "웬 방정 무진 당초란이 나온다"301는 표현은 방정맞은 성격의 '당唐초란이', 바로 액막이 성격임을 보여준다. 초란이에 '당'자가 붙여진 것은 중국이 연원인, 극화劇化로 특정된 탈을 쓰고 사설을 풀었던 궁중이나 군관의 '나례'가 후대에 민속화되면서 초란이를 통해 다시 재구성된 것으로, 이들이 위의 판소리에서처럼 잡색군잡식軍, 雜色軍의 관군에 속했던 것도 참고가 된다.

'당초란이'는 한때 '잡색군'에 소속되어 때에 맞춰 동원되고 고사지낸다고 액막는다고 탈 쓰고 방정 떨고 상모 돌리고 장구치고 사설 풀고 놀았던 것이다. 섣달그믐과 같은 날에는 여기에 더해 '지화통地火筒'이라는 화약을 터뜨리며 폭죽놀이까지 하였다. '외초란이'는 '당초란이'보나 비수류에 속했던 것으로 보인다. 어쨌든, 초란이는 〈흥부전〉의 판소리 사설류에 등장하는 조선시대 예인들 가운데 가장 시끄럽고 떠들썩한 존재임은 분명해 보인다.

이러한 초란이의 존재는 비록 감로탱 도상에서 '외로운 죽음을 맞이한 영혼들'의 영역에 속하는 것이기는 하지만, 흥미롭고 희귀한 도상으로 드러나 있다. 초란이가 쓰고 있는 탈 역시 감로탱의 제작연대와 함께 우리나라 민간에서 주로 썼던 탈 도상의 원형을 살펴볼 수 있는 연대기적 성격의 것이어서 주목된다. 궁중 의궤도儀軌圖에서 볼 수 있는 처용處容 도상 등과 같은 정형성이 강한 형태의 탈 도상하고는 분명 차별되는 부분이다.

〈국립중앙박물관 소장 감로탱〉(18세기)사진에 나타나는 초란이 도상이다.
근심을 풀어주는 악사인 '해수악사解愁樂士'의 방제 부근으로 초란이 세 명이

---

301 『흥부전 전집』 2, p.285.

〈국립중앙박물관 소장 감로탱〉(18세기, 비단에 채색, 188.5×198.0㎝)

등장한다. 이들 세 명 중 화면 왼쪽에 웃통을 벗고 한밤중에 모닥불 앞에 앉아 있는 첫 번째 초란이 사진를 보자. 붉은 깃털 상모를 단 딱정벌레 문양 장식의 화려한 벙거지에 우락부락한 표정의 붉은 얼굴, 둥근 막대기처럼 튀어나온 큰 코와 털수염, 그리고 긴 턱이 특징인 탈을 쓰고 있다. 외형상으로 보면, 영락없는 '도깨비 탈'이다. 그는 모닥불 앞에 앉아 붉은 색 부채를 편 채 사설을 풀고 있는데, 그의 옆에는 갓과 돗자리가 말려 있는 옷꾸러미가 놓여 있다. 부채에는 '馬上逢寒食○○'이라는 세로 묵서의 싯구가 특이하게도 왼쪽에서 오른쪽 방향으로 쓰여 있는 것이 눈에 띈다.

〈국립중앙박물관 소장 감로탱〉 (18세기)의 '초란이'

'馬上逢寒食마상봉한식'은 조선시대 서당의 필독서인 『당음唐音』에 실린 당나라 한시漢詩의 첫 구절이다. 귀양살이로 타향을 떠돌던 이가 한식날을 맞아 자신의 쓸쓸한 심경을 읊은 것이다. 『당음』에 실린 한시는 다음과 같다.

말 위에서 한식을 만나	馬上逢寒食
떠도는 중에 늦봄되었네.	途中屬暮春
쓸쓸히 강나루 바라보니	可憐江浦望
낙교에는 인적조차 없네.	不見洛橋人

유득공柳得恭, 1748-1807은 『경도잡지京都雜誌』〈시문詩文〉에서, "(아이들은) 봄과 여름에는 『초본당시抄本唐詩』를 읽는데, 송지문宋之問의 한식시寒食詩가 맨 먼저 나온다. 시의 첫 구절이 '말 위에서 한식을 만나다[馬上逢寒食]'로 되어 있어

서 책 이름을 『마상당음馬上唐音』이라고 속칭한다."302라고 하였다.

이 첫 번째의 초란이 도상을 보면, 한식에는 불을 피우지 않는 오랜 관습을 생각할 때 굳이 모닥불 옆에서 한식의 시가 쓰인 부채를 들고 앉아 소리하는 초란이를 묘사한 것은 반항적인 초란이의 고약한 심보를 은연중에 드러낸 것이라 할 수 있다.

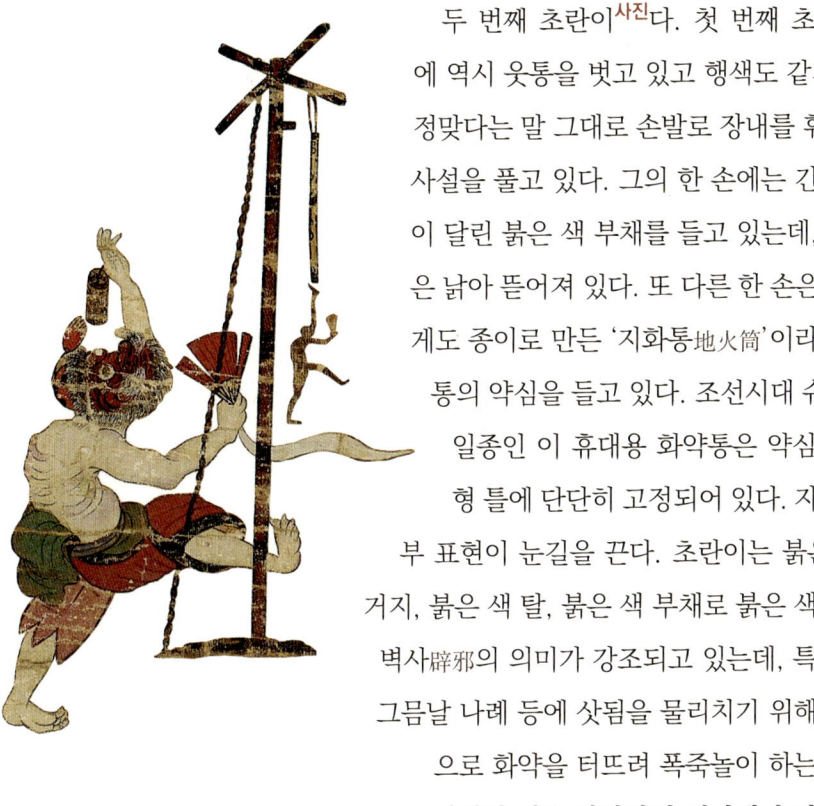

두 번째 초란이^{사진}다. 첫 번째 초란이 옆에 역시 웃통을 벗고 있고 행색도 같지만, 방정맞다는 말 그대로 손발로 장내를 휘저으며 사설을 풀고 있다. 그의 한 손에는 긴 명주천이 달린 붉은 색 부채를 들고 있는데, 부챗살은 낡아 뜯어져 있다. 또 다른 한 손은 흥미롭게도 종이로 만든 '지화통地火筒'이라는 화약통의 약심을 들고 있다. 조선시대 슈류탄의 일종인 이 휴대용 화약통은 약심이 십자형 틀에 단단히 고정되어 있다. 자세한 세부 표현이 눈길을 끈다. 초란이는 붉은 색 벙거지, 붉은 색 탈, 붉은 색 부채로 붉은 색이 지닌 벽사辟邪의 의미가 강조되고 있는데, 특히 섣달 그믐날 나례 등에 삿됨을 물리치기 위해 잡색군으로 화약을 터뜨려 폭죽놀이 하는 풍습이 있었던 것을 감안하면 세시에서 이들은 매우 큰 역할을 했을 것으로 보인다.

〈국립중앙박물관 소장 감로탱〉(18세기)의 '초란이'

---

302 『조선대세시기』Ⅲ, 국립민속박물관, 2007, p.58.

조선전기인 성종 8년(1447)의 『조선왕조실록』을 보면 세시에 행하는 나례의 폭죽놀이가 언급되어 있어 매우 오랜 연원을 지니고 있었음을 알 수 있다.

관화[觀火]는 조종조祖宗朝 때부터 특별히 세시歲時에 개설하여, 한편으로는 삿된 기운을 물리치고, 한편으로는 군무軍務를 익히기 위해서 한 것입니다. 만약 이것을 놀이라고 한다면, 나례儺禮를 구경하는 것은 더욱 심한 것입니다.
觀火自祖宗朝 特於歲時設焉 一爲辟邪氣 一爲習軍務 若以此爲戲翫 則觀儺尤甚[303]

또한 이 초란이 도상 옆에는 초란이의 그림자 형태로 신원伸寃이 되지 않은 영혼이 묘사되어 있는데, 그 위치가 눈길을 사로잡는다. 이 그림자가 '지화통'을 손에 그대로 들고 있는지는 회화상 분명하지 않지만, 줄타기의 어름산이가 줄에 걸쳐놓은 통소 바로 아래에 위치를 잡음으로써 마치 통소를 잡기 위해 팔을 뻗치며 장난치는 것처럼 묘사되어 있다.

'해수악사解愁樂士' 방제 옆에 있는 소리꾼^{사진}은 앞의 두 초란이와 행색이 비교된다. 붉은 도포에 갓을 쓴 소리꾼이 부채를 펴 들고 몸에 장고長鼓를 맨 채 영락없이 "쿵그락 쿵쿵"하고 추임새를 넣으며 연신 사설을 푸는 모양새다. 판소리 장면이다. 도상으로 보면, 연대가 분명한 18세기의 판소리 장면이다. 그런데 그 역시 앞의 첫 번째 초란이 옆에 소리꾼의 갓과 붉은 색의 도포로 추정되는 옷 꾸러미가 있어 1인 2역으로 보인다.

부채의 내용도 차이가 없다. 다만, 이 소리꾼이 들고 있는 부

〈국립중앙박물관 소장 감로탱〉(18세기)
의 '소리꾼'

---

303 『성종실록』 87권, 성종 8년(1477) 12월 22일자.

채는 첫 번째 초란이가 들고 있는 부채와 달리 붉은 색이 아닌 흰색이고 '馬上逢寒食○○'이 '馬上逢寒食途中'까지 쓰여 있으며, 묵서의 진행방향도 올바르게 되어 있다. 이 싯구는 앞의 초란이도 이 소리꾼처럼 동일 내용의 판소리 사설을 했음을 보여준다. 이 '마상봉한식'은 멀리 후대 문헌자료의 사설 가운데 판소리 '춘향전'의 〈천자뒤풀이〉 장면 전에 나타나는 것도 있다. 그러나 앞선 시기의 것으로 초란이의 방정맞은 성격과 어울릴 정도로 가장 요란하게 극적으로 나타나는 판소리는 따로 있다. 바로 '흥부가'이다.

신재효申在孝, 1812-1884 본 〈박타령〉(1870-1873년 추정, 가람문고본)에 놀부 집 삼대三代의 상전이 놀부 돈을 뜯기 위해 박에서 나오는 서당 장면 가운데 위의 『당음』 싯구가 인용되고 있다.

[중략] 어기여라 톱질이야 슬근슬근 건짐타니 박통 속의셔 글익는 소리가 밍주견 양혜왕호신디 왕왕 쏌불원쳘이이니 호시니 역즁유이이오 국호잇가 마숭의 봉훈식호니 도즁의 쇽모츈을 가련 놀보 망호니 불견승젼인가 놀보 듯고 하난 마리 어듸 그것 박쇽인야 졍영훈 셔당이졔 귀글은 당음인듸 강포가 놀보 되고 낙교가 승젼 되니 그것슨 웬일인고 [하략]304

또 다른 신재효본 〈박흥보가〉에는 국한문으로 나타나고 있다.

[중략] 어긔어리 톱질이아 실근실근 거짐 타니 박통 속에 우군우군 글 익는 쇼리 난다 孟子見梁惠王호신디 王曰叟-不遠千里而來호시니 亦將有以利吾國乎잇가 馬上에 逢寒食호니 途中에 屬合春을 可憐 老甫 亡호니 不見上典人가 老甫 듯고 호는 말이 어듸 그것 박 속이냐 丁寧훈 書堂이졔 귀글은 唐音인디 江浦가 老甫되고 洛橋가 上典되니 그것은 원 일인고 [하략]305

---

304 『흥부전 전집』 2, p.115.
305 『흥부전 전집』 2, p.115.

위의 국한문본 내용을 풀어보면 다음과 같다.

[중략] 어기(여차) 톱질이야! 실근실근 거의 다 타가니 박통 속에서 우글우글 글 읽는 소리 난다.
"孟子見梁惠王하신대 王曰叟-不遠千里而來하시니, 亦將有以利吾國乎인가?
馬上에 逢寒食하니
途中에 屬合春을
可憐 老甫 亡하니[망하니]
不見上典人가[상전을 몰라보느냐?]"
놀부가 듣고 하는 말이,
"어디 그것 박 속이냐? 분명 서당이제?' 글은 『당음』인데 강포[江浦]가 놀부[老甫]되고 낙교[洛橋]가 상전[上典]되니 그것은 뭔 일인고?"[하략]

〈국립중앙박물관 소장 감로탱〉의 초란이 도상은 18세기 판소리 사설을 푼 소리꾼이자 폭죽놀이의 연희자들이었음을 잘 보여준다. 현존하는 판소리 판본으로 보면, 19세기 서울의 경판 25장본이나 20장본의 〈흥부전興富傳〉에는 위의 신재효申在孝, 1812-1884본의 "놀부 삼대의 상전"과 달리 "양반 천여 명"이 나타나고 이들이 인용한 한시도 다르므로, 이 〈국립중앙박물관 소장 감로탱〉은 이것 자체로만 보면, 서울과 인접한 경기지역 보다는 남쪽 지역에서 활동하던 화사가 제작한 것이다. 또한 이 감로탱의 제작 시기가 18세기인 만큼 이 소리꾼 도상은 신재효가 활동하던 19세기 중반보다 앞선 시기의 '흥부가' 판소리 사설의 원형이 반영되었을 가능성을 보여준다.[306] 비록 초란이의 행색과 그가 들고 있는 부채의 명

---

306 조선시대 판소리 장면을 묘사한 것으로 현재 알려져 있는 그림은 19세기에 활동한 모흥갑(牟興甲)이 등장하는 〈평양도〉(10폭 병풍, 지본채색, 각폭 131×39㎝, 서울대박물관 소장)이다. 한 손으로 뒷짐을 지고 한 손으로는 부채를 들어 사설을 하는 인물 옆에 "名唱牟興甲"이라는 명문

優倡侏儒

〈고려대 소장 감로탱〉(18세기 말-19세기 초, 비단에 채색, 260.0×300.0㎝)의 초란이패

문 내용을 통해 19세기 중반 판소리 사설의 내용과 비교하는 것이지만, 이 감로탱이 18세기에 조성되어 당대의 시각이 반영된 도상이라는 점은 그 중요성만큼이나 시사하는 바가 크다. 즉, 이 감로탱에서 세 명의 초란이 중에 탈을 쓴 배역과 갓을 쓴 배역의 두 명이 들고 있는 부채 도상은 그 자체로 보면, 회화사적으로 가장 이른 시기의 판소리 사설 장면일 가능성이 있다.

〈고려대박물관 소장 감로탱〉(18세기 말-19세기 초)에 나타나는 초란이^{사진} 도

이 있다. 다양한 배역이 가능했던 18세기 감로탱에 나타나는 초란이가 소리할 때 경우에 따라 판수 없이 혼자 부채 들고 장구까지 치고 있는 것에 비해, 이 그림의 모흥갑은 전문 소리꾼으로서 명창과 판수의 역이 보다 분리되어 있어서 눈에 띈다.

상이다. 이 감로탱은 시기적으로 18세기 말과 19세기 초에 경상도에서 활동하던 수화승首畵僧이자 방장方丈이었던 신겸信謙이 그린 것이다. 깊은 교학적 지식을 바탕으로 내밀하면서도 개성이 강한 독특한 작품세계를 구현했다.

    화면의 아래쪽, 거사와 사당들의 연희가 한마당 펼쳐지고 있는 줄타기 장대 옆에는 마치 표찰처럼 '우창주유優倡侏儒'라는 방제가 붙어 있다.[307] 글자의 박락에도 불구하고 중요 획들이 남아 판독이 가능하다. 이 방제 아래로 네 명의 탈을 쓴 초란이들이 한 줄로 늘어서서 놀고 있다. 앞의 세 명의 초란이는 다들 다리 한 쪽을 올리고 양팔을 펼친 채 어깨춤을 덩실덩실 추고 있고, 끝의 한 명은 이들에 비해 몸이 매우 작은 난쟁이로 소고小鼓가 아니라 절의 목탁木鐸을 몸이 안쪽으로 접힐 정도로 한껏 치며 초란이들의 난장을 이끌고 있다. 광대를 뜻하는 '우창'과 난쟁이를 뜻하는 '주유侏儒'처럼 방제의 내용 그대로이다. 조선시대 감로탱 대부분이 이러한 장면의 방제로 의식집의 소청문召請文에 전형적으로 등장하는 '해수악사解愁樂士'를 쓰고 있는 것과는 다른 새로운 면모이다.

    이들 네 명의 초란이가 쓰고 있는 탈을 살펴보자.

    〈국립중앙박물관 소장 감로탱〉의 초란이 탈이 벽사辟邪적 성격의 '붉은 도깨비' 이미지라면, 이 감로탱의 것은 색의 박락을 감안하더라도 붉은 색은 아니며 '희화화戱畵化 된 인물' 이미지에 가깝다. 전자가 '당초란이'의 탈이라면 후자는 '외초란이'의 탈에 해당되어 보일 정도의 차이가 있다.

    네 명의 초란이 중 왼쪽의 첫 번째 초란이는 옆의 초란이들과 달리 온전한 형태의 붉은 깃털 상모에 챙이 짧은 벙거지를 쓰고 있다. 상모가 〈국립중앙박물관 소장 감로탱〉 초란이의 벙거지 상모보다 길지만, 오늘날 농악에서 보는 상모보

---

307 근래에 공개된 〈안동 용담사 감로탱〉은 신겸이 수화승으로 1811년에 제작한 것으로 알려져 있다. 〈고려대박물관 소장 감로탱〉과 구도와 도상에서 유사한 부분이 많지만, 〈안동 용담사 감로탱〉의 해당 도상에는 "無家定處"로 되어 있어 방제의 내용과 도상이 맞지 않다.

다는 전체길이가 길지 않고 모양도 다르다. 탈의 코가 〈국립중앙박물관 소장 감로탱〉의 초란이 탈의 코처럼, 둥근 막대기처럼 튀어나온 것이 특징이다. 두 번째 초란이가 쓰고 있는 탈은 한가득 웃는 인상으로 눈썹과 눈이 아래로 쳐져 있고 턱은 나와 있어서 오늘날 알려져 있는 대표적인 안동탈과 비슷해 보인다. 세 번째 초란이 탈에는 몇 가닥의 흰 콧수염이 갈기처럼 쭉 뻗어 있어 '노장탈'처럼 보인다. 네 번째 초란이는 작고 장난스러운 표정의 턱이 긴 탈을 쓰고 있다. 이들 초란이 탈들은 끈으로 돌려 묶은 것처럼 표현되어 있으며 오늘날의 탈들에서 보이는 탈 뒤에 붙여 연결한 천인 '탈보'[假面布]가 없다.

또한 이들 네 명의 초란이 주변으로는 피리, 장구, 꽹과리 등을 치는 악사와 일행들이 쭉 둘러 앉아 있는데, 줄의 한쪽 끝에는 공연에 필요한 짐들이 쌓여 있다. 짐꾸러미들 사이로, 내용물의 색바탕이 탈색되어 있지만, 눈썹과 눈동자가 표현된 탈들이 삐져나와 보인다. 앞서 살펴본, 신재효본 〈박타령〉(1870-1873년 추정, 가람문고본)에도 등장하는 "쵸란이피 탈짐"이다. 이 감로탱의 조성연대는 늦어도 19세기 초이므로 이 〈박타령〉보다 앞선 시기의 "쵸란이피 탈짐"에 대해 도상적으로 살펴볼 수 있는 흥미로운 모습이다.

〈용주사 감로탱〉(1790)에 나타나는 초란이 사진 도상이다.

앞서 살펴본 〈리움소장 감로탱〉(18세기)에서처럼, 초란이가 세시歲時에 '고사 반告祀盤'을 행하고 있는 장면이다. 이 초란이 탈은 탈의 구조가 비교적 세밀히 그려져 있으며 형태는 용왕의 탈 모양이다.

〈용주사 감로탱〉(1790, 비단에 채색, 156.0×313.0㎝)의 '초란이'

〈용주사 감로탱〉(1790, 비단에 채색, 156.0×313.0㎝)

〈리움소장 감로탱〉의 초란이 탈이, 사설 푸는 것을 자연스럽게 하기 위해 탈의 입 주변을 분리해 각각 윗입술 쪽 얼굴과 아랫입술이 달린 두 개의 부분으로 구성되어 있는 것처럼 위의 이 〈용주사 감로탱〉에서도 이를 확인할 수 있다. 여기서도 탈끈은 구체적으로 표현되어 있지 않지만, 붉은 색의 벙거지에서 내려온 두 개의 붉은 줄로 벙거지를 턱 밑에서 묶은 것이 시각적으로 눈길을 끈다.

그리고 한 가지 흥미로운 점은 탈의 눈썹이 〈리움소장 감로탱〉에서처럼 청색靑色이라는 점이다. 『승천왕반야바라밀경勝天王般若波羅蜜經』 권제7(K0008)의 「이행품二行品」 제14에 여래의 몸의 특징인 32상相 80종호種好에 대해 설하

고 있는데, 80종호의 넷째에, "눈썹은 높고 길어 마치 초생달 같으며 감색의 유리빛이다. 眉高而長 形如初月 紺琉璃色"라고 하였다. 탱화에서 불보살의 눈썹을 청색으로 그리는 근거이다. 감로탱에서 면연귀왕은 비증보살悲增菩薩의 위격을 지니기에 눈썹이 청색으로 그려진 것이 많다. 초란이의 이러한 눈썹은 '벽사辟邪'의 성격을 당시의 화사들이 자연스럽게 해석해 낸 결과로 보인다.

〈용주사 감로탱〉사진에서 초란이가 세시에 난장을 벌이고 있는 장면을 보면, 무엇보다도 가장 큰 특징이 탈 도상에 드러난다. 이 탈의 눈은 조선시대 궁중의 나례儺禮에서도 등장하던 네 개의 눈이 달린 방상시方相氏 탈의 특징인 '황금사목黃金四目'처럼,308 금색金色의 '금목金目'이다. 눈자위 부분이 현재 많이 박락되어 있지만, 불빛을 받으면 이 부분만 빛이 난다. '벽사'의 의미 강조를 위해 현존하는 감로탱의 탈 도상 가운데 유일하게 '금목'으로 처리된 것이다. 아직까지 조선시대의 현존하는 유물 가운데 19세기말을 제외하고는 기년명 있는 탈이 거의 없는 실정을 감안하면, 매우 희귀한 도상으로 민속적으로도 그 의의가 있다고 할 수 있다.

---

308 1970년 창덕궁 창고에서 발견된 국가민속문화재 제16호인 방상시탈은 제작연대 미상이다. 이 탈은 높이가 72㎝로 사람이 쓰는 탈이 아니라 장례 발인시에 수레 앞에 실었던 것이다. 눈은 4목이지만 뚫려 있지 않고 금목도 아니다. 사람이 썼던 방산시 탈에 대한 도상은 조선후기의 『사례편람(四禮便覽)』〈오도식(五圖式)〉 목판도에서 볼 수 있다. 발인시에 대부는 4목(目)인 방상(方相)을 쓰고[大夫用之], 사족은 2목(目)인 기두(魌頭)를 쓴다[士用之]고 하였다.

6부 감로탱 도상의 하단 소청 대상들 | 489

5. 미물들

〈고려대 소장 감로탱〉(18세기 말-19세기 초, 비단에 채색, 260.0×300.0㎝)의 부분
'큰 물고기', '토끼와 거북이'

감로탱에서는 자연의 산수를 배경으로 나뭇가지에 앉아 있는 새나 흰 학鶴들조차 목가적인 분위기를 연출하기 위한 단순 도상들이 아니다. 〈고려대 소장 감로탱〉(18세기 말-19세기 초)의 한쪽에 나타나는 토끼와 거북이, 물고기 사진 도상도 옛 전래 동화나 불단佛壇인 수미단須彌壇에 장엄되는 상서로운 동물이 아니다. 토끼의 몸을 받거나 거북이의 몸을 받고, 물고기의 몸을 받아 죽은 미물들

〈국립중앙박물관 소장 감로탱〉(18세기)의 '큰 새와 작은 새'

이다. 〈국립중앙박물관 소장 감로탱〉(18세기)의 화면의 아래쪽을 보면, 소나무 아래로 큰 새가 작은 새를 죽이는 약육강식의 생태계가 표현되어 있다.^{사진} 감로탱에서 이들 모두는 하단의 봉청奉請 대상자들이다.

『자기산보문仔夔刪補文』(1724, 해인사 간행, 해인사 강원도서관 소장) 권제6의 〈방생도의 중생들을 청하여 자리를 내어주는 의식문 傍生道衆請座儀文〉은 미물들에 대해 봉청문奉請文이 하나의 독립된 봉청문 형태로 두 가지가 수록되어 있는데, 미물의 몸을 받는 과보에 대해서 밝히고 있다.

> 빚을 지고 단명하였으나 원수 같은 빚을 피하기 어려워 그의 자식으로 다시 태어나 생계나 꾸릴 몸을 받고서 업력으로 업력의 갚음을 하거나 큰 몸이든 작은 몸이든 업에 따라 과보를 받은 들짐승 무리나 날짐승 족속이나 물이나 땅에 떠도는 부류로 여기서 죽고 저기서 나는 일체의 방생도의 중생들을 일심으로 받들어 청하옵니다.
> 一心奉請 負財³⁰⁹欽³¹⁰命 寃債難逃 以身償債 以力償力 大身小身 隨業受報 毛群羽族 水陸飛沈 死此生彼 一切傍生道衆

> 업에 따른 부류로 과보에 따라 저절로 생을 받아 만 가지 종류, 천 가지 형상에 깃들어 있는, 물이나 땅이나 공중의 시방법계 방생도 가운데 일체의 유정과 그 권속 등의 중생들을 일심으로 받들어 청하옵니다.
> 一心奉請 隨業品類 逐報受生自緣 而萬類千形捿處 而水陸空界 十方法界傍生道中

---

309 채(債)의 오자.
310 결(欠)의 오자.

一切有情 幷從眷属等衆

『자기산보문』의 일반적인 체계에서 볼 수 있듯이, 위의 두 가지 봉청문 중 첫 번째가 가장 중요하다. 첫 번째의 '負財欽命부재결명'이 들어 있는 봉청문은, 빚을 지는 것과 미물이 되는 것과의 인과관계가 암시되어 있다. 살아서는 채무의 빚으로 고통받다가 윤회하여 자식으로 태어나 그 빚을 갚거나 혹은 미물의 과보를 받은 중생들 가운데 어떤 이는 그 몸이 잘 드러나지 않고 혹은 크고 작은 미물의 몸을 받는다는 시각은 이들에 대한 감정이입의 산물이기도 하다. 아주 작은 소리나 움직임에도 놀라고 두려워하는 미물의 처지가 반영된 것이다. 감로탱은 수륙재의 봉행을 통해 일체의 유주·무주고혼뿐만 아니라 이러한 미물들에게조차도 그 은택이 미치기를 기원하는 '대재大齋'의 의례화임을 다시 한 번 상기시켜 준다.

여기서 한 가지 살펴보아야 할 점은, 실제 감로탱의 도상과 방제에 나타나는 '負財欽命'은 『자기산보문』의 봉청문에 나타나는 미물들의 존재와 다른 의미의 전개를 보여주고 있다는 점이다. 『천지명양수륙재의찬요天地冥陽水陸齋儀纂要』(1562, 쌍봉사 간행)에는 인로왕보살청 다음의 13번째 고혼청의 봉청문에서도 '負財欽命'이 나타난다. 그런데 이것은 『자기산보문』에서처럼 독립적인 내용이 아닌 여러 청들 중의 일부로서 〈리움소장 감로탱〉(18세기) 도상에서 '負財欠命'사진이라는 방제로 반영되어 나타나는 것이 눈에 띈다. 원래는 '負債欠命부채결명'인데, 이미 봉청문에서 '빚[債]'을 '재산[財]'으로 바꾼 용어가 만들어지면서 〈리움소장 감로탱〉의 도상 표현에도 오해의 소지가 있게 그려졌다.

도상으로 보면, 고래등과 같은 집에 사는 부자가 옆에 돈보따리를 쌓아 놓고도 명이 짧아 죽은 것처럼 머리맡에 향불을 피워 이를 묘사했는데, 엄밀히 말하면, 돈보따리가 아니라 빚보따리였던 것이다. 위 『자기산보문』의 첫 번째 봉청문의 맥락과는 달리 묘사된 것이다.

〈리움 소장 감로탱〉(18세기, 비단에 채색, 265.0×294.0㎝)의 '負財欠命'

『자기산보문』이나 『천지명양수륙재의찬요』는 대표적인 수륙재 의식집들이므로 감로탱 도상 분석에서는 이 미물들에 대한 봉청을 두 가지 관점에서 바라보아야 할 이유라고 할 수 있다.

7부

〈고려대 소장 감로탱〉의 도상 분석과 의례

〈고려대 소장 감로탱〉은 18세기 말-19세기 초를 대표하는 수화승首畵僧 중 한 명인 신겸信謙의 작품이다. 19세기 문경의 김용사金龍寺 양진암養眞庵에 봉안되었던 그의 진영인 〈퇴운당대선사신겸진영退雲堂大禪師信謙眞影〉(직지사성보박물관 소장)의 방제에는 대선사의 직첩職帖이 드러나 있다. 그가 제작에 참여한 기년명 있는 탱화로는 1788년부터 1830년까지 현재 56점[311] 정도가 파악이 된다.

이 감로탱은 전대의 감로탱에서 볼 수 있었던 수륙재 의식의 일반적인 도해에서 벗어난 매우 독특한 작품이다. 그동안 주로 미술사적 측면에서 도상 위주의 분석이 이뤄져 왔지만, 해당 의식을 바라보는 신겸의 관점을 통해 수화승이면서도 대선사였던 그의 또 다른 면모에 대해서도 접근할 필요가 있다.

여기서 신겸은 여러 수륙재 의식집에 대한 복합적 인식을 바탕으로 치밀한 화면 구성과 분할, 다양한 회화적 장치들을 통해 수륙재의 의식절차가 갖는 '구제救濟의 이야기적 구성'을 흐트러짐 없이 전개하고 때론 재해석하는 탁월한 능력을 보여주고 있다. 대선사로서 또한 화승으로서 수륙재 의식에 대한 그의 교학적 이해가 잘 드러나 있는데, 화승을 중심으로 한 감로탱 연구에서 그 유례를 찾아보기 어렵다.

특히 가장 눈에 띄는 것은 중앙의 단 앞에 네 개의 작은 단을 더 설단해서 총 다섯 개의 단을 세운 점이다.

단의 대탁大卓에 올린 공양물이 큰 마지摩旨 놋동이 중심인 것에 비해 이 네

---

311 이용윤, 「退雲堂 信謙 佛畵와 僧侶門中의 後援」, 『美術史學研究』 269, 2011, p.72.

〈고려대 소장 감로탱〉(18세기 말-19세기 초, 비단에 채색, 260.0×300.0㎝)

개의 단에는 마지동이는 보이지 않고 다른 전물奠物음식만 올려져 있다. 그러나 개별적인 부속 단임에도 각각 촛대, 향완, 다기, 그리고 수박 등의 소박한 전물음식들을 여법하게 올렸다.

조선시대 감로탱 도상에 표현된 한 개의 정형화된 대탁의 설단과 비교해 다른 것들을 살펴보면, 단이 두 개 이상의 탁자卓子로 구성되어 있거나 가설물架設物로 높이를 달리해 층이 지도록 만들기도 하고, 단 앞에 작은 별단이나 상을 덧대는 등의 형태로 나타나고 있어서 재의 규모나 현장의 채비 상황에 따라 설단된 것을 볼 수 있다.

초기 감로탱인 〈약센지 소장 감로탱〉(1589) 등에서는 대탁에 탁의卓衣를 덮은 하나의 단으로 나타나지만, 〈쵸덴지 소장 감로탱〉(1591)에서는 두 개의 탁자로 이루어진 단 중앙 앞에 공양구 등을 올린 작은 탁자가 하나 놓여 있는 것을 볼 수 있다. 〈코묘지 소장 감로탱〉(16세기)의 경우에는 두 개의 각기 다른 탁자가 앞뒤로 나란히 붙어 있으며, 탁의는 덮여있지 않다. 그러나 옻칠과 금장식, 영자가 붙어 있는 낙영 장식 등으로 화려하게 꾸며져 있어 화면만으로 보면, 왕실발원의 재이어야 가능한 설단으로 보인다. 〈보석사 감로탱〉(1649)은 단이 걸개그림으로 그려진 것이지만, 세 개의 탁자 테두리 장식에 의해 세 개의 층이진 단이 나타나며 앞에는 높이가 낮은 공양물을, 뒤쪽으로는 순차적으로 높이가 큰 공양물을 올리고 있다. 〈해인사 감로탱〉(1723)의 경우처럼, 전면에 탁의를 두른 상태에서 두 개의 탁자 윗면에 각각 옻칠과 단의 복지[壇覆紙[312]; 座面紙]를 달리해 공양물과 그 주위를 뚜렷이 부각시킨 표현도 보인다. 또한 〈운흥사 감로탱〉(1730) 등에서는 촛대, 향완, 다기와 같은 기본적인 공양구를 진설하기 위해 작은 탁자가

---

312 앞의 「불영사시창기」〈조성잡물기용유공화주록〉(1620) 목록에, "단의 복지 10장을 이죽립이 헌상함. 壇覆紙拾張 李竹立 獻上"이라는 예 등이 있어서 용어를 '좌면지' 대신에 '복지'로 대체했다. 오늘날에도 전통사찰에서 사용되는 용어로 유과나 밤처럼 높이 쌓아 올리는 고임음식의 고이는 과정에서 종이를 오린 '복지'를 사용한다.

놓이기도 하고, 〈표충사 감로탱〉(1738)에서는 경상經床이 놓인 것을 볼 수 있다. 더 나아가 〈직지사 감로탱〉(1724) 등에서는 고혼의 천도 장면을 강조하기 위해 설단 자체를 생략한 경우도 보인다.

〈고려대 소장 감로탱〉의 단은 중앙과 부속된 단이라는 크고 작은 총 다섯 개의 단이 체계적으로 구성되어 있어서 이들과 비교하면 매우 파격적이다. 회화적 표현이라는 점과 현장성이 강한 설단 채비의 성격을 감안하더라도 특정 의식에 의한 도해의 차이를 생각하지 않을 수 없다. 먼저 중앙의 단을 중심으로 화면에 등장하는 존격들의 의례적 성격에 대해 살펴보자.

화면 정중앙에, "칠여래와 그 바깥을[外] 둘러싸고 있는 시방상주불법승, 그리고 관세음보살, 관음·지장·인로왕보살, 초면귀왕과 그 앞에 서 있는 아난존자. 七如來外十方常住佛法僧 觀音地藏引路王菩薩 焦面鬼王前立阿難陀尊者"라는 방제傍題가 있어서 이에 따라 존격들의 도상이 배치되어 있는 것을 알 수 있다. 또한 화면 윗부분을 보면, 여기서는 감로탱에 일반적으로 나타나는 '거불' 도상인 아미타 삼존불과 같은 특정 대상이 아니다.

여기서 '거불'은 두 가지의 경우를 생각해 볼 수 있다.

첫 번째는 방제에 있는 "十方常住佛法僧"의 존격처럼 화면 맨 위쪽의 단 뒤쪽에 내영해 있는 상징적인 열 분의 시방불을 "시방상주불법승"으로 하여 '거불'의 존격으로 볼 수 있지만, 이 감로탱의 방제를 자세히 보면, "外"의 범주에서 위격을 밝히고 있으므로 이 경우에는 '거불'로 볼 수 없다.

두 번째는 전대의 예들에 나타나는 칠여래 도상 안에서 아미타불을 '거불'로 하여 관음·지장의 삼존을 구성하는 복합적인 도상에서 보다 더 나아가 특이하게도 항마촉지인降魔觸地印의 수인을 통해 새롭게 석가모니불을 표현함으로써 아미타불과 함께 도상을 중의적重義的으로 재구성한 경우이다. 이것은 칠여래의 존격이 명호로만 파악되고 그 중에 협시를 거느린 아미타불만이 도상적으로 파악되는 것을 바탕으로 한 재해석이다.

위의 두 가지는 어느 경우이든 다 가능성이 있지만, 전자는 흔치않고 또한 신 겸의 화풍에서 도상의 분석화 경향이 강한 것으로 볼 때 후자에 가까워 보인다.

이 감로탱에서는 칠여래의 위치 또한 매우 특이하다. 칠여래는 여래의 명호를 부르는 선양성호宣揚聖號에 의해 내영하게 되는데, 다른 감로탱의 도상처럼 중앙의 단을 중심으로 하늘에 내영하고 있는 상태가 아니다. 칠여래 중 오여래는 파격적이게도, 수미단 위에 봉안되어 있는 여래처럼, 혹은 명호를 올린 불패佛牌처럼, 단 위의 연화좌에 앉아있고, 나머지 이여래는 각각 단 양끝 쪽에 관음, 지장보살과 함께 서있다. 정면으로 보면 오여래이고, 전체적으로 보면 칠여래이다.

다시 여기서의 칠여래에 대해 자세히 살펴보면, 단 위의 오여래는 조선시대 수륙재의 기본적인 의식집이었던 중례문中禮文인『천지명양수륙재의찬요天地冥陽水陸齋儀纂要』나 결수문結手文인『수륙무차평등재의촬요水陸無遮平等齋儀撮要』에 나타나는 오여래를 시각적으로 대변하면서 전체적으로는,『증수선교시식의문增修禪敎施食儀文』이나『진언권공眞言勸供』,『운수단가사雲水壇謌詞』등에 나타나는 칠여래의 법수法數에 맞추고 있다. 칠여래는 오여래[다보多寶여래, 묘색신妙色身여래, 광박신廣博身여래, 이포외離怖畏여래, 감로왕甘露王여래]에 보승寶勝여래와 아미타阿彌陀여래를 추가한 것으로 하단의식의 구제력을 더욱 강조한 것이다. 칠여래의 존격은 고혼의 제도라는 구제의 성격에 맞춰져 있어서 존격들이 평등하고, 수인手印의 표현에서도 아미타불을 제외하고는 거의 특징이 없는 경우가 많다.

그런데 이 감로탱에서는 항마촉지인降魔觸地印의 '석가모니불'을 중앙의 본존불로 나타내어 '칠여래'의 한 분에 가탁假託시키고 있다. 더구나 아미타불의 수인보다도 더 엄격하게 적용되는 '본사本師 석가모니불'의 수인이다.

조선시대 화승들 가운데 가장 독특하고 감각적인 도상을 창안해 온 신겸이 칠여래의 존격을 변용시키면서까지 파격적으로 석가모니불을 등장시킨 이유는 무엇일까? 이것은 방제에 초면焦面귀왕으로 기록된 면연面燃귀왕과 아난의 도상을

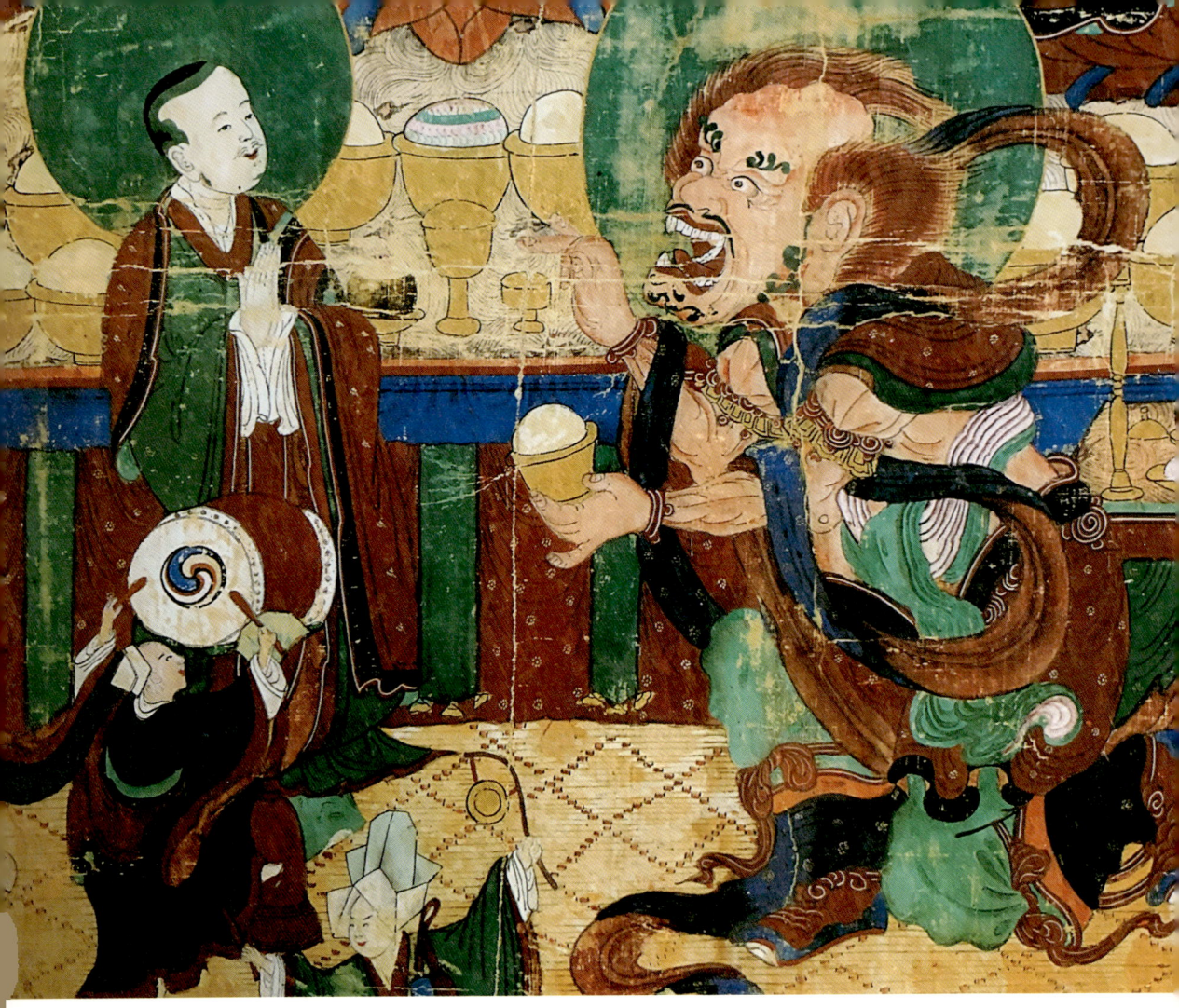

〈고려대 소장 감로탱〉(18세기 말-19세기 초, 비단에 채색, 260.0×300.0㎝)의 부분

통해 설명이 가능하다. 수륙재의 시원이 된, 석가모니불 회상의 아난과 면연귀왕의 '수륙연기水陸緣起' 설화를 강조하기 위해서이다. 재齋의 설행을 통해 언제든지 이 설화는 그 현재성을 확보하는 것이 가능했다.

석가모니불의 단 바로 아래로는 신겸이 재해석해낸 면연귀왕의 모습이 보인다. 합장하여 마주하고 있는 아난존자를 향해, 그는 호궤胡跪하여 한쪽 무릎은 땅에 대고 한쪽 무릎은 세웠지만 오른손 약지藥指를 쭉 뻗어 그를 가리키듯 겁박하는 모습이다.^사진 표면적으로 보면, 실감나는 '수륙연기'의 한 장면이다. 초면[면연]귀왕의 왼손은 감로의 구제를 형상화 한, 고봉처럼 소복하게 법미法米가 담긴 작은 놋동이를 들고 있는데, 실제 생미生米로 고봉을 만들기 어려우므로 수륙재와 여제厲祭에서도 올리는 증반烝飯; 찐쌀이거나 밥을 표현했을 수 있다. 여기서 법주의 시식 장면은 별도로 나타나 있지 않다. 그런데 초면귀왕은 이러한 중요한 순간에 왜 하필이면 약지를 들었을까? 이 오른손 약지는 그 자체로 매우 특징적이어서 수인법[印法]이라는 또 다른 중의적重義的 측면에서도 살펴볼 필요가 있다. 『찰요』(1483, 鎭安 中臺寺 간행, 법장사 소장)에서 보면, 변식진언變食眞言에는 대상이 다른 진언으로 두 가지가 있는데, 거의 동일한 음차에 독송 횟수와 수인법이 다르다. 먼저 성현과 고혼들을 청하여 자리를 내어 드린 다음에, 성현께 공양을 올리는 것은 상·중단의 〈가지하여 공양을 변화하게 하는 편[加持變供篇 第二十四]〉으로, 여기의 변식진언은 성현을 위한 것이다. 그리고 하단의 〈성현의 명호를 선양하는 편[宜揚聖號篇 第二十五]〉에서 오여래의 명호를 선양하고 이어서 〈음식에 주하여 공덕을 드러내는 편[呪食現功篇 第二十八]〉을 하는데, 이때에는 고혼들을 위한 '사다라니'에 변식진언이 있다. 이들 각각을 수인법으로 보면, 〈가지하여 공양을 변화하게 하는 편〉은 "오른손 엄지로 검지를 누르고 중지와 새끼손가락은 편다. 약지로 공양물 위를 휙 두른다. 右手大指捻頭指中指小指舒 無名指旋揮供具上"^사진라고 하였

〈고려대 소장 감로탱〉의 초면귀왕의 '오른손'

『찰요』(1483, 鎭安 中臺寺 간행, 법장사 소장) 성현의 권공을 위한 변식진언 수인

7부 〈고려대 소장 감로탱〉의 도상 분석과 의례 | 503

으며, 〈음식에 주하여 공덕을 드러내는 편〉은 "왼손의 손바닥을 위로 향하게 펴서 가슴에 댄다. 오른손은 앞쪽으로 곧게 세우되, 중지와 엄지는 서로 붙인다. 左手仰掌當心 右手向前竪 中指與大指相捻"사진고 하였다.

여기서 초면귀왕의 수인은 후자의 하단시식에 나타나는 수인이 아니라 놀랍게도 약지를 특징적으로 쭉 뻗고 있어 전자의 성현의 권공 수인인 '약지藥指와 공양물供養物을 핵심으로 하는 변식작법'을 짓고 있다. 초면귀왕의 오른손 약지와 왼손의 법미가 든 작은 놋동이

『찰요』(1483, 鎭安 中臺寺 간행, 법장사 소장)
하단시식을 위한 변식진언 수인

가 단순한 의미 이상의 것임을 보여준다. 즉, 이 오른손 도상은 무시무시한 표정으로 아난을 가리키며 겁박하는 수륙연기의 내용과 연계되어 있으면서도 성현의 변식작법으로써 스스로의 존격을 드러낸 중의적인 표현이다. 여기서는 인로왕보살 역시 초면귀왕처럼 왼손에 법미를 든 놋동이를 들고 오른손의 약지로 이를 가리키고 있어 주목된다.

또한 이 초면[면연]귀왕에게는 눈에 띄는 특징이 하나 더 있다.

조선시대 감로탱 중 유일하게 맨발이 아니라 '가죽신'을 신고 있다는 점이다. 구제의 서원을 세운 면연귀왕은 자비로운 비증보살悲增菩薩의 위격을 지니고 있는데도, 신겸이 굳이 '가죽신'을 고집함으로써 한편으로 제재초복除災招福의 존재인 '가죽신'을 신고 있는 '신중神衆'의 위격으로도 그가 면연귀왕을 재해석하고 있음을 보여준다.

화면 중앙의 단 바로 아래로는 어떤 장면이 펼쳐지고 있을까?

법의 향연饗筵이 성대하게 베풀어지고 있어서 활대장삼을 입고 법고法鼓를

치는 작법승, 높은 고깔을 쓰고 팔을 크게 벌려 소금小金을 치고 있는 작법승을 어산단과 그 대중들이 주변을 둘러싸고 있다. 법주나 증사가 관상觀想을 통해 설행하는 각 의식 절차의 클라이막스가 하나 하나의 장면들로 훌륭하게 포착되어 있다.

단 위에는 명호가 선양된 칠여래와 관세음보살, 지장보살이 진설된 큰 마지摩旨 동이 앞에서 유교제사의 흠향歆饗에 해당하는 '운심공양運心供養'을 하고 있다. 이것이 '운심공양'임을 알 수 있는 것은 존격들이 공중에서 내영하지 않고 단 위의 연화좌에 이미 결가부좌하고 있기 때문이다.

운심공양은 말 그대로 '마음의 관법으로 공양하는 것'이다. 위의 『촬요』〈가지하여 공양을 변화하게 하는 편[加持變供篇 第二十四]〉을 보면, 상단과 중단의 불보살 성중에게 올리는 공양이 그 대상임을 알 수 있다. 후대의 단독 판본인 『밀교개간집密敎開刊集』(1784, 쌍계사 수도암 간행, 동국대도서관 소장) 〈가지변공(加持變供)〉[313]의 편목 협주에는 "이 아래의 진언들은 다함이 없는 공양이니 독송하면 곧 생함이 있다. 此下等呪 無盡供養 誦則出生"라고 하였으며, '운심공양진언'에 이르러서는 "일체 공양 시에 만약 이 주를 염송하지 않으면 공덕이 작다. 一切供養時 若不誦此呪功德小也"고 하여 경구警句를 협주로 적어 놓았다. 기본적으로 독립된 하단의식을 하더라도 '운심공양'의 도상 형태가 나타나는 것은, 앞서 살펴본 대로 『사명일상주권공四名日常住勸供』(1691, 고성 와룡산 운흥사, 考般齋 소장) 등에서 볼 수 있듯이 사명일에도 시식영혼식에 앞서 '상단권공'의 설행이 여전히 여법한 의식으로[314] 인식되었기 때문이다.

---

313 『밀교개간집(密敎開刊集)』〈가지변공〉에 나타나는 진언은 "淨法界眞言, 進供眞言, 無量威德自在光明妙力變食眞言, 出生供養眞言, 獻香眞言, 獻燈眞言, 獻花眞言, 獻果眞言, 獻水眞言, 獻餠眞言, 獻食眞言, 淨食眞言, 運心供養眞言"으로, 『촬요』〈가지변공편〉과 비교하면, 정법계진언 등의 '삼주(三呪)'에 진공진언(進供眞言)이 추가되어 있으며, '칠공양진언(七供養眞言)'과 운심공양진언 사이에 정식진언(淨食眞言)이 추가되어 있다.
314 이러한 '상단공양'도 결국은 승가의 뿌리 깊은 마지공양 의식의 반영으로 그 연장선상에 있

그런데 〈고려대 소장 감로탱〉에서 놀라운 점은, 전대의 감로탱이 불보살의 현현에 앞서 별도로 '상단권공' 한 것을 단에 올린 공양물을 통해 상징적으로 드러냈던 것에 비해, 여기에서는 하단시식의 절차에 나타나는 칠여래에 대해서 여래의 존격에 의거해 직접 '상단권공'으로 통칭되는 '권공'을 올리고 있다는 점이다. 화사의 신앙심에 의거해 표현된 도상이라 할 수 있다.

〈고려대 소장 감로탱〉의 인로왕보살

다시 중앙의 단을 살펴보면, 앞의 왼쪽 끝단에 인로왕보살引路王菩薩의 증명단證明壇이 있는 것을 볼 수 있다. 화려한 보관에 천의 자락을 흩날리며 내려온 인로왕보살이 증명단 앞의 작은 배례단에 무릎을 꿇고 단의 여래를 향해 초면귀왕이 들고 있는 것과 같은 작은 놋동이를 들고 있다. 인로왕보살이 손에 법미가 담긴 작은 놋동이를 들고 있는 것은 보살로서 뿐만 아니라 고혼들의 인도자로서 그 공덕을 증명하기 때문이다. 신겸은 각종 시식문施食文에 등장하는 증명단을 유일하게 도상으로 드러내면서 시식문에서처럼 증명단에 인로왕보살 번幡을 올리지 않고 여기에다가 놀랍게도 인로왕보살의 존격 그 자체를 표현했다. ^{사진} "상 위에는 인로왕보살 번[神幡]의 끝

는 것이다. 오늘날의 현행 진관사수륙재 의식을 보면, 칠재 의식에 오전의 사시마지(巳時摩旨)를 거를 수 없어 설행 중간에 마지를 대웅전을 포함한 각 전각에 올릴 뿐만 아니라 수륙재의 상단을 포함한 각 단에도 이때에 미리 공양을 올려놓는다.

부분을 드리우게 안치한다. 床上置神幡之趺"³¹⁵라는 내용을 창의적으로 재해석해 배례단을 갖추고 인로왕보살을 실제로 표현한 것이다.

이러한 인로왕보살의 증명단 옆에 위치한 작은 단들에 대해서도 살펴보면, 증명단을 포함해 양쪽 끝의 단은 크고 안쪽 두 개의 단은 상대적으로 작다. 양쪽 단의 진설물도 각각 촛대 2개, 향완 1개, 다기 1개, 수박 등의 전물음식이 5그릇인데, 안쪽은 각각 촛대 2개, 향완 1개, 다기 1개, 수박 등의 전물음식이 3그릇으로 차등이 있다.

각 단의 명칭은 방제가 없다. 이들 단의 설단 규범은 당시 해당 수륙재의 설행 상황이나 화사의 화면구성 의도에 의해 의식문과 일부 다르게 조정된 부분도 있겠지만, 『권공제반문勸供諸般文』(1574, 釋王寺 간행)의 「거찰사사명일시식영혼식」이라는 동일 의식집 내에서 〈시식단배치규식施食壇排置規式〉에 나타나는 명칭, 그리고 시식 의식에 나타나는 '4청請'의 봉청문奉請文에 기반한 명칭이라는 두 가지 가능성이 있다.

첫 번째의 가능성을 살펴보자.
앞서 살펴본, 〈시식단배치규식〉이다.

정문의 정면 칸에 단을 세우되, 단의 높이는 2-3척(60.6-90.9cm)을 넘지 않아야 한다. 단 위에는 따로 작은 상을 놓고 인로왕보살번을 봉안해 증명단으로 한다. 단의 한가운데에는 종실위를 안치한다. 왼쪽에 꽃병을 오른쪽에 등촉을 놓는다. 단의 왼쪽 가에는 다섯 치(15cm) 미만의 고혼단을, 오른쪽 가에도 다섯 치(15cm) 미만의 무주고혼단을 법답게 배치한다. 각각 향, 꽃, 등촉을 올려놓는다.
正門正間設排置而 壇高不迊二三尺也 壇上別置小床安引路王幡 爲訂明壇也 壇正

---

315 『雲水壇作法』(1664, 海印寺) 부록 〈下壇配置〉.

中宗室位排之也 左甁花右灯燭也 左过五寸下孤魂壇 右过五寸下無主魂壇如法也 各各香花灯燭置之也

위의 〈시식단배치규식〉에서 증명단과 종실위, 고혼단, 무주고혼단의 설명 순서는 중앙의 인로왕보살 증명단을 중심으로 그 아래로 종실위를 놓고 양쪽으로 고혼단들을 놓는 종횡의 위격에 따른 것이다. 〈고려대 소장 감로탱〉의 도상과 비교하면 차이가 있다. 〈시식단배치규식〉은 작은 규모의 시식단에서 적합한 것으로, 실제 하나의 단 위에 상을 비롯해 작은 여러 단들을 방향에 따라 올리고 거기에 진설陳設까지 하기란, 그 간결한 규식이 의도한 것과는 달라 보인다.

그런데 신겸은 화면에서 볼 수 있듯이, 과감하게 설단을 재구성했다. 다섯 치(15㎝)보다 큰 대탁을 불단으로 설단한 다음 위의 단들을 위격에 따라 일렬로 나란히 배치해 온전히 독립적인 별단으로 세웠다. 중앙의 단을 중심으로 아래에 네 개 단이 정연하게 배치되면서 재의 공간이 더욱 엄밀하게 보인다.

이들 네 개의 단 도상에 대해 살펴보자.

인로왕보살이 나타나 있어 증명단임을 알 수 있는 대표적인 증명단을 제외하고는, 나머지 세 단에서 관련 도상이나 진설물의 큰 특징들은 찾아볼 수 없으나 증명단 바로 옆의 두 번째 단의 탁의卓衣만이 고귀한 색인 감청색이어서 종실단임을 시사하고 있다.

수륙재 의식문의 기준에 따라 병렬의 위격 순서대로 네 개의 단 각각에 올릴 수 있는 '위목位目'을 살펴보면, 증명단에는 '南無 大聖引路王菩薩'의 번幡을 걸되, 번의 끝을 단 위에 드리우고, 종실위에는 '位稱世主國號明王與后妃嬪 御仙駕'의 전패殿牌를 안치하며, 유주고혼단과 무주고혼단에는 각각 '一切有主孤魂 靈駕'과 '一切無主孤魂 靈駕'의 위패를 안치하게 된다. 이를 바탕으로 화면 왼쪽부터 단의 명칭을 살펴보면, 각각 증명단證明壇과 종실단宗室壇이며, 유주고혼단有

主孤혼단과 무주고혼단無主孤魂壇[316]이다.

그런데 이것은 결정적으로 〈시식단배치규식〉의 설단 형태와 달라 배제할 수밖에 없다.

두 번째의 가능성을 살펴보자.

『권공제반문』「거찰사사명일시식영혼식」이라는 동일 자료임에도 〈시식단배치규식〉에서 "증명단, 종실위, 고혼단, 무주고혼단"의 설단 규식을 밝히고 있는 것과 달리 의식절차에서는 '4청請'으로 인로왕보살청引路王菩薩請을 비롯해, 국혼청國魂請, 승혼청僧魂請, 고혼청孤魂請[317]이 순서대로 소청되고 있는 것이 눈에 띈다. 다만, 이들 청의 끝에 "이 위의 '3청'은 다 고혼청이다. 此上三請皆孤魂請"라고 하였는데, 큰 범주 내에서 인로왕보살을 뺀 나머지는 '고혼'으로 바라보았음을 알 수 있다. 사명일에 사찰에서 재를 설행하면서 왕가를 위한 국혼청을 하고, 조사와 스승을 위해 승혼청을 하며, 또한 일체를 위해 고혼청을 하는 것은 사명일의 성격에 맞춘 '청'의 명칭이라 볼 수 있다.

이에 따라 신겸이 도상화 한 것은 그 세부적인 단의 명칭 차이나 기존의 배치 규식에도 불구하고 "3청"을 단지 '고혼청'으로 하여 '청'의 순서대로 드러낸 것일 가능성이 높다. 왕조 시대에 종실위가 포함된 단을 세우면서 특징적으로 구별되게 표현해야 했음에도 탁의의 구분 정도로 단순 병렬로 표현한 것은 "3청"을 의식절차대로 도상화했다는 의미다. 그런데 병렬의 위격 순서로 보면, 승혼청에 해당하는 단이 가장 작고 소박하지만, 다기의 뚜껑을 한쪽에 놓아서 승려의 입장

---

316 원래 '단(壇)'은 불보살의 상·중단에서처럼 불보살과 같은 성스러운 대중이나 존격의 현현이 예견되어 있는 의식에 쓸 수 있지만, 하단에서도 고혼들을 위해 발원한 칠여래(七如來)의 명호가 선양되기에 '단'이라 쓸 수 있다. 〈시식단배치규식(施食壇排置規式)〉에서의 유주(有主)·무주(無主)고혼단과 같이 일반적으로 쓰이는 '단' 역시 같은 맥락의 것이다.

317 봉청문에는 유주와 무주고혼이 내용 속에 함께 쓰였다.

에서 재의 현장감이 전달되도록 의도한 것이다.

신겸의 〈고려대 소장 감로탱〉 도상이 의례에 반영된 대승의 사상을 창의적인 관점에서 재구성해 통합하고 이에 기반해 크고 작은 다양한 해석의 기제를 남기고 있는 점은 조선시대의 화승들에게서 보기드문 것임은 분명하다. 그리고 무엇보다도 놀라울 정도로 강조되어 있는 '의례 도상의 유기적 연결성'을 특히 이 감로탱을 통해 구현해 낸 것은 다름아닌 수륙재 고유의 기제인 '관상觀想'이 그에게는 매우 익숙한 영역의 것이었을 수 있다는 점이다.

앞서 화면을 통해 관상으로 펼쳐진 여러 도상들을 살펴보았다. 신겸은 대탁의 불단과 그 주위로 불보살의 성스러운 대중들이 나툿고 그 아래로 증명단에 인로왕보살이, 각 단에는 선대의 왕과 왕후, 종실 사람들을 비롯해 역대 조사스님과 스승, 그리고 생전에 마음을 밝히지 못하거나 뜻하지 않은 죽음을 맞이한 무수한 외로운 영혼들이 법의 연회에 청해지고, 수륙연기 설화로 재현되는 구제의 대서사가 펼쳐지는 현장의 장면을 극적인 구도와 묘사를 통해 드러냈다.

신겸이 화업의 수화승首畵僧으로서 뿐만이 아니라 본연의 대선사 지위에서 상당 기간 수륙재의 증사나 법주의 소임을 맡아 재를 주재했을 가능성이 있다.

마무리하며

〈조선시대 수륙재와 감로탱 –불교의례의 시대도상〉은 여기서 끝을 맺습니다. 이 책에 다 담지 못한 감로탱의 흥미로운 도상 분석과 19세기 이후와 20세기 초 감로탱에 나타나는 시대도상에 대해서는 원고를 정리해 후일을 기약하겠습니다.

인용문헌

고문헌 『法句譬喩經』, 『高僧傳』, 『佛說救面然餓鬼陁羅尼神呪經』, 『佛說救拔焰口餓鬼陁羅尼經』, 『佛說大目連經』, 『佛說預修十王生七經』, 『佛說盂蘭盆經』, 『續高僧傳』, 『宋高僧傳』, 『勝天王般若波羅蜜經』, 『五種梵音集』, 『盂蘭盆經疏』, 『盂蘭盆經疏新記』, 『瑜伽集要救阿難陀羅尼焰口軌儀經』, 『地藏菩薩本願經』, 『華嚴經探玄記』 / 『巨刹四名日施食文』, 『勸供諸般文』, 『大刹四明日迎魂施食儀文』, 『密敎開刊集』, 『梵音五種合部』, 『法界聖凡水陸勝會修齋儀軌』, 『四名日常住勸供』, 『釋門喪儀抄』, 『釋門家禮抄』, 『僧家禮儀文』, 『水陸無遮平等齋儀撮要』, 『水月道場空花佛事如幻賓主夢中問答』, 『設饌規式』, 『僧家日用食時默言作法』, 『施食儀文』, 『新刊刪補梵音集』, 『焰口天地冥陽水陸儀文』, 『預修十王生七齋儀纂要』, 『靈山大會作法節次』, 『雲水壇謌詞』, 『雲水壇作法』, 『一判集』, 『仔夔刪補文』, 『仔夔文節次條列』, 『諸般文』, 『增修禪敎施食文』, 『慈悲道場懺法集解』, 『作法龜鑑』, 『作法節次』, 『眞言勸供』, 『眞言集』, 『天地冥陽水陸雜文』, 『天地冥陽水陸齋儀五種梵音集』, 『天地冥陽水陸齋儀梵音刪補集』, 『天地冥陽水陸儀文纂要』, 『請文』, 『通錄撮要』 / 『佛祖宗派之圖』, 『西域中華海東佛祖源流』, 『西域中華海東釋氏源流』, 『四溟堂僧孫世系圖』 / 『高麗史』, 『朝鮮王朝實錄』, 『日省錄』, 『承政院日記』, 『國朝五禮儀』, 『國朝五禮通編』, 『儺禮廳謄錄』, 『四禮便覽』, 『釋典類解』, 『常變通攷』 / 『葛川集』, 『枯崖漫錄』, 『奇巖集』, 『溪巖日錄』, 『懶庵雜著』, 『大覺國師文集』, 『大覺登階集』, 『東師列傳』, 『蒙山和尙六道普說』, 『默齋日記』, 『翻譯名義集』, 『碧巖錄』, 『普濟尊者語錄』, 『佛祖統紀』, 『山堂集』, 『象山三昧』, 『三峯集』, 『西厓集』, 『西漁遺稿』, 『禪文手鏡』, 『禪門拈頌』, 『雪峯山釋王寺記』, 『惺所覆瓿藁』, 『宋子大全』, 『陽村集』, 『熱河日記』, 『五洲衍文長箋散稿』, 『月渚堂大師集』, 『月印釋譜』, 『洌陽歲時記』, 『栗谷全書』, 『慵齋叢話』, 『仁嶽集』, 『林下筆記』, 『正訛集』, 『芝山集』, 『振虛集』, 『淸虛堂集』, 『秋齋紀異』, 『沖虛大師遺集』, 『濯纓集』, 『楓溪集』, 『荷齋日記』, 『涵虛堂得通和尙語錄』, 『虛應集』, 『虛靜集』, 『好隱集』 / 『慶尙道咸陽郡智異山登龜寺事蹟』, 『大芚寺志』, 『每年七月三十日地藏菩薩誕日佛供誓願力募緣文』 / 『佛國寺誌(外)』(서울아세아문화사, 1983), 『曹溪山 松廣寺誌』(송광사, 2001), 『朝鮮寺刹史料』 하권(조선총독부, 1911), 『韓國近現代佛敎資料全集』5(민족사, 1996) / 불교기록문화유산 아카이브 ABC(www.kabc.dongguk.edu) / 조선왕조실록(https://sillok.history.go.kr) / 한국고전종합DB(https://db.itkc.or.kr) / 고려대학교 해외한국학자료센터(http://kostma.ko\-rea.ac.kr) / 해외한국학자료센터(http://kostma.korea.ac.kr) / CBETA 電子佛典集成(http://tripitaka.cbeta.org) / 『林下筆記』(한국고전종합DB_심우섭(역)) / 『芝山集』(한국고전종합DB_정선용(역)) / 『白雲和尙語錄』上(ABC_조영미(역)) / 『浮休堂大師集』卷之五(ABC_이상현(역)) / 『無用堂集』下(ABC_이상현(역)) / 『應雲空如大師遺忘錄』(ABC_이대형(역)) / 『枕肱集』(ABC_이상현(역)) / 『虛靜集』下(ABC_성재헌(역)).

일반도서 강영철 外, 『甘露』上, 통도사성보박물관, 2005 / 규장각한국학연구원, 『일기로 본 조선』, 글항아리, 2013 / 金東旭, 『韓國建築工匠史硏究』, 技文堂, 1993 / 김두재(역), 『풍계집』, 동국대학교출판부, 2021 / 김석배 外, 『조선후기 연희의 실상』, 보고사, 2019 / 김영배(역), 『역주 월인석보』, 세종대왕기념사업회, 2010 / 김영태, 『한국 불교사 개설』, 경서원, 1986 / 김진영 外, 『흥부전 전집』, 박이정, 2003 / 김학주, 『한·중 두 나라의 가무와 잡희』, 서울대학교출판부, 1994 / 賴永海(박영록 역), 『中國佛敎文化論』, 동국대학교출판부, 2006 / 동국대 불교기록문화유산아카이브사업단(편), 『寺誌資料集. 대흥사 편』, 2019 / 런민(人民)대학 불교와종교학연구소 外(공편), 『동아시아선불교의 사상과 의의』, 여래, 2018 / 박명희 外(역), 『어우야담』1, 전통문화연구회, 2001 / 불교중앙박물관, 『붉고 푸른 장엄의 세계_불전장엄』, 2015 / 배규범, 『불가 잡체시 연구』, 지만지, 2010 / 배규범(역), 『정관집』, 지식을 만드는 지식, 2011 / 史在東(편), 『盂蘭盆齋와 目連傳承의 文化史』, 中央人文社, 2000 / 손태도, 『한국의 전통극 그 새로운 연구로의 초대』, 집문당, 2013 / 심상현, 『영산재』, 국립문화재연구소, 2003 / 안상복, 『중국의 전통잡기』, 서울대학교출판부, 2006 / 연관(역), 『죽창수필』, 불광출판사, 2014 / 王霞 外(역), 『譯註朴通事諺解』, 學古房, 2012 / 李能和, 『朝鮮佛敎通史』, 新文館, 1918 / 이성운, 『불교의례 그 몸짓의 철학』, 조계종출판사, 2018 / 이영선(편저), 『금강산건봉사사적』, 동산법문전국염불만일회, 2003 / 이재호(역주), 『金鰲新話』, 과학사, 1980 / 전경욱, 『한국의 전통연희』, 학고재, 2004 / 정시한 저(권오찬 등 편찬), 『산중일기(山中日記)』下, 원주시, 2012 / 趙元庚, 『仁朝時代의 儺禮謄錄』,

『鄕土서울』4, 서울특별시, 1958 / 조영준·최주희(역해), 『공폐(工弊) 조선후기 공물 제도 운영의 병폐』, 아카넷, 2019 / 하수민, 『명절의 탄생』, 민속원, 2016 / 황순구(역), 『俗樂遊戱』, 정음사, 1986 / 허상호, 「통도사 금강계단과 도량장엄 의식구」, 통도사성보박물관, 2009 / 회명, 『晦明文集』, 여래, 1991 / 대한불교조계종 역경위원회(편), 『한글대장경』166, 동국역경원, 1980 / 한국고고미술연구소, 『미술사학지(美術史學誌)』, 4, 2007 / 『불교 4대 명절』(비매품), 대한불교조계종 포교원, 2022 / 『조선대세시기』, Ⅲ, 국립민속박물관, 2007 / 『중국대세시기』, Ⅲ, 국립민속박물관, 2006 / 『한국의 사찰문화재10-중요목판인출2』, 문화재청, 2017 / 『韓國近現代佛敎資料全集』65, 민족사, 1996 / 한국민족문화대백과사전.

연구 논문 戒昊, 「진관사의 의례음식: 마지와 발우공양」, 『진관사 공양음식 문화』, 진관사, 2020 / 김용태, 「조선후기·근대의 宗名과 宗祖 인식의 역사적 고찰」, 『선문화연구』, 2010 / 김용태, 「유교사회의 불교의례-17세기 불교 상례집의 五服制 수용을 중심으로」, 『한국문화』 76, 서울대 규장각 한국학연구원, 2016 / 김응철, 「진관수륙사 및 수륙재의 현대적 조명」, 『진관사 수륙재』, 사)한국미술사연구소, 2010 / 김정희, 「감로도 도상의 기원과 전개-연구현황과 쟁점을 중심으로」, 『강좌미술사』 47호, 한국미술사연구소, 2016 / 金純美, 「천지명양수륙재의범음산보집(天地冥陽水陸齋儀梵音刪補集) 板本考」, 『동양한문학연구』 제17집, 동양한문학회, 2003 / 남희숙, 「16-18세기 佛敎儀式集의 간행과 佛敎大衆化」, 『韓國文化』34, 서울대한국문화연구소, 2004 / 리상용, 「해동문헌총록 불가서적(佛家書籍)에 대한 연구」, 『서지학연구』 제50집(2011.12) / 박정미, 「16세기 星州 李氏 影堂寺刹 安峯寺의 규모와 운영」, 『태동고전연구』 제31집, 2013 / 박정미, 「조선 명종대 星州 安峯寺의 儒佛儀禮-묵재일기를 중심으로-」, 『태동고전연구』 제32집, 한림대 태동고전연구소, 2014 / 박정원, 『朝鮮時代 甘露圖 硏究』, 동국대박사학위논문, 2020 / 박혜숙, 「18-19세기 문헌에 보이는 화폐단위 번역의 문제」, 『민족문학사연구』 38, 민족문학사연구소, 2008 / 서수정, 「새로 발견한 벽암각성의 『선원도중결의(禪源圖中決疑)』 간행 배경과 그 내용」, 『불교학연구』 제55호, 불교학연구회, 2018 / 서형국, 「영구도서관 소장 『翻譯名義集』에 대하여」, 『국어사연구』 제27호, 국어사학회, 2018 / 성청환·정승석, 「생전예수재의 교의적 연원」, 『한국불교학』 제7집, (사)한국불교학회, 2021 / 손성필, 「16, 17세기 불교정책과 불교계의 동향」, 동국대박사학위논문, 2012 / 손신영, 「조선후기 사찰 樓 연구」, 『강좌미술사』, 52, 한국불교미술사학회, 2019 / 송기태, 「서남해안지역 걸립 문서에 나타난 지향과 문화적 권위」, 『실천민속학연구』, 16, 실천민속학회, 2010 / 송일기·한지희, 「불교의례서 『중례문』의 편찬고」, 『書誌學硏究』 제43집, 서지학회, 2009 / 심상현, 「施食과 靈飯에 대한 고찰-시식의 종류와 용례를 중심으로」, 『불교와 세계종교의 신비사상과의 대화』, 한국불교학회, 2014 / 심상현, 「將軍竹篦에 關한 硏究」, 『한국불교학』 제70집, 2014 / 안용근, 「조선조의 공문서 및 왕실자료에 나타난 장류」, 『한국식품영양학회지』 Vol.25. No.2, 2012 / 오용섭, 「조선시대 〈대방광불화엄경소〉의 간행」, 『書誌學硏究』 제76집, 서지학회, 2018 / 윤은희, 「甘露王圖 圖像의 形成문제와 16, 17세기 甘露王圖 硏究」, 동국대석사논문, 2003 / 이복규, 「한글로 읽힌 최초 소설, 설공찬전의 이해」, 지식과 교양, 2018 / 이용윤, 「退雲堂 信謙 佛畵와 僧侶門中의 後援」, 『美術史學硏究』 269, 2011 / 이욱, 「17世紀 厲祭의 對象에 관한 硏究」, 『역사민속』 제9호, 한국역사민속학회, 1999 / 이철헌, 「사명당(四溟堂) 유정(惟政)의 후대법맥(後代法脈)」, 『불교학보』, 49, 동국대불교문화연구원, 2008 / 정명희, 「朝鮮時代佛敎儀式의三壇儀禮와佛畵硏究」, 홍익대박사학위논문, 2012 / 정명희, 「조선시대 불교 의식과 승려의 소임 분화: 甘露圖와 문헌 기록을 중심으로」, 『미술사연구』31, 미술사연구회, 2016 / 정병삼, 「몽산 저술의 간행과 16세기 조선불교」, 『불교학연구』 제18호, 2007 / 崔正如, 「寺院雜戱 "三回向" 〈俗稱·땅설법〉」, 『陶南趙潤濟博士古稀記念論叢』, 형설출판사, 1976 / 최종성, 「조선후기 민간의 불교문화: 불승(佛僧), 단신(檀信), 제장(祭場)」, 『종교학연구』30권, 한국종교학연구회, 2012 / 황도훈, 「設齋規式 原文과 國譯」, 『傳, 西山大師陳法軍鼓-海南傳統民俗發掘報告書』, 해남문화원, 1991 / 홍병화·김성우, 「조선시대 사찰 正門의 機能과 型式에 관한 연구」, 『대한건축학회 학술발표대회 논문집』 27, 2007.

보고서 및 간행물 구미래, 〈청련사 예수시왕생칠재 보고서〉, 사)청련사예수시왕생칠재보존회, 2019 / 강영철(공저), 『서울의 무신도 종합전수 조사 및 활용계획』, (서울시·한국문화콘텐츠연구소, 2018 / 이철교, 『多寶』 통권12호, 대한불교진흥원, 1994.